宗周社会与礼乐文明

杨向奎 著

北京出版集团
北京出版社

图书在版编目（CIP）数据

宗周社会与礼乐文明 / 杨向奎著. —— 北京：北京出版社，2022.4
ISBN 978-7-200-16265-3

Ⅰ.①宗… Ⅱ.①杨… Ⅲ.①社会生活—历史—中国—西周时代②礼乐—文化研究—中国—西周时代 Ⅳ.①D691.9②K892.9

中国版本图书馆 CIP 数据核字（2021）第 015592 号

总 策 划：安 东 高立志
特邀编辑：张 荷
责任编辑：高立志 邓雪梅
责任印制：陈冬梅
责任营销：猫 娘
装帧设计：观前文化

宗周社会与礼乐文明
ZONGZHOU SHEHUI YU LIYUE WENMING
杨向奎 著

出　　版	北京出版集团 北京出版社
地　　址	北京北三环中路 6 号
邮　　编	100120
网　　址	www.bph.com.cn
总 发 行	北京出版集团
印　　刷	北京华联印刷有限公司
经　　销	新华书店
开　　本	880 毫米 ×1230 毫米　1/16
印　　张	25.5
字　　数	390 千字
版　　次	2022 年 4 月第 1 版
印　　次	2022 年 4 月第 1 次印刷
书　　号	ISBN 978-7-200-16265-3
定　　价	98.00 元

如有印装质量问题，由本社负责调换
质量监督电话　010-58572393

目 录

序言　I

上卷　宗周社会

第一　氏族篇与地理篇　002

　　氏族篇　002
　　地理篇　040

第二　建国篇　084

　　（一）文王兴起　084
　　（二）武王伐纣　100
　　（三）周公摄政　123
　　（四）成王建国　145

第三　社会篇　163

　　（一）社会发展模式　163
　　（二）信仰与迷信　176
　　（三）社会思潮　187
　　（四）风俗人情　196

下卷　宗周的礼乐文明

第一　礼的起源　208

（一）导言　208

（二）礼尚往来　221

（三）冠礼、婚礼　232

（四）军礼　242

第二　周公对于礼的加工与改造　250

（一）周公制礼作乐　250

（二）德与礼　298

（三）诗与乐舞　303

（四）本章总结　319

第三　孔子对于礼乐的加工与改造　324

（一）"子所雅言，诗书执礼"　324

（二）仁与礼　355

（三）君子儒与小人儒　373

（四）本章总结　383

序　言

　　这不是一部西周断代史，我只是对宗周社会历史做一些专题研究。但这些专题研究要有机地联系起来，而不是一部论文集。因为是专题研究，所以在前后章节中的内容，有时不免重复。我想避免过多的重复，因之在相似的内容中还是有所区别。这部书涉及的问题不少，而有关的古史材料却不多，越往上溯，材料越少、越难，越难运用。文献不足则取决于考古材料，再不足则取决于民族学方面的研究。过去，研究中国古代史讲双重证据，即文献与考古相结合。鉴于中国各民族间社会发展之不平衡，民族学的材料，更可以补文献、考古之不足，所以古史研究中的三重证代替了过去的双重证。因此在我的研究过程中，中国社会科学院考古所、民族所及中央民族学院的朋友们给了我许多帮助及启发，我向这些朋友谨致谢意。

　　历史是时间的坐标，没有历史，在社会上很难有时间的感觉，人们在何处寻找时间？"逝者如斯夫，不舍昼夜"，是孔子的时间感，时间在不断地流。但这时间流如果没有历史为坐标，纵的时间流将化为横向空间，如百川之汇于大海，何处再有时间。时间空间是可以转换的，这是历史时间的本质。

虞夏商周是中国最古的四代，这些坐标，我们说这是中国古代史；汉魏六朝是中国中古。没有这些古代、中古，就没有历史，人们就丧失时间感。没有时间的宇宙是"三维"，在三维世界中没有生命、没有生活、没有时间，也就没有历史。在本质上历史的时间与宇宙的时间是可以统一的。

此书从宗周的氏族源流开始，是周民族的历史开端，也就是属于周族的历史时间开始了。历史的载体是空间，我们遂续作周初的历史地理研究。周氏族上场了，他们占据了空间，舞台属于他们而有所作为，于是历史时间也属于他们。

宗周是夷夏合流，此后华夏民族形成，而"郁郁乎文哉"的周，使夏商以来的传统文明发展到新的顶峰，为以后中华民族之灿烂文明建立打下良好的基础。我们研究了宗周的礼乐文明，这种文明离不开文王、周公之开明设施，春秋时代继续发展，管仲、老子、孔子及墨子四大家出，遂使中国之传统文明，由浩瀚的洪波汇成几支巨流。孔子发展了儒家，使相礼的小人儒变成君子儒，遂使"经学注我"，而经学变成儒家私学。于是经学与儒家合，儒家与教师合，师儒不仅经师且为人师矣。华夏族之民间教育遂为师儒垄断，有此垄断，儒家影响遂无孔不入，有饮水处即有儒家。儒家思想陶冶了民族性格，于是，我们的民族性格是"极高明而道中庸"。不高明不会有四千年的灿烂文明，不中庸不会长期稳定而守恒。这是我在本书内阐明的观点之一。是与不是，尚望高明指教。

墨子在古代世界科学上的成就是空前的。在科学史上最先使时间、空间联系在一起的是《墨经》。而且《墨经》在数学分析及力学方面的成就更是惊人。德国著名的物理学家玻恩（Max Born），当他不了解中国科学史前，以为只有欧洲人才有科学；了解后，方知不然。其实玻恩还不了解墨子，如果了解，更会有不同评价。墨家是自豪又自信的，墨子弟子曾经说：

"天下无人，子墨子之言也犹在！"

子墨子之言将永在也。墨家以外，尚有名家惠施，与墨家互相訾应的惠施多能，"其书五车"。

我不想夸大中国古代文明，书中所言，都有实证，甚盼我们的古史专家、哲学史家、科学史家，不吝赐教。

杨向奎
1987.8.10.

上卷　宗周社会

第一　氏族篇与地理篇

氏族篇

（一）

氏族虽然是以血亲为基础的非常古老的组织，但它并不包括一个共同祖先的全部子孙。联系亲属的纽带以母方为主，只有按女姓下传的世系，它包括出自一个假定的共同女姓始祖。这位始祖及其子女，她的女儿们所生的子女，她的女姓后代所生的子女，一直由女姓传袭下来的各代统统包括在氏族之内；而她的儿子们所生的子女，她的男姓后代所生的子女，由男姓传下来的各代则都属于别的氏族，也就是各属于其母方的氏族。当子女的父方尚无从确定而只有母方才能作为识别世系的标准时，这是氏族的最古老形式。由于氏族内部禁止互婚，从而促进种族活力的增长。当氏族观念日益发展时，很自然地出现成双配对的氏族，只有同时出现两个氏族才能充分达到这个目的。我国古代周族的姬姜两氏族之互相婚配，正好说明这种事实。（参考杨东蓴等新译《古代社会》66—67页）

因为有"很自然地出现成双配对的氏族"不甚明确的主张，所以有不同的理解与解释。有人说："同姓不婚，自古厉禁，与同图腾团体不婚亦同。现在我们能看见的古史，多由周鲁所遗传，姬姓以外的事，亦以姜姓者居多。且姬姜两姓婚姻的频繁，亦足证两族关系的密切。后稷之母姜嫄，古公之妻姜女，武王之后邑姜，以及春秋鲁国夫人之多为姜氏。因此我颇疑姬、姜乃古代部落中之左右两部。"（见李玄伯《古代社会新研》第一章）

姬姜两姓通婚是事实，这是族外婚。但李先生说他们"乃古代部落中之左右两部"，却没有根据。姬姜原不属于一个部落，他们分属两个氏族，各有来源，都是源远流长，各有各的族姓，各有各的图腾崇拜。《国语·晋语》四曾经有关于姬姜两族由来的记载：

> 昔少典娶于有蟜氏，生黄帝、炎帝。黄帝以姬水成，炎帝以姜水成。成而异德，故黄帝为姬，炎帝为姜，二帝用师以相济也，异德之故也。异姓则异德，异德则异类。异类虽近，男女相近，以生民也。同姓则同德，同德则同心，同心则同志。同志虽远，男女不相及，畏黩敬也。……是故娶妻避其同姓，畏乱灾也，故异德合姓，同德合义。

这说明了姬姜两姓的来源，而"少典"可能是姬姜两族联盟，融合成华夏族后，加上去的"共祖"。黄帝、炎帝来源不一，而姬姜两姓，原来也并不是一个氏族。

徐旭生先生在《中国古史的传说时代》中指出，华夏集团"是三集团中最重要的集团，所以此后它就成了我们中国全族的代表，把其他的两集团几乎全掩蔽下去。此部族中又分两个大亚族：一个叫作炎帝，一个叫黄帝"。（见原书40页）华夏族诚然是中华民族中最重要的集团，可以作为中国全族的代表，但不能说华夏族仅由炎、黄两族所构成，而东夷集团，尤其是殷商，在构成华夏氏族中起了骨干作用，夏、商、周三代，或者是虞、夏、商、周四代，共同融合成华夏族。四代，虞、商代表了东夷集团，而夏、周代表了华夏集团。周代的文化承袭了夏、商，到孔子时代还是说："殷因于夏礼，所损益可知也，周因于殷礼，所损益可知也；其或继周者，虽百世可知也"。（《论语·为政》）又说："周监于二代，郁郁乎文哉，吾从周。"（《论语·八佾》）这很好地说明了文化继承和发展的关系，他们不是在接受外来的文化，是一脉相承的文化传统。这当然泯没不了夷夏两集团的区别，我只是说，氏族间的融合是渐进的，不是到了某一个时期突然变成的。以夷、夏为例，他们最初曾同处于黄河下游，互相交往，互相渗透，已经是你中有我，我中有你。我们看夏初少康以前一段动乱的历史，即夷夏交争的结果，而这种"交争"，并不等于异族侵略，罗泌《路史》，就比之于安史之乱，羿、浞实是夏之叛臣，虽然傅孟真先生反对这种说法，而认为夷羿是夏敌国之君。（见《夷夏东西说》）我们研究有关这段历史的史料，至少可以说夷羿与夏的关系本来密切，《左传》襄公四年有：

> 昔有夏之方衰也，后羿自鉏迁于穷石，因夏民以代夏政。恃其射也，不修民事，而淫于原兽。弃武罗、伯因，……而用寒浞。寒浞，伯明氏之谗子弟也，伯明后寒弃之，夷羿收之，信而使之，以为己相。浞行媚于内，而施赂于外，愚弄其民，而虞羿于田。……羿犹不悛，将归自田，家众杀而亨之，以食其子。……靡奔有鬲氏，……靡自有鬲氏，收二国之烬，以灭浞而立少康，……有穷由是遂亡，失人故也。昔周辛甲之为大史也，命百官，官箴王阙。于虞人之箴曰："芒芒禹迹，画为九州，经启九道。民有寝庙，兽有茂草，各有攸处，德用不扰。在帝夷羿，冒于原兽，忘其国恤，而思其麀牡。武不可重，用不恢于夏家。兽臣司原，敢告仆夫。"

以上"因夏民以代夏政"，及"在帝夷羿，……忘其国恤，……用不恢于夏家"等记载，看不出夷夏两族交争而斗的痕迹。而夏启与伯益之争位，更可以说明夷夏一体，《孟子》"益避禹之子于箕山之阴"。（《万章》）又《天问》"启代益作后"，《古本竹书》"益干启位，启杀之"。伯益属于东夷，而与夏之关系如此，说明他们早已融为一体。我们说，在华夏族的构成中，并不止夏周一支，而东夷一支在华夏文化的形成中，是一支重要的组成部分。田昌五同志下述意见是可取的，"从部落王国到夏朝建立也是华夏族的形成过程，而夏文化则为华夏文化的一支，并不能成为单一的民族文化"（见《古代社会形态析论》202页）。夏文化不能代表整个华夏文化，因为其中融合了夷族的文化成分，这在考古发掘上看到了"文化叠压关系"中更可以得到很好的说明。夏族实际上和邻近的部族，通过斗争与联合而形成灿烂的华夏文明。田昌五同志又说："这种联合和兼并的过程在考古文化中是有反映的。明显的如：仰韶文化的氏族部落和大汶口文化的氏族部落后期有在中原地区交错而处的现象。交错而处必然要发生斗争和联合。后来在这种斗争和联合中形成了所谓河南龙山文化。"（同上书）虽然他所谓形成了河南龙山文化的论断，也许还有争议，但作为一条通则来说明，中国古代夷夏两族因邻近交处而有过斗争与联合，因而共同构成了华夏文明，是无可非议的。上面谈到的夷羿与夏族的斗争，是联合后的斗争，在夏族的眼中，帝羿之不恢于夏家，是淫于原兽的结果，并不因为他是"夷帝"。

因此我不同意按地域划分民族构成的理论，自傅孟真先生的《夷夏东西说》（《傅斯年全集》第三册）发表以来，蒙文通、徐旭生等先生沿此路继续发展，虽然他们几位之间也许是不谋而合。傅孟真先生的结论是：

> 商代发迹于东北渤海与古兖州是其建业之地。下列数事，合起来可证成本节标题所假定。甲，《诗·商颂》，"天命玄鸟，降而生商"。又，"有娀方将，帝立子生商"。这个故事的意义，可以《吕氏春秋·音初篇》所记说明之。……此一神话之核心，在于宗祖以卵生而创业。后代神话与此说属于一源而分化者，全在东北民族及淮夷。……乙，《诗·商颂》，"宅殷土茫茫"。我们要看商所宅之殷土在何处？……殷、衣、韦、邶、卫、沈、兖，尽由一源，只缘古今异时，成殊名耳。商之先世，于建业蒙亳之先……宅此殷土，则成汤以前先公发祥自北而南之踪迹，可以推知矣。丙，《诗·商颂》，"相土烈烈，海外有截"。试为"景员维河"之国家设想，最近之海为渤海，最近可能之海外为辽东半岛或朝鲜西北境。相土为商代甚早之先王，竟能戡定海外，则其根据地必去渤海不远……。
>
> 据以上三事，则最早最可信之史料——《商颂》——已明明告我们，殷代之祖先起自东北方矣。

此外傅先生又根据王恒与有易一段相杀的故事，以及《山海经》中《大荒东经》所记帝俊竟是大荒东经中唯一之帝，而由统计以看帝俊之迹及其宗族独占东北方最重要之位置。帝俊既见于殷墟文字，称曰高祖，而帝俊之地望如此，则殷代龙兴之所在可知。

这些地理位置都是言之有据，可以信赖，但以下谈到夏代地理位置时，则一味偏西，而构成夷夏东西说。其实古代民族迁徙无常，傅先生论述殷商民族，即可作证。他说殷商是一个"东起海东，西至岐阳之大帝国"，乃由迁徙而扩大，因此我们也不能把夏族固定于西方。他们，夏代初年曾和殷商以至东夷有许多交往，正如傅先生所说，夷夏"这两个系统，因对峙而生争斗，因争斗而起混合，因混合而文化进展"。（《夷夏东西说》）说他们"对峙"并不是远距离的对峙，而是混在一起的力量对峙，因此我们不同意夏族来自西方的理论。

傅先生又搜集古文献中有关夏史的材料，得出结论说，"可知夏之区域，包括今山西省南半，即汾水流域，今河南省之西部中部，即伊洛嵩高一带，东不过平汉线，西有陕西一部分，即渭水下流。东方界线，则其盛时曾有济水上流，至于商丘，此便是与夷人相争之线。……最西所至，我们现在不知究到何处，……最南所至，我们也不知。……我们现在知诸夏西南北三方所至之大齐，而以夷夏之称，夷夏之战，确知夏之东界，则以古代河济淮泗的中国全部论，夏实西方之帝国或联盟，曾一度或数度压迫东方而已。与商殷之为东方帝国，曾两度西向拓土，灭夏克鬼方者，正是恰恰相反，遥遥相对"。（同上书）这样使夷夏各据东西一方而遥遥相对的绝对说法是行不通的，夏和夷一样也有一个自东向西的过程。

五十年前当傅孟真先生宣布他这篇鸿文巨制时，我即有反对意见，几十年来，此意未变。我曾经有过《夏民族起于东方考》一文刊在《禹贡》半月刊上（期数待查），后来顾颉刚先生等主编的《中国疆域沿革史》采用此说。1985年齐鲁书社出版的《夏史论丛》载有我的《评傅孟真的夷夏东西说》，内容是：我们认为，古代中国（三代）和中国近代不同，表现在政治中心并不是长期固定在一个点上，它是经常迁徙的，如果我们把夏、商、周的政治中心永远固定在某一点上，明显地违背历史事实。就商而论，它经常迁徙，傅先生在原文中也曾经叙述到，但关于夏代，论其区域，东不过"平汉线"，在他的原文里有关夏域的论述，当然不是全错，但有许多缺点。一是他自己在自相矛盾，一面说"夏之区域……东不过平汉线"；同时又说，"东方界线，则其盛时曾有济水上流，至于商丘"。在一段文内而前后矛盾若此。他或者说夏之政治中心始终在西，而盛时势力至于商丘，但这样又是忘了古代王朝曾经多次迁徙的事。夏族由部落进入国家比殷商早，社会发展阶段比殷商靠前，他们的迁徙更容易些。我们也不能说夏初的夷夏之争是界限分明的斗争，在上面已经交待过，他们是内部交争，夷夏杂处，已由对峙趋于融合。他们之间有力者为王，国家的构成不是单一的民族，文化也不是单一的文化，所谓华夏文明，其实包含有许多东夷成分，孔子、墨子的远祖都是东夷！我们认为夏初居于东方与早商及群夷杂处，其初交争互有胜负，后来由于夷盛夏衰，而夏西徙以避其锋，或者由于黄河下游水患而上迁。总之我们把夏族永远定居在一点上，一如我们固定殷商或宗周在某一点上一样，是不科学的。

夏朝始祖是大禹，或者上及鲧与黄帝，黄帝与鲧问题复杂，留待下文。先说大禹。关于大禹的故事最著者为治水及分州，均见于《尚书·禹贡》篇。我国古代文明滥觞于黄河下游，夏代初期又迁徙流转于此地。而黄河下游自古多泛滥之灾，《禹贡》之黄河下游"播为九河"，也可以说明黄河下流水道之不稳定，或者即以部分水患为普遍大水灾，遂有鲧禹父子治水的传说，而夏族之以龙蛇为图腾亦源于此。大禹治水又见于《诗·大雅·文王有声》《商颂·长发》及《尚书·吕刑》，盖在西周时已认定大禹为奠定中国山川者，凡中国后人所居皆为禹迹，故"禹迹""禹都"即为天下（中国）之代表名词。从"禹迹"中我们不能肯定大禹活动的中心地区，但关于九州的划分，《禹贡》九州，而河北、河南、山东之交有四，分州之重点，在黄河下游，则夏族之活动中心，初期在黄河下游又添一佐证矣。

据《史记·夏本纪》，禹后为启，启后为太康、中康、相及少康，但《史记》于启后一段很重要的历史事实没有记载，以致傅孟真先生说，"夏后一代的大事正是和这些夷人斗争。此事现在若失传，然一把经典的材料摆布起来，这事件十分明显。可惜太史公当真不是一位古史家，虽羿、浞、少康的故事，竟一字不提，为其作正义者所讥。求雅训的结果，弄到消灭传说中的史迹，保留了哲学家的虚妄。"（见《夷夏东西说》）这的确是太史公的失策，《史记·夏本纪》而没有羿、浞、少康之纷争，一如唐史之无安史之乱，清史之无太平天国也。这段故事见于《左传》襄公四年及哀公元年的记载中，因此知夏代于后相时曾有动乱，扰攘数十年，卒由少康中兴，恢复禹迹，不失旧物。盖夏自太康后国势衰，东夷中的有穷后羿遂因夏民以代夏政。但后羿亦非能理政者，淫于田猎，弃贤明而用伯明氏之谗子弟寒浞，卒致灭亡，以其所取归之寒浞，浞并妻其妃妾，生子浇及豷。而后相自失国后，依于同姓国斟灌、斟寻（又作斟鄩，下同），后复见嫉于寒浞，命浇灭此二国并杀后相。相妻后缗方娠，逃出自窦，奔于母家有仍，生子少康；少康年长后为有仍牧正。时浇封于过，豷封于戈，浇又思害少康，少康遂自有仍奔于有虞，虞妻以二姚，封以纶邑，有田一成，有众一旅，建立下中兴基础。先是夏后遗臣靡，羿死后逃奔有鬲，至是亦收夏之遗民，剿灭寒浞，少康卒复国而完成夏之中兴。

因上述夷夏之争，可以看出夏族在少康以前之活动中心。据历代经历家考证，知有穷在今山东德州市南，寒在今山东潍县东北，有鬲与有穷邻近，斟灌在今山东寿光东北，斟寻在今潍县西南，有仍在今山东济宁，过在今山东掖县，戈地不详，旧说在宋国、郑国间，当在今河南中部偏东。有虞与纶在今河南虞城，吾辈以今日之地图索之，则知上述诸地固不出黄河下游，而大多在今山东，间有异说或因迁徙，亦不出此范围。此外太康曾居斟鄩（《水经注》引《汲冢古文》）后相之都亦在黄河下游，《左传》僖公三十一年云：

> 卫迁于帝丘，……卫成公梦康叔曰："相夺予享。"公命祀相。宁武子不可，曰："鬼神非其族类，不歆其祀。杞鄫何事？相之不享于此久矣，非卫之罪也。"

因帝丘本相之旧都，一旦为卫所据，故相夺康叔之享。帝丘今之濮阳县西南，后讹为商丘，古本《竹书纪年》谓相居商丘。（《太平御览》）且后相时曾征淮夷、畎夷、风夷、黄夷，而于夷来宾。（见《古本竹书》）少康即位，方夷来宾。（同上）柏杼子征于东海，（同上）后芬即位，九夷来御，（同上）与夷为伍，是皆夏本在东方之证。《诗经》中夏之与国亦在黄河下游，如《商颂·长发》："韦顾既伐，昆吾夏桀。"韦顾与昆吾盖为夏末强国，故汤于灭桀前剪除之。韦在今河南滑县东南，顾在今河南范县东南，昆吾在今濮阳县东，地理相望。

夏之同姓国在古籍及金文中可考者尚有：观、莘、杞、鄫、寒诸国。其地望则观在今山东莘县，莘国约在今山东曹县，杞本在河南杞县，后一再迁徙，至山东昌乐。古鄫国有二：一姬姓，一姒姓。姒姓鄫约在今山东枣庄市南。寒国之为姒姓见于金文，（《攈古录》卷二之二）吴式芬引徐籀庄说，谓即寒浞之寒，若然，寒浞灭羿为复国，而少康与浞之争亦阋墙耳。

我们统计上述涉及诸方国，则夏代在中叶以前之活动中心实在今山东、河北、河南三省之间，而以山东为主要地区，盖与东夷，尤其是殷商前期交错相处，有斗争，有对峙，而终于融为一体，构成后来之华夏民族，蕴育着灿烂的华夏文明，夷之贡献绝不输于夏。但论夏在东方亦限于夏代中叶前，至于晚夏，则政治中心西迁，固有明文，不容漠视，而坚持夏始终居西者，亦以局部当全体，以晚夏代初夏耳。夏自帝杼以后，所见历史事实较少，居处不详，但至晚夏，则明文记载，政治中心不在山东，而在今河南巩、洛，以至河东一带。在《左传》中曾见大夏及夏虚二名，如昭公元年《传》云："迁实沈于大夏，主参，唐人是因，以服事夏商，其季世曰唐叔虞，当武王邑姜方震大叔，梦帝谓己：'余命而子曰虞，将与之唐属诸参而蕃育其子孙'，'及生，有文在其手曰虞，遂以命之，及成王灭唐而封大叔焉'，故参为晋星。"又定公四年《传》云，"分唐叔以大路密须之鼓，阙巩沽洗，怀姓九宗，职官五正，命以《唐诰》而封于夏虚，启以夏政，疆以戎索"。因此知晋地即大夏，亦即夏虚也。晋杜预注"大夏"，"今晋阳县"，又说，"夏虚，大夏，今太原晋阳也"。杜注盖本于《汉书·地理志》晋阳注云，"故《诗》唐国，周成王灭唐，封弟叔虞"。服虔注以为"大夏在汾浍之间"，顾炎武是之，盖服说近于事实。后来钱穆先生又订正服氏说，谓实沈居大夏当在安邑一带，而晋唐故居，当在河东涑水，不涉汾浍。（见《周初地理考》）先是顾栋高的《春秋大事表》亦曾主张"夏虚在今山西解州之平陆县，在河之北"。两说不相远。

夏何时西迁，史无明确记载，但至晚在夏后皋时代已居河东附近。《左传》僖公二十三年有云："殽有二陵焉，其南陵，夏后皋之墓地；其北陵文王之所避风雨也。"在夏，陵墓与所都不能相去甚远，故吾人于其陵墓求其居处，虽不中不远矣。杜预注在弘农渑池县西，今属三门峡市郊区，亦正夏虚。至于夏桀之国，有明确记载，亦即今人用以说明夏代疆域者。《国策·魏策一》吴起云：

> 夫夏桀之国，左天门之阴，而右天溪之阳，卢睾在其北，伊洛出其南。

《史记·魏世家》引作"夏桀之居，左河、济，右太华，伊阙在其南，羊肠在其北"。伊阙、华山正在豫西陕东间，而羊肠有三，一说在怀潞间，《史记·魏世家》所云，"昔者魏伐赵，断羊肠，拔阏于"。《正义》谓羊肠在太行山上，南口怀州，北口潞州；一说：在壶关，《汉志》上党壶关有羊肠坂；一说：在晋阳，《水经注》谓"羊肠坂在晋阳西北"。三说中，晋阳偏北，一二两说相近，宜以壶关为是。如是则夏桀之国，西至华阴，东至济水上游，北至壶关（今山西长治），南至伊洛，正包括上述夏虚、大夏之域。此外《国语·周语上》有"昔伊、洛竭而夏亡"的记载。《逸周书·度邑解》亦云，"自洛汭延于伊汭，居易毋固，其有夏之居"，都是晚夏帝后曾居河南西部、山西南部、陕西东部的佐证，但不能用以说明全夏。

王献唐先生的《山东古国考》更举出山东古多姒姓国，他说："斟灌、斟寻之史事，与夏代少康中兴有密切关系，故书记载颇多，最详明者，莫为左襄四年及哀元年传。……此一史乘之内幕，今可不论，但就地理言之，……其根据地皆在山东，其战争亦在山东，固昭昭可见也。……安邱、诸城、潍县、寿光，皆有姒姓国，益都复有姒姓族徽铜器。知此一带，不特为帝相、少康两代战争之中心，且为夏代王室分封之集团矣。……试展地图，此伸入海中之山东半岛，由北至南，有一姒姓国家之阵线。北面邻近渤海，为寿光益都，东接为潍县，……南为安邱，再南为诸城，展至黄海滨矣。……山东半岛之东部，如从中横断，即夏代防夷区域。重镇所在为潍县、安邱、寿光、益都，东西南北之总辖也。潍县、寿光之斟寻、斟灌，见于故书者，受封为最早，彼皆禹后。"王先生论说有证有据，足可信赖。

总结我的意见是：夏禹之迹遍及全国，古代中国都属禹域，我们很难据之以定夏初政治中心所在。夏代中叶以前，启以后的政治中心及姒姓与国在今山东，势力及于河北、河南，晚夏则移于河东及伊洛，东方仍有孑遗。因此我们在考古发掘上，在黄河中游、下游都可能有夏代的文化积累，但论其早晚，下游应早于中游。古代民族是经常迁徙的，适于生存的地方，多民族杂居是可以想象的，所以我认为机械地以地区分野，规定民族成分，是困难很多的，有关黄帝的传说，更可以说明这一点。

（二）

黄帝是华夏族始祖，虽然《国语·晋语》说黄帝、炎帝同出自少典氏，但我们说过，这可能是后人的安排，因母系社会，父系无可考。司马贞的《史记·索隐》也说："少典者，诸侯国号，非人名也。……若以少典是其父名，岂黄帝经五百余年而始代炎帝后为天子乎？何其年之长也？"徐旭生先生以为这些说法相当明通，是正确的，因此我们不必追究少典的来源，只是就黄帝而论黄帝。黄帝和后来的大禹一样，他的故事也是遍及古代中国各地，很难追究其原来。我们看《史记·五帝本纪》说：

> 轩辕之时，神农氏世衰。诸侯相侵伐，……于是轩辕乃习用干戈，以征不享，……而蚩尤最为暴，莫能伐。炎帝欲侵陵诸侯，诸侯咸归轩辕。轩辕乃修德振兵，……以与炎帝战于阪泉之野。……蚩尤作乱，不用帝命。于是黄帝乃征师诸侯，与蚩尤战于涿鹿之野，遂禽杀蚩尤。而诸侯咸尊轩辕为天子，……披山通道，未尝宁居。
>
> 东至于海……及岱宗。西至于空桐，……南至于江，……北逐荤粥，合符釜山，而邑于涿鹿之阿，迁徙往来无常处。

虽然黄帝的足迹遍四方，又是"迁徙往来无常处"，但有几个定点，可以判断他的事业发生的主要地区。一是与炎帝战于阪泉之野。《史记汇注考证》根据《正义》的注解，以为阪泉在"今直隶保定境"。直隶即河北省。二是与蚩尤战于涿鹿之野，《考证》根据《集解》以为涿鹿在"今直隶宣化保安州南"。三是"合符釜山，而邑于涿鹿之阿"。涿鹿所在已见上，釜山，《正义》以为"在妫州怀戎县北三里"，与阪泉邻。"合符釜山"据《索隐》云"犹禹会诸侯于涂山"，而"邑于涿鹿"即都于涿鹿，那么黄帝时的活动中心应在今河北保定至宣化一带。但根据《国语·晋语》"黄帝以姬水成，炎帝以姜水成"的记载，姬姜两水均不在河北而在陕西。所谓"以某水成"，即在某水域生成，姜水容易找到，徐旭生先生曾经考证道："比较可靠的是姜水所在，《水经注》渭水条下说，'岐水又东，径姜氏城南，为姜水。'按《世本》：炎帝姜姓。《帝王世纪》曰：炎帝神农氏姜姓。母女登游华阳，感神而生炎帝于姜水，是其地也。岐水在岐山的南面，当在今陕西岐山县城的东面，就是地图上西出岐山，东过武功，折南流入渭水的小水。此水南面隔着渭水，就离秦岭不远。……姜水与古华山很近，炎帝的传说或可以传播到山的南面，皇甫谧所说的'炎帝母游华阳'，来源颇古。……现在宝鸡县城南门外就隔着渭水，过渭水南一二里，在黄土原边上有一村，叫作姜城堡，堡西有一小水，从秦岭中流出，叫作清姜河。……这一个姜城堡，《宝鸡县志》说它就是《水经注》所说的姜氏城。……姜城堡与姜氏城虽有两个字的相同，一定不能是一个地方。虽然如此，姜城堡附近却有很好的彩陶遗址，在我国历史的黎明时期就有人住居。……并且，周弃的母亲姜原（或作姜嫄）明白为姜姓的女儿。周弃所居的邰就在今武功县境内，西离岐山也不过几十里。……姜姓其他的一个神话中所说的磻溪水也在这一带。《水经注》渭水条下说，'渭水之右，磻溪水注之。水出南山兹谷。……溪中有泉谓之兹泉。……即《吕氏春秋》所谓"太公钓兹泉"者也。其投竿跽足，两膝遗迹犹存，是有磻溪之称也'。……磻溪的名字应当不是妄传。这条水在现在宝鸡县城东四五十里处的渭水南岸，为一小溪，北流入渭水，……这以上所述文献内的材料、考古方面的材料、民间传说的材料似乎完全相合，足以证明炎帝氏族的发祥地在今陕西境内渭水上游一带。"（见《中国古史的传说时代》41—42页）徐先生对姜水的考证颇为翔实，用以论定姜族曾经在这一带居住，但姜族与羌本为一体，他们的来源与去向也是遍及黄河上下游，山东多姜姓古国，而太公望留在东方的事迹也不比西方少，说炎帝氏族（即姜氏族）发祥在今陕西渭水上游一带，问题很多，还为时过早，我们在下面将有论述。

至于姬水所在，徐先生说"不知道是现在的哪一条水"。但徐先生又指出，姬姓的周弃就住在邰，姬姓最初的族先，黄帝的坟墓相传在桥山。桥山，近代的书全说它在今黄陵县（旧中部县）境内，实则北宋以前记载全说它在汉阳周县境，阳周县在今子长县¹境，在黄陵县北偏东数百里。又黄帝的传说同空同很有关系。《新唐书·地理志》原州平高县下有崆峒山，当即此地。平高在今甘肃镇原县境内，离陕西界不远。看古代关于姬姓传说流传的地方，可以推断黄帝氏族的发祥地大约在今陕西的北部，它与发祥在陕西西部偏南的炎帝氏族的居住地相距并不很远。

徐先生治学谨严，不作泛滥的推测，但谓黄帝氏族发祥于陕西北部的说法与炎帝氏族发祥于陕西西部偏南的说法同样有许多问题，有待解决。我们曾经说过黄帝是华夏始祖，他的故事遍中国，以《史记·五帝本纪》论，它记载黄帝"合符釜山，而邑于涿鹿之阿"，又战炎帝于阪泉，战蚩尤于涿鹿，都距现在北京不远，在河北境内中部偏北，而且这都是黄帝的主要事业所在，置此不论，而定黄帝"天下"之所在，未免偏颇，因此我们认为黄炎足迹，也是先后迁徙，但发祥所在须加谨慎，不能以一隅定全体。

先论姬水。因为徐先生没有解决此一问题。我也曾经到过周原作考察，无论是文献上、考古以及地方传说上都无姬水的踪迹，但姬水必是周原附近的水可以肯定，因为姜水犹在，与之相伴的姬水不会是出于编造或误解。现存《诗经》如《大雅》《周颂》中有些诗来自巫祝口中的"创世纪"，有神话，有史实，在于我们的细心分析。《诗·大雅·绵》有云：

> 绵绵瓜瓞，民之初生，自土沮漆。古公亶父，陶复陶穴，未有家室。古公亶父，来朝走马，率西水浒，至于岐下。爰及姜女，聿来胥宇。周原膴膴，堇荼如饴，爰始爰谋，爰契我龟。曰止曰时，筑室于兹。……

---

1 今陕西省延安市子长市。——编者注

又《周颂·潜》：

猗与漆沮，潜有多鱼，有鳣有鲔，鲦鲿鰋鲤。以享以祀，以介景福。

又《小雅·吉日》：

漆沮之从，天子之所。

《大雅》《周颂》都是西周的诗歌，从此可以看出漆沮对于姬氏族的亲切关系。我们抛开《诗》之笺注与《正义》，就诗论诗，"绵绵瓜瓞，民之初生，自土沮漆"。是指姬氏绵绵不断的历史，自有生民以来，土居于沮漆。古公亶父的时代，还是穴居野处未有家室；也是从公亶父开始，"来朝走马，率西水浒，至于岐下"。水浒是水侧，沿着西边水侧，走到岐山下。水当指漆沮言，他们始终离不开这条水。而《周颂·潜》更加赞美漆沮道：

猗与漆沮，潜有多鱼！

多么美妙的漆沮，潜藏着许多鱼！《小雅·吉日》更称道其中多野兽麀鹿。漆沮实在哺育着姬氏，所以他们念念不忘，歌颂它，关怀它，如果说姜氏离不开姜水，姬氏也离不开漆水。《国语》说，"炎帝以姜水成，黄帝以姬水成"。姜水可寻，而姬水无踪，其实姬水即漆水，在周原一带，无论古今，除漆沮外，找不到第二条和姬氏有这样密切关系的水，所以我们说，姬水即漆水，姬漆两字，古韵部相去较远，如《大雅·绵》："绵绵瓜瓞韵，民之初生，自土沮漆韵。古公亶父，陶复陶穴韵，未有家室韵。"段玉裁《六书音韵表》中"漆"是十二部，而"姬"入第一部。但姬、漆声纽相近，各隶于见纽溪纽。古音粗疏，既有相近处，故可以漆姬通假，而名从主人，姜氏既有姜水，姬氏遂有姬（漆）水。关于漆沮历来有许多考证，《毛诗·正义》道，"禹贡雍州云'漆沮既从'，是漆沮俱为水也。或言漆沮为二水名，《汉书·地理志》云，右扶风有漆县云，漆水在其县西，则漆是一水名,与沮别矣"。而汉许慎《说文解字》,"漆"字云,"漆水出右扶风杜陵岐山,东入渭"。段玉裁注云,"杜陵当作杜阳,杜阳今陕西凤翔府麟游县是其地。周公刘居豳今陕西邠州是其地,汉之漆、栒邑二县也。太王迁郯,今凤翔府岐山扶风二县是其地,汉之杜阳南,美阳北也。《大雅》曰,'民之初生,自土漆沮'。《传》曰,漆,漆水;沮,沮水也!又曰,'周原,漆沮之间也'。《周颂·潜》传,又曰,'漆、沮岐州之二水也'。据毛说则漆沮二水,实在岐周之地。《小雅·吉日》传,但云,'漆沮之水,麀鹿所生',其解必同《大雅·周颂》。许云,漆水出杜阳,正岐周地也。……玉裁谓《水经》曰'漆水出扶风杜阳县俞山,东北入于渭',正与《说文》合,惟岐作俞耳。郦氏引《开山图》曰,'岐山在杜阳北,长安西,有渠谓之漆渠'。郦又云,'漆水出杜阳县之漆溪,谓之漆渠。漆渠合岐水与横水合,东注雍水,又合杜水,南注于渭'。郭璞《山海经》云,'今漆水出岐山',皆与《水经》合。"王献唐先生的《炎黄氏族文化考》第五章附录(10)引《武功志》云,"古斄城在县南八里漆村东"。又云,"县东门外有漆水,自豳岐之间来县"。斄即邰,颜注《地理志》以为斄邰同音,刘师培亦有此说,漆水在邰,而邰是姬姓发祥地。现在谭其骧先生主编的《中国历史地图集》第一册中《西周时期中心区域图》绘有漆沮水,发源于今麟游西偏北之杜林,而在今武功(邰)入渭,与过去说法相合。我们结合到徐旭生先生所说可以推断黄帝氏族发祥地大约在今陕西的北部。"它与发祥在陕西西部偏南的炎帝氏族的居住地相距并不很远"。(原书43页)如果把"黄帝氏族"改成"姬氏族","陕西北部"改作"西部偏北",就更合乎历史事实了。

我们之所以要把"黄帝氏族"改作"姬氏族",是因为,虽然姬氏来自黄帝,但其中问题很多,上面说过,黄帝的活动中心,据《史记》是在河北,不能因为姬氏在陕,并其远祖亦西移。而且以黄帝为华夏族的祖先,不能仅以周为主体,不谈夷,不谈夏。徐先生在谈华夏集团时,最初只是把黄帝与姬氏联系起来,关于夏则另立章节,从洪水开始,讲到大禹治水以及其他发明与发现,没有谈夏为什么属于华夏。它与黄帝的关系,与姬周的关系甚而与姜氏关系,都未谈起。找不到它们之间的关系,而捏合成一个集团是没有说服力的。就黄帝与姬周的关系说,除姬姓外,在图腾崇拜上更可以说明问题，黄帝与夏的关系，夏周之间的关系问题，都可以从此得到解答。

《国语·周语下》有云：

> 昔武王伐殷，岁在鹑火，月在天驷，日在析木之津，辰在斗柄，星在天鼋，星与日辰之位，皆在北维。颛顼之所建也，帝喾受之。我姬氏出自天鼋，及析木者，有建星及牵牛焉，则我皇妣大姜之姪，伯陵之后，逄公之所凭依也。

"我姬氏出自天鼋"，根据郭沫若先生的解释："天鼋即轩辕也。《周语》下，'我姬氏出自天鼋'犹言出自黄帝。十二岁之单阏，即十二次之天鼋。"（《两周金文辞大系考释》，《献侯鼎》）这的确是最好的解释，出自天鼋即出自轩辕，而轩辕即黄帝，也就是姬氏出自黄帝。而黄帝之称作"轩辕"（天鼋）实在是图腾崇拜，即水族动物龟蛇的崇拜。这种解释的确可以解决问题。古史上的华夏族问题，夏周与黄帝的关系问题，有几位古文字学家不同意这种解释，他们主要是从文字象形方面提出异议，于省吾先生在《释黾、鼋》（见《古文字研究》七辑）中说："唐兰、孙海波、闻一多则均以人形之下为'鼋黾之象'。唐兰释为'大黾'（《古文字学导论》下三六页），孙海波也释为'大黾'（《古文声系》自序），并谓上作🧍，当是天或大字，下实黾形。……果族徽也，当释大黾。……闻一多则释为奄，并谓省变为奄，即《说文·邑部》，'周公所诛奄国之奄'（《古典新义》五一二页）。按闻说殊不足据。"孙、闻两人于此有所疏忽，故于氏斥之为非。于先生又说："我认为鼋即天黾二字的合文。🧍之为天，毋庸赘述。《说文》谓'黾，鼃（蛙）也。'黾与龟都是象形字。但在古文字中的构形迥然不同。龟形短足而有尾，黾形无尾，其后两足既伸于前，复折于后，然则黾字本象蛙形，了无可疑。"（同上，2—3页）其实"天鼋"同于"大黾"，于先生亦承袭前说，象形文字之制造者，本无写生本领，取其神似而已，若要其必象形必肖，何必有待于文字学家之考订。今就于先生之区别龟黾两字，试作进一步探讨。龟字在甲骨文中侧面作🐢（甲九八四）、🐢（乙六七六）、🐢（福二），而正面作🐢（前七、五、二）、🐢（燕一九二）者，考古所的《甲骨文编》亦解作黾（原书五一三页），那么这正面的黾同于天鼋的鼋而非黾。甲骨文中有黾字作 ✿（甲一一六一）、✿（林二、一七、二二），这黾字是大家公认的与上边正面黾字亦有不同。既然甲骨文中有公认的黾字，而黾字的形状与黾（鼋）字截然不同，那么就不能解"天鼋"为"大黾"。其实郭沫若先生在几十年前早已指出两字的区别，他说：

> 今按：✿字固不得释为黾，然亦不得释为鼋。形虽与鼍鼋略肖，并无朱之音符，如竟可释为鼋，则何见其不可释为鼍耶？字无音符而象形，其实即鼍鼋字所从之黾字耳。（《古代铭刻汇考·馒黾解》）

这些解释是正确的，并且堵塞了释黾为黾的路，唐兰、于省吾等先生是文字学名家，未见他们于此有不同意见，而仍释黾为黾，未免百思不解。黾被认为神物，所以卜黾；而天鼋是黾中之王，以之作为族徽，当作图腾象征，是可以理解的。黾蛇本为水中主宰，在古代华夏族处于水患的时节，以黾蛇为图腾是很自然的。夏代祖先鲧禹的名字都和水族动物有关，所以我们认为，天鼋作为族徽实来自夏，周不过是出自天鼋，也就是出自轩辕黄帝。

于先生又说：

> 以黾或鼋为图腾，绝大多数见于商代铜器，然而周初的献侯鼎和敔簋鼎铭文中也有鼋字。郭沫若释为天鼋，又引《周语》，"我姬氏出自轩辕"为佐证，即据此二器而立说。其实，商人为东方民族，周人为西方民族，在族系上并不存在渊源关系，若以上述二鼎为周人所作之器，则难免要推衍出周族出自商族的荒谬结论。（原文三页）

后来于先生在原文结论中说：

> 综上所述，商代金文的黾、鼋是指自然界的蛙黾言之。商人原始氏族以蛙或斑点蛙为图腾。由于美洲印第安人民族图腾的佐证而越

发明确。在商代铜器铭文中除玄鸟图腾外又发现了蛙黾图腾。周初铜器上有商人的图腾，……由于得到了古文字资料和典籍相印证，我们才知道献侯鼎和敕鹹鼎铭之出现商人图腾，是因为作器者的先人丁侯本是商之诸侯，后来降服于周。这种降周的商代贵族，在服事周人的前提下，还保其奴隶主的地位，故仍可自由铸造彝器。凡周器之有商人族徽或图腾者，都是商人降周的明证。至于前引《太公金匮》这类经过后人渲染的典籍记载，虽然不可全部据为信史，但如能和古文字资料交验互证，则不难发现其中仍保存着反映真正历史实质的可贵资料。（原文六页）

这两段文字有许多可以商量的地方。首先他说"商人为东方民族，周人为西方民族，在族系上并不存在渊源关系，若以上述二鼎为周人所作之器，则难免要推衍出周族出自商族的荒谬结论"。商人在东，周人在西，仍然是夷夏东西说的推衍，即使如此，在商代诸侯的彝器上出现了天鼋图腾，也不能说它是商族图腾，很明显周族也曾是商侯，他们以天鼋为图腾，不能商也是以天鼋为图腾，也就不能说周族出于商，不会出现"荒谬结论"。而且我们把殷商王朝看得太单纯了，以为它由单一民族所组成，商王朝即商民族。周灭商后，于先生也说商代贵族在服事周人的前提下，还保其奴隶主地位，其实不止如此，宋为商后，不仍然是周的诸侯吗？假使宋人还保留鸟图腾崇拜，你可以得出结论说周朝崇拜鸟图腾？这在逻辑上是讲不通的。而且商灭夏，夏之氏族仍在，我们已经说过，在夏初已经是夷夏交融。龟蛇崇拜是夏族的习俗，我们没法考订所有古代之具有天鼋族徽的彝器，属于何族，但我们可以肯定它不是商氏族，商属于东夷，东夷是鸟图腾，这在傅孟真先生的《夷夏东西说》中证据万千，从无以青蛙作图腾者。至于印第安人有以蛙为图腾者，遂谓可以为商人以蛙为图腾作佐证，这不知佐证了什么？未闻他们以鸟为图腾，那么商人之鸟图腾为不可信？未闻他们有以龙蛇为图腾者，那么夏周之天鼋崇拜亦不可信。一族之图腾崇拜必待万里外之异族作证？

其实韦昭的《国语解》，已经指出天鼋崇拜出自殷商诸侯伯陵之族，伯陵姜姓，乃太姜之侄，姬姜两氏，共建周族及周王朝。韦昭在解"我姬氏出自天鼋，……则我皇妣大姜之姓，伯陵之后，逄公之所凭神也"时，指出：

> 伯陵大姜之祖，有逄伯陵也。逄公，伯陵之后，大姜之侄，殷之诸侯，封于齐地。齐地属天鼋，死而配食，为其神主，故曰凭。凭，依也，言天鼋乃皇妣家之所凭依也。

这段注解，道出了一些史实，姜姓伯陵是殷之诸侯而封于齐者，齐地属天鼋，故天鼋为姜氏之所凭依。韦昭捏造不出古史传说，从这种传说中，我们知道，姜姓在周以前已经居于东方，东方本多姜姓古国，他们与东夷杂处，但有自己的龟蛇图腾，而龟蛇本为黄帝以至夏族图腾，那么姜（羌）氏族与华夏族的结合，不始于周，可能在夏代，夏族的构成中已经有姜，这我们在以下的共工、鲧、禹等纠缠不清的故事中，可以得到说明而澄清他们之间的复杂关系。

有逄伯陵在古史中也不是陌生的人物，《左传》昭公二十年曾有：

> 晏子对曰，古而无死，则古之乐也，君何得焉？昔爽鸠氏始居此地，季荝因之，有逄伯陵因之，蒲姑氏因之，而后大公因之。

杜注"逄伯陵殷诸侯姜姓"，以逄伯陵为一人，其余同于韦昭。齐地本属东夷，爽鸠氏即少昊族以鸟名官者，西羌而杂居于东夷间，说明以地域划民族界限有时不免矛盾。姜姓来自四岳，未和姬氏融合成周族前，他们有自己的图腾崇拜，与姬氏合而为一后，部分姜氏亦有天鼋图腾，这种图腾原来属于黄帝与夏后，周亦其所出，一如后金之于金。轩辕即天鼋，而天鼋亦即玄鼋，《国语·郑语》：

> 训语有之，曰：夏之衰也，褒人之神，化为二龙以同于王庭。而言曰：余褒之二君也。夏后卜，杀之、与去之、与止之；莫吉。卜请其漦而藏之，乃吉。乃布币焉而策告之，龙亡而漦在，椟而藏之，传郊之，及殷周莫之发也。及厉王之末，发而观之。漦流于庭，不可除

也。王使妇人不帏而噪之，化为玄鼋以入于王府，府之童妾，未既龀而遭之，既笄而孕，当宣王时而生，不夫而育，故惧而弃之。

这是说明褒姒的来历。褒为姒姓，以龙蛇为图腾，故"褒人之神，化为二龙"，而龙漦化为玄鼋，遂有童妾遇之而孕以生女的故事。"玄鼋"韦注以为像龙者。玄鼋即天鼋，本为夏族图腾，故有此传说。《史记·周本纪》记载这一段故事，根据《郑语》叙述道："宣王之时童女谣曰：'檿弧箕服，实亡周国。'于是宣王闻之，有夫妇卖是器者，宣王使执而戮之。逃于道，而见乡者后宫童妾所弃妖子，出于路者，闻其夜啼，哀而收之，夫妇遂亡，奔于褒……弃女子出于褒，是为褒姒。……生子伯服，竟废申后及太子，以褒姒为后，伯服为太子。……又废申后去太子也。申侯怒，与缯、西夷犬戎攻幽王。"幽王之乱牵涉到申、缯与西夷犬戎。申姜姓，缯姒姓；是姜氏与姒氏的结盟，这种结盟，可能早在夏代，不始于周，至姬周，姬姜两氏已融合一体，始祖后稷之母姜嫄即属姜氏，而后稷属于虞庭，非宗周时事。

夏姒姓，"以"小篆作㠯，本像盘蛇，亦图腾之标志。玄鼋既见于古文献中，在古铜器亦见其图形而自来无解。容庚先生的《金文编》于图形文字中有下列图形：

鼎文　　爵文　　爵文　　戈文　　作父丙簋

古文字学家自来无解，其实下一字与铜器中天鼋字相当，而尾部更显著，天鼋之鼋字亦有具短尾者，非如于省吾先生所说"龜形短足而有尾，鼋形无尾"而判为黽字者。黽字既无问题，上边之 ⟨字⟩，实龙蛇盘物形。所谓"物"或即古代之华表，因为这是图腾，所以大其形象，字应释为"玄"，甲骨文中的"玄"字作 ⟨字⟩，金文作 ⟨字⟩，而《说文系传》古文玄作 ⟨字⟩，《玉篇》作 ⟨字⟩。以上所有 ⟨字⟩、⟨字⟩、⟨字⟩，与金文中之图形 ⟨字⟩ 比，都是不同时期或不同使用方法的演变。⟨字⟩ 即盘蛇形，与 ⟨字⟩ 形比，有极相似处，所以我们判断这个图形字为"玄"，合文即"玄黽"，它是夏族系统的族徽，同于"天黽"。而且玄黽、天黽之演变尚不止此，甲骨文中多"不玄冥"三字习惯用语，作"⟨字⟩"，第三字即"黽"字，假借为"冥"，这本来是龜卜的形容，后来转为龜的别名。《左传》昭公十八年记郑大火，祝史"禳火于玄冥"。于玄冥禳火，足见玄冥之为水神。水神玄冥，即后来之北方"玄武"。《月令》冬季，"其帝颛顼，其神玄冥"。而《淮南子·天文训》云，"北方水也，其帝颛顼，……其兽玄武"。《史记·天官书》亦谓北宫曰玄武。"武"与"冥"古音相通，故玄冥可作玄武。而"玄武"向来是解作龜蛇的。《淮南子·天文训》《史记·天官书》《汉书·天文志》并以北方七宿总称曰"玄武"，而《楚辞·远游》云：

> 叛陆离其上下兮，游惊雾之流波，时暧曃其曭莽兮，召玄武而奔属。

洪兴祖补注云，"玄武谓龜蛇"。玄武、玄冥既是龜蛇，那么玄黽、天黽更不能解作青蛙，特古代"黽"字究与"黿"字有别，或"黽"亦龜之一种，《说文》之解"黽"为"鼃"，或许慎之误也。

邹衡先生在《论先周文化》（《夏商周考古学论文集》）中曾经说，"天黽器传世者甚多，作者曾收集100件左右，但有出土地点的仅成王时的……二器，……出于陕西乾县。从时代来说，天黽器也有属于先周时代的。……除此以外，还有天兽的族徽，这些兽类很难准确地判明其种属，只能依其形状分类"。他共分为六类，此外在洛阳传说有出土的天兽器群。这些天兽族徽图如下：

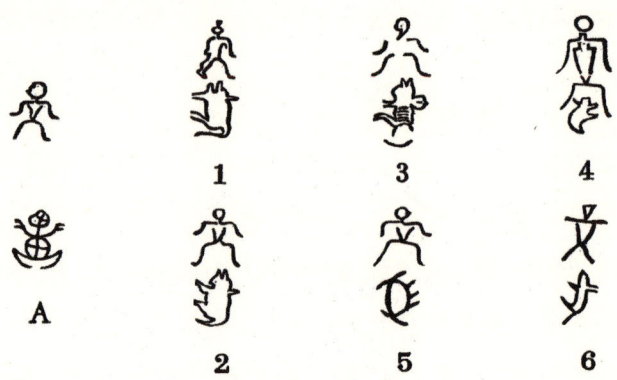

天黿与天兽族徽

A. 天黿父癸方鼎（三代 2.39.8） 1. 天兽鼎（三代 2.1.10）

2. 天兽妣辛毁（三代 6.22.3） 3. 天兽父丁鼎（三代 2.21.4）

4. 天兽鼎（三代 2.1.8） 5. 天兽父乙觚（三代 14.24.9）

6. 天兽父丁爵（三代 16.8.3）

根据《夏商周考古学论文集》（340 页）并参考《金文编》附录上三。

邹先生根据《史记·五帝本纪》及《大戴礼》的记载，认为这天兽族徽是黄帝族所率氏族六个族徽。我们则认为天黿是黄帝族徽，而天兽是炎帝族徽，这更可以说明《九歌》之"焉有虬龙，负熊以游"的含义。天兽之兽是熊罴，乃炎帝共工族亦即羌族的族徽，后来两族合为一族，遂有"负熊以游"的说法。详见下面。

（三）

因为姬、姜两姓的合成，而有黄帝与炎帝同出少典的传说。黄帝炎帝为姬、姜始祖，时代遥远，姬、姜两族的结合也是自周族形成时开始，从后稷出于姜原的记载中，可以知道在母系氏族的末期，父系氏族开始的时期，姬、姜两族已经在实行族外婚制而形成一个部族。但我们觉得，姜族来自羌人，他们与华夏部族的结合，不始于周祖，而始于夏初，也就是说黄帝炎帝两族之构成华夏族的主体，源远流长，夏族已不是一个单一的部族，其中有羌，即姜族的参加，否则我们将无法解释鲧与共工等纠缠不清的问题，也无法说明宗周与夏后的关系。我们认为夏与宗周如金与后金的关系，华夏族的形成，夏、商、周三代演变的过程中，夏、周同族而商属东夷，姜属西羌，东夷、西戎与夏、周融合而成华夏民族，这一伟大民族的形成中是不断斗争、融合的结果，来源是多元的，可以说自古以来中国就是一个多民族的国家，而以华夏族为主体，华夏族本身就是各少数民族不断融合而发展壮大的主体。这种融合发展的过程，过去研究民族史的专家学者限于时代，并没有完全弄清，包括我们尊敬的师长傅孟真、蒙文通以及徐旭生先生。

因为过去的学者没有完全弄清此一复杂的古史问题，所以徐旭生先生在谈到华夏集团时，自周谈起，而在《洪水解》中别谈夏族，他们和周族的关系不详，和羌族的关系不详，我们如何把他们归纳成华夏的主体更不知其详。不能"数典忘祖"，华夏族的形成应当先夏而后周，姜羌之与华夏结合也当先夏而后周，这样我们才能析源解流，使许多纠缠不清的问题，各得其解。徐旭生先生曾经谈到共工问题，他说，在古书中多传共工氏的事迹，上及远古，下到虞、夏，可以指明共工在古代为一显著的氏族。对于共工的传说虽不一致，但几乎全与水有关，共工氏以水纪，故为水师而水名，已经足以证明它同水有很深的因缘。《国语·鲁语上》说："共工氏之伯九有也，其子曰后土，能平九土，故祀以为社。"《礼记·祭法》与此略同。《左传》昭公二十九年中说这位后土的真正的名字叫作句龙。这些记载全是说这一氏族有人很有功绩，当日得有后土的名位，后来被祀为社神。而《国语·周语下》的记载却贬低了他的地位，说："昔共工氏弃此道也，虞于湛乐，淫失其身，欲壅防百川，堕高堙庳以害天下。皇天弗福，庶民弗助，祸乱并兴，共工用灭。其在有虞，有崇伯鲧播其淫心，称遂共工之过，尧用殛之于羽山。其后伯禹，……共之从孙，四岳佐之，……祚四岳国，命以侯伯，赐姓曰姜，氏曰有吕，谓其能为禹股肱心膂，以养物丰民人也。"这一节详细地叙述共工氏覆亡的过程，重要的是指它不肯任天地的自然，却去想改变它；此后鲧的治水仍然用它的办法；鲧失败后，禹改变他及他父亲的办法，才得成功。此时共工氏族内另一成员，四岳帮助禹治水有功，又建吕国。我们再看《淮南子》中关于共工氏的后期神话，也足以证明这个氏族曾经烜赫一时，后来族人中还有四岳（即大岳），辅佐大禹，导致洪水，得了极大的成功。（参考《中国古史

中的传说时代》136—139页)

关于共工的传说很多，绝不止以上所述，但最值得我们注意的是《周语》的记载："其后伯禹念前之非度，……共之从孙，四岳佐之，……祚四岳国，命以侯伯，赐姓曰姜，氏曰有吕，谓其能为禹股肱心膂，以养物丰民人也。"指出四岳是共之从孙，姜姓的祖先，氏曰有吕；这又使共工之族和夏族发生了联系。上面曾经指出姬姜结合不是羌与华夏结合的开始，应当追溯到夏族与羌族的结合，四岳之佐伯禹，以及赐姓曰姜，氏曰有吕的记载，都可作此解释，而且鲧与共工事迹之类似，更可以引申出许多类似问题。四岳（嶽）实即太岳。《左传》隐公十一年云，"夫许太岳之胤也"。庄公二十二年云，"姜太岳之后也"。襄公十四年又说，"谓我诸戎四岳之苗裔也"。徐旭生先生于是指出，许与姜戎皆出姜氏，太岳、四岳明显是一个人。孙诒让在《墨子闲诂》中说"四""太"字篆文相近而互讹，尤可证太岳、四岳之为一人。其实太岳（四岳）原指嵩山，顾颉刚先生曾经考证道："《左传》昭四年，晋司马侯曰，'四岳、三涂、阳城、太室、荆山、中南，九州之险也'。三涂、阳城、太室，都在嵩山的区域里。荆山，在嵩山南；中南，在嵩山西，都相距不远。然则这四岳也未必很远"。(《五岳》见《尚书研究讲义》丁种三之二）因此我们可以定四岳（太岳）属于嵩山区，嵩山即崇山，段玉裁的《说文解字注》于"崇"字下注解道：

> 《大雅》，"崧高维岳"。《释山》《毛传》皆曰，"山大而高曰崧"。《孔子闲居》引《诗》崧作嵩。《释名》作"山大而高曰嵩"。崧嵩二形皆即崇之异体。韦注《国语》云，"古通用崇字"。《太平御览》及徐铉皆引其语。《诗序》曰，"崧丘，万物得极其高大也"。此崇之故训也。《河东赋》"瞰帝唐之嵩高，眽隆周之大宁"，嵩高即崇高也。……中岳，《禹贡》谓之外方，秦名太室。汉武帝始谓之崇高山。……崇字《地理志》作"崈"，体之小异耳。《史》《汉》或嵩高错出，要无碍为一字。……

嵩山即崇山，而崇山即太岳，太岳是姜姓的来源、共工之后；夏禹父鲧也是崇伯。崇伯当然和崇山有关，那么夏族之与四岳的关系，于此窥见一斑。《国语·周语下》云，"共工用灭，其在有虞，有崇伯鲧播其淫心，称遂共工之过，尧用殛之于羽山"。共工与鲧都因治水不得其法而失败，事迹相似，出身相同，他们都和崇山太岳有关，以此有人遂怀疑他们是一个人的分化。童书业先生说："共工氏也就是鲧：'共工'二字是'鲧'字的缓声，'鲧'字是'共工'二字的急音。共工氏'伯九有'，鲧'始均定九州'（《海内经》）为'有崇伯'（《周语下》），共工氏有了后土句龙'能平九土'（州）为社神；鲧也有子禹能'平水土'（《吕刑》），'定九州'（《海内经》）为社神。天下有这样奇巧的事吗？再看：《周语》说鲧与共工的罪状一样（'有崇伯鲧称遂共工之过'），共工'壅防百川，堕高堙庳'。（《周语下》，下同）鲧也是'陻障洪水'（《海内经》《洪范》《鲁语》等）；共工'皇天弗福'，鲧也是'帝乃震怒，不畀洪范九畴'（《洪范》，下同）；共工'庶民弗助，祸乱并兴'，鲧也是'彝伦攸斁'；共工'用灭'，鲧也是'殛死'；两人的事迹，又相同到如此。……其他共工即鲧的证据还多，这里不能详举。"（《古史辨》第七册下《鲧禹的故事》）

童先生从许多故事中，说明鲧即共工，共工即鲧，此外杨宽先生、陈梦家先生等也有类似见解；但他们都未能明确究竟是由共工分化出鲧，还是由鲧分化出共工，而分化的过程及其原因更没法追究了。我们认为这只能从民族学的角度，从古代民族融合的过程中来寻觅他们之间分化演变的过程。这是中国的创世纪，神巫手中的史诗，有历史事实作为素质，因为古代氏族间的融合与分化，这历史也就有一个融合或分化的过程，我们只能从这种过程中，找出他们原来的"素地"，这素地是历史的本来面目，后来的演变，是"绘事后素"。童先生继承了顾颉刚先生的疑古学说，勇于向前，遍疑古史，使复杂万状的古史传说简单化，说是"后人之伪"。我不同意这种简单的办法，这不能解决问题，只能是斩断古史。化四千年历史为三千年、两千年，抹杀一切，不是正确的历史方法，这我在《论古史辨派》一文中已有论述，虽然颉刚先生、书业先生是我最钦佩的良师和益友！

我们不必把共工和鲧说成一个人，他们同是两个氏族的祖先，这两个氏族：夏与羌都有过洪水的传说，都有过治水的名人，当它们合并成一个部族后，彼此影响，不同的人物而有相似的遭遇是可以理解的。我们从他们的交互影响中可以看出这两个氏族的融合过程，因而我们可以说姒氏与姜氏的结合早于姬氏与姜氏的结合，长期结合的结果，使姜氏与羌戎分离，由野蛮部落进入文明社会。洪水的传说在古代世界是普遍存在的，徐旭生先生曾经指出，在世界历史上较古的人民里面差不多全有关于洪水的传说。有些人觉得这是一种共同的神话，里面毫无历史的因素，跟着就想用这种共同的神话证明人类的同源。实则，人类是否同源是一个与洪水问题没有深切关系的问题。人类即使异源，如果他们处于相类似的环境，仍不妨发生相类似的以至于相同的神话或传说。各族人民发生这样相类似的洪水传说，起源颇为复杂。本书后面附录苏秉琦同志所译、富勒策的《洪水故事的起源》，在这一篇文中的结论，我们相信大致是正确的。（见《中国古史的传说时代》128页）徐先生说中国古代的"洪水"即"共水"，"黄河在上游不能为患；初入平原，纳了共水，才奔腾冲击，构成大患。共地的居民没有远出考察，不知道黄河径流山间、原间及平地的关系，只看见它原来不能为患，纳了共水，才无法制约，酿成大患，很容易误会祸源不属于河而属于共"。他并且联系到共工时说："在古书中多传共工氏的事迹，上及远古，下到虞夏，可以指明共工在古代为一显著的氏族。共系地名，……对于共工氏的传说颇不一致：有恭维它的，也有诋毁它的。可是不管恭维与诋毁，它的传说几乎全同水有关。共工氏以水纪，故为水师而水名，已经足以证明它同水有很深的因缘。"（原书137页）我们不必拘泥于洪水即共水，但可以说共工与洪水有关，他是因治水而失败的人物，鲧亦如此；他们的后代合在一起，他们本身的事迹也混淆不清，但他们都是古代史上煊赫的人物，谁也湮没不了谁。

因为夏、姜两族的结合，鲧遂有"崇伯"的称号。崇就是嵩，也就是太岳、四岳，上面我们曾经引用顾刚老师的考证，说太岳在嵩山区，但先生并没有坚持此说，结果把太岳定在今甘肃六盘山之东南，黄河西道之东。（见《古史辨》七册下，130页）这已经远离嵩山区域，但我们认为这是不恰当的。其实四岳不必远求，还是在嵩山区。《诗·大雅·崧高》云：

崧高维岳，骏极于天。维岳降神，生甫及申。

此所谓"甫"即"吕",《书吕刑》《礼记·表记》作《甫刑》。而《国语·周语下》有云:

> 其后伯禹念前之非度,……共之从孙,四岳佐之,……封崇九山,……合通四海。……莫非嘉绩,克厌帝心。皇天嘉之,祚以天下,赐姓曰姒,氏曰有夏。……祚四岳国,命以侯伯,赐姓曰姜,氏曰有吕。……以有胤在下,守祀不替其典。有夏虽衰,杞鄫犹在,申吕虽衰,齐许犹在。

通过上述记载,我们明确了两个问题:(一)夏禹时代,共工从孙四岳曾经佐禹治水,平定九州。(二)申、吕皆姜姓国,故尹吉甫于周宣王封申伯于南土之际,作《嵩高》诗以送之,顾刚先生并且说:"曰'崧高维岳'者,形容岳山之奇伟也;曰'维岳降神'者,称扬其先人四岳之灵异也。"(同上,136 页)至此已经明确崧山即太岳,即申吕姜姓国之发源地,而不必旁生枝节,但顾刚先生疑之,说:"其后以陆浑戎之被迁于伊川,此四岳之故事亦遂接踵而至,于是太室乃称为中岳,又别称为嵩高,此未见于春秋战国时书,而初见于汉武帝之诏。……自是以后,九州中之太室遂正其名曰嵩高,而推厥由来则在尹吉甫之诗,但将形容词易为名词耳。"这未免"深文周纳","崧高"是山名而不是形容,武帝诏有"亲登嵩高"的字句,不能说他登山之后而命名,先有山名,后有县名,王念孙曾经考证道:

> 念孙按:"崇高"即"嵩高"。……诏曰,"翌日亲登崇高",《志》曰,"以山下户凡三百封崇高",则"崇高"本是山名而因以为邑名,非以崇奉中岳而名之也。……《周语》,"融降于崇山",韦注,"崇,崇高山也"。……后世小学不明,遂以"崇"为泛称,"嵩"为中岳。(《读书杂志》四之一)

这说得明白,"崇高"本为山名,后因为邑名,非因中岳而得名。《周语》之"融降于崇山"即嵩高山,后来不明小学,遂以"崇"为形容词(泛称），其实误解。颉刚先生古史大师，非不明小学者，特以"疑古精神"而致小误者。

颉刚师是史学大师，目光如炬，虽有时为"疑古精神"所误，但有远见，他早已看出夏禹与羌戎的关系，而有《九州之戎与戎禹》一文（《古史辨》七册下），这给我们许多有益的启示。先生收集了这方面的材料，更给我们许多方便。先生根据《周语》下有关共工的记载，说，在此可见四岳为共工从孙，佐禹治水，称其人曰"四岳"者，当以其封国包有四岳之地故。姜戎虽未完全华化，与齐许诸国异，而其为申吕之裔胄，则与齐许诸国同。然则申吕齐许者，戎之进于中国者也；姜戎者，停滞于戎之原始状态者也。而由其入居中国之先后，遂有华戎之判别，是则后迁者之不幸耳。

颉刚先生虽然认为齐许申吕为羌戎之最早进于中国者，但先生没有明确姜氏与夏族的结合，而是说大禹来自羌戎。春秋时代，戎族分布于中国内地，东方有鲁西之戎，在北方有居于河北山东山西三省之交的北戎、山戎及无终氏之戎；在西方有居陕西之犬戎、骊戎；居于河南者，最早有伊雒之戎，而通过《左传》僖公十一年的记载，知道东周王室邻近之戎颇为强暴。因戎之强梁难御，故于僖公二十二年秦晋即迁陆浑之戎于伊川。陆浑戎允姓，因允姓而知其旧地在瓜州。（见《左传》昭公九年）陆浑戎又名阴戎，阴地所在，杜预注《左传》哀公四年云：

> 阴地，河南山北，自上雒以东至陆浑。

是自今陕西商县至河南嵩县一带地，伊洛二水之流域，皆为阴地。陆浑之戎居于河南山北两阴之地，故时人名之曰阴戎。然则其所由迁之瓜州为今何地？杜预注以为在敦煌，此说颇有问题。《左传》襄公十四年有云：

> 将执戎子驹支，范宣子亲数诸朝，曰："来，姜戎氏！昔秦人迫逐乃祖吾离于瓜州，乃祖吾离被苫盖，蒙荆棘，以来归我先君。我先君惠公有不腆之田，与女剖分而食之。今诸侯之事我寡君不如昔者，盖言语漏泄，则职汝之由。诘朝之事，尔无与焉，与将执汝。"对曰：

> "昔秦人负恃其众，贪于土地，逐我诸戎；惠公蠲其大德，谓我诸戎是四岳之裔胄也，毋是剪弃，赐我南鄙之田，狐狸所居，豺狼所嗥，我诸戎除剪其荆棘，驱其狐狸豺狼，以为先君不侵不叛之臣，至于今不贰……。"

以上范宣子所训之戎不曰"允姓"而曰"姜戎氏"，于是杜预解曰：

> 四岳之后皆姓姜，又别为允姓。

此种主观想象未必符合史实，《后汉书·西羌传》引《古本竹书纪年》以为周宣王时，"戎人灭姜侯之邑"，或瓜州本姜戎所居，允姓戎灭之，因相杂处？姜与允为二姓，自为二族，且被迁之后，姜戎居于晋之南鄙，允姓居于王之郊甸，亦为二地。

顾颉刚先生以为瓜州在今凤翔之东，实居秦晋之间，故秦人得而迫之，晋人得而诱之。而《左传》庄公二十八年之"晋献公……娶二女于戎；大戎狐姬生重耳，小戎子生夷吾"。此二戎女，一为姬姓，其另一则杜预注云，"小戎，允姓之戎"。使杜注有据，则瓜州不能远在敦煌；否则献公安得有远亲耶？盖瓜州不在秦西而在晋西，故得婚媾于晋。河南山北（山指秦岭）之间，先有"扬拒""泉皋""伊雒"之戎，其后晋惠公迁戎，乃有陆浑允姓之戎，有姜戎氏，有蛮氏，族类甚多，还有九州之戎，见于《左传》昭公二十二年及哀公四年，据杜注"九州之戎"云"九州戎，陆浑戎"（昭公二十二年），"九州戎，在晋阴地陆浑者"，是"九州戎"为后起名。但何以名之曰"九州"乎？通常以九州为天下或中国之异称，其初乃一固定之区域，此可于《左传》昭公四年传中见之：

> 四岳、三涂、阳城、太室、荆山、中南、九州之险也，是不一姓。

九州多险，今非一姓。此所谓"九州"，即九州之戎之所在地。在此区域中，有四岳、三涂、阳城、太室、荆山、中南诸险。诸险之地望定，则九州区域之广袤亦可定矣。

以上诸险，三涂在今河南嵩县，阳城、太室俱在今河南登封县，中南在今陕西武功县，自来无异说，独"四岳""荆山"则说法不一。"四岳"又称"太岳"，《左传》有两处道及：

夫许，太岳之胤也。（隐公十一年）
姜，太岳之后也，山岳则配天。（庄公二十二年）

与《周语》之"祚四岳国，命以侯伯，赐姓曰姜，氏曰有吕"合读，知太岳与四岳是一非二，颉刚先生说："何以有此异称，则无证以明之，或四岳其全称而太岳其偏称乎？"其实，晚清孙诒让已证"太""四"是一字之讹，而我们则以为"太岳"为全称，而"四岳"乃因"齐许申吕"都属岳国而有"四岳"名。颉刚先生以为"由山海经观之，则当时盖有东西南北四岳"，并因以说"四岳"乃西山之四山，而以"太岳"为霍太山，在山西南部，其地当殷周间亦戎之区域。于此颉刚先生颇多考证，结果使"太岳"与"四岳"分离为二，本为一岳而异名，先生亦言之，"太岳"与"四岳"是一非二。后乃反复"是二非一"，并因以推定九州之区域，说："其地盖始自今陕西之极西部，或今甘肃之东南部，北由陇山（四岳），南抵秦岭（中南），及逾潼关，则北暨崤函（荆山），南及熊耳之东（三涂），以迄于今河南中部之嵩山（阳城，太室），包有渭、雒、伊、汝诸水之区域。""九州"者本为戎之区域，而与诸夏相荡相摩于是者乎！故戎之名称，以九州戎为最广，合全部而言；次则阴戎；又次则陆浑；又次则姜戎。

九州即今河南之西部及陕西之中部，是颉刚先生于邹衍大小九州之外有更小之九州，其实此一更小之九州即指"中国"言，而共工的传说多与"九有""九土"有关，亦"九州"之异称，都不能如颉刚先生所解，盖羌戎传说，平定九州者乃其祖共工，一如夏之言大禹者。而颉刚先生乃进而言"大禹"亦"戎禹"耳！先生说："禹之由来虽不可详，而有兴于西羌之说。"《史记·六国表》云：

禹兴于西羌。

此外《吴越春秋·越王无余外传》有"鲧娶于有莘氏……产高密（禹）家于西羌"；《后汉书·戴良传》云，"大禹出西羌"；《新语·术事篇》云，"大禹出于西羌"；《史记集解》引皇甫谧云，"孟子称禹生石纽，西夷人也。传曰，'禹生自西羌'"。因之顾颉刚先生结论："甚疑禹本为羌族传说中之人物。羌为西戎，是以古有'戎禹'之称。"又根据《书·吕刑》的记载，以为《吕刑》中之吕王在一篇演说辞中，畅言苗民制作刑法以乱世，鳏寡吁求上帝降神以恤民。上帝允之，乃降伯夷、禹、稷三后于下以成其地平天成之大业。伯夷者何？《郑语》固言之矣，曰"姜，伯夷之后也"，是姜姓之祖之宗神也。稷者何？周人之始祖，姜嫄之所生，姬姓之祖之宗神也。苗者何？即被窜于三危之三苗，《禹贡》纪其事于雍州之域，曰，"三危即宅，三苗丕叙"。三危者雍州西部黑水之所经也。作乱之民定居西方，恤功之后亦降西方，述其事者又出于西方之族之王者，则此整篇故事必全以西方为其背景可知也。禹在此故事中占有重要之地位，证以禹出西羌之说，其为戎族之先人审矣。

何况禹者征苗之主帅也，《吕刑》虽未言而见于《墨子·非攻下》，以为禹殛苗之后，遂平水土而有天下。墨家之传说由于姜姓之族所传播。范晔《后汉书·西羌传》中说：

> 西羌之本，出自三苗，姜姓之别也。

且以三苗为姜姓，于以知种族之混同必由杂居来，而征伐者杂居之先导也。顾颉刚先生因以上之种种说法而结论曰：

> 由戎居之九州，演化而为天下之代称之九州，更演化而为尧之十二州。由戎之先人所居之四岳，演化而为平分四方之四岳，更演化而为汉武帝之五岳。由戎之宗神禹，演化而为全土共戴之神禹，更演化而为三代之首君。州与岳随民族之疆域之扩大而扩大，"禹迹"又随州与岳之扩大而扩大；此皆向所视为纯粹之华文化者，而一经探讨，乃胥出于戎文化。且姬姜者向所视为华族中心者也，禹稷伯夷者向所视为创造华族文化者也，今日探讨之结果乃无一不出于戎，是则

> 古代戎族文化固自有其粲然可观者在，……。夫戎与华本出一家，以其握有中原之政权与否乃析为二；秦汉以来，此界限早泯矣，凡前此所谓戎族俱混合于华族矣。……（《古史辨》七册下《九州之戎与戎禹》）

顾刚先生此文材料丰富，给我们许多有益的启示，并因其中所引都是我们要用的材料，所以详为征引，但我并不同意我的老师的结论。把夏禹说成出于西羌，是汉以后事，顾先生也说，"此固皆汉人之文，其可信据之程度甚低下"，所引《商颂》《吕刑》更与"戎禹"无关，只是辗转迂回于禹旁，无一直接与禹相关。至于四岳，太岳之地望偏西说，论证不足，亦难成立。但这篇文章给予我们的启示是：禹与羌有关，相关之由来，即因夏羌此时已融为一体，所谓"前此所谓戎族俱混合于华族矣"。不是夏禹自羌戎来，而是戎禹来自夏族，一如鲧与共工，各有来源，两氏族合成后遂多相似的传说，大禹没有分化为二，故夏禹变为戎禹，我们在许多证据下可以作如是结论。

童书业先生于《九州之戎与戎禹》一文的跋中说：

> 禹名从"虫"，亦即"勾龙"，龙之传说与实物非必南方独有。《史记·封禅书》记秦文公梦黄虵自天下属地，作鄜畤，郊祭白帝。《山海经注》引《开（启）筮》云，"鲧死三岁不腐，剖之以吴刀，化为黄龙也。"黄龙与黄虵同类，然则水中动物，龙蛇之类西方固有之，是又不能以禹名从虫证其为南方传说中之人物矣。盖中国之西北方地势高低不平，一逢水潦即成州之形状，故九州之传说即起于此地，治水之传说亦产生于此；"降丘宅土"，非必南方民族特有之情形也。
>
> 综上所论，禹起南方之说似不如禹起西方之说为可能。顾师此文从九州四岳之原在地，推测禹传说之起源，立证确而阐发精，禹与西方民族有关，自有此文，盖为定论矣！

我们已经说过，四岳即嵩山区，亦称太岳。嵩山即崇山，崇鲧崇禹说，都自此来。章太炎在《神权时代居山说》中指出："夏禹所居曰嵩山，夏都阳城，即嵩山所在；古无'嵩'字，但以'崇'字为之，故《周语》称鲧为崇伯鲧，《逸周书》称禹为崇禹'。"（见《文录》）在《检论·辨乐》中又重申此说。而童书业先生也说，崇山即嵩山。九州之解亦泛指中国，非地区专名，由此而证"戎禹"本不相干。禹为羌人，又出自汉代，颉刚先生已说其不可信，而童先生说已成定论，实在无坚实基础，乃又添新证，根据《大荒北经》，谓犬戎与鲧同出西方传说中人物黄帝；而共工为姜戎之祖，鲧为戎族，则禹传说之出于戎族，此亦一证。因而更有结论曰："然则姜姒等族原为戎种与周杂处，禹之由姜戎之神化而为夏人之祖，其因殆在此乎。"其实顾、童两先生的所有论证，都只能说明，姜、姒、姬等氏族曾经杂处而融合为一，谓禹出于戎，等于共工出于夏，都是两可之说，而两族各有历史渊源，各有"创世纪"，传于神巫口中，勉强谓某出于某，不如谓各有所出，因杂居而融合，传说中之祖先遂亦合并，遂有禹出于戎，而有鲧与共工之类似。但童先生谓禹即勾龙，实属卓见，此为引进图腾说以证古史，将开辟新径，为《古史辨》增色。

在古代各氏族中，图腾崇拜可以说明本氏族之来源及得姓的因缘。图腾是宗神，各宗有各宗之宗神，各族有各族之姓氏，因夏之龙蛇崇拜可以追溯其来源及其与戎之关系。东夷以鸟为图腾，傅孟真先生在《夷夏东西说》中已详言之，但未及夏之以龙蛇为图腾。禹为勾龙，童书业先生已前言之，亦即本族之龙蛇崇拜。禹父鲧，《说文》作"鮌"，段注以为"禹父之字古多作骸作骸"，而不收"鲧"字，其实原应作"鲧"或"骸"，从"玄"者亦象征本族之图腾。前边我们曾经谈到"玄"字，我以为这是龙蛇盘柱形，金文中之：

过去无解，其实即"玄"字，像蛇盘圆柱（或华表或旗帜）而有所止，其义当"迷惘"，与"冥"字连称，遂有模糊、黑暗之解。与"鼋"字结合，遂名"玄鼋"，而黄帝之名玄鼋或天鼋都只能作图腾解。夏姓姒，"以"字篆文作"㠯"，亦像盘蛇形，都可以说明夏族之以龙蛇为图腾。但在古文献中有关鲧之传说，鲧所化非蛇而为"能"，如《天问》云：

> 化为黄熊,巫何活焉?咸播秬黍,莆藋是营,何由并投而鲧疾修盈?

而《国语·晋语》云:

> 昔者鲧违帝命,殛之于羽山,化为黄熊以入于羽渊。

又《左传》昭公七年有:

> 昔尧殛鲧于羽山,其神化为黄熊以入于羽渊。

此外较晚的文献,《论衡·死伪篇》《说苑·辨物篇》都有相似记载,而《路史注》引《汲冢琐语》则黄熊作朱熊。但段玉裁在《说文》"能"字下注云:

> 《左传》《国语》皆云"晋侯梦黄能入于寝门"。韦注曰:"能似熊。"凡《左传》《国语》"能"作"熊"者,皆浅人所改也。

今传善本尚多作"能",而"能"据《说文》亦熊属。鲧本龙蛇图腾的"人化",为什么"化为黄能"?我以为"熊"为羌族的图腾,禹亦有"化为熊"的记载(见《绎史》十二引《随巢子》),这都说明夏羌两族融合后,图腾崇拜亦互相感染,因之共工亦有关于龙蛇的记载,如:

> 共工臣名相繇,九首蛇身自环,食于九土。

《海外北经》亦有类似记载,"相繇"作"相柳"。"共工"属于羌族,本为熊图腾,而其相"九首蛇身"。"轩辕之国"也是"人面蛇身",如果以"轩辕"为黄帝,而黄帝亦号"有熊氏",陈梦家先生曾经说,黄帝号有熊氏,而禹鲧皆有化熊之事。《天问》,"焉有虬龙,负熊以游";毛奇龄、徐文靖并以为黄帝事,其实亦可谓之禹事、鲧事。(见《商代的神话与巫术》)黄帝号轩辕亦即玄鼋、天鼋已成定论,又号有熊,鲧、禹都有化熊的传说，而共工有关于龙蛇的传说，都和他们本族的图腾乖午，这说明什么？说明了古代氏族的融合，图腾崇拜亦彼此交错，最有趣而最能说明问题的是：

  焉有虬龙，负熊以游。(《九歌》)

虬龙是夏族的图腾，而熊是羌族的图腾，两族融合后，互为族外婚而亲密无间，他们的宗神也水乳交融，而"虬龙负熊"了！

  关于鲧之为龙蛇崇拜事，杨宽先生在《中国上古史导论》（见《古史辨》第七上）中有许多推论，更足以说明夏族羌族之图腾交错。他说，《左传》昭公七年传载晋平公有疾，子产以为鲧作祟，而昭公元年传载晋侯有疾，"郑伯使公孙侨如晋聘，且问疾。叔向问焉，曰：'寡君之疾病，卜人曰，实沈台骀为祟。史莫之知，敢问此何神也？'子产曰，'昔高辛氏有二子：伯曰阏伯，季曰实沈，……迁实沈于大夏。……昔金天氏有裔子曰昧，为玄冥师，生允格台骀；台骀能业其官，宣汾洮，障大泽，以处太原，帝用嘉之，封诸汾川，沈姒蓐黄，实守其祀。今晋主汾而灭之矣。……"刘逢禄以为上述两事是一种传说的分化。一称鲧为祟，一称实沈台骀为祟；鲧沈于渊，而实沈名曰"沈"；鲧为夏郊，而实沈迁于大夏。鲧障洪水，而台骀"障大泽"；鲧为姒姓之先，而姒姓守台骀之祀；是实沈台骀殆亦即鲧之化身也。台骀能业玄冥之官，鲧与共工既为东夷神话，则鲧或即殷人东夷之水神玄冥。按："鲧"字古作"鲧"，"玄"本读若"昆"。盖玄冥或简称冥，抑或简称"玄"，又写作"鲧"，或作"鲧"耳。（玄之所以加"鱼"旁作"鲧"者，或即因其为水神之故）《月令》冬季"其帝颛顼，其神玄冥"。冬于五行属水，故《左传》昭公二十九年传云："水正曰玄冥"。又《左传》昭公十八年传记郑大火，云："祝融襄火于玄冥"，于玄冥襄火，亦以玄冥为水神也。鲧、共工与玄冥，音既相近，又皆有治水而死之说，《国语·鲁语》《礼记·祭法》并云，"冥勤其官而水死"，岂非一神之分化乎？玄冥为冬季之神，于五行处北方，共工所流之幽都，所触之不周山，相传亦俱在北方。玄冥在北方，共工亦在北方，当非偶合也。共工处幽都而玄冥亦用事幽都，则二者为一传说之分化，不尤显乎。又《左传》昭公二十九年传云："少皞氏有四叔：……修及熙为玄冥，世不失职，遂济穷桑，而《淮南子》谓"共工振滔洪水，以薄空桑。空桑亦即穷桑，此亦足证共工之即玄冥。

"玄冥"本为黑暗幽冥之义。《山海经·中山经》云，"青要之山，实维帝之密都……禹父之所化"。鲧所化之密都，当即共工所流之幽都。又《左传》昭公二十九年云：

> 少皞氏有四叔：曰重，曰该，曰修，曰熙，实能金木及水，使重为句芒，该为蓐收，修及熙为玄冥。

是玄冥之名为修及熙。而《天问》有"鲧疾修盈"，《史记·索隐》引《帝王世纪》："鲧……字熙"，旧说又谓共工氏名戏，据《大荒东经》之有关记载，疑戏即河伯名，而熙、戏音近义通，是鲧、共工、冥、河伯名字并同，其为一神之分化，又断然矣！

以上冗长的引文，互为交错的考据有些不可信处，比如谓鲧即殷人东夷之水神玄冥；鲧为夏祖，共工为姜氏祖，夏、姜结合，已属不同氏族之结合，而又以属之于东夷，系统紊乱，夷夏不分，不能成立，夷夏有混淆处，但不在此处，如商器之多天鼋族徽，即受夏周影响，但玄冥另有来源，已见上述及鄙著《不玄冥》，但杨宽先生原文有值得注意处，即始终以共工与鲧的传说与水及水神相结合，而谓"玄"所以加"鱼"者或即因其为水神之故。通过这些考证，我们可以断言：

> 在夏族鲧、禹的传说中始终围绕治水水神及龙蛇的崇拜，而姜氏祖先共工亦有类似传说，这是两个氏族融合的结果。姜本不以水族为图腾，但因两族结合而以夏为主，姜族遂有治水及水族崇拜的事实，两族图腾亦结合为一，而有"焉有虬龙，负熊以游"的有趣场面。

玄鼋是夏图腾，周族少变成为天鼋，黄帝之号轩辕来自玄鼋，又号有熊，来自"负熊以游"，而鲧禹之化为黄熊，亦夏族受有羌族影响的结果。氏族融合，不同文化亦为一体，此在古今中外，都无例外。

（四）

姒姜的结合，姬姜的结合，到西周文王时代已有千百年的过程，完全是融合无间了，但我们在《史记·齐太公》世家中，仍然可以看出这种融合的痕迹，原文说：

> 太公望吕尚者，东海上人。其先祖尝为四岳，佐禹平水土甚有功。虞夏之际封于吕，或封于申，姓姜氏。……从其封姓，故曰吕尚。……西伯将出猎，卜之，曰"所获非龙非螭，非虎非罴……"于是周西伯猎，果遇太公于渭之阳。

从这段记载中，我们应注意：1.他的先祖四岳，佐禹有功而封于吕、申。2.西伯猎前卜：所获非龙螭虎罴。先祖四岳及封于吕申，上文已有详细论述，而"四岳"的地望，颇有异说，我们主张即嵩山区，如今通过"太公望"的称谓，也可以得到证实。关于"太公"的由来，《史记·索隐》及日本人的《汇注》考证中有许多说法都不得要领，而钱宾四先生在《周初地理考》（《燕京学报》十期）中所定义例，类似"太公望"的称谓来自地望，那么"太望"实指太岳即嵩高。那么与夏周结合姜氏族实是居于嵩高区域之羌人。而文王所猎之非龙、非螭、非虎、非罴，前者似龙螭是姒、姬图腾，而后者似虎罴是姜羌图腾，在周族中两种图腾并行，因之也象征着太公望的宗神。

我们曾经说周之于夏，一如后金之于金，但在古文献中无征，虽然《周诰》中屡称"夏"，而没法肯定夏、周之间的关系。近人考证亦无作此结论者，但有的论文实际结论应是如此。杨宽先生在上文提到的《中国上古史导论》五《姒姓与姬姓》中指出，夏人传说本为周人"下后"神话演变而成，周人起于西戎，故夏亦相传兴于西土。《论衡》谓，"……费昌问冯夷曰：'何者为殷，何者为夏？'冯夷曰：'西，夏也；东，夷也。'"夏于传说中在西方，其证甚多。《周语》下称皇天祚禹以天下，"赐姓曰姒，氏曰有夏"。姒姓之说，实亦出于周故土有邰之传说。"姒"字从"目"，

"邰"字从"台","𠯠""台"本皆即"耜"。"𠯠",甲、金文作"㠯",为"耜"之象形字。周人本为农耕民族,其祖先神后稷乃农神,故其所在地称"有邰","邰"亦以农具得名也。"姒""邰"二字本出同源,一则于传说中为姓,故从女作姒;一则于传说中为地名,故从邑为邰。两字既属同源,则夏史传说出于周民族之相传,又可知矣。传说中夏除姒姓之国,有杞、鄫、莘、匈奴等,实皆西戎,与周为同族,则夏史传说之起于周人西戎之所传,又可知矣。

这种论述,疑古之偏见颇深,此亦数十年前"古史辨"派流行说法,不足弃,亦不足信,但从中可以得到夏周同源的启示,而不能说夏出于周。又谓姒字从"𠯠"乃耒耜之象形,本为旧说,但是误解,古农具无论从考古发掘或文献的考订上(如徐中舒先生的《耒耜考》)都找不到类似𠯠形的农具,古今中外也无类似的农具,这只能是比附,而不是考据。𠯠像盘龙,从玄字之造形上亦可得到说明,铁证如山,不必怀疑。夏以龙蛇为图腾,故即以为氏,鲧、禹、玄鼋都是夏族的宗神,都是由图腾转化而来,姬氏后起亦云"出自天鼋",即轩辕,即黄帝。

但我们究竟从杨文中得到启示,而刘师培先生的《姒姓释》所得尤多,他说:

> 《郑语》叙祝融裔以己为姓,有昆吾、苏、顾、温、董;祝融祖高阳,是己姓兼出颛顼,与青阳夷鼓之己姓不同。然均为辰巳之巳,非人己之己。夏代亦祖颛顼,夏为姒姓,姒姓不见《晋语》,疑亦巳姓异文。"姒"从"𠯠"声,古或作"娰"(汉刘夫人碑),"巳""𠯠"古通(《广雅》巳,似也。《说文》巳,𠯠也。又云,巳,用也,从反已),故"姒""巳"同文。《汉书人表》颜注以昆吾为姒姓国,则祝融后裔之"己"古亦作"姒"。窃疑昆吾、顾、温勤于辅夏,由于世系相同;"巳""姒"二姓由同而分,犹"陈""田"古通,夏分为"陈"耳。观"巳"为少昊之姓,昧为少昊裔子生允格台骀,而台骀之后复有姒国,则"允""姒"二字亦均"巳"殊文。以彼例此,其证益昭。又杞为夏裔,"杞"亦"姒"字异文,犹尧为刘姓,其后封黎也。"杞"即今本《说文》"娰"字,唐本《说文》正作"杞",

此其确证。后人不见从木从己之杞,乃以枸杞之杞况其音,而颛顼后裔之"巳"姓,亦有以字相况者,误也。(《左盦集》卷五)

刘师培先生经学世家,其学甚博,杨宽先生于《中国上古史导论》中引此文,但有删节,而是关键处删节,原文以"巳""姒"同用,而杨改"巳"为"己",其实不必。杨先生又引申道:允姓之戎与姒姓之夏实本一族。而且周人姓姬,"姬"亦疑"姒"字之音变。古从"台"从"匝"之字本可通用,如"颐养""宧养"或作"怡养""台养""胎养""治养"。"鲐"或作"鲻",亦其例证。"姬""姒"两字古本音同通用,如《左传》哀公五年云,"齐燕姬生子,不成而死,诸子鬻姒之子荼嬖"。而《史记·齐世家》云,"五十八年夏,景公夫人燕姬适子死。景公宠妾芮姬生子荼"。同是景公妾,一作"鬻姒",一作"芮姬",鬻、芮盖形近而讹,"姬""姒"则音同通用。他又引章太炎的《方言》三,云:

《说文》:"妎,妇官也。"汉有鉤弋夫人,"弋"即"妎"字。《春秋》"姒氏",《公羊经》皆作"弋",则"妎"即姒姓之"姒"。汉亦谓妾为姬,盖贵者后宫取备百姓,故"弋""姬"皆为妾称。《汉书·文帝纪》母曰"薄姬",如淳曰:"姬音怡,众妾之总称。""妎"转平声亦为"怡"。今人谓妾曰姬娘,音正如怡。

杨先生以为"姒""姬"音既相近,义又相通,则姬姓、姒姓为一姓之分化可知。

到此为止,杨宽先生所引论据及他个人的引申都是可取的,我们根据我们自己的论述及以上诸论据,可以下一结论曰:

夏、周本为一族,他们自古就曾与羌戎的一部分相结合,融为夏族、周族,这是中国古代华夏族的主流。当然在这一灿烂民族的发展过程中东夷、殷商也占重要地位,对中华民族的发展起了极为重要的作用。总之,中华民族自古就是由多民族形成,而"炎""黄"也代表着多民族的成分,"炎"属姜羌而"黄"属夏周;我们说中华是炎黄子孙没有不周延的地方。

但杨宽先生的结论并非如此,他置身于"古史辨"派,更进一步说:"周人既自称'有夏''夏后',而周人姬姓又即夏之姒姓,则谓'夏'史为'周'人神话传说之所演成,其证益昭矣。"得此结论,并非意外,因为童书业先生的《夏史三论》也同样说"夏史"出于后人的伪造。我们可以严肃地说,这是不可信的结论,是违背史实的结论。时至而今,杨、童两先生也会不相信自己的旧说而相视一笑!我和两先生都是老友,童先生尤属莫逆,我极其敬佩他们的学术造诣,但在古史问题上,我们始终背道而驰。

地理篇

(一)

以上我们曾经指出,杨宽先生以及童书业先生有关夏代历史的结论是有问题的,不可取的。但他们都曾找到许多有用的材料用以说明夏周之本为一系,而在夏族长期发展的过程中,他们曾经和羌戎结合在一起而丰富了本族的内容。但从顾颉刚先生到童、杨两先生,说夏、周来源于羌戎,则未免违反历史事实。因之关于夏、周两族曾经居住过的地理区域也极力西移,我们也曾经加以辩证。古代各族都不是永住在某一地区而分成"东夷、西夏",他们都是经常迁徙的,无论是夏、是商、是周都是如此,黄帝的地区所在更使人捉摸不定。这我们只能说他们的氏族或部族经常迁徙。氏族的迁徙把原来居住区的地名、山名、水名也随之迁走,这已经是古代史上的常识了。虽然晚夏居处偏西,但在启及少康时代,他们曾住在东方与夷杂处,因而在华夏族的体系中有东夷加入,也有羌戎,共同融合成一个伟大的华夏民族。

虽然不能把古代某族拘泥在某一地区,但每一个民族在某一地区曾经较长期居住过,他们的迁徙过程也可以找得出来。古史究竟去现代过久,而且史料记载纷歧,研究这居住区及迁徙过程也并不是容易的事,因而有许多不同的说法及结论。关于夏族的居住及迁徙过程,纷歧的说法已如上述，关于周也有不同的意见及有待解决的问题。

周族原来居住地区及其迁徙，古文献中有过较详记载，如《史记·周本纪》说：

> 周后稷名弃，其母有邰氏女，曰姜原。……帝尧闻之，举弃为农师。……帝舜曰，弃，"黎民始饥，尔后稷播是百谷"。封弃于邰，号曰后稷，别姓姬氏。……后稷卒，子不窋立，不窋末年，夏后氏政衰，去稷不务。不窋以失其官，而奔戎狄之间。不窋卒，子鞠立；鞠卒，子公刘立。公刘虽在戎狄之间，复修后稷之业，务耕种，行地宜，自漆沮渡渭，取材用，……周道之兴自此始，故诗人歌乐思其德。公刘卒，子庆节立，国于豳。……公叔祖类卒，子古公亶父立，古公亶父复修后稷、公刘之业，……国人皆戴之，薰育戎狄攻之，……乃与私属遂去豳度漆沮，踰梁山，止于岐下。豳人举国扶老携弱，尽复归古公于岐下，及他旁国，闻古公仁，亦多归之。于是古公乃贬戎狄之俗，而营筑城郭室屋，而邑别居之，作五官有司，民皆歌乐之。……古公有长子曰太伯，次曰虞仲。太姜生少子季历，季历娶太任，皆贤妇人，生昌有圣瑞。……长子太伯虞仲知古公欲立季历以传昌，乃二人亡如荆蛮……以让季历。……季历立是为公季。……公季卒子昌立，是为西伯，西伯曰文王。遵后稷公刘之业，则古公、公季之法，……士以此多归之。……而作丰邑，自岐下而徙都丰。明年，西伯崩，太子发立，是为武王，西伯盖即位五十年，……。诗人道西伯盖受命之年称王，……后十年而崩，谥为文王。……武王即位，……九年，武王上祭于毕，东观兵，至于盟津。

这一段叙述周自后稷创业以至武王，其间迁徙建都的过程，清晰明白，无纷歧处。后稷母姜原有邰氏女，而帝舜封弃于邰，邰即斄，《史记·正义》引《括地志》云，"故斄城，一名武功城，在雍州武功县西南二十二里，古邰国，后稷所封也，有后稷及姜嫄祠"。至不窋时失官而奔于戎狄之间。《史记》及《帝王世纪》均云不窋为后稷子，但自谯周以后怀疑者众，《史记·索隐》引谯周意见，以为《国语》云，"世后稷以服事虞夏"，言世稷官,是失其代数也。若不窋亲弃之子,至文王千余岁,唯十四代,亦不合事情。又《史记会注考证》引张文虎曰,《国语》云,"'昔我先王世后稷,及夏之衰弃稷不务,我先王不窋,用失其官'。盖后稷官名,弃始为之,而子孙世其职,至不窋而废,岂谓弃为后稷一传而失之哉,不窋非弃子明矣"。这些意见是可取的,虽然我们没法肯定弃为尧舜时后稷,但弃母姜原仍属母系氏族时代,自弃至昌仅十五代而进入灿烂文明的社会,实不可能,社会越原始,进步越慢,十五代不过四五百年,不能如此飞跃,所以我们相信前人的疑点,不窋失官奔于戎狄而世系乱。《史记·正义》引《括地志》云,"不窋故城在庆州弘化县南三里,即不窋在戎狄所居之城也"。庆州今甘肃庆阳,古为犬戎居处地。公刘时代,虽在戎狄之间,复修后稷之业,自漆沮渡渭,取材用。漆水,我们已经谈到是和周族起源有密切关系的水,《史记·正义》说,"公刘从漆县漆水,南渡渭水,至南山取材木为用也"。此后,"行者有资,居者有畜积,民赖其庆,百姓怀之,多徙而保归焉,周道之兴自此始,故诗人歌乐思其德"。(《史记·周本纪》)诗人歌乐思其德,即《诗·大雅·公刘》所歌,其中有云:

> 笃公刘,既溥既长,既景乃冈,相其阴阳,观其流泉。其军三单,度其隰原,彻田为粮。度其夕阳,豳居允荒。
> 笃公刘,于豳斯馆,涉渭为乱,取厉取锻。止基乃理,爰众爰有,夹其皇涧,遡其过涧。止旅乃密,芮鞫之即。

太史公即据《公刘篇》及《孟子·梁惠王》叙述公刘以下事。但《公刘》已云,"豳居允荒","于豳斯馆",是公刘于所居戎狄之居南下至豳(邰),更渡漆沮,至邰附近而渡渭,至南山取材,使"行者有资,居者有畜积",而周道之兴自此始。但《史记·周本纪》于此云,"公刘卒,子庆节立,国于豳",似国于豳自庆节始,而《史记会注考证》引洪亮吉曰,"按《诗》笃公刘'于豳斯馆',则公刘时已迁豳,不至庆节也"。但太史公之国于邰始自庆节毫无根据?

至古公亶父时,《史记·周本纪》谓其"复脩后稷公刘之业,积德行义,国人皆戴之"。而所居逼近戎狄,抢掠财物,"乃与私属,遂去豳度漆沮，踰梁山，止于岐下。豳人举国扶老携弱，尽复归古公于岐下"。根据现在的了解，自豳去岐，乃南下先逾梁山，更渡漆沮以至周原，(《参考谭其骧主编《中国历史地图集·西周时期中心区域图》）于此《诗·大雅·绵》曾有诗道：

> 绵绵瓜瓞，民之初生，自土沮漆。古公亶父，陶复陶穴，未有家室。
> 古公亶父，来朝走马，率西水浒，至于岐下，爰及姜女，聿来胥宇。
> 周原膴膴，堇荼如饴，爰始爰谋，爰契我龟，曰止曰时，筑室于兹。

又《周颂·天作》云：

> 天作高山，大王荒之。彼作矣，文王康之。彼徂矣，岐有夷之行。子孙保之。

又《鲁颂·閟宫》云：

> 后稷之孙，实维大王，居岐之阳，实始翦商。至于文武，缵大王之绪，致天之届，于牧之野，无贰无虞，上帝临女，敦商之旅，克咸厥功。

都是以文王继大王之业，而《鲁颂》云"实维大王，居岐之阳，实始翦商"，他已经强大起来而翦商。所以《绵·诗序》谓"文王之兴，本由大王也"。周族从此由城邦走向大国的规模，《史记·周本纪》道："于是古公乃贬戎狄之俗，而营筑城郭室屋，而邑别居之，作五官有司。"有城郭，有邑居，有五官有司，是国家的开始，我们说它是"城邦"，也是脱离戎狄之俗的开始。这里"戎狄之俗"代表着阶级社会以前的氏族社会。季历继大王，兄太伯、虞仲亡如荆蛮，季历子昌有圣德，是为西伯。《周本纪》叙文王的事迹道：

> 遵后稷、公刘之业，则古公、公季之法，笃仁，敬老，慈少。礼

下贤者，日中不暇食以待士，士以此多归之。伯夷、叔齐在孤竹，闻西伯善养老，盍往归之。太颠、闳夭、散宜生、鬻子、辛甲大夫之徒皆往归之。崇侯虎谮西伯于殷纣曰："西伯积善累德，诸侯皆向之，将不利于帝。"帝纣乃囚西伯于羑里。闳夭之徒患之，乃求有莘氏美女，骊戎之文马，有熊九驷，……因殷嬖臣费仲而献之纣。……乃赦西伯。……西伯阴行善，诸侯皆来决平。……诸侯闻之，曰："西伯盖受命之君。"……而作丰邑，自岐下而徙都丰。

关于文王的业绩，我们下面将有叙述，这里只记西周建国前后的地理形势。根据《周本纪》太王居岐后，至文王仍之，强大后遂自岐山而都丰，中间设有毕、程，而《逸周书·大匡解》有：

惟周王宅程三年。

刘师培《周书补正》于此云：

孔注：程，地名，在岐州左右，后以为国。初王季之子文王因焉，而遭饥馑，后乃徙丰焉。案，《斠补》云，《史记·司马相如传·集解》引皇甫谧云，王季徙程。故《周书》云，惟周王季宅程是也。故孟子称，文王生于毕程，西夷人也。皇甫谧所引王下有季者，传写误衍。又云，孔注"初王季"下，当有宅字。是孔以此文不当作王季，不谓王季无宅程事也。今考《太平御览》一百五十五引《世纪》与徐广所引同，惟《周书》误作《书序》。则《世纪》所据《周书》固作王季。惟《诗·大雅·皇矣》，"度其鲜原，居岐之阳，在渭之将"。《郑笺》云，文王见侵阮而兵不见敌，知己德盛而威行，可以迁居定天下之心，乃始谋居善原广平之地，亦在岐山之南，居渭水之阳，为方国之所乡，作下民之君，后竟徙都于丰。孔疏云："太王初迁已在岐山，故云，亦在岐山之阳，是去旧都不远也。"《周书》称文王在程，作《程寤》《程典》；皇甫谧云，文王徙宅于程，盖谓此也。《笺》嫌此即是丰，故云，"后竟徙都于丰"。据孔说，是程即鲜原，据所引谧说，则《世纪》亦以迁程始于文。又《续汉书郡国志》刘注引《世纪》"文王居程徙都丰",亦以居程属文王,立说互歧,窃以《世纪》备载二说,一以居程始王季,以所见《周书》为据。一以迁程始文王,以《周诗》为据。孔本确无季字,故云"文王遭饥馑",其以居程始王季,仍与《世纪》前说同。惟此篇既次明武后,自属文王之事。谧所见有季字,盖属别本衍文,《书》既文王所作,又称"惟周王宅程三年",似文王即位之初,不居程邑,当以《世纪》后说为确。《诗·周南·召南谱》孔疏云,《周书》称"王季宅程",又宗《世纪》前说,于《世纪》"文王自程徙丰"说,复斥其非,盖非一人之笔也。

刘氏为经学世家,考据非其所长。他举出孔颖达之互相矛盾处,其实并不存在,《诗·周南·召南谱》孔疏原文云,"至文王乃徙于丰,《周书》称王季宅程。《皇矣》说文王既伐密须,度其鲜原,不出百里。则王季居程,亦在岐南,程是周地之小别也"。这是肯定王季居程,他在下面又说,"丰在京兆鄠县东丰水之西,文王自程徙此"。案《皇矣篇》云,"文王既伐密须,徙于鲜原,从鲜原徙丰,而谧云自程,非也"。是孔以鲜原及程为二地,自鲜原徙丰,不等于自程徙丰。他并没有说鲜原即程,而刘氏以为孔颖达说程即鲜原,是完全没有根据的。刘氏引《孟子》"文王生于毕程,西夷人也"(《离娄下》)亦断章取义,原文是"文王生于岐周,卒于毕程,西夷之人也"。如果文王生于毕郢(程),就不必有迁徙问题了。以此虽有刘氏的《周书》注解,问题并没有解决。

毕、程是武王前西周的政治中心,应无问题,问题是何时何人居毕,而何时何人居程。在刘师培先生的《读书随笔》中有《王季无迁周事》一文:

《竹书纪年》有王季"由岐迁毕"之文,一若文王初立之时,即不居岐山,不知《诗》言"天作高山,太王荒之,彼作矣,文王康之"。郑笺以高山即岐山,……而孟子亦言"昔者文王之治岐",是文王即位之初仍居岐下,无王季由岐迁毕之事也。

我们说过刘先生不善考据，此文亦然。即使王季曾由岐迁毕，亦不妨文王之曾居岐，古人迁徙本属常事，而且岐、毕密迩。王季迁毕，毕、程接壤，一如丰镐，文王又迁程，在时间上、空间上都是允许的。不过刘氏所引《竹书》，在王国维的《古本竹书纪年辑校》及《今本竹书纪年疏证》中均不见，这两部王氏整理的书都有权威性，但刘氏当有所本，我们还是相信，因此也为文王迁程，或文王迁程问题，带来解决途径。王季迁毕而文王迁程，毕程接壤，一如丰镐，遂多联称如一，于是两代之迁徙遂有含混处。清人焦循曾有详细考证，《孟子·离娄》曾有：

文王生于岐周，卒于毕郢，西夷之人也。

赵氏注云，"岐周毕郢，地名也。岐山下周之旧邑，近畎邑，畎邑在西，故曰，'西夷之人也'。《书》曰，'太子发上祭于毕，下至于盟津'。毕，文王墓，近于丰镐也"。焦循疏云：

文王生时尚未徙丰，岐在丰西而近于畎夷。阎氏若璩《释地续》云，"畎夷即文王之所事者"，《采薇》序，"文王时西有昆夷之患是也。……"孔氏广森《经学卮言》云，"郢与程通，《周书·史记解》曰，'昔有毕程氏，损禄增爵，群臣貌匮，此而戾民，毕程氏以亡'。毕程本商时国，为周所灭，文王遂居之。《大匡解》曰，'惟周王宅程三年，遭天之大荒'是也。土地名字，后人多改从阝旁，其音仍当读程，以别于郢楚之郢。文王既伐于崇，作邑于丰，然其卒也，还葬毕程。故成王葬周公于毕，以为从文王墓。孟子不言卒于丰，而言卒于毕郢，就据其葬地言之耳"。刘氏台拱《经传小记·释毕程》云，"自来注《孟子》者，不详郢地所在。《汉书·地理志》在扶风安陵，阚骃以为本周之程邑。《括地志》云，'安陵古城，在雍州咸阳县东二十一里，周之程邑也'。此邑中之地为程也。其西有毕陌，一名毕原，皇甫谧所谓安陵西毕陌。《元和郡县志》云，'毕原即咸阳县所理也，原南北数十里，东西二三百里，亦谓之毕陌，此邑外之地为毕也。毕者，程地之大名；程者，毕中之小号也'"。杜佑云，"王季都毕，通国内言之。

《春秋》昭九年传，'周景王之言曰，我自夏以后稷，魏骀芮岐毕，吾西土也'。注言，'在夏世以后稷功，受此五国为西土之长'。是则岐也毕也，皆古之建国者也。周者，大王所邑而岐之小别也，故系岐而言之曰岐周。程者，王季所邑，而毕之小别也，故系毕而言之曰毕程"。《吕览·具备篇》云，"武王尝穷于毕程矣"。毕程即毕郢。《周书·史记解》云，"昔有毕程氏"。则毕郢之所起远矣。又按，毕地有二，其一文王墓地也。太史公曰，毕在镐东南杜中。《皇览》云，周文王、武王、周公冢在京兆长安县镐聚东杜中，而《括地志》以为在雍州万年县西南二十八里毕原上。则唐亦谓之毕原，是故有咸阳县之毕原，所谓文王卒于毕郢也；有万年县之毕原，所谓文王葬于毕也。一在渭北，一在渭南，异所同名，往往相乱。杜佑言，毕初王季都之，后毕公封焉；此言在渭北者当矣，而以为文王所葬则失之。《帝王世纪》云，"文武葬于毕，毕在杜南"，与毕陌别。此则文武所葬不在毕陌，明矣。是以裴骃辨之云，《皇览》曰，"秦武王冢在扶风安陵县西北毕陌中大冢，是也。人以为周文王冢，非也，周文王冢在杜中"。张守节亦云，"《括地志》云，秦惠文王陵在雍州咸阳县西北一十四里，秦悼武王陵在雍州咸阳县西十里，俗名周武王陵，非也"。群书剖析，具有明文。惟颜师古注《汉书·刘向传》，"文王周公葬于毕"，用毕陌为释，而杜亦云。然自兹以降，莫不谬指秦陵，诬称周墓。传之方志，载之祀典，误所从来，非一世矣。赵岐注言毕文王墓，近于丰镐之地，此言在渭南者，当矣，而以训毕郢则失之。文王始也宅程，《周书》称，"文王在程，作程寤、程典，其后宅邑于鄷，而先君宗庙，故居宫室，犹于是乎存"。因是往来旧都，而末年仍卒于此。以情事推之，昭然可见，卒于毕郢，不言为葬，而赵以墓地当之，毕地既误，何郢之可言！……

通过这一长疏，我们可以清楚毕郢所在及文王葬地纠缠不清的问题。不过，焦循的结论云，"文王始亦宅程，其后作邑于鄷，末年仍卒于此。卒于毕郢，不言为葬，而赵以葬地当之，毕地既误，何郢之可言"，仍有疑点。文王作邑于丰，而卒于毕郢的说法，实有问题，不如就事论事，不作引申。文王曾自岐迁程,又自程迁丰,因孟子之"文王生于岐周,卒于毕郢"与邑丰说矛盾,赵氏遂解为葬于毕程,与秦墓相混而误,也不能否认文王之曾葬于渭北毕原。此事之解决,有待于考古发掘,文王墓之在渭北渭南,就文献言无法断其是非。但我们究竟弄清毕郢(程)所在,而文王曾居于程似无疑问,《今本竹书纪年》颇多有关程地文献,而《古本竹书纪年》有"周文王初禴于毕"的记载。郭沫若先生主编的《中国史稿地图集》上册《西周时期黄河长江中下游地区》图,绘毕、程于渭水北与泾水交汇处,毕南程北,地壤相接,未能区别孰为大名,孰为小号。而谭其骧先生主编的《中国历史地图集》第一册《西周时期中心区域图》绘程于渭北与泾水交汇处而无毕,于《宗周、成周附近》图中则绘有毕、程与郭图同。至此,毕程曾是西周先王的政治中心,似无疑问;而文王后又迁丰,武王居镐,我们可将周代先王都邑所在列表如下:

  后稷居有邰,今陕西武功县。
  公刘居邠(豳),今陕西武功北。
  庆节居邠(豳),今陕西旬邑。
  太王居岐(周),今陕西岐山县。
  王季居毕,今陕西咸阳。
  文王居程,今陕西咸阳。
    居丰,今陕西西安。
  武王居镐,今陕西西安。

通过上边的说明及列表,我们知道,西周先王在武王以前始终在泾渭之间活动与定居,而以漆沮为枢纽。这无论在文献上,还是在考古发掘以及民族学的研究上都有定论,似无疑问。但在五十年前,三十年代初,北大教授钱穆先生却提出不同的看法,完全不同于传统的说法,因而引起学术界的争论。

(二)

钱宾四先生(穆)1931年末在第十期《燕京学报》上发表有《周初地

理考》一文，驳斥传统说法，提出自己的意见。他指出，谈周初地理都是说后稷封邰在武功，公刘居豳，在邠县，太王迁岐在岐山，皆在今陕西西部泾渭上流，至文王武王乃始邑于毕、程、丰、镐，周人势力自西东渐实始于此。这是两千年来公认的说法，没有人怀疑它的正确性。但如今重新考察，周人盖起于冀州，在大河之东，而不是雍州。后稷之封邰，公刘之居豳皆今晋地，及太王避狄居岐山，始渡河而西，然亦在秦之东境，渭洛下游，自朝邑而至于富平，及于王季文王廓疆土而南下，则达毕程丰镐，乃至于穀洛而止，夫而后，读《禹贡》《大雅》《左氏》《纪年》《孟子》《史记》诸书有关记载，乃可以贯通。

钱先生以为古人迁徙无常，一族之人，散而之四方，则每以其故居，移而名其新邑，而有关此一族之故事亦随其族人足迹所到而递播以递远，此例举不胜举。先生因姬姜族外婚而及太姜，因太姜而姜姓而及四岳。以为四岳之称，实始于周，而后之言史者乃推而上引及于唐虞。周人四岳则本诸太姜，《国语·周语》富辰说"齐、许、申、吕由太姜"，太姜者，周太王之妃，王季之母，是四国者由太姜而封。夫曰姜曰许曰吕曰州曰向，凡姜姓诸侯其先之在冀州，可推迹以求，而何疑姜嫄之为冀州之姜耶？姜嫄在冀，后稷之始穑亦应在冀州万泉、闻喜一带，故闻喜有稷山而万泉亦有介山。大禹故事在晋，夏代都邑固亦在晋，周族先王与夏有关，后稷乃夏官，因而可以作为旁证。《逸周书·度邑解》有云，"自洛汭延于伊汭，居阳无固，其有夏之居。我南望过于三涂，我北望过于有岳，丕愿瞻过于河宛，瞻于伊雒，无远天室"。此有夏之疆域。夏太康失国后，后羿因夏人以代夏政，而周不窋失官，自窜于戎狄之间或在其时。公刘则略当夏桀之时，汉初刘敬对高祖曰，"周之先自后稷，尧封之邰，积德累善十余世居豳"，《吴越春秋》也说，"公刘避夏桀于戎狄，变易风俗，民化其政"。朱右曾《竹书纪年存真》谓汤伐桀至纣十六世，《世本》公刘至文王十六世，世数相当。夫曰避桀居豳，是其本居相近。

以上都说明西周先王居近夏虚。而晋有狐岐，即周祖居岐之岐山。岐山之所以称狐岐者何？《通志·古迹考》二：谨案狐戎《左氏》称犬戎，平阳西山一带，在晋有狐厨邑，在汉有狐谲县，在魏晋有狐谷亭，（《左传》僖公十六年注）据此则狐岐得名亦由狐戎，而曰岐山则因山势盘岐。钱先生在证明晋有西周先王古迹后，遂谓周人既西，秦乃有豳，秦之豳在郇邑，返而推之则公刘居邠，当距汾域之荀不远。总之，所有在秦之西周先王遗迹，都可在晋寻得类似名称，衡以地名可随人类迁徙而转移的通例，则秦之西周古地乃周人既西后之移植者。实际即以宾四先生所谓通例以衡量先生自己立说亦有难解处，即以夏虚论，夏之在晋乃在晚夏，夏初在黄河下游，夏亡后更西徙陕甘，无法为西周先王作证，而姜氏与羌戎本为一族，分化而后姜氏遂与四岳、共工相结合，源于嵩山太岳（四岳），所谓太姜，太公望都与太岳相关，而不在晋，则钱先生立说实有落空之感。果然，不数年后，也是在《燕京学报》上（三十期）有齐思和先生之《西周地理考》，他遵循传统的说法，完全不同于钱先生的结论。他认为世界上最早文化多发生于河流之两岸，此乃历史之通例，中国亦非例外。按西周诗中，多在河流，《易》之《爻辞》亦恒言"利涉大川"，则周之文化，起于河流可知。根据他的统计，在周初诗中，渭水凡四见，泾水凡三见，沮、漆凡三见，洛凡三见，洽凡一见；而镐京以镐水而得名。是周初最常提及之水为渭水及其支流，则周人之为渭水流域民族，可无疑义。

渭水支干敷疏，川梁纵横，密若叶脉，水利之便为西陲之冠，宗周据之以勃兴，秦汉因之以成帝业，自有其经济背景，固非偶然。周既为渭水民族，其最初之发祥在渭水上游，抑下游？周族始祖为稷，稷抑或周族之图腾。《诗》称稷，"即有邰家室"，自汉至今，学者皆以邰在今陕西武功，地当渭水中游，从无异说，所以他反对钱宾四先生的《周初地理考》，指出，钱将周民族的发祥地，由陕西移至山西，由渭水移至汾水，以为后稷之邰、公刘之豳皆在山西，至太王始由汾迁岐，并以邰为《左传》中之骀。又谓山西亦有稷山，《御览》引《隋图经》以为稷之故居，且举姜嫄墓在闻喜县以为证。齐不同意钱的说法，以为《诗·大雅·公刘》说公刘都豳而涉渭取锻，则豳地近渭，极为明显。若豳诚在汾，则晋地多山，胡为跋涉数百里外，涉渭而不涉汾，以取厉锻？此其说之不能成立者一；《隋图经》后世之书，所陈古迹，不足信赖，此其说之不能成立者二；以汾释豳，求之音近，以稷山释骀亦无据，此其说之不能成立者三；姜嫄、后稷，显为部落图腾神话，人且无有，遑论其墓？而陕西邰县亦有姜嫄墓，果孰为真？此其说之不能成立者四。

齐君遂进一步说明周族最初迁移之可考者，为公刘之都邠与太王之迁岐两事，《毛诗》中俱有详尽记载。关于豳之地望，《汉书·地理志》云在右扶风栒邑，即今陕西邠县北之栒邑县东二十五里。古豳城在县东三十里，相传为公刘始都处。此说为后世说历史地理志所信赖，但齐先生认为可疑，以为公刘所迁之豳不在栒邑而在美阳，许氏《说文》谓"邠，周太王国，在右扶风美阳。又豳字'美阳亭'，即豳也，……有豳山"，以豳（邠）在今武功东北。齐先生以为此说最可信赖，但古代异地同名者数不胜数，亳有若干，会稽亦非一处，则邠有两地，亦不足怪，馆栒邑之邠者当为庆节，馆美阳之邠者为公刘，父子异居，古代常事，王季居毕而文王居程又居丰，而成王居镐，又建东都。如此可以解释太史公之庆节国于豳。豳自美阳迁走后，原址湮没，新地名高而旧城成虚，以此有此矛盾现象。后至太王时迁周，各书记载很多，已无疑问，此后姬姜氏族遂得周名而蓬勃发展。

周在岐下，岐山地望早有定说，齐君说亦无误，但于现在尚存的漆水，反谓"而漆沮两水之所在则难考"，盖齐君止于文献上找漆沮，未能证之现实。1984年，地图出版社出版的《中华人民共和国地图集》第40《陕西省》有漆水河，正当泾渭之间，于武功附近入渭，而谭其骧先生主编的《中国历史地图集》第一册《宗周、成周附近》图亦绘有此水，标"漆沮水"，源于杜林而于邰入渭，正是前图的漆水河。此水的重要性，我们曾经说过，它即"黄帝以姬水成"的姬水。邰，班固以为斄，齐君不解，而刘师培断定邰斄古音同，即现在的武功，漆于此入渭，而周族先民的活动，是"民之初生，自土沮漆"，（《诗·绵》）根据文献，参考舆图，无论邠邰以及岐周都在此范围内，孟子所谓"太王去邠，踰梁山，邑于岐山之下，居焉"，（《滕文公》）始终出入于漆沮间，而齐先生引崔述之言曰："按自公刘居豳，至大王已十余世矣。必无未有家室而尚穴居之理。况《公刘》一诗所称凡筵鞞厉锻之属，服用咸备，亦绝不似穴居者。然而此诗乃云尔者，疑大王去邠之后，先暂居于沮漆之上，陶复穴以棲身，迨定居岐山，始筑宫室耳。《公刘篇》中亦无一言及沮漆者，则以沮漆所言非邠也。"齐君说："崔氏所见极卓，而不实指其地，盖慎之也。盖关中历代建都之地，凿渠开漕，代有兴建，旧日沟渠，多见汨乱，已难实指矣。"

（见齐文82页）崔述实不知沮漆所在，亦未谙漆沮与周先王之密切关系，徒作空谈，而齐君盛赞之，并云，水已湮已难实指，亦纸上考据脱离现实之弊端。

　　齐先生之非难钱穆先生，本身立证并不坚实，且多漏洞，如谓稷为图腾，弃与姜原俱不可考，而漆水无踪等说，实属缺陷，但谓周之起源在秦而不在晋，结论还是正确的。我们认为晋地之所以有西周先王的传说，亦如宾四先生言，民族迁徙，历史、地理随之而俱来，但先周非由晋迁秦，而是由秦迁晋，亦非举族东来，部分族人逾河而东，为后来西周之东征建立基础，是可以找到说明的。徐旭生先生虽然主张以地域划分氏族集团，但在叙述中还是认为古代民族是迁徙无定的，当他谈到华夏集团的活动时指出：炎帝及黄帝氏族居住陕西，此后不知什么原因逐渐东移，黄帝氏族东迁的路线大约偏北，他们沿北洛水南下，到今大荔、朝邑一带，东渡黄河，顺着中条及太行山边逐渐向东北走。今山西省南部沿黄河区域，姬姓的建国很多。《左传》襄公二十九年有，"虞、虢、焦、滑、霍、扬、韩、魏皆姬姓也"。此外见于《左传》者有芮（桓公三年疏引《世本》），有荀，有贾（桓公九年疏引《世本》），有狐（庄公二十八年），有耿（闵公元年注），有魏（《国语·郑语》韦注）。虞为"太王之昭"，虢为"王季之穆"（《左传》僖公五年），且虢在黄河南岸。霍为"文之昭"，韩为"武之穆"（《左传》僖公二十四年）。狐氏出自唐叔，见于《国语·晋语》四。焦、滑在黄河南岸，杨（扬）（今山西洪洞）、魏（今山西芮城）、荀、贾（今山西新绛）、耿（今山西河津）的晋南小国，虽然不能知道他们的封国年代，但徐先生认为其中有一部分为黄帝氏族东迁时沿途留下的分族。这种推论是有道理的，比如《诗·大雅·绵》说"虞、芮质厥成"，《毛传》《史记·周本纪》《说苑·君道篇》《书大传略说》都记有此事。大体是虞、芮争地，无法解决，他们遂请周文王处理，那么芮（今陕西大荔）不是西周的封国。至于在今陕西临潼的骊戎，在今河北正定的鲜虞，都是姬姓，他们也不是周时的封国。并且有传说"骊山女亦为天子，在殷、周间"。（《汉书·律历志》）可见在殷周间他们曾兴盛一时，而女酋为王。徐先生以为此一氏族与鲜虞全属黄帝氏族的分族，《乐记》又有黄帝后在蓟的说法。由以上山西南部诸姬的分布，芮、骊戎、鲜虞、蓟的建国，可以指出黄帝氏族东迁的路线。

徐先生进而指出，炎帝氏族也有一部分向东迁徙，他们的路途大约沿渭水东下，再沿黄河南岸向东。因为路线偏南，所以他们的建国有同苗蛮集团犬牙相错的地方。姜姓在东方的建国主要有：申、吕、齐、许。申、吕均在今河南西南部，申在唐河境内，许在许昌，齐在山东。姜齐建国虽在周初，但在此以前，山东已有姜姓氏族，《左传》昭公二十年有"昔爽鸠氏始居此地，季荝因之，逢伯陵因之，蒲姑氏因之，而后太公因之"。逢伯陵姜姓《国语·周语》及《山海经·海内经》多有证明。这一带姜姓国家，见于《左传》者还有纪、向、州。《世本》中也有，"许、州、向、申，姜姓也"的记载，而《汉书·地理志》之沛郡向县，班固自注"故姜姓国，炎帝后"。

虽然我们不同意旭生先生之以地理分布来定民族的说法，但他指出在西周建国前，在今山西南部曾有许多姬姓部落存在是可取的，正确的。我们也可以指出炎帝后裔姜姓氏族曾以嵩岳（太岳、四岳）为根据地，与晋南诸姬壤土相接，两族遂结为一体。那么在山西一带有姬姜两姓的活动传说是很自然的，不必说周族源于晋，然后迁秦。而且晋本夏墟，夏、周同属华夏集团，我们说他们是金与后金的关系。当周初封建诸侯的时候，利用了这种固有的关系，取得了良好的成果，《左传》定公四年有：

> 昔武王克商，成王定之，选建明德，以藩屏周。……分鲁公以大路、大旂……殷民六族，……因商奄之民，命以伯禽，而封于少皞之虚。分康叔以大路、少帛、绮茷、旃旌、大吕，殷民七族，……命以《康诰》，而封于殷虚。皆启以商政，疆以周索。分唐叔以大路、密须之鼓，……怀姓九宗，职官五正，命以《唐诰》，而封于夏虚。启以夏政，疆以戎索。

周文王时的强大，武王东征时的胜利以及武王成王之分封，都和姬姜两族之遍布殷商周围以及夏周之同族有关。殷周之争，本质上是夷夏之争，而在黄河流域以及江汉流域，夏之势力实大于殷。所以唐叔之封，分唐叔"怀姓九宗"，而"启以夏政，疆以戎索"。鲁公、康叔之封，都是殷民，因鲁在奄地是东夷最老根据地，而康叔之卫为殷都，所以都以殷民分封，而唐叔所在，本为犬戎所在，故夏虚，所以要以夏政戎索治之。"怀姓九宗"之怀姓应同于赤狄之隗姓，"怀""隗"古音属匣纽，可以相通。而犬戎自夏至周，皆处于邠岐附近。王国维先生据《世本》言鬼方为隗姓，即赤狄之隗姓。鬼方东方后，居犬戎故地，凡昔犬戎之所在，皆为狄之所在，故有鬼方与犬戎为一之说。（参考蒙文通先生：《周秦少数民族考》第四章）那么唐叔封晋而予"怀姓九宗"，亦如鲁卫之赐殷民，都是居于本土而有专长的宗族。

上述事实都可以证明夏虚晋地，在周文、武以前，固有亲周的势力存在，戎狄虽杂处其间，但姬姒实为巨族，封于晋而以夏戎政法治之，亦以本为夏戎遗民，不能改弦更张，一如康叔之"启以商政"。情况比较复杂，但族姓之来源及分布情况清楚，无法证明姬氏起源于此而他迁者，相反，姬姒等族都是从他处迁来，以上说明都可作证。

（三）

西周在武王前，邑于豳、岐、毕、程、丰镐等地，在渭泾之间而以漆水为枢纽，东不出桃林崤山，假使始终以"西伯"自居，殷商欲逾崤陵过函谷以灭丰镐，实难；反之亦然。因此，谁掌握此要塞区域之控制权，谁就是强者。上面我们谈过夏虚之地已为周有，而此区域亦属夏虚，后来所谓"崤函之固"即此地。根据我们实地考察[1]，以及现代学者史念海先生的研究成果，概述此地之形状如次："崤函之固"，崤是崤山，函是函谷，后有函谷关，函谷关的具体位置，据李泰的《括地志》说，在陕州桃林县西南十二里。（《史记·项羽本纪》正义引）桃林县唐代改为灵宝县，但在一些著作中于函关与灵宝距离颇有不同说法，如《元和郡县图志》有两种说法，而《太平寰宇记》中有三种，这也许是古人测距工作粗疏，以致彼此相差。后来王应麟的《通鉴地理通释》说是在旧灵宝县西南十二里，而又说函谷故城在县南十里；这是和《元和郡县图志》相同的。不过清嘉

---

1 1986年4月，著者与吴宏元同志和洛阳考古学者蒋若是、胡德经同志及考古所洛阳工作站负责同志共八人赴豫西考查，也参考了史念海教授的著作。

庆年间修的《大清一统志》却说在旧灵宝县西南里许，具体的关，具体的县，在距离上却无定说。根据现在函谷关的遗址王垛村所在，去看距旧灵宝县的距离近二十里。现在王垛村旁，弘农河畔尚有残存的城门洞。王垛村在弘农河东，由南面山坡来的原大致已到了尽头，当地原头高程犹在五百一十七米，原已下降到三百八十米，仅较弘农河畔高出五六十米。弘农河与其东的好阳河相隔不到十里，这中间也是不会过于高峻的。在王垛村东，弘农河东侧有一河沟，长约四里，沟头宽约十一米，沟深约十九米，在行将入弘农河时犹深三十二米，或者这条沟也是在原来大路的基础上形成的。因为原来的大路形成沟，隔河相望的大路就也可能成为沟。而且河东这段大路虽在原下，和现在沟深比较，当时已成为一条深壕。所谓"绝岸壁立"的说法，就此大路也是恰当的。在黄土高原上，壁立成崖的现象是相当普遍的，根据土壤力学的原理，西北高原的窑洞也是这样造成的。函谷关及其所在地为黄土高原，有这样绝壁险峻的现象是不足为怪的。我们只是说明黄土高原这一段的险峻，与函谷关无关，函关是因险设关，不是因设关而险，在西周不存在函关，其险峻当甚于设关时，尤甚于现在，我们是根据现在的情形设想的。

我们再东望崤山，构成"崤函之固"的崤山。崤山在洛宁县北，主峰为乾山，高程一千五百米，由崤山东去中原有两条道路，即如《左传》僖公三十二年所记蹇叔的话，这些话的由来是因为秦欲袭郑，蹇叔之子与征，而蹇叔反对的话：

> 穆公……召孟明、西乞、白乙，使出师于东门之外。蹇叔哭之，曰："孟子，吾见师之出而不见其入也。"……哭而送之曰："晋人御师必于崤，崤有二陵焉，其南陵，夏后皋之墓也；其北陵，文王之所辟风雨也，必死是间，余收尔骨焉。"秦师遂东。

结果，如蹇叔所料。第二年夏四月辛巳，晋人"败秦师于崤，获百里孟明视、西乞术、白乙丙以归"。在《公羊传》僖公三十三年夏四月也记载道："百里子与蹇叔子送其子而戒之曰：'尔即死，必于崤之嵚岩，是文王之所辟风雨者也，吾将尸尔焉。'"结果，"晋人与姜戎要之崤而击之，匹马只轮无反者"。《公羊》与《左传》相比，真是文简而事赅。第一《左传》只说晋人败秦师于崤，而没有指出具体地点，因为"崤"的范围较广。《公羊》却指出"嶔岩"是文王辟风处，"吾将尸尔焉"。第二是《公羊》指出"晋人与姜戎要之崤而击之，匹马只轮无反者"。这比《左传》详细了。我们由此知道这是晋人与姜戎的合击，以致秦人"匹马只轮无反者"。《谷梁》僖公三十三年记此事道："师行，百里子与蹇叔子送其子而戒之曰，女死必于崤之岩唫之下，我将尸女于是。"结果是"晋人与姜戎要而击之殽，匹马倚轮无反者"。《公羊》《谷梁》大体相似而不同于《左传》。我们不能忽视这种不同，这有利于我们解决崤战之具体地点及西周东西通道究竟在南在北，这是至今争论不决的问题。

这崤山一带的确是一个艰险地区，现在虽是陇海铁路之通道，但你看它还是群山环抱，沟壑纵横，何况三千年前，在筚路蓝缕未启山林的时代，《元和郡县图志》曾经描绘二崤山一带的险恶情形：

> 永宁县：二崤山又名嶔岑山，在县北二十八里。春秋时秦将袭郑，蹇叔哭送其子曰："晋人御师必于崤，崤有二陵，其南陵夏后皋之墓，北陵文王之所蔽风雨，必死其间。"汉建安中，曹公西讨巴、汉，恶其险，更开北山道路，多从之便。路侧有石铭曰："晋太康三年，弘农太守梁柳修复旧道。"《西征记》："崤上不得鸣鼓角，鸣则风雨总至。"自东崤至西崤三十五里。东崤长坂数里，峻阜绝涧，车不得方轨。西崤全是石坂十二里，险绝不异东崤。汉冯异破赤眉于崤底，魏庞德破张白骑于两崤间。（《元和郡县图志》中华书局1983年版，141—142页）

这段描述，据洛阳蒋若是教授分析有许多问题，我们留待下面讨论。但其中所谓曹公"恶其险"，及"东崤……峻阜绝涧，车不得方轨"，"西崤……险绝不异东崤"，今日见之，犹不觉其有夸大处，整个山区，虽经千百年来的自然侵蚀以及人为的平整，仍然是险恶异常。至于"崤上不得鸣鼓角，鸣则风雨总至"，在封闭区鼓角振荡，影响风雨，亦有可能。总之在古代，对于人类交通往还说，这是一个障碍，如何克服这种障碍，选择适当地点，作"五丁"之开路，是古人必须考虑的问题，也是现代研究古代交通史上的重要问题。因为现在我们没法找到西周初年有关这段交通的材料，我们没法知道殷周之间的交通，比如文王之朝殷，武王之伐纣，是走南路，还是北路？为什么不自后来潼关一带东去，还要南走桃林三塞以及函谷之险？我们从春秋秦与东方之交通上溯西周，三四百年间，山川面貌变化不大，加以古代人力的作用较小，保存自然的面貌更易。因此，我们首要研究秦晋崤之战的地理位置，所谓南陵北陵究竟相距若干，哪一陵是百里孟明等丧师的地方？于此，现在还是有争议的。

现在陇海路是由河南经潼关以达西安而愈西的，那么西周与殷商之间的交通，为什么必须绕道桃林与函谷？历史地理学名家史念海教授有过详细的论述。函谷的西端起于潼津，潼津指潼关言。潼关虽几经迁徙，可是山川不改，可以据以考古。潼关东侧有黄巷坂，一侧临原下高崖，一侧是黄河岸边的一道高崖，近河而不见黄河。两侧高崖形成一道深巷。近潼关处有一深涧，愈为险峻。郦道元形容这条黄巷坂说："坂旁绝涧。"现在黄巷坂中已通公路，路旁崖畔犹可见展宽的痕迹。虽已展宽，险峻的形势依然可见，郦道元更进而作了说明。他说："历此出东崤，通渭之函谷关也。邃岸天高，空谷幽深，涧道之峡，车不方轨，号曰天险。"现在固然车已方轨，但"邃岸天高，空谷幽深"的情况还未改易。这条黄巷坂，由潼关城东一直到灵宝县的阌底镇，其间二十余里，竟没有一点异样，现在阌底镇之东为灵宝县的阌乡镇。李吉甫说："黄巷坂，在阌乡县西北三十五里。"今阌乡镇西距阌底镇五十四里，则黄巷坂当已到达阌底镇之东。今日阌乡镇的地形正和潼关城东相仿佛，在南侧的黄土原和北边的黄河之间尚有一道高梁。梁的高处，高程为四百七十六米有余，而梁下一般都在四百米以下，甚至低到三百八十四米多。这当然是一条较深的巷，因而可以和黄巷坂相仿佛，那么，黄巷坂已经东达阌乡镇了。

函谷东西两端如此，中间也不乏幽深谷道，王垛村西稠桑原侧就是如此，还可以找出更多的段落。应当是，不论从东端的崤山进入函谷，或者从西端的潼津进入函谷，都必须经过函谷关。在这几百里的谷道中，其间仅能由几处可以离开这条大路转入他途，虽然有几条岔路，但不适宜较大的兵力，因此不论从东到西，或从西到东，都难于绕过这个函谷关，而函谷关和其东西十五里间的谷道更是不易越过的险要地方。

史先生又说，函谷关这条通路，远在建关以前就是东西两方面的通道，而且还曾发生过若干次军事行动。周武王灭纣，秦穆公袭郑，秦惠公伐韩的宜阳，都是从此出兵的。当秦穆公袭郑不成归来，和晋国战于崤。晋国出兵截击秦师，当是由今三门峡市茅津渡河。稍后秦穆公报复晋国，却是由秦晋两国间渡河而东，再由茅津渡河而南，行至崤山封秦国死亡士兵的尸骨。秦晋两国虽然发生了崤之战，晋国取得了全胜，却没有打算由这条道路西面攻秦，后来秦国攻晋，也不是这条道路，因为秦晋两国隔黄河东西对立，两国间的许多战争都是在黄河两侧进行的。(《函谷关和新函谷关》,《西北史地》1984年3期，3—4页)

史先生曾亲自调查过，结合历史文献，故能作出详明准确的叙述；我也曾去调查过，完全可以证实史先生的论述。关于"函谷"的定义，本有两说，一说是这条道路东西十五里，绝岸壁立，岸上柏林荫谷，殆不见天日；一说这条道路东自崤山，西至潼津，通名函谷，号曰天险，所谓秦关百二也。以上都见于《元和郡县图志》，而史先生认为两者可以合并为一，后说可以包括前说在内，这是"大函谷"。其实就函谷关而论函谷，还是前说恰当，这一函谷地区，即现王垛村东西十五里一段道路，由王垛村西行偏南到稠桑驿，也就是春秋时的桑田。由王垛村东行，越过好阳河，到陕县，今三门峡市所在，即西周时的虢国。由王垛村到稠桑驿，须登稠桑原。王垛村东弘农河的高程为三百二十五米，而稠桑原上的高程为六百一十二米，而两侧各有若干条沟壑，其中王垛村东一条，长约六里余，沟头深度有十七米，这条沟显系在原来大路的基础上形成的，因为原来大路就是深壕，前人所谓这条路上"绝岸壁立"，应是实在情形。在弘农河东有一条沟，长约四里，史先生疑这条沟也是在原来大路的基础上形成，所谓"绝岸壁立"的说法在此也是恰当的。这是"小函谷"附近的地理形势。在三千年前，形势险峻更甚于现在，在那"车不能方轨"的地方而西周的"戎车三百乘"是如何过来的，他们走的是哪条道路？是由函谷而入崤山，还是由陕西渡河至晋，再由茅津渡河而南，再由崤山东去，还是自函谷至崤山而东去？这似乎没有人考虑过，史念海先生说："不论从东端的崤山进入函谷，或者从西端的潼关进入函谷，都必须经过函谷关。

在这几百里的谷道中,其间仅能由几处可以离开这条大路转入他途。如果由陕县渡黄河而过中条山以至于河东,由灵宝越崤山而至于洛河上游,虽说有这几条岔路,皆不适于使用较大的兵力。因此不论从东到西,或从西到东,都难于绕过这个函谷关,而函谷关和其东西十五里间的谷道正是不易越过的险要所在。"(同上文4页)无他路可走,只能由函入崤,那么崤山又有两途,究竟武王伐纣是由南陵或者北陵?上面说过,这是至今还有争议的问题。

蒋若是教授认为根本不存在南陵北陵相去三十五里的事实。错误由来,源于《元和郡县图志》。《图志》之误,在于合南北二道以解"二崤山",又分"二崤山"为"东崤""西崤"。而魏晋以来注家皆以"二崤山"为一,晋师败秦,即在"二崤"之间南谷中,从无合南北二道为"二崤"者。《图志》杂引古籍,或者来自《括地志》,或者来自《左传》杜注。看来《图志》作者没有弄清"二崤山"是一个山名,地在南道,因此在引用《西征记》后,断然分"二崤山"为"东崤""西崤"。唐代南道之永宁县属河南府,北道之硖石属陕州,既云"相去三十五里",又怎好统统列于永宁县下?又何以解开头说的"二崤山"又名钦岑山,在(永宁)县北二十八里?《图志》作者误把"二崤"当作"东崤""西崤"两个崤山了。至于"北陵"为什么搬到处于北道的硖石北山,并名之曰"文王山"复建祠以祀文王,除《元和郡县图志》的错误外,杜佑《通典》在引用材料上也有问题,他引了《括地志》的注文:"文王所避风雨,即东崤山也,俗亦号曰文王山,有夏后皋墓北可十里许。"按《图志》解释,可以直接解释北陵文王山在"东崤",这就是后来把文王山(北陵)置于北道硖石山之所本。我们细审原文,可知《括地志》所指"文王所避风雨"处之"北陵"原在夏后皋墓南(南陵)"北可十里许"。所谓"东崤山"者,盖指此道东侧之崤山。今之南县村与夏皋墓之雁翎关恰处于杜预描述的"谷深委曲,两山相嵌"之险境。

秦袭郑走的是南道,"二陵"均在南道中。据作者调查,南道自南县以下穿行于群山峡谷中,前行十里至"南陵",世传为夏后皋墓,南临雁翎关两山对峙,形如雁行,再南行五六公里至宫前村,有唐行宫故址。在此长十五公里古道中,两山之间最窄处不及五十米。一道穿行其中,形势绝险。秦晋"崤之战"应即发生在十五公里长的绝地之中，袭郑的秦师在归途中亦非经此莫由。（见蒋教授《春秋崤之战战地考实》打印稿）

我们不是在研讨秦晋崤之战的实战地点，而是打算通过这一实战地点来探讨西周初年武王伐纣的行程。我们没有关于西周初年伐纣行程这一段的材料，只能由下往上推，秦郑的通道，也可能是商周的通道。蒋先生的文章是扎实的，除了掌握大量文献材料外，他曾经多次实地考察，1986年春我们又共同作了一次考察。根据《左传》襄公十四年戎子驹支对范宣子关于这一战役的回忆，这次战役是在秦师归途中，行经崤地，"晋御其上，戎亢其下，秦师不复，我诸戎实然。譬如捕鹿，晋人角之，诸戎掎之，与晋踣之"。蒋先生说秦人"被晋师和姜戎前后打了一个夹击。他们封住了峡谷的两头，把秦师装在这个十五公里长的口袋里，结果是全军覆没"。这必然是一个狭窄地区，不可能是在南北陵之间相距三十五里的通道上，秦对郑是"袭"，晋戎对秦是埋伏夹击，兵力都不多，以较少兵力在宽三十五里的通道上，没法有掎角之战，必如"两山之间最窄处不过五十米"才行。所以我认为蒋先生这种说法是正确的。

但具体地点则有疑问，因为在二崤之间，或者在每一崤山的附近，到处沟壑纵横，今日犹然，何况古昔，找一个狭窄地段是不困难的。我们认为从春秋以及西周初，南北二崤究竟哪里是通行大道还要研究。蒋先生认为《元和郡县图志》的错误在把"二崤山"分为东崤、西崤，这样把本为一地的"二崤"分为相去三十五里之两崤，《图志》的作者既未亲履其地，又未能细审文献材料，以致自误误人。二崤既在一地，那么把北陵搬到北道的硖石北山，又名之曰"文王山"，复建祠以祀文王，那是《图志》的错误，也是杜佑《通典》的错误。根据《括地志》，"文王所避风雨"处之北陵，原在夏后皋墓（南陵）"北可十里许"。这是比较接近历史事实的，而后来人既感于《图志》的误说，又未审《通典》所引《括地志》全文，复从而增饰之，既迁北陵于"东崤"，名曰文王山，更建祠以祀之。或谓文王避风雨处既在北道"东崤山"，乃援引此古迹作为殷、周东西大道经由北道之佐证。此皆不审"北陵"文王山为后世迁徙之伪迹，今人以伪迹证信史，辗转相因，辨伪益难！

蒋先生的说法有其合理处，秦晋崤之战必在狭窄山谷中，否则很难夹击，但在南在北，还得再商量，根据《公羊传》的记载，此战是在北陵，此文蒋先生亦曾引用，但有删节，今引全文如下：

> 夏四月辛巳，晋人及姜戎败秦于殽。其谓之秦何？夷狄之也。曷为夷狄之？秦伯将袭郑，百里子与蹇叔子谏曰，千里而袭人，未有不亡者也。秦伯怒曰："若尔之年者，宰上之木拱矣，尔何知？"师出，百里子与蹇叔子送其子而戒之曰："尔即死，必于殽之嵚岩，是文王之所辟风雨者也，吾将尸尔焉。"（《公羊传》僖公三十三年）

我们曾指出这段记载比《左传》全面而具体，两位老者指出，"尔即死，必于殽之嵚岩，是文王之所辟风雨者也"。而《左传》于此只是说，"殽有二陵焉，其南陵，夏后皋之墓也，其北陵，文王之所辟风雨也，必死是间"。这太含混了。而《公羊》说是在殽之嵚岩，文王辟风雨处。这没有疑义，危险的地方，也就是行军必由之路，是在北殽的"嵚岩"。"嵚岩"是什么，《公羊》何注只是说"其处险阻隘势，一人可要百，故文王过之驱驰，常若辟风雨"。没有确定是地名，抑是险阻之形容。《谷梁》于此更加含混，"女死必于殽之岩唫之下"。范宁《集解》也是说，"其处险隘，一人可以要百人"。根据当地实际情况看，北殽文王山附近有嵚岑山，或作嵚釜山，在文王山及硖石南，标高九百六十八米。既名"嵚岑"，又在文王山旁，文王山标高七百五十六米，而硖石标高六百五十六米，地图出版社1984年版《中华人民共和国地图集·河南省》有硖石，无其他两峰，盖群山连贯，即以硖石为代也。那么"嵚岑山"当即《公羊》之"嵚岩"。岑崟古音义都可相通，《楚辞·九叹·逢纷》有"漂流陨往，触崟石兮"。王逸注，"崟锐也，……"崟一作岑，洪补曰，"岑，钽赞切，山小而锐"。《说文·山部》"岑，山小而高"，"崟，山之岑崟也"可证。岩与岑崟义可通，音稍隔，段以岑崟属七部，岩为八部。而文王辟风雨处，更可以说明两地为一，即文王山由此而得名，它不是后人的伪造，因为《公羊》早出，非伪造。至少在战国时代已有秦晋之战在嵚岑的理解，而嵚岑即文王辟风雨处，文王驱驰于此，说明这是殷周之间的古通道。至于二殽之间的距离，不同记载互有差异是可以说明的，古代学者，限于工具，实测者少，估计者多，非仅两崤如此，函谷关与灵宝县的距离亦有不同说法，不能因此而疑任何一地区为伪。

我们钦佩蒋先生关于崤战必在狭谷中的见解，但我认为此战在北陵附近，而不是南陵。北道也是殷周间的通道。胡德经先生是考察河南一带古今交通道路的专家，他是洛阳交通局的技术干部，多年作此研究，他指出商代后期虽然迁都安阳，但西方诸侯的朝贡，经济文化等方面的来往，仍然离不开这条东西大通道，即崤山北道。今文王辟风雨处的遗址尚在，即今陕县硖石，也就是北崤道的必经之处。可以想见，这是商末西伯文王朝见商王时往来的通衢大道。为什么不走崤山南道，因为南道在宫前以东都是河川和红土丘陵，泥泞，不能晴雨畅通，不如北道硖石、马头山、大蛇湾、韶山坡、坻坞、正村到洛阳一线山梁易走，后来武王伐纣也是走这条路的。（《史学月刊》1986年2期《两京古道考辨》）现在的陇海铁路也大体沿北道行进，原因是否如此，虽不清楚，但设计者总是选择容易施工而不费力的地方。我们再看近代欧阳珍修《陕县志》（1936年版）卷三《崤山》云："位陕城东七十里，一名钦釜山，即春秋时晋败秦师处。东崤距西崤长坂数里，峻阜绝涧，车不得方轨，西崤长坂十二里，险绝不异东崤。"两崤距离里数虽不准确，但谓晋败秦师于"钦釜山"当即《公羊》之"钦岩"，而今日地图上之"崟岑"。又《陕县志》卷十九《南北二崤道》条云："今按曹公所开北道，当自宫前以西，北通硖石至陕州，嶺岑山疑即钦釜山，即今硖石山，一名崤山，其南为北道。复春秋时路，即指晋败秦于崤处也。其后更复南移，当从宫前西经雁翎关，崤县至陕东。"盖自古以来，崤山东西通道有三：一为崤山北路，即上述晋败秦师之通道，今硖石、马头山、大蛇湾、韶山坡、坻坞、正村到洛阳一带。二为崤山南路，即从洛水西行至宜阳三乡折入连昌河谷，经宫前、雁翎关到陕县。三为北山高道，胡德经先生曾有考证，他说这条道路千多年来莫知何在，只是在《左传》杜注及《括地志》中得知曹操西伐巴汉时更开此道。知其名而不知其实，他说经过周折，终于弄清了这条"北山高道"的坐标和去向，这条高道，平均坐标海拔八百三十米，而南道（即原崤山北道，硖石渑池，新安县）平均坐标只有五百五十余米。这条道的走向是东自新安县铁门西北，经辞主坡（柿树坡）、坻坞、韶山南坡、大小扣门、大蛇湾、舜王庙、辛家湾（碛石北）、牛坡，然后经张茅北平顶山、大小历山，而进入陕县老城，后又经新店、曲沃、灵宝老城，过弘农河，登稠桑原。全长二百九十三华里。（见《两京古道考辨》）我们不是在作中国古代交通史的研究，只是研讨武王东征时的行军路线，在那复杂艰险的各条可行的道路上，他们究竟走了哪条路，是我们必须弄清的。

看到这一段艰险的路程，我们已经知道伐纣不是一件容易的事，没有雄厚的基础、长期的准备，以一个小邦周没法克服这大邑商。到了这一切都成熟的时候，武王还是两次出兵，第一次到孟津会师，还是回来，二年后再来，《史记·周本纪》记载这一段的历史事实道：

> 西伯曰文王，遵后稷、公刘之业，则古公、公季之法，笃仁，敬老，慈少。礼下贤者，……士以此多归之。……太颠、闳夭、散宜生、鬻子、辛甲大夫之徒，皆往归之。崇侯虎谮西伯于殷纣曰："……将不利于帝。"帝纣乃囚西伯于羑里。闳夭之徒患之，乃求有莘氏美女……因殷嬖臣费仲而献之纣。……乃赦西伯，赐之弓矢斧钺，使西伯得征伐，曰："谮西伯者，崇侯虎也。"西伯乃献洛西之地，以请纣去炮烙之刑。纣许之。
>
> 西伯阴行善，诸侯皆来决平。于是虞、芮之人有狱不能决，乃如周。入界，耕者皆让畔，民俗皆让长。虞、芮之人未见西伯，皆惭，相谓曰："吾所争，周人所耻，何往为，只取辱耳。"遂还，俱让而去。诸侯闻之，曰"西伯盖受命之君"。明年，伐犬戎。明年，伐密须。明年，败耆国。……明年，伐邘。明年，伐崇侯虎。而作丰邑，自岐下而徙都丰。明年，西伯崩，太子发立，是为武王。……诗人道西伯盖受命之年称王而断虞芮之讼。后十年而崩，谥为文王。
>
> 武王即位，太公望为师，周公旦为辅，召公、毕公之徒，左右王师，修文王绪业。九年，武王上祭于毕。东观兵，至于盟津，为文王木主，载以车，中军。武王自称太子发，言奉文王以伐，不敢自专，乃告司马、司徒、司空诸节。……遂兴师，师尚父号曰："总尔众庶，与尔舟楫，后至者斩。"武王渡河。……是时，诸侯不期而会盟津者八百诸侯。诸侯皆曰："纣可伐矣。"武王曰："女未知天命，未可

也。"乃还师归。居二年，闻纣昏乱暴虐滋甚，……于是武王遍告诸侯曰："殷有重罪，不可以不毕伐。"乃遵文王，遂率戎车三百乘，虎贲三千人，甲士四万五千人，以东伐纣。十一年十二月戊午，师毕渡盟津。……二月甲子昧爽，武王朝至于商郊牧野，乃誓。……纣兵皆崩畔纣，纣走，反入，登于鹿台之上，蒙衣其珠玉，自燔于火而死。

第一次东征伐纣，已会师于盟津，但武王以为时机未到，"乃还师归"。从丰镐来朝歌，过崤函，渡黄河，路长五百余公里，而千辛万苦，艰险异常，到盟津后再回丰镐？两年内再来，这恐怕不可能。武王既然能会师于盟津，那么盟津附近及以西地区，已经是周的势力范围，他们这时作为东征的基地不是远在崤函以西的丰镐，既然控制了崤函，他们的基地是在崤函的尾部（自西向东）雒邑，雒邑是成王时建都的地方，经过周公、召公的经营，正是控制东方各地的东都，但在此前，它绝不是一块空地，它早就是一个东西方交通的枢纽，也是当时南北通道咽喉，可以说控制住雒邑，也就是为统一当时的中国建立下基础。

雒邑即"成皀"，"皀"见于甲骨、金文，考古所编《甲骨文编》卷14.3有皀字，于《甲》二五二注云，"皀用为师"。又容庚编《金文编》14.12有皀字于《克钟》皀字注云，"挈乳为师，《克钟》，东至于京师"。可知"皀"即师字，又姜亮夫先生的《楚辞通考》第二辑656页"师"字下云："考之甲文则以皀为师，皀者小阜也。古建国必依山麓，故曰京师。则师以皀表之者，由言京国所在之事也。金文增帀作𠂤形，盖亦旌帜徽号表其族。"这是合理的解释，那么"皀"之为"师"，可无疑问，不必作他种解释。金文有"成皀"名，惜过去未得其解。《小臣单觯》有：

王後伿(反)克商，才(在)成皀(屯)。周公易(锡)小臣单贝十朋，用乍(作)竈障彝。

郭沫若先生考释云："此武王克商时器，伿即返字，假为反若叛。武王以文王纪元九祀（武王二年）东观兵至孟津，后以十一祀师渡孟津克商，故此云'後反'也。'成'乃'成皋'（一名虎牢），在古乃军事重地，与孟津相近。'自'字习见，多于师旅有关，旧释为师，然有师自同见于一辞者（《叔觶》《遇甗》《稽卣》等是），知其非是。……本铭自字当即屯聚之屯，师戍所在处也。屯聚之屯，盖自之引申，其用屯字者亦出叚借。"（《两周金文辞大系图录考释》六，《小臣单觶》）此释未免过于拘泥，以自为师戍所在地已是师之本义，而"屯"字古无屯兵义，《说文》，屯，难也，象草木之初生也。《易屯卦》之屯亦同此义。屯本无屯戍义，那么，郭先生所谓"屯聚之屯盖自之引申，其用屯字者亦出假借，无意义。本字为自，后来假借为屯，又何必使先从后？以此我们仍释自为师。"成自"即"成八自"或"六师"之省称，但"成"不是成皋或虎牢，虎牢之称在穆王后，成皋更出于春秋，"成周"之"成"当东都建立前已经存在，他们不会在荒原上建都。武王、周公、召公与成王都是具有战略眼光的政治家、军事家，仅据丰镐，只能如后来秦穆之称霸于崤函以西，逐鹿中原，无能为力，遂于灭纣后，建都"成"，名曰"成周"，此地为当时黄河上下游之咽喉地区，据此可以东安东夷，南定淮夷，成王周公之用兵，固以此为据点，东南既定，西部北部本为周之本部或同盟，而天下一统。《小臣单觶》所谓"王後反克商，在成自"，克商而后回师于成而不是立即回镐，则成为师旅之屯聚处可知。当武王初会师于盟津后回师亦暂屯于此，而非丰镐。此后穆王时器《彔戜卣》《竞卣》中的记载都是以"成周"为征伐淮夷、南夷的据点，如《彔戜卣》：

王令戜曰："叡，淮夷敢伐内国，女其㠯成周师氏戍于战㠯……。"

郭先生释曰："女其㠯成周师氏戍"，"㠯"当训为"与"，古"师氏"之职本司军旅，其位颇高。"（《考释》六，《彔戜卣》）师氏为军职说甚是，太公望之所以称"师尚父"，亦以其军师统帅也。又《竞卣》有：

隹白犀父㠯成自即东，命伐南夷。

郭先生说："此器花纹形制与《彔戜卣》如出一范，决为同时之器无疑。"（同上）一伐淮夷，一伐南夷，都是以"成自"为根据地，"成自"即成周，当时之"王城"为政治中心,而"成周"为军事中心,同时也是殷顽民聚居地,殷氏居聚地方而有重兵,其意义可知。自建成周后,周公、成王东征及南下都以此为据点,我们不能移成𨚑为成皋。所以称"成𨚑",亦"成周八𨚑"之省称。《舀壶》有"于成周八𨚑"(《考释》七)的记载,那么"成周八𨚑"与"成𨚑",你能说是两地?

王国维先生在《鄂侯驭方鼎跋》中也曾涉及"成𨚑"问题,他说:

> 日本住友氏所藏一卣云,"隹伯犀父以成𨚑即东,命伐南夷,正月既生霸辛丑在㭰"。……㭰𦮺同为南征所经之地,则㭰即𦮺字,亦即坏字。《说文》坏,丘再成者也。则大伾之山以再成得名,此㭰殆即大伾欤?自成𨚑而东过大伾。此敦记王还在坏,而鄂侯驭方覲王,则鄂之国境,亦可推测矣。(《观堂别集》一《鄂侯驭方鼎跋》)

他考证几个地区的方位,"自成𨚑而东过大伾",那么成𨚑在大伾西,大伾一在河南浚(濬)县,今浚县而西,都与成周、成皋相去甚远,沫若先生以为此大伾应是氾水之大伾,氾水即成皋。但同在一地殊难言其东西方位,因之以成𨚑为成周之早称,东过大伾,顺理成章,当无疑问。

成𨚑既为建都前的军事重镇,而与盟津密迩,不过几十公里,而方位处于南北,若回师成皋,成皋在东且路远,是否属周且不可知。他们不会贸然而去。回师丰镐既不可能,东去成皋亦非上计,而且当时也没有以成皋为军事据点的事实与可能,于是武王回师成𨚑,再作准备,一年后再伐纣,遂自此起兵,此所以《荀子·儒效篇》记载武王伐纣的行程道:

> 武王之诛纣也,行之日以兵忌,东面而迎太岁,至氾而汎,至怀而坏,至共头而山隧。霍叔惧曰,出三日而五灾至,无乃不可乎?周公曰:"刳比干而囚箕子,飞廉恶来知政,夫又恶有不可焉……朝食于戚,暮宿于百泉,厌旦于牧之野,鼓之而纣卒易乡,遂乘殷人而诛纣,盖杀者非周人,因殷人也。"

以上说武王伐纣,"行之日以兵忌,东面而迎太岁,至氾而汎",第一个明确地点，却是汜水，汜水距丰镐远，中经无数险途，都不取而述汜，这给我们以启示，这次起兵的据点是"成"而不是"镐"。于省吾先生曾经计算这个行程时说："孟津去周九百里，师行三十里，故三十一日而度。"（见《武王伐纣行程考》，《禹贡半月刊》七卷一期）这不可能。九百里程，正好日行三十里，三十一日度，这是一条什么样的路程啊，上面我曾经详细描述过，如今再引《读史方舆纪要》中的一段有关的话："自函谷至斯（潼）高出云表，幽谷密邃，深林茂木，白日成昏。……王氏曰，自灵宝以西，潼关以东，皆曰桃林；自崤山以西，潼津以南，通称函谷。范睢谓左关坂即崤函也。苏秦曰，秦东有崤函之固，贾生《过秦》亦曰，秦孝公据崤函之固者也。"（卷五十二）范祖禹是历史地理大家，通过这段描述，我们知道在三千年前，挟带重兵而度险关，按常规行程绝不可能，地方是"车不能方轨"，而当时的主要武器已是战车，周之所以胜殷，除去许多政治原因及人的因素外，周人战车胜于殷人是一个重要原因，在这下面还有陈述。车不能方轨而必须过车，我尝和史念海、蒋若是等专家教授讨论此事，周人是如何以重车度此险途？渡黄河自晋而直驱朝歌？这不可能，路途更险，除此更无他途，史先生说，只能是"筚路蓝缕以启山林"了，这样，而你想按行军规程，一舍三十里，绝不可能。

太公、周公、武王都不是无能之辈，他们两次东征，不会徒劳往返，一次返后驻兵成皋，二次遂自成皋起兵。只有这样才能完满地解释荀子的话。当然在各有关文献中记载武王伐纣起兵时间地点上，彼此分歧矛盾，有待疏解处很多，但关于伐纣的行程只有荀子一家的话，所以我们以此为准而论伐纣的行程。具体地点：

1. 至汜而汎。大义是到汜水地方而遇水汎涨，根据汜水分布情况及近人考证，这汜水应指成皋东汜水。于省吾先生以为《史记》及《汉书》谓周师由孟津渡河，依《荀子》则周师须由汜水之虎牢渡河，河北即怀地。《史》《汉》均谓戊午师渡孟津，戊午为周正月二十八日，至二月四日癸亥，共六日。自怀至百泉约一百六十里，平均日行约二十七里。若由孟津渡河，中无汜水，且孟津去百泉约三百里，必须日行五十里。荀子谓出三日至共头，若由孟津渡河计之，必须日行百里，与六日之行程亦不符。杨倞注《荀子》引或曰，至汜之后三日也。然汜水后，三日至共头，仍须日行六十里。因此于先生认为古籍残缺，无由徵信。今按，孟津原盟津，《史记》有关记载皆如此，而解"盟津"为"会盟之津"，或更合古义。《禹贡》有：

> 导河积石，至于龙门，南至于华阴，东至于砥柱，又东至于孟津，东过洛汭至于大伾。

孙星衍《尚书今古文注疏》于此疏云："洛汭在今河南巩县。《水经》云，河水又东过巩县北，洛水从县西北流注之。……案巩故城在今河南巩县西南三十里。……《水经》河水又东过成皋县北。《注》云，河水又东径成皋大伾山下。……案成皋故城，今在河南汜水县西一里大伾山上，则虎牢东麓大伾也。……"据此则从盟津过洛汭再至成皋之大伾，在地理顺序上是无可怀疑的，也可以证明成自之非成皋。那么认为武王二次伐纣从虎牢渡，是讲得通的。即使第一次会于"盟津"不在虎牢，亦无妨二次之从虎牢渡，黄河古渡非一，一苇可航，盟于渡口，不渡而回；再渡而趋殷，不必泥于一地，用兵之道，当是如此，况当生死存亡之大战与？由虎牢渡后趋怀趋共而灭殷，所谓直捣心脏之捷径，用兵之道，因当如此！而更重要的原因，如由相传孟津渡，则无由至汜，亦不必过怀。

2. 到怀而坏。杨倞《荀子》注云，"怀，地名，《书》曰：'覃怀底绩。'孔安国曰：'覃怀近河地名，谓至汜而适遇水汛涨，至怀又河水汛溢也。'《吕氏春秋》曰：'武王伐纣，天雨日夜不休。'"《汉书·地理志》怀县，王先谦《补注》云："《禹贡》，覃怀在此，见《书·孔传》，后但称怀，武王伐纣，至怀而坏，见《荀子·儒效篇》，周为苏忿生邑以与郑，见《左》隐传。"又《说文》"邢"字云"邢，周公子所封，地近河内怀"。段玉裁注云："今河南怀庆府武陟县县西南十一里有故怀城。"今武陟南与汜水对，北去共头，乃直线路，武王之伐纣直趋而前也。

3. 至共头而山隧。杨倞注，"共：河内县名，共头盖共县之山名。隧谓山石崩摧也。隧读为坠。"《汉书·地理志》河内郡，共县，王先谦《补注》云，《纪年》，周厉王奔彘，共伯和摄行天子事，太子靖为王，共伯和归国。即此。《庄子·让王篇》，共伯得乎共首。《荀子·儒效篇》所谓共头也。共是山名，故国氏焉，后灭于卫，郑叔段所奔，见《左·隐传》，戴公庐曹，益以共氏。见《闵传》。秦虏齐王建迁此，见《田齐世家》。……城南有安阳陂、卓水陂、百门陵，坂方五百步，在共县故城西，即共和之故国也。其水三川南合，谓之清川，又南径凡城东；周凡伯国，其水与前四水总为一渎，谓之陶水，南流入清水。《一统志》故城今辉县治。《辉县志》载，"共山在方山东南，一名共山首，一名共头，俗呼为共山头"。共头即共山头之省称。

4. 朝食于戚。杨倞注《荀子》云："杜元凯云，'戚卫邑，在顿丘卫县西'。"《汉书·地理志》《东郡·畔观》下，王先谦《补注》云："《左传》卫太子登铁丘。京相璠云，铁丘，名也。杜预云，在戚南河之北岸，有古城戚邑也。……浮水故渎又东径河牧城，而东北出，下入东武阳，王莽河故渎自白马来，东北径戚城西，卫国县西戚亭是也。"是以知戚在古卫国境内，具体地点，于省吾先生以为应在今河南辉县界内，其言是。

5. 暮宿于百泉。杨倞注《荀子》，"百泉盖近朝歌地名"。《左传》曰，"晋人败范氏于百泉"。注疏于百泉均无解。今按《汉书·地理志》《河内·朝歌》下，王先谦《补注》云："淇水自隆虑来，自元甫城东南径朝歌县北，又东右合泉源水下入魏黎阳。泉源水有二源，一出朝歌城北东流南屈径其城东，又合美沟水，又东南注淇水为肥泉，即《诗》泉源之水也。美沟水出朝歌西北大岭下，……又清水注仓水，出方山东南流，潜行地下，复出为雹水，历姆野，自朝歌以南，南及清水，土地平衍，据皋跨泽，悉姆野矣。"今按上述肥泉之肥，雹水之雹，古音都与"百"同，帮纽，但"肥泉""百泉"都以泉称，我们认为肥泉即百泉，乃朝歌附近水。于省吾先生引《魏书·地形志》，"林虑郡共县有柏门山，柏门水南流名大清水"。又《辉县志》载"百门泉一名珍珠泉，一名擱刀泉，出苏门山下，即卫河之源也。中有三大泉，或传为海眼……"又"苏门山在县西北七里许，一名苏岭，一名百门山，山下即百泉"。按宋邵雍隐此，故传其学者称为百泉学派。这考证相当清楚，但于先生以为百泉之地，西周以前均无考，其实在春秋时的肥泉即百泉。《辉县志》以为百泉，而百泉在县西北七里的苏门山（百门山）下，而《汉书·补注》中美沟水与泉源水为一水，美沟水东南注淇水即为肥泉，而美沟水源于"朝歌西北大岭下"，西北大岭当即苏门山，可无疑义。百泉，在春秋为肥泉，在殷商则为贲泉。《殷虚书契前编》卷二，十五，十，六，"□才（在）萊（贲）泉湅（次）"。又《后编》卷上，十六叶，十三，"癸亥卜，贞，王甸亡獻，才六月，才贲泉湅"，"癸丑□□王甸□□，才六月，□萊泉□"。萊泉于甲骨文中多见。于先生以为萊贲古今字，贲彼义切，百博百切，并邦母字，萊泉即百泉，在朝歌之西，相去甚近。贲泉即百泉，而百泉即肥泉，同是一泉，读音相同而写法不同，那么贲、百、肥只是音符而已。

6. 厌旦于牧之野。杨倞注《荀子》云，"厌掩也，夜掩于旦，谓未明已前也"。

今按上注不当，王先谦《荀子集解》引俞樾曰："杨注'未明已前'谓之厌旦，于古无徵，且以文义论之，上云'朝食于戚，暮宿于百泉'。则此文旦下亦当有一字，今止云'厌旦于牧之野'。文义殊未足也。厌旦当作旦厌。厌读为压。《疆国篇》，'如墙厌之'。注曰，'厌读为压'。此文厌字正与彼同。旦压之野，与上文朝食暮宿，文义一律。成十六年《左传》楚晨压晋军而陈。此云旦压，犹彼云'晨压矣'。"这是精彩的考据，《诗·大明》，"肆伐大商，会朝清明"之"清明"，与《牧誓》之"昧爽"与此处之"旦"都文义相协。

"牧野"，郑康成曰，"郊外曰野"，孙星衍《尚书今古文注疏》于此疏云，"郊外曰野"者；《释地》云，"邑外谓之郊，郊外谓之牧，牧外谓之野"；《诗·駉传》云，"郊外曰野"。《周礼·载师》注，杜子春云，"五十里为近郊，百里为远郊"。纣都朝歌，牧在朝歌南七十里，是远郊之内，近郊之外。《经》言"至于商郊牧野"，故郑云，"郊外曰野"。《水经·清水注》云："清水东与仓水合，水出西北方山，山在卫县西，俗谓之雹水，东南历坶野。自朝歌以南，南暨清水，土地平衍，据皋洿泽，悉坶野矣。"《诗》所谓"坶野洋洋，檀车煌煌"者也。按朝歌在今河南浚县西南。牧作坶者，《说文》云"朝歌南七十里地，《周书》武王与纣战于坶野"。此孔壁古文。《诗·大明疏》引《书序》注云，"牧野纣南郊地名"。《礼记》及《诗》作坶野，古字耳。坶又作坶，字迹小异。据此则知《礼记》及《诗》旧本皆作坶野，故《水经注》引《诗》亦作坶野。今本为后人改，从近字也。所列材料全面，叙述清楚，但没有解决问题，"牧野"究竟是一个地名专称,还是类名,即郊外之野?河南的《史学月刊》(1981年5期)曾有署名"代夫"的《商郊牧野辨》一短文,在引用上述材料后说:

> 朝歌,其淇县之南,故又称牧野在淇县之南。《一统志》说:牧野"在淇县南"。《通鉴地理今释》说:牧野在"纣之南郊,在今河南淇县南。"
>
> 上述诸书,指出了牧野的大致方位,但都没有指出它的具体地点。《水经注》"悉坶野矣"一语,给人以这样的启示:所谓牧野,是商都郊区。它是一个泛称的方位,不是一个特称的地名。《礼记·大传》说:"牧之野,武王之大事也。……"《墨子·明鬼》:"与殷人战乎牧之野。"曰"牧之野",可见牧、野不是一事。
>
> 何谓牧、野?《尔雅·释地》说:"邑外谓之郊,郊外谓之牧,牧外谓之野。"故"商郊牧野"应读作"商郊、牧、野",指商邑外的四周,自郊至牧而野,由近及远的一定范围内。……
>
> 宋人夏僎在其《尚书详解》中已经这样说了:"……《春秋传》'牧隰皋',《郑风》'叔适野'。《郑笺》,'郊外曰野'。则牧野乃郊外之统名。这结论是正确的。"

问题似可这样解决,但战争多在郊外,在古今的战例中再没有类似的称呼,那么"牧野"之"牧"还应有所指,它不是一个达名,应是私名。王先谦的《汉书补注·地理志》在"朝歌"下云:

> 《纪年》商武乙自河北迁沫即此,太公于此屠牛,见《古史考》,周为卫地。……《一统志》"故城,今淇县东北"。

"武乙"自河北迁于"沫",见于《今本竹书》,谓"沫"即朝歌,那么朝歌之野也就是沫之野,而牧、沫双声,古通用,牧野即沫野即朝歌之野。《书·酒诰》有:

> 明大命于妹邦。

妹邦即沬邦,《尚书今古文注疏》引马融曰,"妹邦即牧养之地"。郑康成曰,"妹邦纣之都所处也,于《诗》属鄘,故其凡言有沬之乡,则妹之北。沬之东朝歌也,其民尤化纣嗜酒"。孙星衍《疏》"马注见《释文》,云'妹邦即牧养之地'者";段氏玉裁云,"谓妹邦即牧野也,以妹同沬"。郑注见《诗·桑中》疏及《卫风谱》疏,云"妹邦纣之都所处者";《水经注》,"淇水又南合泉源水,水有二源,一水出朝歌城西北,东南流,其水南流东屈径朝歌城南……《晋书·地道记》曰,'本沬邑也……'"。

段玉裁明确指出"妹邦即牧野",其说可信,因此可以指实"牧之野"即"妹之野"。铜器"沈子它簋"及《孟鼎》均有"妹",于省吾先生以为即"妹邦",更可以说明"妹邦"不仅见于古籍中,也见于青铜器。

(四)

上面我们从崤函到牧野,指实了周初伐纣的行程,武王两次东征,事隔二年,中间并未返于丰镐,而是驻军于"成","成周"之所以名"成周"来源于此。但为什么原名曰"成",我们还找不到原因。《公羊》宣公十六年有,"夏,成周宣谢灾,成周者何?东周也"。何休《解诂》说:

> 名为成周者,本成王所定名,天下初号之云尔。

以"成周"为成王所定名,亦想当然,原有"成",为军事据点,因名曰"成自",后为东都,故曰"成周"。但在"成周"之外,又有"王城",秦汉以来至近现代的历史地理学者大多认为周初营建雒邑时,造有两城,一为王城在西,一为成周在东。"王城"虽不见于春秋以前书,但在《春秋》及《三传》中始终是"王城"与"成周"并列,显然两城。但童书业教授在 20 世纪 30 年代曾经认为成周与王城为一,认为"王城"即"成周"的内城,"成周"是东都的总名。后来史为乐同志又有《西周营建成周考辨》(《中国史研》1984 年 1 期)也主张王城是成周的一部分,他认为周公所营洛阳即成周,成周建成后,成王就住在成周。问题的分歧点只在王城是否包含在成周内,或王城、成周是两座城,但因距离近,一如双星座之双座城。而有关营建成周的年代，更为分歧复杂，时间地点问题更交错在一起，增加问题的困难。如今我们解析这些问题。《尚书·召诰》有：

> 惟二月既望，越六日乙未，王朝步自周则至于丰。惟太保先周公相宅，越若来三月，惟丙午朏。越三日戊申，太保朝至于洛，卜宅，厥既得卜，则经营。越三日庚戌，太保乃以庶殷攻位于洛汭。越五日甲寅，位成。若翼日乙卯，周公朝至于洛，则达观于新邑营。越三日丁巳，用牲于郊，牛二。越翼日戊午，乃社于新邑，牛一，羊一，豕一。越七日甲子，周公乃朝用书，命庶殷，侯、甸、男、邦伯。厥既命殷庶，庶殷丕作。

这是开始营造"新邑"的日程表，"新邑"即王城，成周为旧。但在日程表中有许多问题，这里面有详细的月日而无年代，究竟是成王哪一年，历来有不同说法。司马迁说："周公行政七年，成王长，周公反政成王，北面就群臣之位。成王在丰，使召公复营洛邑，如武王之意。周公复卜申视，卒营筑，居九鼎焉。曰：'此天下之中，四方入贡道里均。'作《召诰》《洛诰》。"（《史记·周本纪》）而《大传》说，"周公摄政五年营成周，七年致政"。遂有分歧。孙星衍在《尚书今古文注疏》中，以为太史公据孔安国古文说，《佚周书作雒解》亦云，"及将致政，乃作大邑成周于土中"。《汉书·律历志》亦云"周公七年复子明辟之岁。是岁二月乙亥朔庚寅望，后六日得乙未，故《召诰》"云云。《大传》以为在摄政五年者，今文异说也。郑玄则从《大传》说。后来学者一直存在分歧意见，几年前劳干先生有《论周初年代和〈召诰〉〈洛诰〉的新证明》一文也讨论到此一问题。他以为就材料来看，武王、周公以及成王三个周室的领导人物，都是和营建洛阳以至迁都洛阳这一件事有关。因为《何尊》的发现，有新史料证明，使得这件大事的经过，更为清楚了。迁洛是武王遗志，在《逸周书·度邑篇》说得清楚，《史记·周本纪》因之有同样叙述。现在看来《逸周书》和《尚书大传》都是可信的。综合各方的消息，武王在位时确有建都洛阳的准备，因武王逝世早没有来得及营建，这就变成周初政策中的大事，成王即位，周公摄政，一月改元，为了继承遗志，二月就请召公到洛阳去实地考察，决定建立一个新城郭的地方。从《召诰》看，知道成王即位后，非常重视迁洛事。但据《尚书大传》：

> 周公摄政，一年救乱，二年克殷，三年践奄，四年建卫侯，五年营成周，六年制礼作乐，七年致政成王。

这一段看来，虽然元年二月就对成周作勘查计划，直到五年才开始迁居，而七年迁定。劳先生并就《召诰》及《何尊》核对了两者所记的干支。他说《召诰》是在成王元年，成王元年今设为公元前1021年，这一年周历二月和三月的干支，是：

二月丁丑朔　　　十五日辛卯望
三月丙午朔　　　十五日庚申望

他以"朏"为"朔"，故云《召诰》"越若来三月，惟丙午朏"，绝对不可能是初三日，至多是初二，非常可能是初一。至于《洛诰》，依《书序》说，似是周公营建洛阳的报告，其实不是那么回事。证以《尚书大传》及新出土的《何尊》，成王在五年时已经迁到洛邑，到七年已经早在洛邑了。《何尊》有"在四月丙戌，……惟王五祀"。成王五年应为公元前1017年，丙戌为四月四日，在既生霸的限内。作器多在初吉及既生霸时期，再就是既望，既死霸较少，此器亦不能例外。也就是《何尊》的月日，是和历谱相合的。

同是近年关于西周年历的新说，除劳说外，尚有马承源先生的《西周金文和金历的研究》及谢元震先生的《西周年代论》，谢说最新，近来才决定在中华的《文史》上发表。学术论争，往往后息者胜，因为他们可以避免前人的错误，而吸收其中有益的成果，这也是"为学之道譬如积薪，后来居上"的原因，马先生认为成王营宅应据《何尊》铭文的纪年，这是未经汉儒修改过的真实史料。《洛诰》的七年是成王五年加上武王克商后的二年。五年或七年后成王改元的事未曾发生过，至于所谓"称秩元祀"，"以功作元祀"仍依旧注解释作大祀为宜。据此分析，成王时代《何尊》的纪年，应该在康王元年之前的三十年或三十七年的幅度内去合历。今合定为成王三十二年，《何尊》的纪年历朔如下：

《何尊》　五年四月丙戌。公元前1098年，四月甲戌朔，十三日得丙戌。

又，以上我们既已论证了《召诰》《洛诰》的营成周之年应是成王五年，则两《诰》中几个有意义的日辰合历的数值如下：

《召诰》 惟二月既望，越六日乙未。公元前 1098 年二月甲戌朔，二十三日乙未。

《召诰》 越若来三月，惟丙午朏。公元前 1098 年，三月甲辰朔，三日丙午。

《洛诰》 戊辰，王在新邑，……惟周公诞保文武受命惟七年。公元前 1098 年，十三月己亥朔，三十日得戊辰。此条仅能合于十三月，若当年无闰月，则年终将没有这个干支。《洛诰》的十二月实际应是十三月。

马先生根据紫金山天文台关于岁星准确运行位置的计算，结合历史资料，认为武王征商之年应拟定在公元前 1105 年，是年二月甲寅朔，十一日得甲子。《汉书·律历志》有古文《尚书》残篇八十二字，有关克商日辰的语句："一月壬辰旁死霸，若翌日癸巳，武王乃朝步自周，于征伐纣。粤若来三月既死霸，粤五日甲子，咸刘商王纣。"《武成》乃佚书，所引残文月序乃是殷历。有人为之曲说，云克商前用殷历，克商后用周历；岂有一夜间改历之理，故《武成》说不可据，又成王五年三月丙午朏，由此日上推八年至二月甲子，在任何一个周期内，都不可能缩短六日，所以，若五年三月丙午的日辰是可靠的，则克商之年的二月五日为甲子是必定不可据。今据岁星运行的位置，定前 1105 为克商之年，合于史籍中武王既克殷后二年卒的记载。根据金文合历的情形，随之推拟共和以前西周的年份是：

武王三年

成王三十二年

康王三十八年

昭王十九年

穆王四十五年

恭王二十七年

懿王十七年

孝王二十六年

夷王二十年

厉王三十七年。

关于西周年历之不同说法，不仅上述两说有十几家之多，这两家是最近提出，故我们加以讨论。年历本身的形成由于天体运转，根据日月运行的过程而制定出历法，这历法随着人类运算能力的加强而不断精密化，越古越粗，越近越密，而今日计周历，无疑是以较密的方法计算较粗的古历，这无论如何也不能完全吻合，结果都是在"削足适履"，不过有多削少削之别而已。如劳干先生在原文（《论周初年代和〈召诰〉〈洛诰〉的新证明》）中一个最重要的改动，是以"朔"为"朏"，《召诰》有：

越若来三月惟丙午朏，越三日戊申，太保朝至于洛卜宅。

这是有具体月日的古代文献，肯定它的年代后，有了明确的年月日为坐标，上下推算，当可以解决西周初年的年历的问题。"丙午"是哪一天，乃关键问题，而关键的关键，是关于"朏"的定义。劳干先生说："今本《孔传》说，'朏，明也，月三日明生之名'。这是一个臆说，一个曲辞。《说文解字》：'朏，月未盛之明'，此处意义也含混未明，可能经过后人改窜。李善《文选》注谢庄《月赋》引《说文》：'朏，月未成光'。《太平御览》引《说文》作：'月未成明'，都和今本《说文》不同。所以其改窜之迹，还可以比较出来。今本的盛字明明为成字所改，而之字是后来加添上去的。就时代来说，不仅唐代的《说文》尚未改过，宋代修《太平御览》之时，也不是根据现今通用改过的本子。改窜的由来，显然是有些半通不通而自作聪明之士，在复刻《说文》之际，因为读过《召诰》的今本《孔传》拿《孔传》的说法硬改《说文》。幸亏尚没有人改《释名》，《释名》：'朏，月未成明也'，正用说文旧义，他的解释与所传的《孔传》完全不同。这就表示着许慎及刘熙本于经师的旧有的师承，而所谓《孔传》就只出于刘歆系统。但是所谓《孔传》在唐代已著有功令，因而对于学术界的影响比较更大，甚至《说文》也被改窜，几乎不留痕迹了。"

根据上面所说的理由，于是他说"朔"字和"朏"字有相同意义，《召诰》中的"越若来三月惟丙午朏"是初一，也就是朏的日期就在朔。金文中的初吉也是这一天。我们认为，这是完全错误的解释。首先朏不是朔，而是"霸"或者"魄"。《尚书·康诰》开头是"惟三月哉生魄"。马融注曰，"魄，朏也，谓月三日始生兆朏名魄，一作霸"。孙星衍疏云，"马注见《释文》。《说文》云'朏未盛之明，从月出'。《律历志》引古文《月采》曰，'三日曰朏'。《召诰疏》引作《周本·月令》云，'三日粤朏'。《法言·五百篇》云，'月未望则载魄于西，既望则终魄于东。'宋咸曰，'载魄当作朏'。其实魄即朏也"。魄、霸、朏古音近，因古无轻唇。王国维在《生霸死霸考》中亦云："余谓《说文》，'霸，月始生魄然也'。'朏未盛之明也'。此二字同义，声亦相近，故马融曰，'魄，朏也'。霸为月始生，为月未盛之明。"虽然以下关于四分月解释，不同于"三日曰朏"说，但亦远非朔。至于劳氏于"月未盛之明"与"月未成光"之不同，认为是妄人窜改，其实"未盛之明"与"月未成光"，从任何角度看，意义相近，而无乖忤处，改与不改同，何妄之有。劳先生并引董作宾先生《中国年历谱》，在前1021年，三月丙午朔，三日庚戌，五日甲寅，六日乙卯，八日丁巳，九日戊午，十五日甲子。甲子是望，周公用书命殷的诸侯，天子也命召公褒赐周公。从周公乙卯日到洛，此时已过了十天。十天的工夫只是初步的勘查工作，为准备一个空前的大城，而勘查丈量了十天，也只能是初步勘查。这是以《召诰》结合董谱而推算的日历，并说《召诰》是在成王元年，而定成王元年为公元前1021年。但这种日历实在与《召诰》不合，而相差颇多。即使是以朏为朔也是如此。《召诰》的日历，自二月起：

> 惟二月既望，越六日乙未。
>
> 越若来三月，惟丙午朏。
>
> 越三日戊申，太保朝至于洛。
>
> 越三日庚戌，太保乃以庶殷攻位于洛汭。
>
> 越五日甲寅，位成。
>
> 若翼日乙卯，周公朝至于洛，则达观于新邑营。
>
> 越三日丁巳，用牲于郊，牛二。
>
> 越翼日戊午，乃社于新邑。
>
> 越七日甲子，周公乃朝用书。

日子清楚,这在古文献中是难得的原始材料。"二月既望越六日乙未"是二十日,二月小,三月甲辰朔,"丙午朏"是三月三日,越三日戊申是三月五日,又越三日庚戌是三月七日,又越五日甲寅是三月十一日,又越三日丁巳是三月十四日,又越翼日戊午是三月十五日,"乃社于新邑",又越七日甲子"周公用书",是三月二十一。而劳氏据董谱以甲子为十五日,又如何与《召诰》合历?不能把《召诰》中所有日历削去,这又如何解释?无法解释遂不加解释,当作结论而说下去!这不是削足适履,而是在大规模地篡改!

相反,马承源先生依照传统训诂,以"丙午朏"为三月三日,结合《何尊》的记载,上下通顺,无不合辙。《何尊》的铭文,是没有经过任何过去的史家或儒生改过的原始材料,他以为《洛诰》的七年是成王五年加上武王既克商后的二年,五年或七年后未曾发生过成王改元的事。因此成王时代的《何尊》的纪年应该在康王之前的三十年或三十七年的幅度内去合历。今合定成王为三十二年,《何尊》的纪年历朔已见上引。他关于西周年历的计算远比劳氏改朏的说法好。因为马先生找到一个比较稳定的坐标,即岁星的准确运行位置,用以解决年历问题。他根据紫金山天文台关于岁星位置的计算,结合历史资料,他认为武王征商应定为公元前1105年,是年二月甲寅朔,十一日得甲子。

虽然用计算岁星定位的方法来计算周初年历是比较科学的方法,这比完全用汉代历法推算西周年历要可靠些。其余有待解决的问题,比如临潼出土的《利簋铭》:"珷王征商,唯甲子朝,岁鼎。"究竟如何解释,还有分歧。即使岁指岁星,而岁星的位置是移动的,有十二年的周期,只能在某一个幅度内推算其位置以合历,是否准确,完全看合历的结果,就未免有误差,因之马先生在解释西周未能合历铜器的分析时,也说《王臣簋》不能合朔,是《王臣簋》的铭文错铸。"铭文错铸"与"刘歆窜改",都是诿过于人的说法,是不足取的。但马先生的计算方法与结果,还是最使人满意的一种,不过以后来比较精密的历法,推算粗疏的古历,永远不能完全合辙,郭沫若先生不作这种推算是有道理的。我们断定,《召诰》内容的年代当于周公摄政五年营成周,而《洛诰》是周公摄政七年归政。这种断定与《尚书大传》合,与《召诰》《洛诰》的内容相合,也与金文《何尊》的记载相合。

时历的问题我们可以依照《召诰》《洛诰》及《何尊》的记载解决，但关于成王迁成周的年代仍存在问题。《洛诰》开头说：

> 周公拜手稽首，曰，朕复子明辟。……予惟乙卯朝至于洛师，我卜河朔黎水，我乃卜涧水东瀍水西，惟洛食，我又卜瀍水东，亦惟洛食。伻来以图及献卜。

郑康成注曰："我以乙卯日至于洛邑之众，观召公所卜之处，皆可长久居民使服田相食瀍水东。既成，名曰成周，今洛阳县是也。召公所卜处名曰王城，今河南县是也。"这是郑氏从《大传》的说法，以为摄政五年始营成周，七年，周公至洛始完成，并致政而成王迁来。王国维于《洛诰解》中也说："复子明辟，犹《立政》言，'告孺子王'，时成王继周公相宅至于雒，故周公白之。……乙卯，……日而不月者，成王至雒与周公相见时在乙卯以前故也，……此周公所复者皆追述王至雒以前事也。"都是认为成王于摄政七年时至雒而周公致政。但《何尊》有："隹王初 🅧 宅于 🅧 周""隹王五祀"的记载。关于 🅧 字的隶定犹有不同意见，史惟乐同志引张政烺兄的意见，以为即"相宅"的相字，而马承源先生隶定为墼，以为墼宅就是墼土起宅的意思，其义同于"营宅"，而墼营是声之转。他们的解释都与原字相去甚远，其实原字即"遷"字，金文中多见，作：

等形，"何尊"原文非遷莫属。张、马诸先生所以不隶定为迁，或因五年迁宅于洛，与传统说法不合，而解作"相宅"或"营宅"。其实五年迁宅，与史实并不矛盾，"成"非毫无基础者。"成师"早已为武王东征基地，则成王迁来非落荒者。五年迁来，七年致政。此说与《令彝》的年代亦合。盖武王东征灭纣后，东方尚未大定，《尚书大传》云："一年救乱，二年克殷，三年践奄，四年建侯卫，五年营成周，六年制礼作乐，七年致政成王。"成王东伐淮夷，践奄也是以"成师"为基地，"多士"之"昔朕来自奄"，是相对于成周言。那么三年已至成周，何必讳言五年。

据郑康成《洛诰注》，"所卜瀍水西名曰王城，今（汉）河南县，而瀍水东名曰成周，今洛阳县"。是成周、王城分处东西二地，上面我们已经谈到，这是有争论的问题，但据考古发掘及春秋时文献记载，这是两处。1959年第4期《考古学报》载有《洛阳涧滨东周城址发掘报告》一文，涉及此问题。《报告》以为，西周初年，周王在洛阳一共营建了两座城堡，一是"成周"，一是"王城"。西周金文中常有关于"成周"、"周"和"王"的记载（"周"和"王"指"王城"）在《春秋》中则有"王城"的名字。自周平王迁到洛阳后，一直到景王都是以王城为国都。发掘结果，根据典型的探沟堆积面来探讨有关城墙年代问题。北墙保存比较完整，全长二百八十九米，在西段中第四层西周时代的文化层为褐色土，夯土中包含的陶片从晚殷到春秋时都有，但没有晚于春秋的。二三层是战国到汉代的断片。王城汉属河南县，春秋时也称作"郏鄏"，而"成周"在翟泉，两地相距二十公里，不可能包在一个城堡内。

王城遗址北墙西段断层示意图：

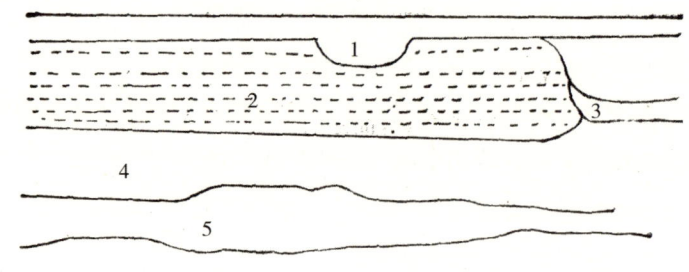

说明　1. 近代耕土层　　　　　2. 战国到汉（浅黄土层）之夯土
　　　3. 东周层（红色土含沙）　4. 晚殷到西周层（酱红色土）
　　　5. 沙土层（生土）

（据《洛阳涧滨东周城址发掘报告》附图）

翟泉附近为汉魏故城，是在西周故城基础上，虽无发掘报告，但考古学家认为洛阳汉魏故城是建在宗周成周的基础上，它是原来的"成"或"成师"，稍后的"成周"。

春秋时有关成周与王城的记载，都分得很清楚，比如：

《左传》庄公二十年：秋王及郑伯入于邬，遂入成周，取其宝器而还。

庄公二十一年：夏同伐王城，郑伯将王自圉门入，虢叔自北门入，杀王子颓及五大夫。

僖公十一年：夏扬拒泉皋伊洛之戎同伐京师入王城，焚东门，王子带召之也。秦晋伐戎以救周。秋，晋侯平戎于王。

宣公三年：楚子问鼎之大小轻重焉。对曰，在德不在鼎。……成王定鼎于郏鄏。

《春秋经》昭公二十二年：夏四月乙丑天王崩，六月叔鞅如京师，葬景王，王室乱。

刘子单子以王猛居于皇。

秋刘子单子以王猛入于王城。

冬十月王子猛卒。

《左传》昭公二十二年：单子使王子处守于王城，盟百工于平宫。辛卯，鄩肸伐皇，大败，获鄩肸。壬辰，焚诸王城之市。八月辛酉，司徒醜以王师败绩于前城，百工叛。己巳，伐单氏之宫败焉。庚午，反伐之，辛未，伐东圉。冬十月丁巳，晋籍谈、荀跞帅九州之戎及焦、瑕、温、原之师，以纳王于王城。

《春秋经》昭公二十三年：天王居于狄泉，尹氏立王子朝。

《公羊传》昭公二十三年：天王居于狄泉。

《左传》昭公二十三年：六月，……甲午，王子朝入于王城，次于左巷。

《春秋经》昭公二十六年：冬十月天王入于成周，尹氏召伯毛伯以王子朝奔楚。

《左传》昭公二十六年：冬十月丙申，王起师于滑，辛丑在郊，遂次于尸。十一月辛酉，晋师克巩，召伯盈逐王子朝。……召伯逆王于尸，及刘子、单子盟，遂军围泽，次于隄上。癸酉……王入于庄宫。王子朝使告于诸侯曰，昔武王克殷，成王靖四方，康王息民，并建母弟，以蕃屏周。……至于幽王，天不吊周，……诸侯替之，而建王嗣，用迁郏鄏，则是兄弟之能用力于王室也。

……

《左传》昭公三十二年：秋八月，王使富辛与石张如晋，请城成周。天子曰，……昔成王合诸侯城成周以为东都，崇文德焉。……冬十一月，晋魏舒、韩不信如京师，合诸侯之大夫于狄泉寻盟，且令城成周。……己丑，士弥牟营成周，计丈数，揣高卑，度厚薄，仞沟洫，物土方，议远迩，量事期，计徒庸，虑财用，书餱粮，以令役于诸侯。属役赋丈，书以授帅，而效诸刘子。韩简子临之，为成命。

《左传》定公元年：春王正月辛巳，晋魏舒合诸侯之大夫于狄泉，将以城成周。

通过上面记载，我们清楚地知道成周与王城乃是两地。昭公二十二年王猛之乱，刘子、单子以王猛守于王城，王猛于是年十月卒，二十三年尹氏又立王子朝而天王居于狄泉，王子朝入于王城。二十六年王入于成周而王子朝奔楚。然后王入于王城庄宫。王子朝不服，告于诸侯，有平王"用迁郏鄏"的话，郏鄏即成王定鼎之郏鄏，《史记·楚世家》《集解》引杜预曰，"郏鄏今河南也，河南县西有郏鄏陌，武王迁之，成王定之"。郏鄏即"王城"而"狄泉"逼近"成周"，今尚有翟泉村。成周、王城在春秋时代分得清楚，在西周也不可能是合在一起的。《逸周书·王会解》开头说，"成周之会，埠上张赤奕阴羽"。虽说是"成周之会"而题名"王会"，这"王"即"王城"，"王城"是政治中心，而"成周"是军事中心。成周营造在前，是几代东征基地，故以"成周"作大名。

成周、王城、东周、西周，春秋以后，战国时代，更加混淆。《史记·周本纪》有：

定王十六年，三晋灭智伯，分有其地。二十八年，定王崩，长子去疾立，是为哀王。哀王立三月，弟叔袭杀哀王而自立，是为思王。思王立五月，少弟嵬攻杀思王而自立，是为考王。此三王皆定王之子。考王十五年，崩，子威烈王午立。考王封其弟于河南，是为桓公，以续周公之官职。桓公卒，子威公代立。威公卒，子惠公代立，乃封其少子于巩以奉王，号东周惠公。

战国时的周王朝，于成周、王城外，别有西周桓公，东周惠公，未免头绪纷繁，于是关于二周之辨，有鲍彪《国策注》、吕祖谦《大事记》、吴澄

《东西周辨》、顾栋高《春秋大事表》、崔述《考信录续编》，各有出入。日本泷川资言的《史记会注考注》，独引赵翼说，以为其说近似。赵翼以为武王定鼎于郏鄏，周公营以为都，是为王城，则河南也。周公又营下都，以迁殷顽民，是为成周，则洛阳也。平王东迁，定都于王城，其时所谓西周者丰镐也，东周者王城也。及王子朝之乱，敬王徙都成周。《公羊传》云："王城者何，西周也。成周者何，东周也。"是时王城为西周，而成周为东周矣。及考王封其弟揭于王城，是为河南桓公。桓公之孙惠公，又自封其少子班于巩，号曰东周，则此东周又自西周之王城分出，而并非敬王所都之成周矣。分封于巩者曰东周，而河南惠公本在王城，则仍西周之号，此东周西周皆在河南，而周王之都于成周自若也。战国所谓周王者，都于成周之王也。所谓东周君、西周君者，则河南之都于王城及分封于巩者也。东周谓韩王曰："西周者故天子之国也。"曰"故天子国"，明乎是时西周已非天子所都也。显王二年，赵与韩分周为二，于是东西各为列国者，即河南之东西周也，而显王抱空名尚在成周，直至赧王始灭，则仍是敬王所迁之东周。

据上述，所谓西周、东周者，前后有三：

（一）宗周初年：西周丰镐。

东周王城。

（二）春秋时代：西周王城。

东周成周。

（三）战国时代：西周王城。

东周巩。

东西周名称之演变，大体如是。但赵翼粗疏，所得只能近似。首先据《左传》三年记载，是"成王定鼎于郏鄏"而非武王。又说"周公营以为都"，也不正确，根据《召诰》、《洛诰》及《逸周书》中的记载，营建成周，实经武王、成王两代及周公召公之共同努力。又以王城代表宗周时东周而少成周，亦误，当时成周为大名。又赵氏盖不解"河南"的含义，屡谓东周西周皆在河南，其实王城汉为河南县，不包成周。其所谓"东周君西周君者则河南之都于王城及分封于巩者也"，更不知所云。但有赵氏的考证，终于弄清此一问题的线索。

第二 建国篇

（一）文王兴起

后稷时代，周族进入父系氏族社会，但在不窋、公刘间，处于戎狄之中，世系不明。我们已经提过，史学家亦多有考证，如《史记·周本纪索隐》云：

> 《帝王世纪》云："后稷纳姞氏，生不窋。"而谯周按《周语》云："世后稷，以服事虞、夏。"言世稷官，是失其代数也。若以不窋亲弃之子，至文王千余岁唯十四代，实亦不合事情。

《史记正义》也说，《毛诗疏》云："虞及夏、殷共有千二百岁。每世在位皆八十年，乃可充其数耳。命之短长，古今一也，而使十五世君，在位皆八十许载，子必将老始生，不近人情之甚。以理而推，实难据信也。"类似议论很多，所以《史记汇注考证》说，"不窋非弃亲子，先儒历辨之词，繁不能悉载"，只能是疑案。但后稷官于虞廷，见《尧典》：

> 帝曰，弃，黎民阻饥，汝后稷播时百谷。

帝舜时代也是自氏族社会进入国家社会的初级阶段，但舜属东夷，而弃属华夏，在当时不可能同处一堂，有君臣关系。弃不在虞廷，可成定论，但稷为世官，而弃对农业有功，曾是稷之第一代，也是定论。周族之起源在其他氏族的环抱中，他们的联盟氏族姜氏，即源于羌戎，不窋失官而处于戎狄中，世系不明，巫祝失职，因而年代与世系乖违，可以理解而无从考索。

不窋而后，子鞠漠漠无闻而公刘兴。史称，"公刘虽在戎狄之间，复脩后稷之业，务耕种，行地宜，自漆、沮度渭，取材用，行者有资，居者有畜积，民赖其庆。百姓怀之，多徙而保归焉。周道之兴自此始，故诗人歌乐思其德。"（《周本纪》）所谓"诗人歌乐思其德"，《诗·大雅·公刘》云：

笃公刘于京斯依，跄跄济济，俾筵俾几。既登乃依，乃造其曹。执豕于牢，酌之用匏。食之饮之，君之宗之。

笃公刘既溥且长，既景乃冈。相其阴阳。观其流泉，其军三单。度其隰原，彻田为粮。度其夕阳，豳居允荒。

笃公刘于豳斯馆，涉渭为乱，取厉取锻。止基乃理，爰众爰有。夹其皇涧，遡其过涧。止旅乃密，芮鞫之即。

《周本纪》中公刘事，即本此后两章，而于"其军三单"无解。《毛诗郑笺》云，"邰后稷上公之封，大国之制三军，以其余卒为羡。今公刘迁于豳，民始从之，丁夫适满三军之数，单者无羡卒也。"疏不破注，《毛诗正义》据此发挥，越走越远。今按："单"字见于金文作"㺇"，隶定为"单"。单为旗帜，故《诗》云，"其军三单"，"三单"等于"三旗"。古今军旅莫不有旗，满人八旗，含义颇多，但与军旅有关。古代齐国三鼓，军旅有旗有鼓，故两军对峙曰，"旗鼓相当"。金文中"戰"字从"单"，战争军事也，原与旗帜有关。而如獸字斨字莫不如此。"獸"字在甲骨文中像犬在单下，乃同于狩字。罗振玉曾以斨为祈，云"祈从旂从单，盖战时祷于军斨之下，会意"。（《金文编》卷一引）其义可取。

章太炎先生于《文始》中亦说"单"字，虽从军事开始，但不同于军旗说，以为"其军三单"乃更番征调之意，说无据，而汗漫无涯，盖单失其义，遂使后人无所适从。单本旗帜之间架而非繁缛，在旗帜上因部族之不同而有不同之族徽，即所谓"物"。《左传》哀公元年记夏少康中兴：

> 祀夏配天，不失旧物。

"物"即部族旗帜上的文章、族徽。不同部族有不同的物，即所谓"物以群分"。"其军三单"是三旗军，虽然其中的组织、人数固属茫然，我们对周初八师六师之理解亦然，但同属军旅组织则无疑问。公刘有军旅组织，是当时宗周已具国家之雏形。这是宗周发展史上的大事。

在政治上由氏族社会进入国家雏形即城邦政治（City-state），在氏族组织上也由父系家长制进入宗法社会。王国维先生在《殷周制度论》中说：

> 周人制度之大异于商者，一曰立子立嫡之制，由是而生宗法及丧服之制，并由是而有封建子弟之制，君天子臣诸侯之制。二曰庙数之制。三曰同姓不婚之制。此数者皆周之所以纲纪天下，……

又说：

> 舍弟传子之法，实自周始，当武王之崩，天下未定，国赖长君，周公既相武王克殷胜纣，勋劳最高，以德以长，以历代之制则继武王而自立，固其所矣。而周公乃立成王而己摄之，后又反政焉。……自是以后，子继之法，遂为百王不易之制矣。由传子之制而嫡庶之制生焉。

王先生以为因周公之立成王而子继法立，由传子之制而嫡庶之制生，由是而有宗法，而有丧服，而有封建子弟，而有同姓不婚。其实有宗族即有宗法，大宗专政，所谓"宗之君之"，终宗周之世，宗族之权，宗法之制，始终在制约社会之发展。其他氏族亦复如是，凉山彝族奴隶社会有家支制度，实亦变相之宗法，既可存在于奴隶社会，亦可延续于封建社会中。我们不能说仅宗周有宗法或周公制宗法。宗法是历史范畴，由氏族社会过渡到阶级社会，氏族在国家内变为宗族，大宗为统治者，小宗成员逐渐分化，一如八旗子弟后来之没落。

公刘卒，子庆节立，国于豳，此后数传至高圉、亚圉，都是有名的周先公，《左传》昭公七年有：

> 秋八月卫襄公卒……卫齐恶告丧于周，且追命襄公曰：叔父陟恪，在我先王之左右，以佐事上帝，余敢忘高圉、亚圉。

杜注："二圉，周之先也，为殷诸侯，亦受殷王追命者。"杜预以为二圉曾臣服于殷；若然，是殷周两方有臣属关系自此开始。杜说是否有据，唐孔颖达在《左传正义》中已表示怀疑，说"此杜以意言耳，二圉之受追命无文矣"。二圉受命虽无据，但在古文献中，多颂二圉之业绩者，《国语·鲁语》有云：

> 幕能帅颛顼者也，有虞氏报焉。杼能帅禹者也，夏后氏报焉。上甲微能帅契者也，商人报焉。高圉大王能帅稷者也，周人报焉。凡禘郊祖宗报，此五者，国之典祀也，加之以社稷山川之神，皆有功烈于民者也，及前哲令德之人，所以为明质，及天之三辰，民所以瞻仰也，及地之五行，所以生殖也，及九州名山川泽，所以出财用也。非是不在祀典。

五大祀典：禘、郊、祖、宗、报；高圉、大王在报之祀典内。大王即公亶父，史称"古公亶父复修后稷公刘之业"。公刘本"复兴后稷之业，多耕种"，高圉也是"能帅稷者也"。可见他们都是继承稷业而发展农业的周代先公先王。

高圉亚圉后，古公亶父立，使周之国家组织更加完善而强大，"实始翦商"矣。《史记·周本纪》称：

> 亚圉卒，子公叔祖类立。公叔祖类卒，子古公亶父立。古公亶父复脩后稷、公刘之业，积德行义，国人皆戴之。薰育戎狄攻之，欲得财物，予之。已复攻，欲得地与民。……乃与私属遂去豳，度漆、沮，踰梁山，止于岐下。豳人举国扶老携弱，尽复归古公于岐下。及

他旁国闻古公仁，亦多归之。于是古公乃贬戎狄之俗，而营筑城郭室屋，而邑别居之。作五官有司。民皆歌乐之，颂其德。

歌乐颂其德，诗见《大雅·绵》：

> 绵绵瓜瓞，民之初生，自土沮漆。古公亶父，陶复陶穴，未有家室。
> 古公亶父，来朝走马，率西水浒，至于岐下。爰及姜女，聿来胥宇。
> 周原膴膴，堇荼如饴。爰始爰谋，爰契我龟。曰止曰时，筑室于兹。
> 乃慰乃止，乃左乃右，乃疆乃理，乃宣乃亩，自西徂东，周爰执事。
> 乃召司空，乃召司徒，俾立室家，其绳则直，缩版以载，作庙翼翼。
> ……
> 乃立皋门，皋门有伉；乃立应门，应门将将；乃立冢土，戎丑攸行。

古公亶父迁于岐后，国家机构日益完善，发展生产，大兴土木，设三司，立冢土（大社），《鲁颂·閟宫》云：

> 后稷之孙，实维大王，居岐之阳，实始翦商。……

大王即古公亶父，从此"实始翦商"，殷商不能安于枕席，周道大兴矣。

　　古公长子太伯，次虞仲；太姜又生少子季历，季历娶太任生昌。古公以为昌贤，曰："我世当有兴者，其在昌乎！"太伯虞仲知古公欲立季历以传昌，遂奔吴以让季历。此为《史记·周本纪》说，但其中尚有许多问题，留待后人评说。黄盛璋先生在《铜器铭文宜、虞、矢的地望及其与吴国的关系》（《考古学报》1983年3期）一文中有过较详讨论。先是，1954年江苏丹徒县烟墩山出土一批铜器，其中《宜侯矢殷》是重要的铜器之一。铭文初称"虞侯矢"，因改侯于宜，故后称"宜侯矢扬王休，作虞公父辛尊彝"。"虞"字从虍从矢，最初多解为虔，唐兰先生则隶定为"虞"，订其年代为康王，并指出，此虞为姬姓之虞。由于虞侯矢被王改封于宜，而又出土于丹徒，属于周代吴国范围，所以唐先生认为"宜"可能是在丹徒或其附近，并指出虞不是北虞，而是吴越的吴。虞侯矢就是吴国君主仲雍之曾孙周章，而虞公则是周章和虞仲的父亲叔达。（见《宜侯夨𣪘考释》，《考古学报》1956年2期）唐先生的论证后来被史学界广泛采用，但刘启益先生在《周夨国铜器的新发现与有关历史地理问题》（《考古与文物》1982年2期）一文中则认为"勾吴是虞侯夨及其子孙所建，铜器中夨国就是吴国，也就是虞国，在陕西陇县一带，原为太伯、仲雍所建，他们并没有奔吴，而只是来到了这里建立吴国，后传于仲雍，三传至虞仲，被武王封于晋南为虞国君长，陇县西周墓葬出土的"夨仲戈"就是虞仲分封于晋南前在夨国时作，其子虞侯夨又被康王改侯于宜，因而建立了南方的吴国即勾吴。

他们立论的基础，都是主张宜的地望是丹徒一带，由于宜在勾吴境内，所以产生了一系列推论。唐兰先生主张虞侯夨为南吴而非北虞；北虞仍用《史记》传统说，是由南吴分封而出。刘先生则相反，认为虞侯夨原是北虞，是由岐西陇县夨国分封而出，到虞侯夨改封于宜时才南下建立吴国；推翻了《史记》以来的传统说法。这是关系到西周历史的重大问题，关系到虞、吴、宜、夨的历史渊源与地理位置，所以黄盛璋先生又进行探讨，而有《铜器铭文宜、虞、夨的地望及其与吴国的关系》（《考古学报》1983年3期）一文。因为有了"宜侯夨𣪘"，所以关键问题是宜的地望，黄先生以为宜不在南方吴国，而是在周东方的通道上。武王伐纣自西往东，"宜"既在东国，又与伐商之交通要道有关，与郑相近，并为周王室直属领土，此"宜"亦即后来之宜阳。

黄先生认为虞吴古音同在鱼部，但作为国名，虞吴从不混用，南方之吴，出土铜器很多，自称为吴、攻吾、攻敔、攻䱷，从不称虞；而北方之虞如"虞司寇壶""虞侯壶"等亦自称为虞，从不称吴。虞侯宜必为北虞，不是南吴。他以为唐兰先生根据"宜侯夨𣪘"出土丹徒，认为是南吴而不是北虞，立论基础已不稳定，而刘启益虽认为北虞，却认为北虞来自夨国即吴国；黄氏以为两者同样不能成立。"宜侯夨𣪘"自称为"虞侯夨"，确证夨非虞或吴，而夨国不是虞国或吴国。夨国君称王，西周铜器中凡自称王者，皆表示与周王平立，必为周之异姓，如吕为姜姓，可以肯定夨不是姬姓之吴国或虞国，而是姜姓。夨人的早期历史应在汧水上游，在此发祥起家，建立邦国，自封王号，与殷周皆不相涉。因此黄氏的结论是：

1.宜必近郑，器虽出土于丹徒，系后来带去。2.虞侯夨与父虞公皆为北虞君主，即春秋虞国祖先。3."宜侯夨簋"自称"虞侯夨"，虞、夨分明二字。4.夨国不是虞国或吴国，他是异姓称王。5.汧水上游陇县曹家湾一带为夨人早期地域，晚期在汧水下游，会渭河处不远。

以上介绍了有关三家说，黄说晚出，似为"后来居上"，但问题并非如是简单，仍有探讨余地。我们首先讨论此器释文，释文有误，则一切皆非。于此唐兰先生的工作最为出色，铭文第四行，他定出"虞侯夨"后，才有文章可作。唐释"王卜于宜（宜）"，亦胜于"王立（位）于宜（宜）"，该字虽漫漶不清，但就上下文义言，"卜"胜于"立"；而"入土"更胜于"宗土"，黄盛璋先生定为"内土"；"内"字古义同于"入"，可以肯定，但黄之解释则非。"南鄉"之解释正确，唐先生的意见则毫无意义。"氏甿□又五十夫"乃郭沫若先生所定，有理，但字奇诡，唐兰先生依原笔划隶定为畀，以为是农业奴隶，与甿之意义相通。关键处如此隶定，全文可通读如下：

隹三月辰才丁未，囗省珷王

成王伐商圖（图），徣省东或圖。

王卜于宜入土，南𠧧（鄉）。王令

虞厌（侯）夨曰："繇，厌于宜。易鬯

鬯一卣，商繇一枚，彤弓一，彤矢百，

旅弓十，旅矢千。易土，厥川

吾□，厥□百又□，厥宅邑卅

又五，囗□百又卌，易才宜

王人田又七生。易奠七白。

厥冏囗又五十夫。易宜庶人

六百又□六夫。宜厌夨扬

王休，乍虞公父丁尊彝。

如此隶定然后可以释义。国有大事则卜，是商周通例。命诸侯则卜位，命虞侯夨于宜，故卜位于宜。卜位于宜，非在宜卜，如《洛诰》之"我卜河朔黎水，我乃卜涧水东，瀍水西，惟洛食；我又卜瀍水东，亦惟洛食。"省图然后卜位，卜位然后定位，定位然后入社行册封礼，此即原文"王卜于窒，入土，南乡。王令虞侯矢曰，……"之礼仪程序。"土"即社，甲骨文作 ⊙，余曾释为古之圜丘，即"冢土"，得丁山父先生之首肯。《诗·大雅·绵》，"乃立冢土，戎丑攸行"之"冢土"即大社。郑笺"冢土，大社也，起大事动大众必先有事乎社而后出"。黄盛璋先生解"入社"为"纳土"，"即将土地分封给矢，此土必为周之直辖领土"。天子分封而曰"纳土"，古礼所无，铭文下文有锡土事，不能先纳土再锡土。黄先生因有此误，遂以王畿土地解宜而定其地近于郑，为今之宜阳，是为一误再误者。宗周天子举行册命大典时，王在太庙，大室，明堂或大社（实是一地），入而南乡，右者及受封者北乡，于是王令：

虞侯矢曰：繇，侯于窒（宜）。

如是解释符合仪礼程序与史实。

基本史实可以如是肯定，以下是锡土田及农奴事，如"厥川三百□，厥宅邑卅又五圆□百又卅"等，郭沫若先生的解释较完整。而"王人之赐"殊引人注意，原铭文：

易才（在）窒（宜）王人田又七生（姓）。

沫若先生释曰："'锡在图王人□又七生'，生假为姓，一姓代表一族，则'王人'下所缺一字当为十，为数不能过多。'王人'之在宜者当即殷王之人，原为贵族故有姓，今亦转化为奴而成赐与之物。《尚书·君奭》，'殷礼陟配天，多历年所，……百姓王人罔不秉德明恤'。此周初称殷代贵族为'王人'之证。入后，周有天下既久，则'王人'之称，转为周王之人矣。"以上谓"生假为姓，一姓代表一族"，那么"王人十又七姓"，一如分鲁以殷民六族，分康叔以殷民七族。但谓王人为奴，则未达一间，下有锡甿及庶人，不应重出"王人"为奴。而《春秋》僖公八年云：

春王正月，公会王人齐侯宋公卫侯许男曹伯陈世子款，盟于洮。

以此结合"书君奭"及此铭文，则"王人"为西周春秋间之常见名词而不是奴。孔颖达《左传正义》于此疏云："公羊传曰，'王人微者，曷为序乎诸侯之上，先王命也，……'《释例》以为'中士称名，下士称人'。此言五人，是天子之下士也。"士属于君子，乃贵族，士而可赐，可知已属没落贵族，一如赐鲁赐卫之殷民几族矣，但非奴。

文义既明，可以进而解"宜"之所在。唐兰先生、刘启益先生都以为宜在丹徒，因宜本在勾吴境内。唐先生遂谓虞侯夨为南吴而非北虞，北虞乃由南吴之分封。刘先生则认为虞侯夨是北虞，是陇县夨国的分封，到虞侯夨改侯于宜，才南下建立吴国。两说歧异，关键在于虞侯夨的来源。我以为诸家说法都可商量，而分歧之源，在于太史公之《史记》，其中关于太伯虞仲史迹之含糊不清，已肇其端。《史记·周本纪》有：

> 古公有长子曰太伯，次曰虞仲，太姜生少子季历。……长子太伯、虞仲知古公欲立季历以传昌，乃二人亡如荆蛮，文身断发，以让季历。

又《吴太伯世家》云：

> 太伯弟仲雍，皆周太王之子，而王季之兄也。……太伯之奔荆蛮，自号勾吴。……立为吴太伯。太伯卒，无子，弟仲雍立，是为吴仲雍。仲雍卒，子季简立。季简卒，子叔达立。叔达卒，子周章立。是时周武王克殷，求太伯、仲雍之后，得周章。周章已君吴，因而封之，乃封周章弟虞仲于周之北故夏虚，是为虞仲，列为诸侯。

两相对比，《本纪》，太伯弟虞仲，而《世家》太伯弟仲雍。后来注解遂于此纷纷有异说。《史记索隐》曰："《左传》曰，'太伯虞仲，太王之昭'则虞仲是太王之子必也。又《论语》称虞仲夷逸隐居放言，是仲雍称虞仲。今周章之弟亦称虞仲者，盖周章之弟字仲，始封于虞，故曰虞仲。则仲雍本字仲，而为虞之始祖，故后代亦称虞仲，所以祖与孙同号也。"《史记正义》同于此说。而日人的《史记汇注考证》引顾炎武曰："虞仲，仲雍之曾孙，殷时诸侯有虞国，所谓'虞芮质厥成'者，武王时国灭，而封弟周章于其故虚，乃有虞仲之名耳。"《索隐》《正义》都以仲雍、虞仲为一人，而顾炎武则排除此说，而以虞仲为仲雍曾孙，似为唐兰先生之所本，而合于《世家》说。

据《史记》之各种记载分析，太伯仲雍逃吴后，虽为国君，但殷不加封，而周未立国，武王克殷后乃更封仲雍后周章弟虞仲于故夏虚。但何以解《论语》之虞仲？春秋时代，虞仲颇为时人所称，而不见仲雍。盖伯南逃吴，而仲北止于虞。吴与虞皆非因太伯虞仲始得名，但吴虞古音同，《诗·周颂·丝》记"不吴不敖"，《史记·封禅书》作"不虞不骜"，伯之国因其故称曰吴，仲之国因其故称曰虞，自称如此，他称固可以称吴为虞，铭文固曰："王令虞侯矢。"《春秋》三传中此名多不一致，自称他称，亦复如是。关于矢之地望，上述诸家亦多考证，黄盛璋先生论证矢为姜姓，姜在宗周为显姓，殷商时期已遍布于黄河上下游，陕西甘肃多姜，山东尤夥，因矢姓而定"虞侯矢"的来源亦属无方。"虞侯矢"等同"鲁侯伯禽"，是"虞侯矢"而不是"矢侯虞"。因之于吴地觅虞，因虞而定宜之地望，虽不中可也不远。虞、宜古音亦相近，同为疑纽字：

虞：ngiua

宜：ngiai

改封"虞侯矢"为"宜侯矢"，盖以邻近地区改封，名实均相近。"宜"肯定在吴，否则不能于丹徒出土此铜器。不能以"后人带去"轻轻了之。北方河南之宜阳，诚属春秋以来东西要道，但在宗周之初，东西通道取崤函北道，即文王避风雨处，宜阳不当要冲。

总之有此铜器铭文，可以证实《史记·周本纪》《吴太伯世家》太伯去吴之可信，但仲雍、虞仲之疑仍难解。我们的解释亦只一说耳。

传于季历后，周与殷商的关系仍在臣属与对抗的交织中，以致《古本竹书纪年》及《今本竹书纪年》都有殷王杀季历的记载，原因不详，但周之强大必为殷商所不容。殷纣时代，因文王之贤，遂加速周之富强，东西两方关系更动荡不安。《史记·周本纪》有：

西伯曰文王，遵后稷、公刘之业，则古公、公季之法，笃仁，敬老,慈少。礼下贤者,日中不暇食以待士,士以此多归之。伯夷、叔齐在孤竹,闻西伯善养老,盖往归之。太颠、闳夭、散宜生、鬻子、辛甲大夫之徒,皆往归之。崇侯虎谮西伯于殷纣曰:"西伯积善累德,诸侯皆向之,将不利于帝。"帝纣乃囚西伯于羑里。闳夭之徒患之,乃求有莘氏美女,骊戎之文马,有熊九驷,他奇怪物,因殷嬖臣费仲而献之纣。纣大悦,曰:"此一物足以释西伯,况其多乎!"乃赦西伯,赐之弓矢斧钺,使西伯得征伐,曰:"谮西伯者,崇侯虎也。"西伯乃献洛西之地,以请纣去炮烙之刑。纣许之。

西伯阴行善,诸侯皆来决平。于是虞、芮之人有狱不能决,乃如周。入界,耕者皆让畔,民俗皆让长。虞、芮之人未见西伯,皆惭,相谓曰:"吾所争,周人所耻,何往为?只取辱耳。"遂还,俱让而去。

以上也许有溢美的成分,但文王遵后稷公刘之业,国家富饶,仓廪实而有礼节,风俗淳来自刺绣文。《诗·大雅·绵》颂之云:

> 虞芮质厥成,文王蹶厥生。予曰有疏附,予曰有先后,予曰有奔奏,予曰有御侮。

《诗》不易解,《郑笺》云:"文王之德,所以至然者,我念之曰,此亦由有疏附、先后、奔奏、御侮之臣力也。疏附使疏者亲也,奔奏使人归趋之。"《郑笺》是否达诂则不可知,但为歌颂文王则无疑义。

《史记·周本纪》继之云:

> 诸侯闻之,曰:"西伯盖受命之君。"明年,伐犬戎。明年,伐密须。明年,败耆国。殷之祖伊闻之,惧,以告帝纣。纣曰:"不有天命乎?是何能为!"

西伯伐犬戎,《诗》作混夷,"肆不殄厥愠,亦不陨厥问,柞棫拔矣,行道兑矣。混夷駾矣,维其喙矣"。(《大雅·绵》)《郑笺》:"混夷,夷狄国也,见文王之使者将士众过己国,则惶怖,惊走奔突入此柞棫之中而逃,甚困剧也。是之谓'一年伐混夷'。"郑玄未免溢美，伐混夷不用兵而混夷惊逃，是不伐之伐也。又《大雅·皇矣》云：

　　帝省其山，柞棫斯拔，松柏斯兑。帝作邦作对，自大伯王季。维此王季，因心则友，则友其兄，则笃其庆。载锡之光，受禄无丧，奄有四方。

　　维此文王，帝度其心，貊其德音。其德克明，克明克类，克长克君，王此大邦。克顺克比，比于文王，其德靡悔。既受帝祉，施于孙子。

　　帝谓文王，无然畔援，无然歆羡，诞先登于岸。密人不恭，敢拒大邦，侵阮徂共。王赫斯怒，爰整其旅，以按徂旅，以笃于周祜，以对于天下。

　　依其在京，侵自阮疆，陟我高冈，无矢我陵，我陵我阿。无饮我泉，我泉我池。度其鲜原，居岐之阳，在渭之将，万邦之方，下民之王。

《诗》自大伯王季起，歌颂王季曰："维此王季，因心则友，则友其兄。"不曰太伯友其弟，而曰王季友其兄，亦以王季后为大宗主，大伯之显亦由王季之光。此事当与太伯逊国有关，是奔吴之说，周初已在颂扬，可以确定无疑。至文王周大盛，伐混夷、密须，自邻国起，亦远交而近攻也。《周本纪》继之云："明年，败耆国，殷之祖伊闻之，惧，以告帝纣。纣曰：'不有天命乎，是何能为？'明年伐邘。明年伐崇侯虎，而作丰邑。"耆即黎，《书》有《西伯戡黎》，文简略，无重要史实。孙星衍之《尚书今古文注疏》于"西伯既戡黎"注引郑康成曰：

　　西伯周文王也，时国于岐封为雍州伯也，南兼梁荆，国在西，故曰"西伯戡黎"，入纣圻内。

又疏云："《周书大匡解》云，'维周王宅程三年，遭天之大荒，作《大匡》以诏牧其方，三州之侯咸率。'是文王虽为雍州伯，实兼牧三州也。知三州是兼梁荆者，《诗序》曰，'文王之道，被于南国，美化行乎江汉之域'，是荆州之地也。梁在荆西、雍南，兼之可知也。云'戡黎入纣畿内'者，《地理志》上党郡壶关注，应劭曰，'黎，侯国也，今黎亭是'。黎亭今在山西长治县西南，距纣都在千里之内，故云'入圻内'也。"文王称西伯，古文献乐道之，但自疑古说兴，于古史记载多有论争。自西周甲骨文出，文王为伯乃成定案。如陕西岐山凤雏村发现的甲骨有：

贞：王其秦又（佑）
大甲，㐫周方
白（伯）　□叀（惟）足，
不（丕）　左于受
又（有）又（佑）　　　　（H11、84　图12）

周方伯当即周文王。方伯在西周春秋间，地位高出于诸侯，殷末已有方伯，文王地位亦当高于当时殷诸侯。殷代甲骨文中的周字凡七十余见，除见于武丁时卜辞外，也见于武丁时的记事刻辞和祖庚、祖甲、武乙、文丁时的卜辞，更可以说明殷周之间的隶属关系。（参考孟世凯：《商周关系再探讨》，见《西周史研究》）

甲骨文的记载中固可以看出殷周之间的隶属关系，但因周方日强，两者间亦不断以兵戎相见，如武丁时卜辞：

己卯卜，允贞，命多子族从犬侯䚤周，古王事。（"簠"卜31）
允贞：命旃从仑侯䚤周，[古王事]（《前》7、31、4）

"周"前一字，古文字学家意见不一，唐兰先生以为"戬"字，意为戬伐，铜器戬作𢦏，已接近隶定，但与甲骨文字距离较远。在《诗经》《左传》中屡言"王事靡盬"，即此"古王事"之繁言。甲骨文义，盖商遣人伐周，因周人使王事"古"，即言使王室不宁。唐兰先生之隶定为是；若依郭沫若先生释，以为"聘"字，则两国交聘，反"古王事"，于义不协。但殷周之间亦时战时和，甲骨文中固不乏周朝贡事，如：

周入十，周入（《乙》5452，4063）

甲骨学者以此为贡龟记录。武丁时卜辞，有：

　　甲午卜，旁贞：命周气牛多。（《合集》4881）

时人以为即命周贡牛也。周为殷侯，则服事于殷，如：

　　辛卯卜，贞：命周从永、止，八月。（《龟》26、16）

是令周从永、止去服事的卜辞。武乙、文丁时卜辞尚有：

　　命周侯。（《甲》436）

此当周之季历时，则季历曾为殷侯，证以古文献，《竹书纪年》文丁四年，有：

　　周人伐余无之戎，克之，周王季命为殷牧师。（古今本同）

"牧师"，古义为九州长，与伯近似，则季历为牧，文王为伯，亦先后相承。但周侯日见强大，臣服之事，非所甘心，于是季历被害而文王幽囚矣。《史记·周本纪》记文王"其囚幽里，盖益《易》之八卦为六十四卦"。文王演《易》之说，虽有争论，但《易》之来源甚古，殷商已见端倪，宗周之初有所发展当无疑问。其初因奇偶而有八卦，八卦不能尽变化，重为六十四卦，而加卦辞、爻辞，初为巫祝专职，西伯幽囚演《易》而有所推演。《易》以奇偶为阴阳，阴阳合而万物生，遂为中国传统哲学最古老的宇宙观。在世界科学史上原始阴阳说，盖优于原始原子说；无阴阳奇偶之辩证发展，则原子说亦无能为力。宇宙渊泉，必须有正负能量之载体，古代哲学家名之曰阴阳，阴阳变化无穷，则宇宙之所由生。宗周有此，盖为人类文明之开端，"郁郁乎文哉！吾从周"，孔子之言盖有所见也。

但孰为原始八卦之加工改造者,则言人人殊。日人《史记汇注考证》于此曾罗列前人说曰:

> 《易系辞传》云,《易》之兴也,其于中古乎?……《易》之兴也,其当殷之末世,周之盛德耶?当文王与纣之事耶?崔述曰:近世说《周易》者,皆以彖词为文王作,爻词为周公作。《朱子本义》亦然。按:《易传》但言其作于文王时,不言文王所自作也。但言其有忧患,不言忧患为何事也。且曰"其当"曰"其有",曰"耶",曰"乎",皆为疑词而不敢决,则是作传者但就其文推之,尚不敢决言其时世,况能决知其为何人之书乎?至司马氏作《史记》因传此文,遂附会之以为文王羑里所演,是以《周本纪》云,……《自传》亦云,"西伯拘羑里演《周易》"自是遂以《易卦》为文王所重。及班氏作《汉书》,复因《史记》之言,遂断以词为文王之所系,是以《艺文志》云,文王重《易》六爻,作上下篇。又云,人更三圣,世历三古。自是遂以《易》象、爻之词为文王所作矣。然其中有甚可疑者,《明夷》之五称"箕子之明夷";《升》之四称"王用享于岐山"。皆文王以后事,文王不能豫知而豫言之。《史》《汉》之说不复可通,于是马融陆绩之徒,不得已则割爻词谓为周公所作,以曲全之。而郑康成、王弼复以卦为包羲、神农所重,非文王之所演,然后后儒始独以彖词属之文王,而分爻词属之周公矣。由是言之,谓文王作彖词,周公作爻词者,乃汉以后儒者因《史记》《汉志》之文辗转猜度之,非有信而可征者也。

辩论与争鸣是科学发展的动力,上列诸说都可参考。但原始卜筮都为巫祝专职,他们是古代最渊博的学者,八卦之重,爻辞、象辞之设,没有他们的参与,无法完成。他们多是无名专家,孰为《易》之加工者,当无可考。但文王演《易》之说,被轻轻否认亦无据,巫祝卜筮都为王家服务,以文王周公之才而习《易》,因习《易》而演《易》而重卦,舍巫祝而自为之,此所以有文王、周公之参与。文王、周公固饱经忧患者,"作易者其有忧患乎",正合符者。高亨先生说最为得体,他指出:"周易古经,大抵成于周初。其中故事,最晚者在文武之世。《随上六》云,'拘系之,乃从维之，王用享于西山'。余谓'从'读为'纵'，'维'读为'遗'，纵遗，犹纵逸也。此文王被囚于羑里，又被释放之事也。《晋》云，'康侯用锡马蕃庶，昼日三接'。康侯即康叔，初封于康，后封于卫。此康叔封卫前之事也。《坤·六三》云，'含章可贞'。《姤·九五》云，'含章有陨自天'。余谓'含章'当读为'戡商'，此武王克商之事也。《明夷·六五》云，'箕子之明夷利贞'，箕子亦殷末周初之人也。其中无武王以后事，可证此书成于周初矣。至于最后撰人为谁，则不可知。后儒谓文王作卦辞，周公作爻辞，与此书内容无所抵触。其或文王周公对于此书有订补之功与？"（《周易古经通说》第一篇）高亨先生为"易"学大师，此说平实近理，近人研《易》者多，于此说多无异辞。

《史记·周本纪》下文云：

> 诗人道西伯，盖受命之年称王而断虞芮之讼。后十年而崩，谥为文王。改法度，制正朔矣。追尊古公为太王，公季为王季，盖王瑞自太王兴。

此所谓"诗人道西伯，盖受命之年称王"，何所指？《史记正义》引《帝王世纪》云，"文王即位四十二年，岁在鹑火，文王更为受命之元年，始称王矣"。即位四十二年而受命，所受何命，并无交代。而太史公谓"诗人道西伯"云云，《诗》指《大雅·有声》：

> 文王有声，遹骏有声，遹求遹宁，遹观厥成，文王烝哉。
> 文王受命，有此武功，既伐于崇，作邑于丰，文王烝哉。

亦未言"受命"。《毛诗郑笺》于此云，"武功谓伐四国及崇之功也。作邑者，徙都于丰以应天命"。康成意文王征伐有功，为得天命，并作邑于丰以应之。《书·无逸》亦有："文王受命惟中身"的文献，而康王时《大盂鼎》有"丕显文王，受天有大命。"盖文王时文德武功俱为人所称道，浸浸乎凌驾殷商，于是以为得天命而称王。有《诗》颂道：

帝谓文王，无然畔援，无然歆羡，诞先登于岸。密人不恭，敢拒大邦，侵阮阻共。王赫斯怒，爰整其旅，以按徂旅，以笃于周祜，以对于天下。

依其在京，侵自阮疆，陟我高岗，无矢我陵，我陵我阿。无饮我泉，我泉我池。度其鲜原，居岐之阳，在渭之将，万邦之方，下民之王。

帝谓文王，予怀明德，不大声以色，不长夏以革，不识不知，顺帝之则。帝谓文王，询尔仇方，同尔兄弟，以尔钩援，与尔临冲，以伐崇墉。（《大雅·皇矣》）

诗人歌颂道，"万邦之方，下民之王"。方古同于邦，意谓周是万邦之上的邦，文王是下民之王。有此明德，于是《诗序》遂大倡"文王受命"说，受命者受天命，故诗云"帝谓文王"，是上帝与文王直接对话。《诗·皇矣序》谓"皇矣美周也，天监代殷莫若周，周世世修德，莫若文王"。《诗·灵台序》，"灵台，民始附也，文王受命而民乐其有灵德以及鸟兽昆虫焉"。于是文王受命矣，而文王去伯称王，受命九年而终，武王即位而伐纣，周遂代殷而有天下。

文王乃宗周一统天下之奠基者，亦宗周礼乐文明之开创者，"郁郁乎文哉，吾从周"，孔子之赞美，至矣尽矣，尊之曰"文"，不亦宜哉！

（二）武王伐纣

《史记·周本纪》云：

武王即位，太公望为师，周公旦为辅，召公、毕公之徒左右王师，修文王绪业。九年，武王上祭于毕。东观兵，至于盟津。……武王自称太子发，言奉文王以伐，不敢自专，乃告司马、司徒、司空诸节。……遂兴师，师尚父号曰，"总尔众庶与尔舟楫，后至者斩"。……是时，诸侯不期而会盟津者八百诸侯。诸侯皆曰："纣可伐矣。"武王曰："女未知天命，未可也。"乃还师归。居二年，闻纣昏乱暴虐滋甚，……于是武王遍告诸侯曰："殷有重罪，不可以不毕伐。"乃遵文王，遂率戎车三百乘，虎贲三千人，甲士四万五千人，以东伐纣。十一年十二月戊午，师毕渡盟津，诸侯咸会。……二月甲子昧爽，武王朝至于商郊牧野，乃誓。……纣师虽众，皆无战之心，心欲武王亟入。纣师皆倒兵以战，以开武王。武王驰之，纣兵皆崩畔纣。纣走反入，登于鹿台之上，蒙衣其珠玉，自燔于火而死。

纣虽败死，但非无材勇者，《史记·殷本纪》称其"资辨捷疾，闻见甚敏，材力过人，手格猛兽。知足以距谏，言足以饰非，矜人臣以能，高天下以声，以为皆出己下"。有才而骄，有力而暴，好酒淫乐，诸侯皆叛，诚所谓"一夫纣矣"。但武王伐纣、灭殷，亦经几代努力，尤以文王时之文武经略，已为统一天下打下坚实基础。先是对岐周附近诸邦之清除，继对东北东南之经营，所谓"经之营之"，不仅在台沼之建设也。在晋南一带早已遍布诸姬，而虞仲之奔虞，更为宗周东下之东道主，崤函北道，固已为宗周所掌握。东南地区，所谓汉阳诸姬，武王东征前已有移殖，而武王伐纣时之与国，如庸蜀羌髳微卢彭濮人多处于今陕西、湖北间，汉水流域者，逼近"诸姬"地区，乃宗周之与国或附庸。成王初周公奔楚之传说，即因宗周于此早有经营，否则周公不能远奔荆蛮也。

"周南""召南"之地望，亦不能于"周""召"原封地求之，当为周召两地周族之南方移民区，即所谓汉阳诸姬。周公召公都冠以原封地，周初铜器及《周书》诸诰均称周公，召公虽稍晚，但亦见于《周诰》及《逸周书》。《逸周书·作雒解》云：

> 周公立，相天子。三叔及殷东徐奄及熊盈以略。周公召公内弭父兄，外抚诸侯。

又《左传》僖公四年传，"昔召康公命我先君大公曰，五侯九伯，汝实征之，以夹辅周室"。召康公即太保召公奭。"夹辅周室"即周公、召公左右辅佐周室，因夹辅而误为"分陕"，周之一统不限于陕，固不能分陕而治也。"公"上冠以"周""召"，周召为原封地，《史记·鲁周公世家索隐》

云,"周,地名,在岐山之阳,本太王所居,后以为周公之采邑,故曰周公。即今之扶风、雍东北故周城是也"。又《燕召公世家索隐》云,"召者,畿内采地。奭始食于召,故曰召公。或说者以为文王受命,取岐周故墟周、召地分爵二公,故《诗》有周召二南"。是以"二南"之形成绝不在宗周中叶后而在其初,汉水流域,文武之际已为周有,《诗》在二南中虽有北方色彩,但诗随移民而往,民谣之来源固可以甚古也。

如此则在武王伐纣之先,周之东北,东南,即殷之西南、西北及西部早为宗周所有或其与国,而殷之后方东夷、"人方",亦已叛商,如殷末卜辞有:

癸巳卜贞:王旬亡㡭。在二月,在齐次,隹王来征人方。(《前》2、153)

癸酉卜:在攸,泳贞:王旬亡㡭。王来征人方。(《前》2、16)

"人方"与殷本为同根,今亦相煎,于是殷商四面楚歌,败亡必矣。但战争之胜败,固取决于天时、地利、人和,而武器之精良与否,一如生产中之工具,亦起重要作用。武器对比,殷周两方之实力如何?当时战争,战车乃是上力,一如现代战争中之坦克,因之战车性能颇能左右战争。近年考古学界,于殷(末)周(初)战车都有发现,可以进行比较研究。杨宝成先生有《殷代车子的发现与复原》(《考古》1984年6期)一文曾附有《殷墟出土车子统计表》今附录于下(见下页)。

而在1967年长安张家坡西周墓葬的发掘也发现车马坑五座,冯孝堂等同志在发掘报告中指出:"在车马坑的形制,车子的结构,以及车马饰物等方面,对于《沣西发掘报告》已报道的资料,很少有所补述。"以此我们根据《沣西发掘报告》中《张家坡的西周车马坑》中的材料来叙述。在《报告》中说,车子的结构是依据木结构部分保留下来的痕迹予以复原的,有些细部已经不能弄得很清楚,各个车子的基本结构是基本相同的。从保存较好的几辆车来看,可以分为两种:属于第一种的有第二号车马坑的第一号车和第三号车马坑的车子。这种车的车厢较高,车衡比较短而直,驾车马或二匹或四匹,马都带有铜饰马具。属于第二种的有第二号

殷墟出土车子统计表

编号	出土地点	轮径	辐数	轨距	轮牙(辋)高	轮牙(辋)厚	厢(舆)广	厢(舆)进深	厢(舆)高	辕(辀)长	辕(辀)径	轴长	轴径	衡长	殉马数	殉人数	随葬武器及工具
20	小屯宫殿区									265	7.6×5.1~6.7	290	5.5~7.3	170	4	3	石戈、铜戈 2、石镞 10、铜镞 30、弓形器 2、兽头刀 1、砺石 4、玉策柄 2
40	小屯宫殿区			225						255	10	290		210	2	3	铜刀、铜镞 20、弓形器、骨锥 2、砺石
45	小屯宫殿区														?	?	铜镞、骨镞、砺石
202	小屯宫殿区														2	3	砺石
204	小屯宫殿区													?	?	?	
1	孝民屯南地	122	?	240	8	8	134	83	40(?)	268	5~6×7~8	310	5~8	?	2	1	
2	孝民屯南地	122	26	?	8	6	100	?	41	260(?)	6~7×5~9	?	5~8	?	2		弓形器
7	孝民屯南地	133~144	22	217	10	7.5	129~133	74	45	256	9~15	3.06	13~15	110	2	1	
698	孝民屯东南地	140~156	18	240	5	4~5	?	?	?	?	?	298	10	?	2		
1613	孝民屯南地	126~145	18	224	8	5	150	107	45	290	12~13	294	10	113	2	1	
175	大司空村	146	18	227	6	6	94	75	?	280	11	300	4.1~7	120(?)	2	1	石戈、铜戈、弓形器 2、铜镞 22、骨镞 10、刀、弓形器、铩、石镰
292	大司空村														2		铜戈、镞 10、弓形器、兽头刀、铩、策柄
43	白家坟西北地	134~147	18	223	6	4	137	73	22(?)	292	10	309	9.5~10	?	2		铜戈 2、弓形器、矢箙(内铜镞 10)、铜锤、刀、凿、策柄
151	白家坟西北地	139	18	?	7.5	6	?	?	?	?	?	?	?	?	2		

注：侯家庄王陵区两座车坑（M1136、M1137）资料尚未发表，故未作统计。

车马坑的第二号车和第三号车马坑的车子。这种车的车厢呈长方形，车厢周围的栏杆很矮，车衡都很长，衡两端向上翘起，并横插矛头，衡端都有蚌饰。驾车都是两马，马都披戴贝饰马具。估计这两种车可能是由于用途不同，如战车或乘车之类，或者与乘者性别有关。第四号车马坑的第三号车，车厢不清楚，车厢属上述第一类。

以下根据保存痕迹测量车子各部尺寸，这些尺寸很可能与原物不完全符合：

（一）第二号车马坑第一号车：

   轮径　136 厘米　　　　车轴长　307 厘米

   轮牙（辋）高　6.5 厘米　车厢左右宽　138 厘米

   车毂长　5.5 厘米　　　前后长　68 厘米

   辐条　21 支　　　　　　车辕长　298 厘米

   轮距　225 厘米　　　　衡长　137 厘米

（二）第二号车马坑第二号车：

   轮径　135 厘米　　　　车厢长　70 厘米

   轮牙高　5.6 厘米　　　车辕长　295 厘米

   车毂长　51 厘米　　　　径　7 厘米

   辐条　21 支　　　　　　衡长　210 厘米

   车轴长　294 厘米　　　径　7 厘米

   车厢宽　135 厘米

（三）第一号车马坑车子：

   轮径　129 厘米　　　　车厢长　86 厘米

   轮牙高　4.4 厘米　　　车厢高　25 厘米

   车辐　22 支　　　　　　车辕长　281 厘米

   车轴长　292 厘米　　　径　6.5 厘米

   车厢宽　107 厘米　　　车衡长　240 厘米

（四）第三号车马坑车子：

   轮径　140 厘米　　　　车厢宽　125 厘米

   轮牙高　6.5 厘米　　　车厢长　80 厘米

   车辐　22 支

仅就上面所述殷周车的形状及部件尺寸言，两者大体相似，比如就轮径大小及轮辐数目言，如果轮径小而辐条多，则车子轮转灵活，速度快而坚固，载重亦可增加；但殷周车于此无差异。轮辋高厚度两者亦相似，其他关键部位亦类似，就此而论，可以说周初车比晚殷车无明显进步，但就部件所用原料言，宗周已经跃进一步。如殷车舆底有垫板，左右轸下无伏兔，直接使舆架在轴上，这是比较原始的制作方法，容易使舆脱轮，即《易大畜》所谓"舆脱輹"，而周车可以免于此。以此杨宝成先生说石璋如先生在复原殷车时，在M20和M40两辆第一类车子复原图中绘有左右两伏兔，实无据。西周车才出现伏兔构件，而伏兔是靠轮舆之间青铜轴饰来固定，在殷虚发现的车子中既未发现铜轴饰，也未发现木质伏兔。

铜构件之出现于宗周车上尚不止此，比如：

1. 第二号车马坑第一号车，车轴长307厘米，两端套有铜軎，軎有2厘米，一段插在车毂里面。

2. 第二号车马坑第二号车：车轮直径135厘米，牙高5.6厘米。车毂长51厘米，两端箍着铜锏，辐条21根。

车辐长294厘米，中部径7.8厘米，两端渐细，套有铜的軎和辖。在轴上有两个伏兔，形如鞋底，垫在车厢的两侧下，估计原来是垫在两侧的轸木下的。在辕的两侧的衡上还有用一个大蚌泡和八个贝组成的花朵状的装饰，并和辔带相连，两个木轭上端都套有铜箍。

3. 第一号车马坑的车子：这车的轮子直径129厘米，牙高4.4厘米，车毂两端有铜锏，毂中部有两周凸棱，两棱间建辐，辐条22根。

车轴长292厘米，两端有铜軎和辖。

（《沣西发掘报告》《张家坡的西周车马坑》）

这些铜构件的出现，增添了车子的光彩，而最重要的还是起加固作用，尤其是战车，坚固与否，关系到战士的存亡与战争的胜负。

在军队的组织上，战车与徒卒的编排上，殷周两方差别也不大，石璋如先生根据小屯C区的墓葬群，考订其中车兵步兵编排的情况是：

一、车部，以车为中心，以徒为附从。车共五辆居于全部的中间，分为左中右等三组，中组在前，三车呈线性排列，每车三人两马，各人有一套弓、矢、戈、刀、砺等兵器。左右两组各一车，在中组后，每车三人四马，每人各有一套兵器。车上三人，前一后二，亦可分为中、左、右，策在中间，知御者居中；弓在右边，知射者居右；戈在左面，知击者居左。

二、随车步卒亦分为左、右、中三组。中组在前，即车之前方，相当后世所谓"前拒"的地位。横列五墓，每墓五人，合共二十五人。

除随车步卒外，还有所谓"步部"，他的结论是：不论车或步，都是整齐的排列，系统的组织。……如果把这个现象当作殷代军事组织的缩写，则殷代军事的组织分为车兵与步卒。车兵以车为主并有随车的徒卒。步兵则指挥者乘马，其余均步行。彼此的配合是步兵在前，车兵在后，步兵成方阵，车兵作三列，按着右、中、左的排列，表现出一、三、五的变化。此外在安阳侯家庄西北冈殷代的墓地中出现了一个车坑，其中埋了二十五辆车，每五车为一小组。卜辞：

丁酉卜，王作三𠂤，右、中、左。（《殷契粹编》五九七）

丙申卜贞：𰀀兕，左、右、中三百，六月（《前编》三，三一，二）

这种叙述有几点值得注意：谓车兵车上三人，前一后二，御者居中，射者居右，击者居左，与后来，至少是春秋时大不同。后来是车右持矛，车左持弓，而主将车是将居中，车右为之卫。这种变化可能是宗周初开始。至于步兵指挥者乘马云云，则有待证实。步部乃随车兵作战，车兵之指挥者即步兵之指挥，主将均乘车，春秋时犹然，不能别有乘马者指挥步部，亦不能因随葬有马即为乘马。

《商周考古》中对于晚殷战车步卒排列虽简单，可能更真实些，他们以为商代晚期一乘的编制，似乎是战车一辆，甲士三人在车上，另有徒兵十五人分别在车的两翼。以车为主，甲士与徒兵相互配合作战。至于商代单独的步卒编制，目前虽无确切的考古材料可以察究，但至少有些迹象表明，步卒的组织与车队似乎有所不同。所见侯家庄 1004 号墓中随葬的大批铜矛，都是十个一捆，西北冈和武官村一带的"排葬坑"，往往一排十坑，每坑八至十人，这些现象也许暗示当时的步卒就是以十人为单位组成的。(参看《商周考古》79 页) 谓车徒相互配合，是有徒兵十五人分别在车的两翼，和后来宗周的编排并无不同。清金鹗的《求古录札说》指出：

> 周官言五伍为两，两者一乘也，是明言二十五人为一乘兵。盖兵车一乘，甲士十人步卒十五人，甲士二伍，步卒三伍，士卒不相杂也。凡用兵选其强壮有勇者为甲士，又选其尤者居车上，左人持弓矢主射，右人持戈矛主击刺，中人主御是为甲首。《左传》言获甲首，甲首者甲士之首也。三百人则一百乘也，馀甲士七人，盖在车之左右，步卒十五人盖在车之后也。(原书《军制，军乘，士卒考》)

金鹗所考近于史实，但谓"凡用兵选其强壮有勇者为甲士，又选其尤者居车上"。只注意了身体条件而不知道阶级分野，甲士属于"士"，士属于贵族阶级，他们构成国人中的一层，而不同于步卒，步卒是"徒步匹夫"，是农野中的氓。其初，在城邦时代，都是甲士而无徒卒。

通过上面的战车配备军队组织等情况，殷周相差无几，而周代的战车较进步，且有盟国相助，而"纣师虽众，皆无战之心，心欲武王亟入。纣师皆倒兵以战，以开武王。武王驰之，纣兵皆崩畔纣"。(《史记·周本纪》) 结果殷纣只得自焚而死了。

在武王东征伐纣的战争中，除武王亲征外，太公望吕尚实为统帅，《史记·齐大公世家》称"周西伯昌之脱羑里归，与吕尚阴谋修德以倾商政，其事多兵权与奇计，故后世之言兵及周之阴权，皆宗太公为本谋。……大作丰邑，天下三分，其二归周者，太公之谋计居多。文王崩，武王即位，九年，欲修文王业，东伐以观诸侯集否。师行，师尚父左杖黄钺，右把白旄以誓"，可知太公望是宗周文武两代之谋主及伐纣统帅，《诗·大雅·大明》颂师尚父伐纣时的情景道：

> 殷商之旅，其会如林。矢于牧野，维予侯兴。上帝临汝，无贰尔心。

> 牧野洋洋，檀车煌煌，驷騵彭彭，维师尚父，时维鹰扬。凉彼武王，肆伐大商，会朝清明。

尚父鹰扬，统帅伐商，一战成功，在周初遂有崇高地位。武王时铜器《大丰𣪘》铭文有：

> 乙亥，王又（有）大豐，王凡（风）三方。王祀㞢（于）天室降，天亡又（佑）王，衣（殷）祀㞢（于）王不（丕）显考文王，事喜（熹）上帝。文王监才（在）上，不显王乍（则）眚（相），不（丕）𤔲王乍（则）赓，不（丕）克三衣（殷）王祀。丁丑，王卿（飨）大图（宜）。王降亡助（贺）爵复羹（𩰬）、佳（又）舩（朕）又（有）慶。每（敏）訊（扬）王休㞢障白。

（《两周金文辞大系图录考释》上，《大丰𣪘》）

沫若先生考释说，此武王殷祀文王时，助享之臣工所作器。"大豐"亦见《麦尊》，周人在西，故此仅言"三方"。"天亡又王"句，过去读为"天无尤王"，意终未安。今改从刘心源说，"天亡"，据文义决是作器者名。亡通无。《姓考》，"天黃帝臣天老之后"，则此铭为天姓亡名。"又王"读"佑王"，谓助祭也。（见《奇》四·一三）并谓"天室"亦谓"天亡之室"，犹《庚嬴卣》云，"王洛于庚嬴宫"，《豆闭𣪘》言"王各于师戏大室"也。

以上释文，并刘心源说在内，都可商量。刘以"天亡"为人名，正确，但以天为姓，亡，天老后，则偏离很远。"天亡"应即太公望，"太""天"古通用，无须证明；"望"从亡得声。《说文》中分"望""朢"为二，而以"朢"为月满，"望"为希望之望。《说文》原文：

> 望，出亡在外，望其还也。从亡朢者声。

段玉裁注："按望以朢为声，朢以望为义，其为二字较然也，而今多乱之。"又《说文》：

> 朢，月满也，与日相望，似朝君，从月、从臣、从壬，壬朝廷也。

许慎解释未免深文周纳。金文中有此二字，容庚《金文编》（六五六叶）录"望"字二，作：

（金文字形）

容先生于前字注"望通朢，《无叀鼎》'既望'，仍以'朢'为'既朢'本字，故云'通望'"。盖"望"从"亡"得声，而"朢"字从"臣"得义，表示仰望，希望，故云通"朢"。"天"或"太"（大）即太岳或四岳，乃指嵩山，姜姓源于太岳（四岳），故姜尚又称太公望，简称"天亡"[1]。"天亡"可以"右王"，刘心源说"佑王谓助祭也"，其说近似。《左传》襄公二十一年有：

> 伊尹放太甲而相之，卒无怨色。管蔡为戮，周公右王。

"周公右王"句，注疏俱无解，在宗周金文册命中多见"右者"，王国维云：

> 古彝器记王册命诸臣事必有右之者。器所谓"右"即大宗伯所谓傧也。周册命诸臣事，必有右之者。（《书周书顾命考》，见《观堂集林》一）

王先生开始注意右者之地位。天亡之右武王当同于周公之右成王，盖太公望乃文王旧臣，一如周公之为武王旧臣者，地位崇高，他人不可比也。近人于右者多有考证，陈汉平同志且有专书。

有太公望之为伐纣元戎，加上先进的战车，众多的盟国，仍谨慎从事，九年至盟津观兵而未进，十一年遂渡河灭殷。铜器《小臣单觯》有云：

---

[1] 过去有类似主张，但已忘出处，待考。

王後叛(反)克商，才(在)成𠂤(屯)。周公易(錫)小臣单贝十朋，用乍(作)䵼䵼彝。(《两周金文辞大系图录考释》六，《小臣单觯》)

郭沫若先生于此器及铭文考释道："此武王克商时器，似即坂字，假为反若叛。武王以文王纪元九祀（武王二年）东观兵至孟津，后以十一祀师渡孟津克商，故此云'後反'也。'成'乃'成皋'（一名虎牢），在古乃军事重地，与孟津相近。'𠂤'字习见，多于师旅有关，旧释为师，然有师𠂤同见于一辞者（《𠭯觯》《遇甗》《𥻂卣》等是），知其非是。古追归字以此得声，师𩛿字从此会意。𠂤即《说文》：'𠂤小𠂤也'，又'𠂤犹众也'之𠂤。……𠂤之后起字为堆，古或假追为之，……音变为归，……又叚魁为之……再转而为敦，……故又叚屯为之。……本铭𠂤字当即屯聚之屯，师戍所在处也。屯聚之屯，盖𠂤之引伸，其用屯字者亦出叚借。𠂤与敦同，古当有二读，阴声为堆（都回反），阳声为屯（陟伦反），字废乃有堆与屯字代替之也。"

上述郭考有是处，如云，"此武王克商时器，……武王以文王纪元九祀东观兵至孟津，后以十一祀师渡孟津克商，故此云'後反'也"。但谓"成"乃成皋，则误。成皋后起，"成𠂤"多见，即后来之成周。周初营造洛邑，其城有二：一为成𠂤即成周；一为王城即郏鄏。而"𠂤"即师字，旧说不误。郭说虽繁，俱无当。八𠂤、六𠂤乃殷周间师旅编制，不得云八堆、六堆。古字演变多途，可因韵部同而分化，亦可因纽部同而分化，由𠂤而师与由𠂤而阜都存在，我以为成𠂤即后来之成周，未克商前，固已为军事要区，武王早有意经营。《逸周书·度邑解》记有武王克殷与周公共商建国方略，武王曰：

呜呼，旦……自洛汭延于伊汭，居阳无固，其有夏之居。
我南望过于三涂，我北望过于有岳，丕愿瞻过于河宛，瞻于伊洛，无远天室。

"度邑"即量度洛邑，早在武王度量中，而周公、召公完成之。则成𠂤之重要性，固不必成王时始知之，而成师之改名成周，则在成王时。

周灭殷后，武王开始进行封建，三监之设，意在监殷，其实为殖民统治，统治者为周人居国中为贵族，被统治者为殷人居野外；殷人比周人先进，故云"先进于礼乐野人也"。而大举封建则在成王时，是时东方已平，齐鲁进住今山东境内。大家都熟习的《左传》定公四年记载：

> 昔武王克商，成王定之，选建明德，以藩屏周。故周公相王室以尹天下，于周为睦。分鲁公以大路、大旂、夏后氏之璜，封父之繁弱。殷民六族：条氏、徐氏、萧氏、索氏、长勺氏、尾勺氏，使帅其宗氏，辑其分族，将其类丑，以法则周公，用即命于周。是使之职事于鲁，以昭周公之明德。分之土田陪敦，祝宗卜史，备物典策，官司彝器。因商奄之民，命以伯禽，而封于少皞之虚。分康叔以大路、少帛、綪茷、旃旌、大吕；殷民七族：陶氏、施氏、繁氏、锜氏、樊氏、饥氏、终葵氏。封畛土略，自武父以南，及圃田之北竟，取于有阎之土，以共王职；取于相土之东都，以会王之东蒐。聃季授土，陶叔授民。命以《康诰》，而封于殷虚。皆启以商政，疆以周索。分唐叔以大路，密须之鼓，阙巩、沽洗；怀姓九宗，职官五正。命以《唐诰》，而封于夏虚。启以夏政，疆以戎索。

这一段记载是研究宗周政治制度，或者是封建体制的人所熟习的材料，但有关原文的某些含义还有待进一步发挥，比如（一）分鲁公以殷民六族，使帅其宗氏，辑其分族，将其类丑，以法则周公。（二）分康叔殷民七族，聃季授土，陶叔授民，命以《康诰》而封于殷虚，皆启以商政，疆以周索。傅斯年先生关于殷民六族、七族问题的解释是：

> 可见鲁卫之国为殷遗民之国，晋为夏遗民之国，这里说得清清楚楚。所谓"启以商政，疆以周索"者，尤显然是一种殖民地政策，虽取其统治权，而仍其旧来礼俗，故曰"启以商政，疆以周索"。这话的绝对信实更有其他确证。（《周东封与殷遗民》，见《傅斯年全集》第三册）

这些都是正确的解释,但以"鲁卫之国为殷遗民之国,晋为夏遗民之国",主要根据是分殷民六族、七族及怀姓九宗等;这也讲得通,但谓鲁卫仅此六族七族殷民,而晋仅怀姓九宗则不妥。鲁封于奄,本为东夷根据地,居民都可谓"殷民",所以《左传》原文于鲁分殷民六族外,并有"因商奄之民,命以伯禽",这才是基本群众,他们可能不全是殷族,一如齐之封国多有姒姓。鲁卫之分封六族、七族,实属殷商贵族,是居于国中的"君子",不属于都鄙的"野人"。周初对于殷商遗民是分层次对待的,这种分化,有利于宗周的统治。刘师培先生曾经有《释氏》一文,说:

> 《左传·隐公八年》云,"胙之土而命之氏",是"氏"即所居之土,无土则无氏。《国语·周语下》言禹平水土,"皇天嘉之,祚以天下,赐姓曰'姒',氏曰'有夏'"。祚四岳国,命为侯伯,赐姓曰'姜',氏曰'有吕'"。所谓赐氏姓,犹《禹贡》所言赐土姓。氏以所居之土为名,犹言国以夏名,国以吕名也。"吕"即《春秋》申吕之吕,《国语》下文,言"亡其氏姓",《左传》(襄公十一年)言"坠姓亡氏";盖土失则氏亡,惟有土者斯有氏。由是而推,则古帝所标之氏……又均所居之土,……未有无土而可称为氏者也。《书·舜典》孔疏云,"颛顼以来,地为国号,而舜有天下,号曰'有虞氏',是地名也"。此其确证。若以字以谥以官为氏,则周代侯国之制耳。《说文》"氏"字与姓氏之义靡涉。段注谓姓氏之字当作"是",今观《说文》训"是"为直,是与此斯兹诸文同,均为实指之词。氏姓之氏与是同字,是从日正。《说文》"正"字下云,一从一以止;"止"字下云,下基也。疑是,兼从止得义与?丌为古"其"字,义与基通,同例所以表其必有所在也。(《左盦集》卷二)

刘先生博学,当时无两,但学无专精,以致不如章太炎之显赫。他以为古代以地为氏,后世演变,遂有以谥以官为氏者。《左传》之殷民六族、七族皆有氏,属于殷士,谓"氏"与"士"通,可。因为殷民六族是殷士,所以要他们"帅其宗氏,辑其分族,将其类丑,以法则周公,用即命于周,是使之职事于鲁,以昭周公之明德"。这些话是对殷士说的,他们才有力量"辑其分族，将其类丑"，而一般殷民（野人）是没有这种资格的。野人即"将其类丑"之类丑，他们是鲁国的基本群众，民族成分复杂，所以要"辑其分族"。卫亦如此，卫地即殷墟，殷民七族即助康叔之安定胜国秩序者，他们的身份高于野人，不是奴隶或农奴。周灭殷后，怀柔殷士，而奴役野人，分而治之，在《周诰》中可以看出这种史实。

至于分唐叔"怀姓九宗，职官五正，命以《唐诰》，而封于夏虚，启以夏政，疆以戎索"。其意义同于鲁卫之分殷民，"怀姓九宗"有姓者为贵族大宗，"职官五正"乃如"冬官"之考工五正，是精于工艺者。孔颖达正义于此节发挥道："殷时五官，居在唐地，世为贵族以赐唐叔，使主领之。……刘炫云，职官五正，……主官事者有五长，分九宗为五官，使主之。"刘炫使怀姓九宗与职官五正，合在一起，更可以说明怀姓九宗之为贵族有专职者。"启以夏政，疆以戎索"，地虽夏墟，而夏戎杂居已久，夏政戎索，用以适应此一复杂局面者。

授土授民乃封建诸侯之主要内容，授土卜位而有图，授民有版，是谓"版图"。宗周之封，不止上述诸国，《左传》昭公二十八年有云：

> 昔武王克商，光有天下，其兄弟之国者，十有五人，姬姓之国者四十人，皆举亲也。夫举无他，唯善所在，亲疏一也。

孔颖达于此疏曰："由武王克商，得封建诸国，归功于武王耳。此十五国或有在后封者，非武王之时尽得封也。《尚书·康诰》之篇，周公营洛之年，始封康叔于卫。《洛诰》之篇，周公致政之年，始封伯禽于鲁。明知武王之时，兄弟未尽封也。僖二十四年《传》称，'周公吊二叔之不咸，故封建亲戚以藩屏周'。亦以周公为制礼之主，故归功于周公耳，非尽周公封也。九年《传》曰：'文武成康之封建母弟'，则康王之世，尚有封国，宣王方始封郑，非独武王周公封诸国也。僖二十四年《传》数'文之昭也'，有十六国，此言'武王兄弟之国十五人者'。人异故说异耳，非武王封十五，周公始加一也，以鲁卫验之，知周公所加，非唯一耳。"

是以知宗周武王、成王、康王以至宣王，代有封建。盖宗法封建，大宗嗣王，小宗为侯；但诸侯爵称不详，春秋及以后所谓"五等爵"者，以之验证西周之封建，难于符合。近世学者于此遂多考证，傅孟真先生于此首创新说。他在《论所谓五等爵》(《全集》三册)一文中，首先指出《春秋》《孟子》《周官》三书所陈五等爵与宗周旧典有四种矛盾。(一) 与《尚书》不合。《周书》之《康诰》《酒诰》《召诰》《顾命》中都无公、侯、伯、子、男五等爵说，而是：

《康诰》：四方民大和会，侯甸男邦采卫，百工播民，和见士于周。

《酒诰》：越在外服，侯甸男卫邦伯；越在内服，百僚庶尹。

《召诰》：周公乃朝用书命庶殷侯甸男邦伯。

《顾命》：庶邦侯甸男卫。

汉末郑玄以五服释以上诸称，而傅先生斥之为"不通之说"，未免操之过急。(二) 与《诗》不合。《诗》言侯者未必特尊，如"载驰载驱，归唁卫侯"。"齐侯之子，卫侯之妻"。而言伯者则每是负荷世业之大臣，如召伯、申伯、郇伯、凡伯。如果伯不逮侯者，此又何说？(三) 与金文不合。自宋以来著录之金文刻辞，无贯称"公侯伯子男"者，若《周公子明》诸器刻辞，固与《尚书》相印证，而与五等爵说绝不合。(四) 以常情推之，亦不可通。《尚书·顾命》中以卫侯、毕公、毛公之亲且尊，且列于芮伯、彤伯之下，果伯之爵小于公侯乎？一也。"曹叔振铎，文之昭也"，而反不得文封，列于侯之次乎？二也。郑伯、秦伯，周室东迁所依，勋在王室。当王室既微，乃反吝于名器，以伯酬庸乎？三也。如此者不可胜数。

顾栋高《春秋大事表》五《列国爵姓表》所记爵姓颇为混乱，孟真先生曾有《补记》。顾说不足据，傅先生进而追究公侯伯子男之原始意义，以为"公君也。《尔雅》《释名》均同此义。《左传》所记，邦君相称曰'君'，自称曰'寡君'，而群下则称之曰'公'。是'公''君'之称，名实无二也。'侯'者射侯之义，殷周之言侯，犹汉之言持节也。《诗》'赳赳武夫者，公侯之干城'。射则贯者，王者之干城也。侯非王畿以内之称，因王畿以内有王师，无所用其为王者斥候也。必建藩于王畿之外，而为王者有守土御侮之义，然后称侯。伯者长也，此《说文》义。以金文及经传证之，此说不误。伯即一宗诸子之首，在彼时一家之长，即为一国之长，故一国之长曰伯，不论其在王田，在诸侯也。在王甸之称伯者，如召伯虎，王之元老也，如毛伯，王之叔父也，芮伯，王之卿士也。在诸侯之称伯者，如曹伯、郯伯，此王之同姓，如秦伯、杞伯，此王之异姓也。至伯之异于侯者，可由侯之称不及于畿内，伯之称遍及于中外观之。由此可知伯为泛名，侯为专号。伯为建宗有国者之通称，侯为封藩守疆者之殊爵也。若'子'则除蛮夷称子外，当为邦伯之庶国"。以此假设上述诸节，当于日耳曼制：

Graf：有土者一宗之庶兄弟，当子。

Landgraf：有土者一宗之长，当伯。

Markgraf：有土者斥候于边，得以建节专征者。

而"男"为附庸之号，有"周公子明"诸器所谓"诸侯，侯甸男"为之证。男既甚卑，则称男者应多，然《春秋》只称"许男"，而许又称子；此由许本鲁之附庸，但后来坐大，不甘于附庸地位而自称"子"，但《春秋》一仍"许男"之故称。

以上论述，有恰当处，如谓"五等爵者，本非一事，既未可以言等，更未可以言班爵也"。但有未尽义，有待进一步探讨。盖五等爵称与五服说混，春秋时代已不知其详，遂言人人殊而莫知究竟。如《左传》襄公十五年，"君子谓……王及公侯伯子男甸采卫大夫各居其列，所谓周行也"。"公侯伯子男"是春秋后拟定的五等爵，而"男甸采卫"是宗周时代的外服诸侯；而"男"在其间，处于"互体"地位，是为春秋战国间不了解宗周制度之具体例证，以诸侯与畿服为二，是混乱的主要原因，进而以公侯等为五等爵，别以侯甸等为畿服，于是治丝愈棼，遂使后人无所适从矣。如今排比西周有关诸侯文献及铭文材料，更加分析，以求其实。如：

《康诰》：周公初基，作新大邑于东国洛，四方民大和会，侯甸男邦采卫，百工播民，和见士于周，周公咸勤，乃洪大诰治。

《酒诰》：越在外服，侯甸男卫邦伯；越在内服，百僚庶尹，惟亚惟服，宗工，越百姓里居，罔敢湎于酒，不惟不敢，亦不暇。

予惟曰：汝劼毖殷献臣，侯甸男卫，矧太史友、内史友。

《召诰》：越七日甲子，周公乃朝用书命庶殷侯甸男邦伯。厥既命殷庶，庶殷丕作。太保乃以庶邦冢君出取币，乃复入锡周公……。

《顾命》：王若曰：庶邦侯甸男卫。

《君奭》：屏侯甸，矧咸奔走。

《令彝》：隹十月月吉，癸未，明公朝至于成周，徣（出）令舍三事令（命），眔（及）卿旗（事）寮，眔者（诸）尹，眔里君，眔百工，眔诸侯：侯、田（甸）、男。舍三（四）方令。既咸令（命），甲申，明公用牲于京宫。

《睘卣》：隹十又九年，王在厈。王姜令乍册睘安尸白（夷伯），尸白宾睘贝布。扬王姜休，用乍文考癸宝障彝。

《趞尊》：隹十又三月辛卯，王在厈，锡趞采曰舓，锡贝五朋，趞对王休，用乍姞宝彝。

《中甗》：隹十又三月庚寅，王才（在）寒𠭰，王令大史兄褱土。王曰"中，兹褱人入史易（锡）于琡王乍（作）臣，令兄臾女褱土，乍乃采"。中对王休令，𪓐父乙障。隹臣尚中，臣□□。

《班毁》：……王令毛公以邦冢君徒御𢦏人，伐东或痛戎，咸。王令吴白曰，"以乃师左比毛父"。王令吕白曰，"以乃师右比毛父"。趞令曰，"以乃族从父征，出城卫"。

《御正卫毁》：正月初吉甲申，懋父赏御正卫马匹，自王，用作父戊宝障彝。

《大盂鼎》：隹九月，王才（在）宗周令（命）盂。王若曰，"盂，不（丕）显文王，受天有大令（命），……我闻殷坠令（命），隹殷边侯甸与殷正百辟，率肆于酒，故丧师已。……"

王曰"盂……锡汝邦嗣三伯，人鬲自驭至于庶人六百又五十又九夫。锡尸嗣王臣十又三伯，人鬲千又

《宗周钟》：及䧹廼（乃）遣间来逆卲王，南尸（夷），东尸（夷）
具见，廿又六邦。隹皇上帝百神，保余小子。

《师虎殷》：隹元年六月既望甲戌，王在杜㞢，各于大室。井伯内
（入）右师虎即立中廷，北卿（嚮）。

《师奎父鼎》：隹六月既生霸庚寅，王各（格）于大室。嗣马井伯
右师奎，父。

《扬殷》：隹王九月既眚霸庚寅，王在周康宫。旦各大室，即位嗣
徒单伯内右甝。

《㿮殷》：唯王正月辰在甲午，王曰，㿮，命汝嗣成周里人罚者众
大亚嗛讼罚。

《师㝨殷》：王若曰：师㝨父淮夷繇我帛晦臣，今敢博氒众叚，……
今厉肈令汝達齐币量棼僰屄左右虎臣征淮夷，即赞氒
邦酋。……

《㐭伯殷》：……㐭白拜手䭫首天子休，弗望（忘）小裔邦。……

《㦰殷》：隹正月乙巳王各于大室。穆公入右㦰立中廷，北嚮。

《休盘》：隹廿年正月既望甲戌，王才周康宫。旦王格大室，即
位，益公右走马休入门，立中庭，北嚮。……

《𤔲殷》：隹二年正月初吉，王才周邵宫。丁亥，王各于宣射。毛
伯入门立中庭右祝𤔲。……

根据上面引用的材料，有待进一步分析，我们在《尚书》中的《康诰》
《酒诰》《召诰》《顾命》《君奭》中也看到如下记载：

1. 侯甸男邦采卫。(《康诰》)

2. 越在外服，侯甸男卫邦伯；越在内服，百僚庶尹。(《酒诰》)

3. 命庶殷侯甸男邦伯。(《召诰》)

4. 庶邦侯甸男卫。(《顾命》)

5. 商实百姓王人，罔不秉德，明恤小臣，屏侯甸，矧咸奔走。
(《君奭》)

在《酒诰》中王庭职务，分作外服、内服。"服"即"服牛乘马"之服，言服于王事。外作内、外，而外服有"侯甸男卫邦伯"。后来演变，遂有五服、九服等说，《逸周书·职方解》有九服：

> 乃辨九服之国：方千里曰王圻，其外方五百里为侯服，又其外方五百里为甸服，又其外方五百里曰男服，又其外方五百里为卫服，又其外方五百里曰蛮服，又其外方五百里为镇服，又其外方五百里为藩服。

所举八服而有王圻，侯甸男卫都在内而无采，或者卫之前后有采而脱落，遂成九服。但《职方》原文于九服外，更有公侯伯子男"以周知天下"，是于九服外，更有五等爵，而侯男俱重复。我曾说过，爵与服分，是春秋或春秋以后事，以之说宗周制度难于合符。因此也可以证明《职方解》之非西周文献。后来杜预注《左传》遂以"侯甸男采卫"为五服，他说：

> 甸采卫五服之名也，天子所居千里曰圻，其外曰侯服，次曰甸服，次曰男服，次曰采服，次曰卫服；五百里为一服。（《左传》襄公十五年注）

这是根据宗周的记载加上春秋以来的解释，杜预作如是安排。侯甸男采卫是宗周外服职，但不是以远近分而是以职掌分。这种制度源远流长，殷商已经如此。裘锡圭先生在其《甲骨卜辞中所见的"田""牧""卫"等职官的研究》中，（见《文史》十九辑）曾有详细讨论，他引用晋孔晁注《职方解》的说法：

> 侯为王斥候也，服言服王事也。甸田也，治田入谷也。男任也，任王事……卫为王捍卫也。

这是最简明的注解。裘先生说，"根据甲骨卜辞和古代的训诂，大体上可以肯定'侯''甸''男''卫'，这几种诸侯名称，都是由职官名称演变而成的。侯的本职是为王斥候，甸的本职是为王捍卫、'男'本作'任'，其本职是为王任事，职务范围大概不如其余三者明确。第一批具有诸侯性质的侯、甸、男、卫是分别由相应的职官经历了一个发展过程而形成的。中央王朝应该是在承认了这种由职官发展而成的诸侯以后，才开始用侯甸男卫等称号来封建诸侯，并把这些称号授予某些臣属方国的君主的。在较早的时期，侯、甸、男、卫等诸侯对中央王朝所承担的'职''服'跟他们的名称大概仍然有比较紧密的联系。后来，这些称号好像就只有区分等级的作用了。由于侯从职官发展成为诸侯过程完成得比较早，其地位也比较重要，所以古人用'诸侯'这个词来概括侯、甸、男、卫等人"。

这些分析是可取的，但仍有待进一步发挥。在宗周，侯、甸、男、采、卫是外服，也就是后来所谓地方官，而内服是中央官。《酒诰》中有"殷献臣侯甸男卫"，《召诰》有"庶殷侯甸男邦伯"。可见这些外服职官还是殷献臣，宗周承认并且因袭了这种制度。周初铜器《令彝》中的《三事令》，对象是：

卿旌（事）寮，诸尹、里君、百工。

而《四方令》的对象是：

诸侯，侯甸男。

《三事令》即《尚书》中的《立政》，而《四方令》是《多方》。《立政》是内服事，《多方》是外服事。在《酒诰》中曾经明确指出：

越在内服，百僚庶尹，惟亚惟服，宗工，越百姓里居。

百僚即卿旌寮，诸尹即庶尹，而里居乃里君之讹。而"越在外服"：

侯甸男卫邦伯。

与《四方令》及《多方》中的记载亦相吻合。而在《立政》内服职官中有

"常任","任"与"男"在商周之际始终通用。殷时多用"任",而宗周时代,"男""任"互见,有时亦作"南",《国语·周语》有:

> 郑伯南也。

郑司农云,"南谓子男"。盖男南同音相假,而男、任古音亦相近,"男"泥母,"任"日母,古娘日归泥。盖男任都来自农,农古亦泥母字。农、任、男固同一职官,即农官。《说文》中以男为丈夫力于田,当为原始意义。而"甸"之古义固同于田,田与农同时存在,区别何在?《周礼·天官·甸师》云:

> 掌帅其属而耕耨王藉,以时入之。

甲骨文中之"田",今人即以为"甸"。裘锡圭先生说:"在商后期,生产力有很大提高,'田'完全有可能长期固定在一个地方进行农垦,由于当时存在世官制,一个族的几代人相继在同一个地方担任'田'的职务的情况,也很可能出现。"甸是田官与男为农官可以同时存在。甸又有畿甸义,《左传》昭公十三年有:

> 及盟,子产争承曰,昔天子班贡,轻重以列,列尊贡重,周之制也。卑而贡重者甸服也。郑伯男也,而使之从公侯之贡,惧弗经也,敢以为请。

周制外服列尊贡重,而甸服卑而贡重,郑伯男而有公侯之贡,是甸服也,子产以为重,请削减。是子产尚知内外畿甸之制,甸服亦有侯甸男职,如《左传》桓公二年有:

> 师服曰:吾闻国家之立也,本大而末小,是以能固,故天子建国,诸侯立家。……今晋甸侯也而建国,本既弱矣,其能久乎?

杜预注"晋甸侯也":"诸侯而在甸服者。"是甸服内亦有诸侯。甸服应指王畿附近。《国语·周语》记有周襄王与晋文公的对话:

> 晋文公既定襄王于郏,王劳之以地,辞,请隧焉。王弗许曰:"昔我先王之有天下也,规方千里以为甸服,以供上帝山川百神之祀,以备百姓兆民之用,以待不庭不虞之患,其余以均分公侯伯子男,使各有宁宇。

周襄王以天子身份说出周王之有天下,规方千里以为甸服,也就是周天子有直辖领地,甸服;甸服之外以均分诸侯。周襄王不是历史家,对于宗周制度,有所知也有所不知,甸服之说可能正确,而公侯伯子男并不是西周之制。晋为甸侯亦即甸服内侯国,甸服侯国而别立曲沃,"本既弱矣,其能久乎"。

"甸"有歧义,《三礼》及其他古文献中,以"甸"名官者多。《左传》文公十六年有"帅甸",乃甸服中之掌兵者。《左传》定公四年又有"曹为伯甸",曹在山东定陶,与宗周成周均远,不在甸服内,注家虽解为甸服之伯与甸服之侯并论,但其奈距离何!疑"伯甸"与"甸侯"之含义有别,"甸侯"是"甸服之侯",而"伯甸"为甸职之伯,一如郑为伯男,伯男、伯甸为郑曹职称,后为爵称,但晋不得称"侯甸"。侯甸男既为职称变为爵称,采卫又如何?《国语·郑语》云:

> 妘姓邬郐路偪阳,曹姓邹莒皆为采卫,或在王室,或在夷狄,莫之数也。

妘姓、曹姓国为采卫。"卫"是边陲护卫,《尔雅·释诂》云:

> 疆界,边、卫、围、垂也。

郭璞注"疆场境界边旁营卫守围,皆在外垂也。"陈梦家先生在《殷虚卜辞综述》中也指出:

> 它可能是……界于边域上的小诸侯。(512页)

说是诸侯，无误；但诸侯不是爵称而是职务。以诸侯为爵，更立"公侯伯子男"五等爵，是春秋及以后的安排。有五等爵后而别称"侯甸男采卫"为服，服本有内服、外服，它们本属外服，而今别为五服。于是殷周之际的诸侯与服的含义混淆不清，处于春秋时代的周天子也同样糊涂起来。

郑为伯男，晋为甸侯已如上述，而《左传》又有周王命晋侯为"侯伯"的记载：

> 王享礼命晋侯宥。王命尹氏及王子虎内史叔兴父策命晋为侯伯，赐之大辂之服，戎辂之服。（僖公二十八年）

是周襄王命晋文公为侯伯。杜预注："以策书命晋侯为伯也。《周礼》九命作伯。"侯伯当为诸侯之长。当春秋末年，吴晋盟诸侯而争先时，吴人曰，"于周室我为长"，晋人曰，"于姬姓我为伯"。乃先晋人，是晋伯为姬姓侯长。齐当桓公时，管仲也说：

> 昔召康公命我先君太公曰：五侯九伯，女实征之，以夹辅周室。（《左传》僖公四年）

杜预注"五侯九伯"曰："五等诸侯，九州之伯。"只是繁衍字义，不解决任何问题。五等侯非公侯伯子男，九州伯亦费解，西周是否九州，尚不可知，则九州之伯自何处来？管仲之说亦以后制论先世也。伯有多义，除方伯外，有邦伯实为小邦主，小邦地位或在采卫下。盖宗周地方组织，诸侯国外，尚有多方，方即邦，邦有君或伯，邦下有里或邑，里有君。若郡县组织则春秋时始见，尚不普遍，后来逐渐以郡县代邦国，秦始皇统一后遂完全以郡县代邦国矣。

在铜器《大盂鼎》中有："殷边甸侯"，及"殷正百辟，率肆于酒，故丧师已"，及"盂……锡汝邦嗣三伯……尸嗣王臣十有三伯"等铭文。《宗周钟》有"南夷东夷具见，廿又六邦"等铭文。上所谓"殷边甸侯"与"殷正百辟"，即指外服内服职官俱肆于酒故丧师。但郭沫若先生释"师已"为"纯祀"，偏差甚远，因解"师"为屯，而以"已"为"祀"，故有此误。铭文有"邦司四伯"及"王臣十有三伯",是知邦君称伯,王臣亦有称伯者。《宗周钟》有"南夷东夷廿六邦",可见无论夷夏诸国均可称邦。因此我们可以总结西周至于春秋,关于内服外服诸职官之演变情况如下:

(1) 殷商已有侯甸男卫诸职守。

(2) 宗周代殷,旧制未变,内服有百僚,外服有诸侯:侯甸男采卫。内、外服俱职官。

(3) 侯甸男卫,甸是田官,男是农官,采贡万物,而卫保卫边陲。

(4) 宗周官职分内服、外服,即中央官与地方官。后来五等爵及五服说即由内服外服诸职演变而来。

(5) 春秋时代,王纲解纽,诸侯有力者可以僭称王、公,外边裔夷戎更可以随意称王,于是"无土不王",而旧制变。

(6) 旧制紊乱后,公侯伯子男五等爵称,遂代外服诸职称,而侯甸男采卫原外服职变为五服,服与爵混,爵与职合,于是治丝愈棼,而莫知究竟矣。

此一争论不绝的古史问题,似可告一段落。

(三) 周公摄政

没有周公不会有武王灭殷后的一统天下;没有周公不会有传世的礼乐文明;没有周公就没有儒家的历史渊源,没有儒家,中国传统的文明可能是另一种精神状态。此所以孔子要梦见周公,更称赞说,"郁郁乎文哉!吾从周"。而后人称周公曰"文"!我们不是过分强调周公,他一人也做不出许多伟大事业来,但他是这许多事业中的代表人物,历史上这种代表人物越多,文明越昌盛;否则衰,这是一般人都了解的道理。

史称"周公旦者,周武王弟也。自文王在时,旦为子孝,笃仁,异于群子。及武王即位,旦常辅翼武王,用事居多。武王九年,东伐至盟津,周公辅行。十一年,伐纣,至牧野,周公佐武王,作《牧誓》。……遍封功臣同姓戚者。封周公旦于少昊之虚曲阜,是为鲁公。周公不就封,留佐武王。武王克殷二年,天下未集,武王有疾,不豫,……其后武王既崩,成王少,在襁褓之中。周公恐天下闻武王崩而畔,周公乃践阼代成王摄行政当国。管叔及其群弟流言于国曰，'周公将不利于成王'。周公乃告太公望、召公奭曰：'我之所以弗辟而摄行政者，恐天下畔周，无以告我先王太王、王季、文王。……武王蚤终，成王少，将以成周，我所以为之若此。'于是卒相成王，而使其子伯禽代就封于鲁。……管、蔡、武庚等果率淮夷而反。周公乃奉成王命，兴师东伐，作《大诰》。遂诛管叔，杀武庚，放蔡叔。收殷余民，以封康叔于卫，封微子于宋，以奉殷祀。宁淮夷东土，二年而毕定。诸侯咸服宗周。……成王七年二月乙未，王朝步自周，至丰，使太保召公先之雒相土。其三月，周公往营成周雒邑，卜居焉，曰吉，遂国之。成王长，能听政。于是周公乃还政于成王，成王临朝。周公之代成王治，南面倍依以朝诸侯。及七年后，还政成王，……及成王用事，人或潛周公，周公奔楚。成王发府，见周公祷书，乃泣，反周公。周公归，恐成王壮，治有所淫佚，乃作《多士》，作《无逸》。……成王在丰，天下已安，周之官政未次序，于是周公作《周官》，官别其宜。作《立政》，以便百姓。百姓说。周公在丰，病，将没，曰：'必葬我成周，以明吾不敢离成王。'周公既卒，成王亦让，葬周公于毕，从文王，以明予小子不敢臣周公也。……于是成王乃命鲁得郊，祭文王，鲁有天子礼乐者，以褒周公之德也"。（《史记·鲁周公世家》）

太史公是伟大的史学家，《史记》一书，记事谨严而议论宏伟，所记上古事都有所本，《周本纪》多本史诗，而《鲁世家》多本《周诰》，无史诗无诰命之列传则存疑，如《老子列传》之彷徨不定者，史家之存疑也。虽然，《鲁周公世家》仍有许多问题，留待后人之再议论。如：

（1）其后武王既崩，成王少，在襁褓之中。……周公乃践阼代成王摄行政当国。……成王长，能听政。于是周公乃还政于成王，成王临朝。

（2）管叔及其群弟流言于国曰，"周公将不利于成王"。

（3）于是卒相成王，而使其子伯禽代就封于鲁。……伯禽即位之后，有管、蔡等反也，淮夷、徐戎亦并兴反。于是伯禽率师伐之于肹，作《肹誓》。

（4）管、蔡、武庚等果率淮夷而反。周公乃奉成王命，兴师东伐，作《大诰》。遂诛管叔，杀武庚，放蔡叔。收殷余民，以封康叔于卫，封微子于宋，以奉殷祀。宁淮夷东土，二年而毕定。

（5）成王七年二月乙未，王朝步自周，至丰，使太保召公先之雒相土。其三月，周公往营成周雒邑。

（6）及成王用事，人或谮周公，周公奔楚。成王发府，见周公祷书，乃泣，反周公。

（7）于是成王乃命鲁得郊，祭文王，鲁有天子礼乐者，以褒周公之德也。

这些问题都是史学界以及学术界争论不休的问题，历史问题牵涉到后来现实政治问题。周公元圣，先孔子而圣，是道德规范，于是周公之执政称王不仅是政治问题，也是道德问题。周公被尊为"元圣"，如果有道德问题，其奈"圣人"何！我们将逐一分析以上诸问题。

周公是否践阼称王，是至今学术界争论不休的问题。因为它牵涉到后来的现实政治，以及中国传统道德思想对于人们的评价标准，所以使这一历史问题越来越复杂。顾颉刚先生说，西汉曾经出现两次以周公辅幼主为借口而当权夺权的事件，以及后来明成祖与方孝孺之有关争论。《汉书·霍光传》："征（延）和二年，卫太子为江充所败……是时上年老，宠姬钩弋赵婕妤有男，上心欲以为嗣，命大臣辅之。察群臣唯光任大重，可属社稷，上乃使黄门画者画'周公负成王朝诸侯'以赐光。后元二年春，上游五柞宫，病笃，光涕泣问曰，'如有不讳，谁当嗣者？'上曰'君未谕前画意耶？立少子，君行周公之事'。光顿首，……受遗诏辅少主。明日，武帝崩，太子袭尊号，是为孝昭皇帝。帝年八岁，政事壹决于光。"这是仿效周公辅成王的第一次表演，霍光专政而没有称王，这接近于宗周初年的历史事实，结果也和成王、周公的故事一样，霍光曾废昌邑而辅宣帝，而"宣帝自在民间，闻知霍氏尊盛日久，内不能善"。成帝对于周公亦以周公尊盛日久，内不能善，以致周公奔楚，几何其不为明成祖与建文耶？

而王莽夺权以周公为借口，更为经学家所乐道，于是而有歆莽篡经学篡政权之"双篡"。《汉书·王莽传》上："泉陵侯刘庆上书，言周成王幼少称'孺子'，周公居摄。今帝富于春秋，宜令安汉公行天子事如周公。"

又："舜等即共令太后下诏曰：'……安汉公莽……安光汉室，……与周公异世同符。……其令安汉公居摄践祚，如周公故事。……'于是群臣奏言，臣闻周成王幼少，周道未成，成王不能共事天地，修文、武之烈。周公权而居摄则周道成，王室安；不居摄则恐周坠失天命。……周公服天子之冕，南面而朝群臣，发号施令，常称王命。……《礼·明堂记》曰：'周公朝诸侯于明堂，天子负斧依南面而立。'谓周公践天子位六年，朝诸侯，制礼作乐而天下大服也。……周公始摄则居天子之位，非乃六年而践祚也。《书逸嘉禾篇》曰，'周公奉鬯立于阼阶，延登，赞曰，"假王莅政，勤和天下。"'此周公摄政，赞者所称。成王加元服，周公则致政，《书》曰，'朕复子明辟'，周公常称王命，专行不报，故言'我复子明君'也。臣请安汉安居摄践祚，服天子韨冕，背斧依于户、牖之间，南面朝群臣，听政事，车服出入警跸，民臣称'臣''妾'，皆如天子之制，郊祀天地，宗祀明堂，共祀宗庙，享祭群神，赞曰，'假皇帝'，民臣称之'摄皇帝'，自称曰'予'，平决朝事，常以皇帝之诏称'制'，以奉顺皇天之心，辅翼汉室，……其朝见太皇太后、帝皇后，皆复臣节；自施政教于其宫、家、国、采，如诸侯礼故事。臣昧死请！"太后诏曰："可！明年，改元曰'居摄'。"

王莽夺取政权越向前走一步，周公专政的步骤也就推进一步，但周公究竟"复子明辟"了，王莽却没有效法，由假而真了。他处处在仿效周公，实际上是步步夺权，他首先毒杀十四岁的平帝，然后立二岁的刘婴，这才是真正的"孺子"。及翟义发难，起兵东部，奉刘信为天子，而汉都长安，这情况有类于管蔡武庚之于周公，所以王莽也有了一篇新《大诰》。这本来是一幕滑稽剧，但在学术史上掀起了万丈波澜。后来明成祖起兵"靖难"，进入南京，夺取了皇帝宝座，当他和方孝孺发生争论的时候，自解说，"予欲法周公辅成王耳"。（《明史·方孝孺传》）可见周公"辅成王"影响之大，而后来所谓"辅"者，都是取而代之，那么周公之辅成王，取代与否，当然引起时人的关注，于是有管蔡流言，"公将不利于孺子"！

正统派史学家与经师于此遂百般为周公辅政事作正面解释，而宋代理学是中国传统文明之卫道者，于此不能无言，周公而与王莽伍，岂非有辱"斯文"。朱熹在《语类》（七十九）中说："《康诰》三篇，此是武王书无疑。其中分明说，王若曰'孟侯，朕其弟，小子封'，岂有周公方以成王之命命康叔，而遽述己意而告之乎？决不解如此。五峰（胡宏）吴才老（吴棫）皆说是武王书，只缘误以《洛诰》书首一段置在《康诰》之前，故叙其书于《大诰》《微子之命》之后。问：'如此则封康叔在武庚未叛之前矣？'曰，'想是同时'。又朱《与孙季和书》：《书小序》又可考；但如《康诰》等篇决是武王时书，却因'周公初基'以下错出数简，遂误以为成王时书。然其词以康叔为'弟'而自称'寡兄'，追诵文王而不及武王，其非周公、成王时语的甚。至于《梓材》半篇，全是臣下告君之词，而亦误以为周公诰康叔而不之正也。"同时蔡沈《书集传》四亦以《康诰》《酒诰》《梓材》篇次当在《金縢》之前。

这些宋儒的说法，从胡宏、吴棫到朱熹、蔡沈都以《康诰》《酒诰》《梓材》等三篇是武王封康叔的书，因此可以顺理成章地解释"王若曰'孟侯，朕其弟，小子封'"这句话，而确定这位说话的"王"是武王。他们说这三篇编在《大诰》之后是次第的错误。他们所以用全力推翻这一重大案件，一是政治问题，有关君臣大义；二是道德问题，他们在思想上容不下元圣周公有称王的事实，所以要把《康诰》里的康叔称为"弟"的"王"送给武王，而不是周公。理由如《康诰》篇首四十八字为别一篇的错简，《梓材》下半是臣下告君之词，周克殷时康叔随军，年龄不小。这些话不错，但康叔封于康与封于卫是两回事，而《康诰》乃封卫时事，是在周公讨伐武庚叛变胜利之后。至于《酒诰》的沬邦即牧野或沬乡，是殷都朝歌郊区，无疑当时康叔不在康而在卫。康叔既在卫，就不可能和三监同时监殷，而必待三监失败后。宋儒硬要把《康诰》等三篇的时代提前，但历史事实是没法改变的。（参考顾颉刚先生《周公执政称王》一文，载《文史》23辑）

以上周公执政称王的问题，如果依今文经学的逻辑来判断，那是为王莽、刘歆所利用的事实，而王莽为了篡权不惜伪造历史，说效法周公，刘歆也就承其意而伪造古经以成其伪；篡权篡经，君臣同篡！但如上说，历史事实，没法改变，清末今文经学大师廖平指出：

周公、成王事为经学一大疑。武王九十以后乃生子，成王尚有四弟，何以九十以前不一生？继乃知成王非幼，周公非摄，此《尚书》

成周公之意，又有语增耳。武王克殷后即以天下让周公，《逸周书》所言是也。当时周公直如鲁隐公、宋宣公，兄终弟及，即位正名，故《金縢》称"予一人"，"予小子"，下称二公，《诰》称"王曰"，《檀弓》，"文王舍伯邑考而立武王"。盖商法兄终弟及，武王老，周公立，常也。当时初得天下，犹用殷法。自周公政成之后，乃立周法，以传子为主。周家法度皆始于公，欲改传子之法，故归政成王。问何以归政成王，则以初立为摄。问何以摄位，则以成王幼为词。一说成王幼则生在襁褓，不能践祚，或以为十岁，或以为二三岁不等，皆《论衡》所谓"语增"，事实不如此也。（《经话》）

廖平今文经师而以为武王死后，周公即位为王，并非摄位；其后改传弟为传子，故归政成王。并说，"周家法度皆始于公"，又说，"自周公政成以后，乃立周法，以传子为主"。都非常明快，说明廖氏不仅是经师，且是一位卓越的史家，后来顾颉刚先生也以经师兼史学大师的身份补充道："我们推想，这也许是在客观要求下的一个新发展的家长制。在先，周太王不传太伯、虞仲而传给王季，文王不传伯邑考或伯邑考的儿子而传给次子武王，可见周人本没有什么所谓'嫡长继承制'，和商代的前期、中期一样。可是到了武王克殷以后，尤其是到了周公东征以后，周王的产业空前的庞大，如果不确立一个法定的继承者，便很难保持王族内部的长期团结，倘使因此而引起争夺的纠纷，周的政权就不能稳固，环伺的殷人又将乘机而动。周公看到商朝自康丁以下已四世传子，王室比较安定，所以就自动地把王位让给武王的长子，使得周王的位子永远有一个比较固定的继承者，周王的产业不致为了争夺继承权而突然垮台。这个嫡子继承的宗法制，似乎只使于周王一家；至于侯国，产业既不太多，自然仍可沿用周人的老传统办法。"（《周公执政称王》）颉刚先生的补充是必要的。宗周宗法制的完善，始自周公，这一方面是周公的宏谟，同时也是时势造成。如依兄终弟及，武王卒，周公有兄管叔，此所以周公执政而管蔡流言，且召公奭亦有己见，此所以有"君奭"之谆。况且成王非凡庸辈，跃跃欲试，于周公退后仍在进攻，以致有周公之奔楚。时势如此，加以周公之圣明而传子制定。嫡长子制定，然后可言大小宗，否则同为兄弟，同是大宗，大宗林立而争夺起。诸侯国则发展水平不一，周初封建对各国体制采取灵活态度，此于封鲁封卫封晋之诰命中可见。而且宗周只是一种松散帝国，各国有很大独立性，边陲少数民族国更可以自立为王，而诸侯称不与焉。

顾刚先生究竟是史学大师，他肯定周公执政称王的事实，并举近代出土铜器作证。其一，

> 《𣸪嗣土㳟𣪘》："王来伐商邑，延（诞）令康侯𢍰于卫。𣸪嗣土㳟罙𢍰。乍氒考障彝。⿰。"
>
> 杨树达《跋》："此记周公伐武庚时事也。𢍰字经传皆作'鄙'。《广雅·释诂》云：'鄙，国也。延令康叔𢍰于卫'，即封康叔于卫也。……《史记·卫世家》曰：'周公旦以成王命兴师伐殷，杀武庚禄父、管叔，放蔡叔，以武庚殷余民封康叔为卫君，居河、淇间故商虚'是其事也。文云，'王来伐商邑'。或疑为成王。然其时兴师伐殷纣武庚者为周公，成王年少，未尝亲征，则铭文所云'王来伐'者不得指成王也。然则王何指？盖周公摄政称王，'王'即谓周公也。……《左传》定公四年记卫祝陀说成王封康叔之事曰：'聃季授土，陶叔授民，命以《康诰》而封于殷虚。'祝陀以卫人说卫开国之事，自可信据。……此'𣸪嗣土㳟'岂即《传》文之'陶叔'欤？"

顾刚先生以为这是周公称"王"在铭文中的证据之一。周公既克商邑，又封康叔于卫，所以这个"王"不可能不是周公。其二，

> 《王在鲁尊》："王在鲁，蔡锡贝十朋。对扬王休，用作尊彝。"
>
> 这是曹载奎所藏器，陈介祺所题拓本，原拓在北京图书馆。顾先生以为列代周王，无论在西周或东周，都没有到鲁国。……《多方》说："惟五月丁亥，王来自奄，至于宗周。周公曰：王若曰：'猷告尔四国多方'……"。《书序》说："成王归自奄，在宗周诰庶邦，作《多方》。"《伪孔传》说："周公归政之明年，淮夷、奄又叛。鲁征淮夷，作《费誓》。王亲征奄，灭其国；五月还至镐京。周公以王命顺大道告四方，称'周公'，以别王自诰。"这不是很清楚地在周公归政

之后，奄和淮夷再叛，于是成王亲自出征灭奄而伯禽又同时平淮夷了吗？按《多士》云："惟三月，周公初于新邑洛，用告商王士。……王曰'多士，昔朕来自奄。'"是周公践奄之后所作的诰，这"王"分明是周公，而史官所以于篇首更出"周公初于新邑洛"的字样，只是为了说明下文的"王"不是成王。《多方》云："惟五月丁亥，王来自奄，至于宗周。周公曰：王若曰：猷告尔四国多方。"这是周公在践奄之后赶回宗周（那时还没有造起"新邑洛"的成周），向殷的诸侯和官僚所讲的一番话。《多方》是周公从奄回镐京时讲的，《多士》是周公践奄之后（所以文中说"昔朕来自奄"），筑成东都，迁殷民于洛邑时讲的，两文在时间上很清楚地有着一段距离。《多方》应在前，《多士》应在后，本无疑义。只因汉初儒者读不懂《尚书》，谬为编次，把《多士》排在第十九篇，《多方》排在第二十二篇，把次序颠倒了，于是《书序》作者就望文生义地写道："成周既成，迁殷顽民，周公以王命诰，作《多士》，成王东征淮夷，遂践奄，作《成王政》，成王归自奄，在宗周诰庶邦，作《多士》。"他确定《多士》是周公代成王诰殷民的，《多方》是成王自己诰庶邦的，而两篇中间尚有成王亲伐淮夷和践奄的一篇逸书《成王政》。我们试问：《多方》既是成王亲诰，《伪孔传》又说淮夷、奄之叛的事在"周公归政之明年"，为什么篇首还要说，"周公曰，王若曰"，表示周公并未归政呢？洛邑之成，《洛诰》说在成王七年，为什么《多方》里却说"天惟五年须暇之子孙"，又说，"今尔奔走臣我监五祀"，凭空砍去了两年或两年以上呢？这个问题，宋末的王柏（《书疑》卷七），清初的顾炎武（《日知录》卷二）都已提出，我们只须知道，《多方》的"王"依然是周公，成王是不曾亲征过奄的，灭奄的乃是周公，封于奄的原址的乃是周公的长子伯禽，"鲁"是奄的改名，所以周公在三年战争时可以到奄，在伯禽受封之后依然可以到鲁。这《王在鲁尊》的绝对年代固然不易确定，但这"王"必是周公是无疑的。后来的儒生所以在《明堂位》里说："成王以周公为有勋劳于天下，……命鲁公世世祀周公以天子礼乐。"又说，"凡四代（虞、夏、殷、周）之服器官，鲁兼用之，是故鲁王礼也。"话虽说得过分夸大，但究竟因为鲁的始祖曾经称"王",可以有这排场的原故。这是彝器铭辞中周公称"王"的直接证据之二。

从这些证据上,我们可以明白,所有战国、秦、汉间人的"周公摄王"说,魏、晋间人的"周公以成王命诰"说,宋、清间人的《大诰》《康诰》《酒诰》《梓材》中的"王"都为武王说,以及一切为了这个"王"字而挖空心思做出来的文章及注解,得到了近百年来的诸种物证和各方面的研究成果,就可以一扫而空。这真是我国古史学界上的一件大快事。

为了周公实际上不是真正的周王,所以当时固然有人称他为"王"的,但也有人照旧称他为"周公"的,也有"王"和"周公"杂用的称呼的,记载中并不一律。例如《盩鼎铭》云,"佳周公于征伐东夷",而《禽簋铭》云"王伐䇞(奄)侯,周公某禽祝"。就可以证明这一点。(《周公执政称王》)

顾先生是我的老师,在五十年的追随中,我深知老师的学风是"大胆地怀疑",这可能与胡适先生的"大胆假设"有关,因为他们也是师生。但这篇文中,先生一改多疑的作风,改为"全信",我曾经说过,今文经师于刘歆、王莽的作为深恶痛绝,因云他们为了篡权而篡改古史,但于周公之称王,晚清今文学者则采全信的态度,廖平如此,顾先生亦复如是,但此中许多问题,有待澄清,先生所举证,须重新探讨。

《濬嗣土逨殷》之"王来伐商邑,延令康侯啚于卫",仅此不能说明王是周公,因为成王曾多次东征,如《令殷》之"佳王于伐楚伯在炎",乃成王东伐践奄时器,楚即淮夷或南淮夷,其地东可至山东。又如《禽殷》之"王伐䇞庆,周公谋禽祝",王指成王,因为下文又明确指出周公,但颉刚先生以为王指周公,而以䇞为奄,先生谨于取证,今乃有此失。又如《䍙卣》之"佳十又九年,王在厈"。沫若先生考释曰"'十又九年',文王纪元之十九年,成王六年也。周初用文王纪元,至成王七年平定淮徐后始'以功作元祀'(《洛诰》)。王国维有《周开国年表》揭发之,………其说无可易。厈与下《南宫中鼎》之一之'寒泿'为一地,当即寒泿故地,地在今山东潍县境"。(《两周金文辞大系图录考释》14页)又《趞尊》

之"隹十又三月辛卯，王在斤"。又《中甗》之"隹十又三月庚寅，王在寒𩇵"，沫若先生以为寒𩇵即斤。其实斤即奄，沫若先生于"斤"之考释有异说，但在《中国古代社会研究》附录中于《禽殷》考证道，"王在斤之斤当即王在炎之炎，亦即践奄之奄，斤音虽在元部，然与侵谈部每相通转。……盖奄人自称为奄者，而周人或称之为炎，或称之为斤。且十九年王在斤，与史实亦相符"。先生更举《趞尊》（《周金文存》五、四）及《趞卣》（同上五，九〇页）中"王在斤"的铭文：

隹十又三月辛卯，王在斤，锡趞采曰䞭，锡贝五朋，趞对王休，用乍姞宝彝。

考释道，"此与𡇒卣亦当系同时之器。年终置闰称'十三月'，与卜辞同。'锡贝五朋'，为数甚少，足证其时代之近古，此等虽非究亟之证明，然亦定为辅助，'王在斤'一语之旁证"。而顾刚先生据《王在鲁尊》之"王在鲁"认定王是周公而肯定成王无践奄事。并说《尚书·多方》中之"王来自奄"也是周公。

我们不同意顾先生的说法，以上铜器中诸王都是成王而非周公，《多方》之王亦成王，我曾经指出《尚书·多方》即铜器《令彝》中的《四方令》或称《四国多方令》，而《立政》即《令彝》中的《三事令》，这牵涉到许多宗周史，也包含周公称王问题。今分析如下，《令彝》原文：

隹八月，辰才(在)甲申，王令(命)周公子明保尹三事三(四)方，受卿旋(事)寮。丁亥，令(命)矢告㓝(于)周公宫。公令(命)徣(出)同卿旋(事)寮。隹十月月吉，癸未，明公𦩻(朝)至㓝(于)成周，徣(出)令舍三事令，罙(及)卿旋(事)寮，罙(及)者(诸)尹，罙(及)里君，罙(及)百工，罙(及)者(诸)厌(侯)：厌(侯)，田(甸)、男，舍三(四)方令。既咸令(命)，甲申，明公用牲㓝(于)京宫。乙酉，用牲㓝(于)康宫。咸既，用牲㓝(于)王，明公归自王。……[1]

---

[1] 因原书各处《令彝》引文不一致，现将其他字型用角标标出，方便读者阅读，后文不做统一处理。——编者注

这是有关周初历史的重要铭文，沫若先生考释道："'周公子明保'，周公即周公旦，明保乃鲁公伯禽也。此器上称明保，下称明公，知明保即是明公。下《明公殷》上称明公，下称鲁侯，知明公即是鲁侯，周公之子而为鲁侯者伯禽也。得知此伯禽乃字，保乃名。明者盖封鲁以前之食邑，犹康叔封卫以前称康侯也。即以本铭而论，明保受王命在八月甲申，越六十日始至成周，于成周滞留一二日复言'归自王'，则知明公不在王所，而所在地隔成周颇远，此亦足证明保之必为伯禽。盖伯禽封于鲁复兼任王朝卿士，总摄百揆，亦犹卫康叔之为周司寇也。且明保之名于典籍中亦有征。《左传》定四年，言封鲁曰'命以伯禽而封于少皡之虚'……《正义》引刘炫云，'伯禽犹下"命以康诰"，是伯禽为命书。'此说至当，今知伯禽名明保，乃知《伯禽》逸篇文有窜入今书《洛诰》者。其'王若曰，公，明保，予冲子'一节正是成王呼伯禽名，而《诰命》之辞，与《康诰》之'王若曰，孟侯，朕其弟，小子封'为例正同。三事，当即《书·立政》'立政任人，准、夫、牧，作三事'之准、夫、牧。夫乃吏之坏字，即上文之'庀乃事，庀乃牧，庀乃准也'。……吏殆事务官，准乃政务官，牧则地方官也。其在《立政》于'三事'之下分举细目概括内外服无遗；其在本铭，于'舍三事令'下亦列举卿事寮、诸尹、里君、百工、诸侯，虽详略各殊，而内含则一。故三事乃泛指百官而言，犹言三种官吏，旧解为司徒、司马、司空者失之。"（《考释》七页）

沫若先生才华横溢，但因未能专心于此，以致所有此类考释中，有时奇中，有时则偏离甚远，如谓"周公子明保"为伯禽则偏离甚远者，后来追随者多循此路，亦越走越远。我曾经有《令彝考释中的几个问题》（《历史研究》1959年4期）一文，不同意郭先生的说法，而认为"明保"即周公。理由是：

（1）《洛诰》开头是周公相宅卜洛及与成王互勉的话，或者以为《康诰》开始"惟三月，哉生魄，周公初基，作新大邑于东国洛……乃洪大诰治"等四十八字是《洛诰》一篇开始的脱简，下面是周公请成王举行殷礼，祀于新邑而表示了自己退休的愿望。后来成王极道周公的功勋，请他居洛而自己回到宗周。如果把其中大段成王、周公的对话说成《鲁诰》或者《伯禽》，绝对没法解释"王若曰，公明保，予冲子"的称呼与含义。

郭先生说这句话是成王呼伯禽名而诰命之辞，与《康诰》之"王若曰，孟侯，朕其弟，小子封"为例正同。未免奇怪，"孟侯，朕其弟，小子封"都是指康叔，而"公明保，予冲子"是你、我两人，为例正好不同，况且成王对伯禽会称为"公明保"自己谦称"予冲子"！他们是同辈君臣。明保不是伯禽名，因为毫无根据。而且为什么在周公诰伯禽的时候加上成王的告诫，语气和称谓都不类，伯禽封鲁为侯不是尹三事四方，《左传》定公四年明白地指出"昔武王克商，成王定之，选建明德以藩屏周，故周公相王室以尹天下"。"相王室以尹天下"是"尹三事四方"的最好注解，尹天下是治理天下，伯禽没有这个地位，召公、太公也不具备，只能是周公。

（2）把"明保"解作周公最困难的地方，当然是《令彝》原文有"王令周公子明保"字句，依通俗解"周公子，明保"当然是"周公的儿子明保"，儿子是伯禽，今又名明保，可见明保即伯禽。但"周公子明保"实在是"周公，子明保"，前后一人，是成王对周公的尊称，《洛诰》"公明保予冲子"之"公明保"即"周公子明保"之简称，亦即《䚶卣》之"明保"及《明公殷》之"明公"，《明公殷》前面说，王令明公遣三族伐东国；又说鲁侯有了功。明指两人，而说成一人，语法如此明确不应有此误解。与其谓"明保"为伯禽名，不如谓"明保"是周公字，"旦""明"，相应一如吕尚与公望之相应。

因召公长期为太保，故后人解诰，看到"保"字即认为召公，这恐怕有些误解，清人孙星衍在《书序》，"太保作旅獒"下疏解道：

> 太保伪传以为召公，非也。《周书》《史记》并称武王克殷有召公奭，不言太保。自成王幼在襁褓中，召公为太保，始见贾谊《新书》，作伪者以此太保为召公，疏谬甚矣。

这是很有见地的话，不能因成王时召公曾为太保，就把周初一切"保"归之于他。谭戒甫先生也怀疑《明公殷》之明公是伯禽说，他提出：

> 还可以反问：在一个器中，何以要有两个名称歧出呢？也可能明公是君陈。那时明公尹三事四方，鲁侯是不是也在明公所尹的范围

之内呢？这样的提法似乎也不坏。(《周初矢器铭文之综合研究》，见《武汉大学学报》1956年一期)

关于"明公"是否君陈问题，可以不作考虑，因为这只是主观想象，毫无凭证。在一件古器物中，一句话里有两个名称歧出，是问题，但谭先生也没有解决，但他又说，"成王命明保尹三事四方，受卿旋（事）寮，可谓是总揽内外诸政，其权极大，其位崇高"。这一语中的，当时只有周公是"相王室以尹天下"的人，不会同时父子两尹天下。以此，此"明保"乃周公之尊称，更无别的选择。

（3）《令彝》开头说：

> 隹八月，辰才甲申，王令周公子明保尹三事三方，受卿旋寮。丁亥，令矢告㠯周公宫，公命𠧩同卿旋寮。隹十月月吉，癸未，明公朝至㠯成周，出令舍三事令，眔卿旋寮，眔者尹，眔里君，眔百工，眔者侯：侯、田、男，舍三方令。

这是指成王在洛邑命周公尹三事四方，而令矢去宗周告于周公，然后十月初吉癸未，明公朝至成周出令：1.三事令，2.四方令。郭沫若先生曾论"三事"道：

> 乃《立政》之立政任人，准、夫、牧，作三事之任人，准、夫、牧。罗以为司徒、司马、司空者，后起之说也。(《殷周青铜器铭文研究》卷一《令彝令殷与其他诸器物之综合研究》)

这解释是正确的。但有待于进一步探讨，其实"三事令"即《尚书·立政》，对象是内服百僚臣工，而"四方令"即《尚书·多方》的本文，对象是外服诸侯：侯甸男。这是周公致政后，成王八年的事，是周公"相王室以尹天下"的文诰。《尚书》中的《周书》年代，有几篇是比较清楚的，比如《召诰》《洛诰》，可以肯定在成王五年，虽然在推算到具体日月上有许多问题，是因为古历粗放，尤其是以后来的较精历法，推步古代之粗放历法,更难合辙。沫若先生之少作这方面的推敲是明智的。《立政》《多方》是《召诰》《洛诰》以后一年的事,即成王八年。成蓉镜曾经把《多方》放在这一年(见《尚书·历谱》二)。《立政》中无年月记载,《多方》的本序中有"惟五月丁亥,王来自奄,至于宗周"的话。根据《三统术》推算,这和《令彝》中的日月是有矛盾的,因为是年五月有丁亥,没法安排《令彝》月甲申以后一系列日月。也许如上面所说,三统术不能解决西周长历。王鸣盛也曾说,自刘歆以来认为成王七年闰九月,这是不对的,因为"归余于终,闰月皆在十二月后,据刘歆则在闰九月,非也"。(《尚书·后案》十九《洛诰》)我以为《多方》开头:

惟五月丁亥,王来自奄,至于宗周。

这几句可能不是《多方》的本序,而是错简,理由是:1.《四方令》不是在宗周发出的,这是针对殷侯的,本诰开始就说"告尔四国多方,惟尔殷侯尹民……"。可见重点是"殷侯尹民",他们在东方,以洛阳为中心,不应在宗周发布命令。2.这段说明与下面本文无任何联系,只觉其累赘。看原文是:

惟五月丁亥,王来自奄,至于宗周。周公曰:"王若曰,猷告尔四国多方,惟尔殷侯尹民。……"

"周公曰"后与前面序文,看不出任何关系;这种安排和《周书》其他篇也不相类。所以在长历上的矛盾或者可以缓解。《多方》和《立政》开头全是"周公曰",可知是周公奉王命出令,而与伯禽不相干。因此也可以说明《令彝》中的"明保"是周公本人。

《多方》原文相当清楚,诰命之义是要殷之有方多士"尔曷不夹介乂我周公享天之命,今尔尚宅尔宅,畋尔田",否则"我惟时其教告之,我惟时其战要囚之,至于再,至于三,乃有不用我降尔命,我乃其大罚殛之。非我有周秉德不康宁,乃惟尔自速辜"。用现在的语言,就是"你们好好地帮助我们,房屋土地还是你们享用,我们经常告诫你们,一再告诚，不听我的话是要受惩罚的"。这两手政策，后来变成法家之刑赏二柄，在长期封建社会内，是统治者的统治手段。

在《多方》中另外值得注意的地方，是它两次提到"五年"问题。如云：

> 天惟五年须暇之子孙。
> 今尔奔走臣我监五祀。

两句话的含义是，周灭殷后，在东方建立侯卫，殷侯殷士已经臣服于周五年了。周武王灭纣后，殷商在东方的势力并没有完全削除，东夷、南夷始终在反抗，周公摄政之四年，在东方建立侯卫（据《尚书大传》），此后到成王亲政，周公黜"三事、四方令"正好五年。从周公摄政之四年算起，到第五年，正好是成王八年，所以我以为《多方》即《四方令》之编于《书》中者，在《立政》中有"四国多方"字句，原令或应是"四国多方令"。

《三事令》即《立政》原称，除《书·立政》外，《诗经》中也多见"三事"，如《小雅·雨无正》有"三事大夫"，《十月之交》有"择三有事"，《大雅·常武》有"三事就绪"等。"三事"是朝廷三种职事，指常伯、常任和准人，也称作牧、任人、准夫。常伯管理民事是牧民官，所以也称作牧；常任是简选人员充实政府的官，所以也称作任人；准夫是司法官。这是当时重要的三种职官，旧释以为即司徒、司马、司空，沫若先生非之，但牧、任人、准夫任重而职微，归结于上，三有司（三事）或即大三司也。

以上是我三十年前的旧作，至今基本观点未变，但有些地方，须加补充：

第一，"明保"问题，我曾说是周公的尊称（并说"明"可能是"旦"字），如今我们还可以补充说明，坚信此说之必可成立。王国维在《与友人论诗书中成语书二》有：

> 《楚茨》云："先祖是皇，神保是飨"。又云"神保是格"。又云"鼓钟送尸，神保聿归"。《传》《笺》皆训保为安，不以"神保"为一

语。朱子始引《楚辞》"灵保"以正之。今按《克鼎》云,"丕念厥圣保祖师榮父"。是神保圣保皆祖考之异名。《诗》之"先祖是皇,神保是飨","皇尸载起,神保聿归",皆相互为文,非安飨安归之谓也。

"神保""圣保"皆祖考之异名,"神""圣"是"保"的形容,"明保"的"明"字亦应为"保"的形容,神圣用以说逝者,而"明保"是指生存的长者。在《宋元戏曲考》中,王先生也曾谈到神保、灵保等问题,解释与上文无大异。近来马承源先生在《西周金文和周历的研究》中指出,《洛诰》有多起说到"保"的问题:

1. 王如弗敢及天基命定命,予乃胤保。
2. 公,明保,予冲子。
3. 王命予来承保乃文祖受命民。
4. 诞保文武受命惟七年。

1."胤保"是大相东土,此保是辅相之义。2.是成王望周公继续给以保安。3.是成王望周公继续保护文武之民,此民乃文武受命赐自天上者。4.是保护文武所受命于上天的宏业。以上胤保、明保、承保、诞保都是保安、保护或辅助的意思,与摄政之义毫无关涉。就辞义而言,没有七年摄政的任何含义。

马先生的解释是平实的,保即保护、保安之义,但前三者都是成王所望于周公者,即使是保护或保安,伯禽也没有这种资格。"子明保"与"明保"相对,"子"是尊称,后来通行,绝不是"周公的儿子"明保。近来刘昭瑞先生在《关于甲骨文中子称和族的几个问题》中指出:"这种形式的称谓(如'沈子也''录子䛗'——作者)第一字当是称呼者的居住地名,又常为族名;子后一字为称者的私名,省称则可称为某子。"又说:"某子某这种称谓的前一某字,甲骨文金文相同兼地名或族名。……第二个某字也多为美称。"(《中国史研究》1987年2期)绝不能把"周公子明保"解作周公儿子明保,"子"前两字是人名,后两字是美称,不能分成二人。王国维在《洛诰》的讨论,于此也指周公。

第二,西周年历问题。上边已经谈过西周年历,在近二十家的说法中，我们倾向于马承源先生说，因为他的计算方法较为精密，老友谢元震先生更有新说，与马说不同，亦各有所得，将有的《宗周大事年表》即由谢先生帮助拟定，但我们之间的约定，彼此各抒己见，不必强同，因为这是没法定于一的事，有不同意见出现，更可以引人深思。我也不是完全同意马先生的所有说法，重要分歧处有二：一是关于《洛诰》中"惟周公诞保文武受命惟七年"及铜器《何尊》五年迁洛说互相矛盾的有关解释。他说，关于《洛诰》这七年的问题，从《诰》文看，这七年并没有言明就是周公摄政的七年，而是"诞保文武受命"的七年，七年摄政乃是汉儒的解释，"保"并非摄政，如经籍所云，成王改元是在周公致政七年的次年，那么根据两《诰》原文，在第七年，成王无论在名义上，或实质上都已行使着王的职权，如《召诰》《洛诰》所云。联系到金文中所记载的成王伐商、践奄等史迹，成王作为周王的地位是明显的。至于《诰》文中成王自称"冲子""小子"乃是王者之谦称。这七年，王国维在《周开国年表》中曾经指出："成王即位，周公摄政之初亦未尝改元。《洛诰》曰，'惟七年'是岁为文王受命之十八祀，武王克商后之七年，成王嗣位于兹五岁，始祀于新邑。"这个见解是正确的，七年也只能如此计算。王国维不知道成王嗣位是确实改元的，在当时的条件下，他对《洛诰》七年的解释是卓越的，但是他主张周公摄政说，马认为，周公摄政七年说是出于对"诞保文武受命"理解不正确所致。马先生并以为成王营宅，应据《何尊》的铭文记载，这是没经窜改的史料。《洛诰》的七年是成王五年加上武王既克商后的二年。五年或七年后成王改元的事未曾发生过，至于所谓"称秩文祀"，"以功作无祀"仍以解为"大祀"为宜。

这样解释实在困难，因为"周公诞保文武受命惟七年"是指周公保安文王武王受命后的天下，也就是武王后七年间的周王朝，我们充分了解"保"的意义，武王时代，周公还未负起保安周朝的作用，因为武王在，其他开国元老在。有关"七年"这几个字不是《洛诰》原文，这是后来删《书》人的注解，意思是成王五年迁洛，周公表示"复子明辟"，但周公实际辅政七年。这种注解，当然来自权威，至少是汉初的传经经师。既然周公辅政七年，那么五年迁洛而复辟的说法，也须另有解释。马先生的解释，是因此而免去周公摄政称王说。既然五年营建成周，周公摄政七年致政成王的说法就站不住脚，因为这是同一年发生的。而且在铜器《小臣单觯铭》、《禽段铭》及《宜侯夨段铭》中都记录了成王作为天子的领导作用。这根本否定了史籍讹传的周公"践阼称王"，周公的形象，被汉儒大家夸张而使后人产生错觉，周公摄政事实上不存在。

这是从一个极端走向另一个极端，和马文几乎同时发表的顾颉刚先生遗作就说是"周公执政称王"，而马先生说，根本没有这回事，摄政并不存在，何况称王。我们要重加讨论。以此我们将要讨论：

第三个问题，就是"周公称王"问题。我以为周公并没有"称王"，但在成王初年曾经摄政，所有成王时《周诰》都是周公代成王宣告而称王，周公没有自己称王。《大诰》开头是"王若曰，……洪惟我幼冲人，嗣无疆大厯服"。这没有疑问，王与幼冲人是一个整体，都是成王而不是周公。在《康诰》中，是周公出诰而代王，也交代得清楚，开头说，"周公初基作新大邑于东国洛……乃洪大诰治，王若曰，……"《酒诰》《梓材》也是如此。《召诰》则记载成王先后命召公周公营洛事，而《洛诰》更是关键性文诰。一般认为《洛诰》记成王迁洛及周公"复子明辟"事，其实这一年，只是周公的表示，而成王并没有使周公免去摄政的重任，因为这时天下还没有太平，成王还需要周公的辅佐（摄政），当周公说出"汝往敬哉，予其明农哉"（你好好作吧，我要引退了），成王说，"公明保予冲子，公称丕显德，以予小子，扬文武烈，奉答天命，和恒四方民，……"以下许多都是说明四方未定，有待于周公保予冲子的言论。而在稍后的《立政》中则是"周公若曰，拜手稽首，告嗣天子王矣"。正式宣告嗣天子为王！以后一再说，"孺子王矣！""今文子文孙孺子王矣！"这才是成王正式亲政的开始，虽然前此成王称王，周公并没有称王，但周公曾摄政七年是事实，这七年与五年的两年差额，出处在此。

《召诰》《洛诰》是成王五年事，而《多方》《立政》是成王七年事，《令彝》也是七年事。（至于《多方》中之"惟五月丁亥，王来自奄，至于宗周"，此五月，太史公以为在七年返政之后，但后到什么时候并无交代，而七年五月无丁亥，所以这句话来历不明，可能与《多方》无关而误入。）我们以为成王五年迁洛，七年亲政，亲政而后仍委周公以"相王室而尹天下"的重任，也就是《令彝》所谓：

> 惟八月，辰在甲申，王命周公子明保尹三事四方，受卿事寮。丁亥，命矢告于周公宫。公命出同卿事寮。佳十月月吉，癸未，明公朝至于成周，出令舍三事令……舍四方令，既咸命。甲申，明公用牲于京宫。乙酉，用牲于康宫。咸既，用牲于王，明公归自王。……

我们说过《三事令》即《尚书·立政》本文，而《四方令》即《尚书·多方》本文，在西周年历中这也可以找到根据，我们同意马承源先生关于西周年历的计算方法，虽然有歧异处，但他的方法还是可取的。通过这种计算方法，得出《召诰》《洛诰》中几个有意义的日辰合历的数值：

> 《召诰》：惟二月既望，越六日乙未。
> 　　　　公元前1098年二月甲戌朔，二十三日乙未
> 　　　　越若来三月，惟丙午朏。
> 　　　　公元前1098年，三月甲辰朔，三日丙午。
> 《洛诰》：戊辰，王在新邑……惟周公诞保文武受命惟七年。
> 　　　　公元前1098年，十三月己亥朔，三十日得戊辰。

依此来推算《令彝》中的月日：

> 《令彝》：惟八月，辰在甲申，王命周公子明保尹三事四方……丁亥，命矢告于周公宫。……
> 　　　　惟十月癸未明公朝至于成周。出令舍三事令……舍四方令。……甲申，明公用牲于京宫，乙酉，用牲于康宫。

公元前1096年（成王七年）发布两令而周公相王室而尹天下，乃是年二月朔，癸亥则八月甲申为二十六，丁亥二十九。十月戊午朔癸未为二十六，甲申二十七，但是年应是一月癸亥朔。《令彝》与《尚书》差一月或太史失闰造成，否则无此巧合。

这样合历，可以解决周公辅政七年的问题，而武王卒年依《孔传》

说：第一年克商，第二年武王卒，成王即位后五年迁洛，周公表示归政，因政局未安，成王希望周公继续摄政，此后乃于成王七年正式亲政，于是《立政》说：

> 嗣天子王矣！
> 孺子王矣！（两见）
> 今文子文孙孺子王矣！

凡四次高呼"孺子王矣"！这也是周公归政后，"尹三事四方"的开始，并了却归政的心愿，显示出愉快心情。

我们不同意周公执政称王说，因为那样无法解释《周诰》及铭文中成王之称王，而周公只称周公，而《金縢》之：

> 管叔及其群弟乃流言于国曰：公将不利于孺子。

既已称王，则非"将不利于孺子"，已是不利于孺子的事实。"将不利"还是假设，从这侧面可以说明周公摄政未称王。但如未称王亦未摄政，周公地位与群公等，则此流言无据，因为他们没有反对周公的必要！我们的解释可以解决周公当时所处的政治地位及周初年代问题。《令彝》是当时最重要的铜器之一，它可以帮助我们解决上述两问题，并落实了《尚书·多方》及《立政》的来源，而且《三事令》及《四国多方令》的详细内容得以考实。在中国古代史的研究中，古文献与古器物中古史材料之吻合，未有过于此者。我在三十年前有关《令彝》的考释，今日看来仍然有用，只是把《立政》《多方》与《洛诰》《召诰》的年代，说成同时，应依现在说，改。

我们解决了周公在成王七年前所处的政治地位有助于说明周公之伟大。武王灭殷后，政治并没有稳定，武庚继续主殷而立三监，说明武王之不得已。武王克殷后不久即卒，周公摄政，武庚以商奄淮夷畔，管蔡流言，王朝事业之不坠若线。周公东征，三年践奄，成王继之亦多次东征，东夷，商之同族国，固未宾服也。营成周及王城以为东都，以此为枢纽，遂可以东辖大东北及燕赵，南及南淮夷，而背依崤函，固进可攻而退可守者。但在成王初立，四方未靖，齐鲁燕诸东方国即可越殷商与国及其本族而建都于海表之营丘，近淮之曲阜，越有北狄之蓟丘，此理之不可能者。则知此三国之始封，初皆于成周东南，鲁之至曲阜，燕之至蓟丘，齐之至营丘皆后来事，乃周公、成王多年经营之结果。（参考傅孟真《大东小东说》）而当时管蔡流言，召公不满，成王本身亦有所疑，结果周公避之于楚，楚指汉阳诸姬，即周南所在。盖此时周公处境极险，不有周公之宏谋远略，几何其不偾事而功败于成者！这是大政治家的襟怀，也是哲学家的远见。

周代之宗法制度亦自周公时得以完成。有宗族即有宗法，宗法制度固不自西周始。国家由氏族社会演变而来，氏族内部有阶级分化，是为大小宗之萌芽，亦为国家制度之媒蘖。而城邦国家，固为大宗之共和，此种共和制度，宗周晚年，仍有孑遗。国家成立后，以大宗长代部落酋长。部落联盟，变作诸侯与天子之间的从属关系，于是由横向联系转为纵向联系。这纵横的演变即阶级的出现，而氏族之间的横向联系转向纵深，即大小宗的出现。大宗为君，故云"宗之君之"，而小宗为臣，变作附庸。由大宗为君而变为长子继承制，自周公始确立。宗法确立后对安定当时的政治局面起了一定的作用。过去大宗为君，小宗为臣仆。改为嫡长子继承制后，大宗本身亦不断在分化中，由比较稳定的阶级关系，变作递变的宗法制度，是逐渐走向宗法制度解体过程，也就是以血缘为基础的统治制度逐渐削弱，尚尊变为尚贤，也就是由宗法封建走向地主封建的过程。任何一种制度的改变，总要关涉到一些人的利害，于是出现纷争，由兄弟相及变作长子继承，也并非轻而易举，周公之归政与成王之嗣王，几经周折，迟之又迟的过程中，我们可以看到当时改革之艰难过程。

宗法制度的改变牵涉到阶级关系的变动，由此变动遂影响到社会面貌以及婚丧礼俗。周与殷商并非一族，各有其文化传统，但殷为先进，周灭殷后继承了殷商文明。周初于各族的传统，都适当承袭保存，此所以封建诸侯时，于卫"启以商政，疆以周索"，于唐"启以夏政，疆以戎索"。绝不抹杀当地之传统及固有文明，这样各国发展水平不一，今后发展也并不平衡，但这有利于因地制宜，不削足适履，宗周三百多年的发展迅速，春秋战国时之灿烂光辉的文明，没有西周的渊源，没有周公的改革是很难想象的。孔子是一位大哲学家，但他折服于宗周，而说"郁郁乎文哉！吾从周"，他敬仰周公。我们可以说，没有周公一代人创造的礼乐文明，就没有西周的文明，我们也很难想象中国传统的礼乐文明将是什么样的光彩。而周孔之道，变作长期封建社会中的华夏之道，华夏文明与周孔创造的礼乐文明，是不可分割的统一体。这种文明陶冶了中华民族的性格，民族性格当然不同于个人性格，它是复杂的多变的复合体，但也可以做适当归纳，"中庸"应当是表现民族性格的标准。"中庸"绝不是平庸凡俗，它完整的定义应当是"亟高明而道中庸"，我们全民族是高明的，不高明不会有几千年的灿烂文明，我们是持之有恒的，所以我们的传统文明未曾中断，永远向前。这就是"中庸"，我们不走极端，平衡发展是我们的康庄大道。当然这基本上是封建社会的文明，和资本主义社会比，它缺少科学，缺乏现代哲学，因而也缺少现代的人生观。不过这不能归罪于中国传统文明，文明有阶段性有时代感。在中国长期封建社会内，周孔的礼乐文明所以能笼罩一切，是这种文明起源于封建社会，适应于封建社会，封建社会不断丰富了它，它也反过来丰富了封建社会。即使在封建社会内，这种文明也是几涨几落，但它们永远没有覆灭，原因很简单，它们和中华民族的性格融成一体。

  在资本主义萌芽时代，它们已经受到冲击，更进一步在五四时代，这是人们开始觉醒的时代，要超过资本主义而走向社会主义的时代，它们更是被抨击的对象，它们缺少"德先生"与"赛先生"。它们不具备这两种内容，没有这两种内容就没有现代化。封建社会的文明与文化当然过时，但周孔之道并没有完全过时，他们的道德观，他们的美学思想，有些可以是永放光芒的。道德是有阶级性的，但作为人类的规范行为，却可以超越阶级，超越社会而不朽。因为人是人，超越阶级和时间，他应有共同的价值观及道德规范，这是高层次的规范，对于任何人都有制约，但任何人也很难完全抛弃它，比如：己所不欲，勿施于人。在任何社会，任何时间也应当是人们行为的规范。因为周孔的思想体系中有超越时空的价值存在，所以他们的思想与人格，将永存于世！人们不免这样说：周孔之道是很难打倒的。

我们不是在鼓吹封建文明，这种文明和我们是隔代，祖先虽圣，何有于子孙之童昏！我们只是说在我们传统文明中有我们的精华，这精华可以隔代相传，我们应当发扬它，而不应扬弃。如果说中国四千年无足取者，非愚则妄！我的评价也许偏高，但我不是空口无凭，当我劝沈有鼎教授发挥他的智力探讨中国传统文明时，他对我说："这我得先学你的爱国主义。"他的意思是说，我的评价偏高了，但我是有凭有据的。本书主要目的就是真凭实据地来发掘中国传统文明！

（四）成王建国

《史记·周本纪》记武王崩后，太子诵立，是为成王：

> 成王少，周初定天下，周公恐诸侯畔，周公乃摄行政当国。管叔、蔡叔群弟疑周公，与武庚作乱，畔周。周公奉成王命，伐诛武庚、管叔，放蔡叔。以微子开代殷后，国于宋。颇收殷余民，以封武王少弟封为卫康叔。晋唐叔得嘉谷，献之成王，成王以归周公于兵所。周公受禾东土，鲁天子之命。初，管、蔡畔周，周公讨之，三年而毕定，故初作《大诰》，次作《微子之命》，次《归禾》，次《嘉禾》，次《康诰》《酒诰》《梓材》，其事在周公之篇。周公行政七年，成王长，周公反政成王，北面就群臣之位。成王在丰，使召公复营洛邑，如武王之意。周公复卜申视，卒营筑，居九鼎焉。曰"此天下之中，四方入贡道里均"。作《召诰》《洛诰》。成王既迁殷遗民，周公以王命告，作《多士》《无佚》。召公为保，周公为师，东伐淮夷，践奄，迁其君薄姑。成王自奄归，在宗周，作《多方》。既黜殷命，袭淮夷，归在丰，作《周官》。兴正礼乐，度制于是改，而民和睦，颂声兴。成王既伐东夷，息慎来贺，王赐荣伯，作《贿息慎之命》。

太史公是谨严的，尤其是《本纪》，无一字无来历。"成王少，周初定天下，周公恐诸侯畔，周公乃摄行政当国"是符合当时情况的。成王少，具体年龄，说法不一，但以"武王崩，时年十三岁"者为近是。《史记汇注考证》曾考证道,"贾谊曰,成王年六岁,即位享国。郑玄曰,武王崩时,成王年十岁。王肃曰,武王崩,成王年十三。《公羊传正义》引《古尚书说》云,武王崩时成王年十三,诸说不一。愚按,《书·金縢》云,周公居东二年,秋,王兴大夫尽弃以启金縢之书。则成王是时已冠矣。曰,武王崩,时年十三者近是"。那么周公摄政七年后,成王年二十。但以《召诰》《洛诰》列返政后,或少误,应是同时,以后有《无佚》《多方》,如此与《矢令彝》的年代合,与《立政》《多方》的内容亦合。《无佚》《酒诰》,都是以殷之丧师警惕周王。殷商之所以灭亡,除殷纣其他过失外,酗酒及滛佚,乃主要原因。《酒诰》是周公以康叔居殷地,以殷之所以灭亡的原因是淫于酒,假王命相诫,故云:"用大乱丧德,亦罔非酒,惟行越小大邦用丧,亦罔非酒。"而《无佚》是正面教育,周公在叙述殷代先王无佚之后说:

> 自时厥后,立王生则逸,生则逸不知稼穑之艰难,不闻小人之劳,惟耽乐之从。自时厥后,亦罔或克寿,或十年或七八年或五六年或四三年。(《尚书·无逸》)

好逸恶劳,又淫于酒,不仅政治混乱,王亦不寿,或七八年,或五六年,或四三年。王朝之季世,莫不如此,而且这种风气已浸淫于周族之新统治者,所以周公"厥或诰曰:群饮汝勿佚,尽执拘以归于周,予其杀。又惟殷诸臣惟工,乃湎于酒,勿庸杀之,姑惟教之"这种"躬自厚而薄责于人"的方法,应从两方面看:对殷人取怀柔政策,因天下未定;对周人采严厉政策,以警未来。

此时之殷人周人,两相比较,一如太阳西下,一如旭日东升;民族衰老,表现为酗酒恶劳,如此则在社会上化能为熵,一如宇宙中之自然现象。在自然中无非是熵与能之交替,求得热平衡时代是熵与能之均衡时代,是为宇宙或天体之鼎盛期,过此则熵多,以致出现黑洞而崩塌。社会亦然,群饮恶劳,百事俱废,是为熵,但熵非无用者,佚亦不可厚非,有逸有劳是为人类之平衡,"中庸"之道,即求社会以至宇宙之生态平衡。周公之两手政策及其思想根源,导致后来儒家之中庸哲学,不伤于逸亦不丧于劳,一切求其平衡,平衡求稳定,稳定才能发展;此"中庸"之道所以通于天也。

成王壮年,是一个奋发图强时代,殷纣初灭,天下未定而武王崩,周公执政三监与武庚叛,东夷奄淮俱不稳,于是周公成王并力征战,《周本纪》所谓"召公为保,周公为师,东伐淮夷,践奄,迁其君薄姑。成王自奄归,在宗周,作《多方》,既黜殷命,袭淮夷,归在丰,作《周官》。……成王既伐东夷,息慎来贺"。证以金文,其事有繁于是者。如:

> 《令毁》:隹王于伐楚伯,在炎。隹九月既死霸丁丑,作册矢令障
> 圉于王姜,姜商(赏)令贝十朋,臣十家,鬲百人。……

郭沫若先生的考释:"此成王东伐淮夷践奄时器。楚即淮夷,淮徐初本在淮水下游,为周人所迫,始朔江而上至于鄂赣。"(《考释》六)(即《两周金文辞大系图录考释》,以下仿此。)

> 《明公毁》:隹王令明公遣三族,伐东国,在䇹。鲁侯有囚工,用
> 乍旅彝。

郭先生于此云,"明公即《令彝》之明公。'伐东国'与《令毁》之'王于伐楚伯在炎',乃同时事"。《史记·鲁世家》:"伯禽即位之后,有管蔡等反也,淮夷徐戎亦并与反,于是伯禽率师伐之,于肸作《肸誓》。《集解》……又引《尚书》作'柴',孔安国云,'鲁东郊之地名'。今本《尚书》作'费',乃卫包所改也。……䇹即肸(肸),柴之本字也,徐广以为一作'狝'者为近实,肸柴鲜均假借字。鲁侯即明公,此器言伐东国在䇹既与《尚书》《史记》合,而据《令彝》又知明公为周公子,则明公即鲁公伯禽无可疑也。"

以上说明公即伯禽,实一误再误,即以本铭曰,"王令明公遣三族伐东国,……鲁侯有国工作旅彝"。文法清楚,交代明白,明公是明公,鲁侯是鲁侯,何得混为一。

《禽𣪘》：王伐𣏢㦰，周公谋禽祝，禽有脤祝。王锡金百孚。禽用作宝彝。

郭先生说："𣏢即楚之异文。……周公与禽同出，周公自周公旦，禽即伯禽，伯禽殆曾为周之大祝，别有《大祝禽鼎》可证。"此与上器之交代相似，都是父子同出，前器因"成王命"，故尊称"明公"，后器无王命，故云"周公"。

《睘卣》：隹十又九秊，王在厈，王姜命乍册睘安尸伯，尸伯賓睘贝布，𩁹王姜休，用乍文考癸宝障器。

郭先生考证云："此与《令𣪘》亦同时器，'十又九年'，文王纪元之十九年，成王六年也。……厈与下《南宫中鼎》之一'寒㦰'为一地，当即寒浞故地，地在今山东潍县境。……王姜亦见《令𣪘》……乃成王之后。……尸伯夷伯也，古金文凡夷狄字均作尸，卜辞屡见尸方，亦即夷方。撰其初义盖斥异族为死人。"

今按：郭《考》是，尸方即夷方，即东夷，尸方，夷方，人方乃一方而讹为多方，盖以音转，不必解为"斥异族为死人"。古人对于亡者，敬义有加，孙为祖尸，尸固无贬义。而厈即奄，形音皆相近，释"汉"释"炎"皆不当。

《趞尊》：隹十又三月辛卯，王在厈，锡趞采曰㳄，锡贝五朋。趞对王休，用乍姞宝彝。

郭先生说："此与《睘卣》同言'王在厈'，而字迹复如出自一人手笔，决为同时器无疑。……此言'锡采'正与'建侯卫'事合。'㳄'当系所锡采地之名，字不识。'十又三月'闰月也，古者闰月置于岁终，故有闰之年有十三月。"

以上郭先生云采系采地之名，"锡采"与"建侯卫"事合，甚是。春秋时代别有五等爵及五服说，于西周之建侯卫事已属茫然，其实当时分内外服；外服有侯甸男采卫，内服有百僚臣工。外服五职各有分工，采盖指"帛贿人""贡包茅"之类。说详上。置闰于终说与西周历法合。

　　《中齋》：隹十又三月庚寅，王在寒（次耳）。王令大史兄羉土。王曰"中，兹羉人入史锡于珷王乍臣，今兄奥女羉土，乍乃采。"中对王休令，蠢父乙陴。隹臣尚中，臣□□。

郭沫若先生说："此与《趞尊》日辰相差一日，彼云，'王在斥'，此云，'王在寒（次耳）'，寒斥古同元部，而喉牙亦相近转，故知二者必为一地。寒当地寒浞故地，在今山东潍县境内。……珷王即武王，……此成王时器而称武王者，于时成王尚未改元，犹以君父为号召也。'作乃采'与《趞尊》之'锡趞采'事亦相同，同是'建侯卫'事。"

郭先生考寒斥为一，大可不必，盖两地相近，故可一日还。"王在寒（次耳）"。说明成王甲胄在身，未安于枕席也。成王时铜器《中齋》有"王令南宫伐反虎方之年"，郭疑虎方即徐方，《憲鼎》有"王令趞戡东反夷"，《班殷》有"王令毛公……伐东国瘠戎"，郭以为"瘠戎"当即奄人，而《小臣逨殷》云"东夷大反"，白懋父以殷八师征东夷，《吕行壶》又有白懋父之北征，《师旅鼎》有"王征于方"，于方即盂方，地在河南睢县附近。《旅鼎》有"大保来伐反夷年"，《雪鼎》有"王伐东夷"，《员卣》有"员从史旗伐郐"，而《㴬嗣土送殷》云：

　　王来伐商邑，诞令康侯啚于卫，㴬嗣土送眔啚，作氒考陴彝。

杨树达先生《跋》云，"此记周公伐武庚时事也。……'延令康叔啚于卫'即封康叔于卫地。《史记·周本纪》云，'以微子开代殷后，国于宋，此言'啚于卫'犹彼言'国于宋也'。《尚书》序曰：'成王既伐管叔、蔡叔，以殷余民封康叔……。'《疏》引《序》云，'邦康叔'，'邦'字今作'封'者，盖卫包所改。……文云，'王来伐商邑'，或疑王为成王，然其时兴师伐殷讨武庚者为周公，成王年少，未尝亲征，则铭文所云'王来伐'者，不得指成王也。然则王何指，盖周公摄政称王，'王'即谓周公也"。此说不能成立，已见上述，其实《尚书序》云，"成王既伐管叔、蔡叔以殷余民封康叔"与《史记·卫世家》所记"周公以成王命兴师伐殷，杀武庚禄父，管叔、蔡叔，以殷遗民封康叔"合看，并不矛盾。依《尚书序》成王亲征，但不排除与周公共，依《卫世家》，"周公以成王命"，则所谓"王"仍指成王，也不排除成王之参与此役，所有《周诰》之称王，或成王自称，或周公以王命称，在《本序》中交代明确，都不是周公称王的证据。

又近年出土的《宜侯夨殷》有云：

隹三月辰才丁未，囗省珷王
成王伐商图圖，徣省东或圖。
王卜于宜入土，南囗。王令
虞医夨曰："囗厌于宜"。易鬯
邕一鹵，……

前文曾经谈过此器，有几位专家考证过，是康王时器，康王而称"武王成王伐商图"，那么成王征商当时后来都有直接证明。铭文所谓"伐商图"、"出省东国图"，关于"图"虽有种种解释，其实此处之"图"等于"域"，"图"本为疆域图，而"版"为户籍册，用于此处，图即域，"伐商图"即"伐商域"，或"伐商之版图"，而"出省东国图"，即"出省东国疆域"或"出省东国版图"。

成王少年实饱经忧患者，少年时即随父叔东征，稍长即独立作战，可以说宗周事业，文王奠基，武王灭殷，周公摄政，而成王成之。《史》称"成王长，周公反政成王，北面就群臣之位。成王在丰，使召公复营洛邑，如武王之意。周公复卜申视，卒营筑，居九鼎焉。曰：'此天下之中，四方入贡道里匀'。作《召诰》《洛诰》。"洛邑不仅使四方入贡道里均，更可以遥控四方，辖毂天下，而成师殷师更是军事重镇，周初之所以成"大一统"局面，营造洛邑是关键一局！洛邑两城是经三代经营完成者，《汲冢周书作雒解》曾经道其规模说：

乃作大邑成周于土中，城方千七百二十丈，郭方七百里，南系于洛水，地因于郏山，以为天下之大凑。

"南系于洛水，地因于郏山"，乃包有王城在内，在本书《地理篇》中我们曾经考订成周与王城为二，盖城分为二而外郭为一欤？甚望考古学家正式发掘二城时能解决此一悬案。武王以前宗周是否有城，不可考。所谓"城邦"，亦可以有邦而无城。营成周则为宗周计划周密之建设，它不仅是一防护堡垒，也是一个通信网络，盖信息与保卫不可分，信息灵，保卫有效，此所以有烽火之施。而烽火不过是防卫，若传达消息，以利于沟通情报者则有"邮表畷"。自从汉简出土后，结合有关记载作深入研究，关于两汉的邮亭制度，已大体清楚；但有关邮亭制度的来源，却少探索。绝不是自西汉始有邮亭制度，那么，在先秦以及宗周，它究竟是一种什么制度？这名称和职能都有待于探讨。我们以为先秦时代的"邮表畷"是西汉邮亭制度的先驱，这种制度上及宗周。首先注意这个问题的是清代阮元与程恩泽。阮元说：

> 将欲于平坦之地，分其疆界，列远近，使人可以准视，望止，行步，无尺寸之差，而不可逾焉，则必立一木于地，且垂缀他物于木上，以显明其标志矣，此邮表畷之权舆也。则试言邮，《说文》："邮，境上行书舍也。"（《汉书》各纪传邮亭注皆同）……《礼记·郊特牲》曰，"飨农及邮表畷禽兽"。郑康成注，"邮表畷，谓田畯所以督约百姓于井间之处也。"引《齐》《鲁》《韩》三家诗，作为"下国畷邮"。三家诗乃本字古字也。……故田陌之间相联之处，以木为表分其界限，则可名曰表，以表系皮，则可名曰缀，因之两陌间之道路，亦即别制加"田"于"叕"之字，名之曰畷，此亦字随音生，实一义也。……古人凡分行列远近长短者，皆以表缀为用。然则《郊特牲》所谓"邮表畷"者，"邮"乃井田上道里可以传书之舍也；"表"乃井田间分界之木也；"畷"乃田两陌之间道也。凡此皆古人飨祭之处也。而"邮表畷"之古义，皆以立木缀毛裘之物垂之，分间界行列远近，使人可准视望止行步而命名者也。（《揅经室集》卷一《释邮表畷》）

阮元是清代乾嘉学派后期的大师,这篇考证是精彩的,它对于中国先秦时代的邮亭制度提出重要的材料及有价值的论断,但他的结论"邮表畷"之古义,"皆以立木畷毛裘之物垂之,分间界行列远近,使人可准视望止行步而命名者也"。却有不足,首先忘掉了"邮"是"井田上道里可以传书之舍也"。这是传递消息的部门,自古至今都名之曰"邮"!全面考察它,是一个比较复杂的问题。和阮元同时的程恩泽在《会有表解》一文中指出,《左传》昭公十一年有"会有表",杜注:"野会设表以为位"。程氏以为在"平坦之地,无堂阶可纪,将欲于此司礼仪准步伐,非表何以示其趋,故表如军旅田界之表。……盖表为立木于地,复缀他物于木上有表义,军旅之表以旐,田邑之表以邮,而朝会之表以莼,皆缀他物以垂象如表衣之义也"。(《清儒学案·春海学案》引)以上论断与阮元说大体相同,而晚近经师刘师培更于《古本字考》(《左盦外集》七)中,有进一步的考释道:

> 《说文》"咊"相应也,今字作和。《周礼·夏官·大司马》云,"遂以狩田,以旌为左右和之门,群吏各帅其车徒以叙和出"。后郑注云,"军门曰和,今谓之垒门,立两旌以为之"。又《国策·燕策》云,"景阳乃开西和门,通使于魏","和"亦军垒门名。考其本字,盖当作"桓",《说文》"桓亭邮表也"。《汉书·酷吏传》,"瘗寺门桓东"。颜注引如淳云,"旧亭传于四角面百步,筑土四方,上有室,室上有柱,出高丈余,有大版贯柱四出,名曰桓,县所治夹,两边各一桓"。是"桓"即亭邮所立表木也。《礼记·檀弓》下,"三家视桓楹"。郑注云,"四植谓之桓"。又《周礼·大宗伯》,"公执桓圭",后郑注云,"双植谓之桓"。桓,宫室之象,所以安其上也。……据众说则表木四植二植者,概名为桓,柱稜四出亦为桓。引延其谊,诸凡揭物为标者,亦有桓名,易桓为和,犹《书·禹贡》"和夷底绩",郑注读"桓"也。《酷吏传》颜注又引如淳云,"陈宋之俗,言桓声如和,今犹谓之和表"。是表木之字,古亦书和。盖军垒之地,植旌表门,制分左右,与柱夹两隅同象,因此桓门制名和,则双声叚用。……

这是更进一步的说明，表曰和表，或曰桓表，后名华表，皆双声假用，而和门乃军垒。通过这些精彩的考证，关于"邮表畷"的含义，可以基本弄清，军旅有表，田邑有表，朝会有表，表或双或四而缀以皮，故"邮"之本义为缀流，而邮有传舍，《说文》："邮，境上行书舍也。"此"行书舍"即郑康成注《周礼·掌节》云，"若今邮行有程舍"之程舍。而田邑之表舍则为田畯督约百姓于井间之舍。此舍之一部即"弹室"，弹室有和木四，亦军垒之微者也。阮、程两家都曾引用《散氏盘》中的"弄"字以为"表"，后来虽有异说，但我们根据《国语·周语》引《周制》云：

引树以表道，立鄙食以守路，国有郊牧，疆有寓望。

与之互相印证，释弄为表，还是正确的。

我们以为"邮表畷"即西周"陪敦"的演变，宣王时铜器，《召伯虎簋》有"仆𣪘土田"句，孙诒让在《古籀余论》（三、二三）中，以为即《诗·鲁颂·閟宫》之"土田附庸"，亦即《左传》定公四年之"土田陪敦"。"仆""附""陪"音近相假，"敦"是"墉"的讹字。其后王国维在《毛公鼎考释》中有类似主张。郭沫若先生对于"附庸"的解释虽有改动，但前后可以相通，他在《中国古代社会研究》附录三《附庸土田之另一解》中，根据日本学者小川琢治的意见，以古代罗马人之都邑及田野划分法和周代古法作比较研究，多有共同处。罗马人于建设都邑时先测定地之中点；中点既定，辟一中央之方形或矩形地面，于其四隅建立界标，或以木，或以石；其次起土，所积之土敦为墉，所成之土沟为壕。由于这种制度的暗示，沫若先生遂有新说，他以为《鲁颂·閟宫》及《左传》定公四年之有关记载，经孙诒让、王国维两家的考释，知为一事，"敦"乃"庸"字之误，古文"敦"字作"𣪘"，"庸"字作"𣪊"，形甚相近，仆陪乃附之假。今由罗马制度推之，则"仆墉土田"当是附墉垣于土田周围，或周围附有墉垣之土地。又引《诗经》之《大雅·韩奕》"实墉实壑，实亩实藉"作证，以上之"实墉实壑"即指陪敦及壕沟，而陪敦实包括有城上筑室以作防御工事。而罗马之方形地面于四隅建界标，犹近于中国古代桓表有四的制度，而军门曰和门，都与防卫有关。

甲骨文有👾字，多作地名用，王国维曰："𩫨，籀文就字从此作。"《三体石经》《春秋》京作👾，疑𩫨亦京字"（《遗书》十六《克鼎铭考释》）。叶玉森、陈邦福均以为京字，郭沫若先生亦从王说（《卜辞通纂》考释672片）。其实甲骨文别有👾字为京，已经隶定不误，不得更释👾为京，应隶定为亭。《说文》："亭，民所安定也。亭有楼，从高省丁声。"言简意赅。𩫨下半为京，上半为亯，即高丘上筑楼之意。"亯"，《说文》："高，献也，从高省，曰进孰物形。"亯本意为楼，是高层建筑，吴大澂以为象宗庙形，说亦是。"京"，《说文》："人所为绝高丘也，从高省，丨象高形。"甲骨文有京无亭，孙诒让在《契文举例》中有京有亭，亭只一例，后人并入京字中。金文亦有京有亭，古文字中未隶定亭字，正可以"𩫨"字补足之。京为高丘，亯为楼形，高丘建楼，正为亭制。

卜辞及金文中又有👾，象两亭相对，《金文篇》中隶定为郭，以为象城郭之重，两亭相对也，与庸亯墉为一字（《金文篇》五、三三）。上述陪敦（附庸）之敦亦即此字。城郭为什么要两亭相对？为了防卫。此于《墨子》中多有记录，《墨子·备城门》云：

> 百步一亭，高垣丈四尺厚四尺为闺门两扇，令各可以自闭。亭一尉，尉必取有重厚忠信可任事者。……城上之备：渠谵、藉车、行栈、行楼、到（輒）、颉皋、连梃、长斧、长椎、长兹、距（钜）、飞冲，悬□批屈。

这是城墙上的亭，亭有尉所以防寇御敌者。亭中器物有颉皋，乃所以上下表缀者，此制，汉代犹是。劳干先生在《居延汉简考证》中以为"籨着于籨竿，以桔槔上下。籨表既举，下垂若胡，故籨表亦谓之垂。孙诒让注《墨子》谓垂为表，垂字既可通，自不如不改之为得"（见原书《烽燧》一）。今按：孙说亦不误，垂即表。阮元说，"邮从邑从𡍬，𡍬远边也。垂从土从巫，巫草木华叶，垂象形也。盖古者边垂疆界，……四至之边，必立木为表巫，缀物于上，以准远近之望而分疆界焉。此𡍬之所以从巫，邮之所以从𡍬也"。邮即表，而垂与邮不殊。

《墨子·旗帜》又叙述亭尉之帜云：

亭尉各为帜，竿长二丈五，帛长丈五，广半幅者大。寇传攻前池外廉，城上当队鼓三，举一帜，到水中周；鼓四，举二帜，到藩；鼓五，举三帜，到冯垣；鼓六，举四帜，到女坦；鼓七，举五帜，到大城；鼓八，举六帜，乘大城半以上；鼓无休，夜以火如此数。

劳干先生在汉简考证中，根据《墨子·杂守》中"五烽五鼓"之说，以为战国时烽火可以至五，而汉简中则迄三而止。战国时有烽有鼓，汉简中亦如此。今按，烽鼓之制，其源或甚古，屈万里先生在《殷墟文字甲编考释》中曾经指出有关"五鼓"的记载，而云"五鼓，盖谓击鼓五通"。（见《甲编考释》1164片）虽然这不能解释为烽鼓，但不排除当时有烽鼓的可能。

先秦时代，邮与亭是一种制度，亭有表即邮，而邮皆有亭。《说文》表作𧘇，因为"古者衣裘以毛为表"，而邮亭之表可以用裘，可以用帛，帛为后起，其初当用裘。金文有裘而无表，裘作：

（《金文篇》八·一四。）

等形，表既用裘，故阮元云，"以裘为标志，即以裘为标志也"。而表又可以用帛，故《说文》有云，"勿，卅里所建旗，象其柄有三游，杂帛幅半异"。劳干先生在《居延汉简考证》中说，"惟以阔五尺长七尺之缯布，间以赤白，以桔橰引于烽竿之上……则十里外望之非难事也"。（见《烽燧》一）赤白之缯布即杂帛，是表用裘又用杂帛之说，都可证实，而王国维之《释物》更可以证成此说：

古者谓杂帛为物，盖由物本杂色牛之名，后推之以名杂帛。《诗·小雅》曰，"三十惟物，尔牲则具"。《传》云，"异色毛者三十也"。实则三十维物与"三百维群""九十其犉"，句法正同，谓杂色牛三十也。由杂色牛之名，因之以名杂帛，更因以名万有不齐之庶物，斯文字引申之通例矣。（《观堂集林》六《释物》）

这种解释是正确的，由杂色牛以及杂色帛，而旗表亦可以用杂色毛或杂色帛，于是物与旗之意义相同而有族徽或图腾的意义。

《说文》有"表"字，但在甲骨金文都不见"表"字，在西周或者上及殷商既然有邮表制度，而文字中无之，亦属怪事，或者隶定失传，后人不识原字有以致之。今按在金文中有：

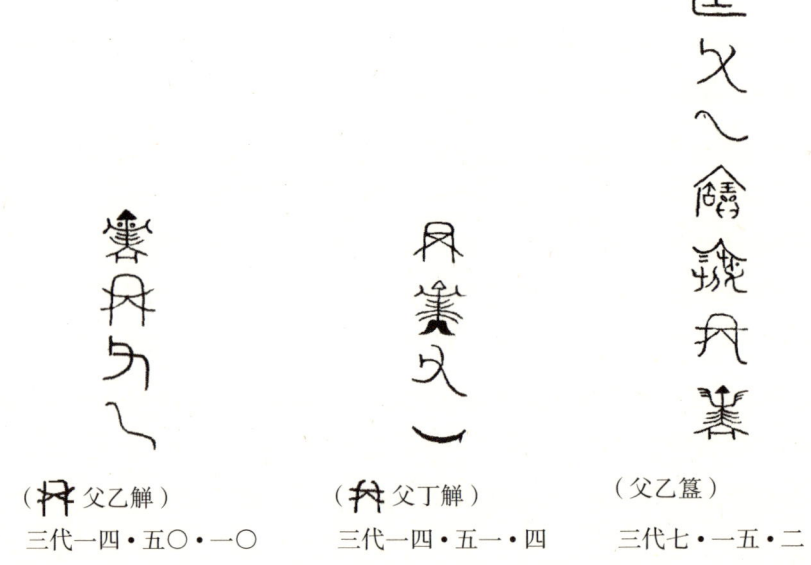

（《金文篇》附录上二九）

容庚先生于此字无说而列于附录中，就字形论，这是邮亭的表，介象亭或京省而上作裘或杂帛形，↑象烽竿，因之用桔槔可以上下表缀，复按金文原器，其义不可得，如：

（父乙觯） （父丁觯） （父乙簋）
三代一四·五〇·一〇　三代一四·五一·四　三代七·一五·二

"凡表"两字都无意义可言，而与"天黾父乙"用法相同。"天黾"之为族徽，亦即图腾已无疑问，那么"凡表"亦应为族徽，不同部族有不同的族徽，而此族徽，即表植于亭上以为标志。我们追溯邮表畷的起源，由此下手，也许不是无的放矢。

秦以后不见邮表畷的名称，但邮表畷的制度并没有失传，无论是在边疆在内地，邮亭制度都是普遍存在，如果我们不把邮表畷和邮亭联系起来看，那么邮表畷无流而邮亭无源。我们研究历史上的典章制度必须溯其源流，以下我们讨论两汉的亭燧制度。

只有说清先秦时代的邮表畷才能更好地理解西汉以来的亭燧制度。汉代的亭燧，因为汉简的发现，今人结合史籍作研究，已基本清楚。本文本节只是就已有成果加以综合分析，更结合上节论述使之上下贯通而溯其源流。现在美国的张春树教授有《汉代边疆史论集》一书，对于汉代边疆问题作了深入的研究，其中之四是《汉代边地上乡和里的结构》，原文有云：

> 王毓铨氏在一九五四年发表文章以为亭是个军事性设备，里是纯民政的组织单位，二者不能并论。次年日比野丈夫即在《东洋史研究》反驳王氏，而申述亭是有关于地籍者，里是有关于户籍者，二者同为地方行政单位。（见原书131页）

春树教授根据汉简的记载对比，重新作了探讨，以为在一般的文献材料中，述及汉代地方制度时是在县之下列以乡、亭、里，但在汉简的册籍里，县下列乡里而不提亭。由此看，亭与乡里有基本性质上的区别，它不被用去辨别某个人的地域，当然不是一个地域性的单位，所以《风俗通》说到地方组织单位，只说："国家制度，大率十里一乡"，而不言亭是有所本的。由居延汉简来看，在居延地区，"亭"是与作为基本单位的"燧"同性质的，有时且可互用，如简中所提到的殄北第二亭长舒，便又称作第二燧长舒，而"里"在简中则载明为住区，根据这些例子我们可以说"亭"不是一个地方上的组织单位，它和乡、里在组织和功用上似都不相同，因此可以断定《汉书·百官公卿表》中十里一亭之里是距离单位而非乡里之里（见原书131—132页）。春树教授的议论提供了重要的线索，把汉代的"亭"当作乡里间的行政单位，多是受有前后《汉书》内关于乡、亭、里并列的记载，虽然有不同的亭，但任何一种亭也不是行政单位，这是可以肯定的。

近年来研究汉简及汉史最勤而有成绩的学者之一是劳干先生，他在《汉代的亭制》[见《劳干学术论文集》甲编（上）]一文中曾经比较全面地论述亭的制度，他曾经引用顾炎武《日知录》中关于亭的叙述而有所补充。劳干先生以为关于亭的布置方面，困难所在就是历来的解释属于双重标准：一个是以道里距离为标准；一个是以里居户数为标准。它们本来是互相排斥的，但在劳干先生的论文中是两者都肯定，这里面似乎不存在排中律。他曾经说，关于亭的布置有两种类型：一是按距离以十里为标准来设置的；一是按人口数目来计算的。又有一种既不以距离为标准，也未曾以人口为标准，而是以地方上的需要为标准。但亭是由里所积而成，里又兼有"里居"和"道里"两种意义，追溯原始，则里居之诂训在前，而道里之诂训在后。在古制之下，二者本有相关，一直到了汉代，两种意义的"里"制，仍在亭制上保持着联系，因此汉代亭制便成为依照道里和里居的两种标准，并且在洛阳一类的大城中，又依着特殊的需要，按着街道的数目和城门的数目来增加亭的数目。

既然有依里居数目布置的亭，亭由许多里组织而成，而里又是依照住民多寡为衡量标准，道里之里亦由住民之里引申而来。汉代计亭的标准虽然并用里居和道里两种，但其来源只有里居一种。里居既为里的原义，所以里应当是就住人地区的面积来说，再推上去，从亭、乡、县以至郡都是以地区为主要标准，而不是以户口为主要标准。

劳先生又曾明确指出，乡、亭和里是大小三级的县以下地方行政单位，这三级是互相结属的，不过各有所偏重，乡的一级主要管的是户籍和赋税，亭的一级主要管的是捕盗贼，里的一级主要监察人民行动。亭长既然以备盗贼为主要任务，所以和后来的警官是近似的。亭属于郡县，《五行大义》引翼奉说，"游徼亭长外部吏皆属功曹"。功曹即县功曹，所以亭是治民的。至于塞上的亭，则燧长属于候官和部都尉，不属于县，候官和部都尉不治民，亦即燧下并无居民。

肯定了除塞上亭外，亭是治民的，和乡、里各有偏重，乡管户籍赋税，亭管捕盗贼，里监察人民行动。但劳先生究竟没有放心这种结论，所以在原文的《附记》中又指出以道里距离为标准和以里居户数为标准是不能并存的，而管理道路，逐捕盗贼，报告烽火，显然采取以道里距离为标准，那么，以户数为标准显然出于误会。至于以街或城门设亭，还是采取以距离为标准，以位置来判定，与户口无关。汉代通称"乡里"或"乡亭"，从来不说"亭里"，也就是乡、里是行政两级，乡亭都是泛称城外的区域，可见乡里是行政方面，而乡亭是属于警察方面的。以此，劳先生在

《附记》中否定了他的本文,因为在本文中已经肯定了乡、亭、里县以下大小三级地方行政单位,况且在追溯里的原义时又是里居之训在前,而道里之诂在后;道里之里乃由住民引申而来,故溯其源应当只有里居一种。劳先生在本文中是以"里居户数"连接在一起的,并且一再指出亭里户口的极限,而在《附记》中,劳先生只指出户口说之不合理,其实不存在没有户口的里居。所以存在这些矛盾,关键在于没有使亭和烽燧结合起来,没有使亭燧和邮表畷结合起来。亭对外起防御敌寇的作用,对内起警察的作用,而无论内外,它都起邮递传舍的作用,这我们从邮表畷与街弹的建置上就可以得到说明。

劳先生在《居延汉简考证》中,对于烽燧制度的考订是精彩的,因此对勘《墨子》的有关记载是完全符合的,从而我们更可以明了亭燧制度的源流。亭不是一级行政组织可以肯定。但后来严耕望先生在他的《中国地方行政制度史》中仍持此说。他曾经说,汉承秦制,县区分为若干乡,乡有城郭为治所,而乡下有亭。秦统一后,大修驰道,道路必赖管理与守望刺候,以事修整且防叛逆,而亭候传舍之制臻于完备,则此军事交通性质之亭吏后来又兼管一亭部之政事,以隶于乡。亭有都亭、野亭、旗亭等称,皆因地位而异,在京师及郡国道县治所者曰都亭,在乡野者则称乡亭,而街市有市亭和门亭,通称旗亭。严先生又曾经依亭之涵义而分为:1.亭舍之亭。此指公共建筑物之亭舍。亭之建置原供交通之用,故在交通线上。2.城聚之亭。以上所云独立建筑物之亭舍,既当道路,交通便利,故每因亭会市,成为商业中心。亭舍旁既有人民聚居如乡镇,故常筑城以坚守御。3.亭部之亭。以上所论亭皆指点言,广义者则兼亭之部域幅员而名亭部。亭部即亭有部辖区域,是即诸乡分辖单位之亭,而部民即亭所部辖之民(见《中国地方行政制度史》上编第一章)。

严先生正式以亭为诸乡分辖的政治单位,其实这样说并没有坚实的材料可以作证,无论是在亭之名称或亭之涵义中都没有这种证据,而"名称"与"涵义"之分也有混乱,所谓亭之涵义实即亭之作用,所谓部域之亭实指亭所在之部域,即此亭在治安方面的范围。亭部即亭所在的部域,不能引申为乡以下的行政单位一级的行政组织。亭有部,因为每一亭都有它的具体的空间。劳干先生曾经说里居的亭是一级行政组织,另一种以距离为标准的亭则是警察保安机构,这是有关亭的二元论;但后来又否定了前说,而认为以里居户数为标准的是出于误会,如今严先生重新肯定了亭为一级行政单位,而称赞劳先生文"议论多精审纯正",我们不清楚的是:严先生是肯定劳先生的本文还是附录?问题所在是肯定亭为一级行政组织,但没有可靠资料加以支持,这种误会可能是由前后《汉书》百官志表不正确的叙述引起的,在上面我们看到张春树教授已经指出这一点。

严先生和劳先生对于亭燧制度的研究都有坚实的功夫,在史料的掌握上他们都是专家,只是在解释上有值得商量处。但严先生在他的著作中还是提出了新问题并给予正确的解释,比如他说:

> 王静安谓边塞亭燧高出五尺,烽干又高二丈,以便候望烽火。余考内地之亭,其作用盖与边烽不殊,其后性质虽渐演变,但遗型尚可迹察。《汉书·尹赏传注》引如淳云:"旧亭传,于四角面百步筑土四方,上有屋。"是亭基高出道旁如边隧也。又曰:"屋上有柱,出高丈余,有大板贯柱四出,名曰桓表。县所治,夹两边各一桓,陈宋之俗言桓声如和,今犹谓之和表。"师古曰:"即华表也。"崔豹《古今注》曰:"今之华表以横木交柱头,状如华,形似桔槔,大路通衢悉施焉。……以表识衢路,秦乃除之,汉始复焉。"是亭在道旁,树华表以识道路矣。又《东观记》"赵孝从长安来,直上邮亭,寄止亭门塾"。《后汉书·齐武王演传》:"莽使天下邮亭皆画伯升像于塾。"(《东观记》作墋)注:"肖该《音义》亦作塾。引《字林》塾,门侧堂也。"沈钦韩云,塾即弹室。又《后汉书·樊晔传》,为天水太守。《补注》引张璠《汉记》:"晔之官与故太守丧会于陇亭,亭吏移丧避晔,晔让于正堂。"是亭有正堂。……亭基皆高出地面,且树华表以识衢路;亭门有塾,检弹人民;亭内有正堂以供重要官吏居止;又有高楼,以供候望盗贼;此其形制之大略也。(见《中国地方行政制度史》第一章)

上述大体正确,尤其是引进华表与街弹,这是过去谈亭燧者未曾引起注意的地方。引进华表则知亭之源于邮表畷;引进弹室,则知亭与地方治安有关。"弹室"即"街弹",下面有考释。但严先生引王静安说有误。王静安对于中国的亭燧制度,考释详确,他说,"盖古者设燧,必据高地,又烽台之高至五丈余(《太白阴经》《通典》及本简皆云),烽干之高亦至三丈(沙畹书第六百九十简),二者合计,得八丈有奇,夜中火光自可及数十里,若昼中之烟,较不易辨,故置燧之楼宜密于置烽"(见《观堂集林》卷十七《敦煌汉简跋》十二)。以下又详谈烽燧相距里数。他是说烽台之高至五丈余而非五尺,烽干高三丈,两者合计得八丈余,因为高,烽火可以及远,而燧数密于烽数。

街弹有碑,见赵明诚《金石录》,但有碑无字,无可考证。后汉郑玄曾经说"街弹"就是《周礼》中的"锄",我在《中国古代社会与中国古代思想研究》中曾经谈此问题,今重述之。《周礼·地官·遂人》有"凡治野,……以兴锄利甿"。郑玄注引杜子春说:"读锄为助,谓起民人令相佐助。"这当然说的是一种共耕方式。但在其他注解中他又不采此说,比如《地官·里宰》有"里宰,掌比其邑之众寡,与其六畜兵器,治其政令,以岁时合耕于锄,以治稼穑,趋其耕耨,行其秩叙"。郑注道:"玄谓锄者,里宰治处也,若今街弹之室,于此合耦,使相佐助。……合人耦则牛耦亦可知也。秩叙,受耕相佐助之次第。"是当时耕种开始时于里宰处"合耦",于此郑玄解"锄"为里宰治所,不同于上述杜子春说,当然因为词性不同,不必求其一致,通过这些记载,我们可以进一步明了井田之具有农村公社的性质。

因为里是一个农业生产单位,所以里宰主要掌管耕稼与征收财赋,这种官吏在西汉时仍然存在,比如《史记·陈丞相世家》就说陈平未显达时曾为里宰,而里宰可以在弹室合耦并检弹一里人民。孙诒让在《周礼·里宰》的《正义》中也说:"贾疏云,……汉时在街置室,检弹一里之民。……惠士奇云,《周书·大聚》云,五户为伍,以首为长;十夫当什,以年为长;合闾立教,以威为长;合旅同亲,以敬为长。饮食相约,兴弹相庸,耦耕俱耘。此里宰合耦之法也。兴弹相庸者,兴起而检弹之,以佐助其功也。汉于街立室,名曰街弹。"以上检弹人民当然与治安有关,是在里的一级,治安工作属于里宰。《续汉志》里宰作里魁,其职掌也是"以相检查,民有善事恶事,以告监官"。今按"兴弹相庸",明刊本《汲冢周书·大聚解》作"兴弹相庸"。"弹"即"街弹",而"耦耕俱耘"与"兴弹相庸"相连接,正可以说明康成说之可信,而井田之为农村公社组织更为明确。

《说文》:塾,门侧堂也。王莽使人画伯升像于塾,可以有助于说明亭塾的性质,它是乡下的治安机构,因而可以捉拿逃犯并检弹人民。沈钦韩以为塾即街弹,是正确的。

以上我们使先秦时代的"邮表畷""街弹"和亭燧制度联系起来,是有助于亭燧制的研究的。亭燧制度之军事作用上面有比较详细的说明,若其作邮传方面的作用尚少涉及。王静安先生曾经对于邮书考释道:

> 据上简十月辛未文德大尹长史之书,自塞上送五威将莫府,其时当已出塞矣。鱼泽尉亦障塞尉之类。诸简所云,某官诣某官者皆据封泥及检署之文录之。……又第三简云,十三日诣府,则并署发书之日矣。此种邮书皆自东向西之书,故曰入西蒲书。蒲者,薄之或作也。又诸简皆记受书日时,……又皆燧卒致之燧长,或燧卒受之以次传送至他燧,可见汉时邮递之制,即寓于亭燧中,而书到日时与吏卒姓名均有记录,可见当时邮书制度之精密矣。(《观堂集林》卷十七《敦煌汉简跋》)

以上叙述可以补足本文之不足。至此关于亭燧制度之源流已大体清楚。由此知道自西周至汉代有一个完整的保卫系统和信息系统,在当时没有完备的信息系统就没有可靠的防卫。这种设施在当时世界上可能是最先进的设施。

第三 社会篇

（一）社会发展模式

亚细亚古代，包括中国古代社会性质问题曾有多年的争论，因为马克思根据一系列东方国家的社会特点划分出亚细亚生产方式，但这种生产方式是奴隶社会、封建社会或者是其他前阶级社会，却是争论不决的问题。1930年到1931年，在苏联曾经有关此一问题的讨论，而产生了否认亚细亚生产方式并使其变为"封建主义的亚细亚变种"的论调。但是有人以为这种论调是非常不清楚的，而且是牵强的。在第比利斯的讨论中曾经总结道："亚细亚各国在其整个历史时期表现的特点是非常大的。就某种意义说来，这种特点创造了特殊的可以称为亚细亚生产方式的封建主义结构。"在列宁格勒讨论会上，有人在闭幕词中也有类似的说法，"我们宁愿说东方有特殊的封建主义，而不愿说有亚细亚生产方式"。（参考郝镇华编《外国学者论亚细亚生产方式》上 42—43 页）

这种论点遭到批判："我们的历史学家有充分理由拒绝这些荒谬论点，凡是少许了解历史的人都很清楚，欧洲的封建主义和'农奴制'是彼此紧密交织在一起的。"

这种批判本身并没有多少说服力，因为在亚细亚生产方式中存在着普遍奴役制，而不能说被奴役的对象是奴隶，没有奴隶，或者是奴隶数目较少的社会不能说是奴隶制，断定社会的性质主要看劳动者身份及剥削者的地位，主要劳动者是被奴役的农民而不是奴隶，剥削者是宗法贵族而不是奴隶主，我们不能判断这是一个奴隶社会，因而以为亚细亚生产方式是封建社会，进而以封建社会代替亚细亚生产方式的说法是允许的，但不能因而取消奴隶社会的存在，奴隶社会仍然是先封建社会而出现。一个多民族的国家，各个民族不必都是沿奴隶社会、封建社会这样发展下去，即以商周论，商是奴隶社会，而当周没有灭商以前，他们建立的国家是由氏族社会基础上建立起来的城邦（City-state），武王东征时的"虎贲三千人，甲士四万五千人"都是公民集体的常备兵，还没有脱离这种集体的部队。在政治上也是由氏族演变成宗族的大宗成员共同执政的"共和"。后来春秋时代出现的甲士与徒兵的区别，是职业兵出现的表现。而在西周厉王时出现的"共和"，还可以看出大宗共同执政的因素。宗族执政，宗法即国法，是西周灭殷前的政治结构，所以我们称之曰"宗周"。但这个城邦国家是否有奴隶，是否是奴隶社会，没有确实根据，所以我们初步假定他们没有经过奴隶社会，他们在灭殷以后，在宗周直辖范围内是从封建社会发展起来的，这已经不是城邦国家了，但就全国论，发展极不平衡，自氏族社会到宗法封建都存在着，互相影响的结果，在春秋战国之际，各主要国家之间发展相对平衡，共同走向后期封建，也就是地主封建社会。但不平衡的现象仍然存在，氏族社会、奴隶社会和封建社会诸形态交错，虽然封建社会是主流，仍给后来史学家之争论留有余地。当我们讨论亚细亚生产方式时，绝不能忘记在东方正是这种公社制度在阶级社会维持了几百年的实例。因为它是原始社会公社制度的延伸，国家对公社农民的普遍奴役制容易出现早期宗法封建制，所以在中国古代，当殷商还没有找到公社制的普遍存在时，在西周它却已普遍存在。并不是割断历史，宗周不必依殷商的传统，文王以前，他们杂处于戎狄间，原始的公社制度保留在国家形成时期的大、小宗间，小宗成员沦为士、自由农民；而大宗是统治者。城邦国家形成在宗族的基础上，大小宗虽然有了阶级分化，但国人（士、工商、殷商没落贵族）在政治上仍有相当权势，以致西周厉王时的"国人暴动"，几乎使宗周崩溃。国内的士人公社，就是原来氏族公社的直接变种。第一个变种，公社仍然保留了原始的血缘制度；而第二次变种，殷顽民之居于野者本无宗法制的约束，公社因地区划分，先进于礼乐的野人，变作受奴役的对象，但他们不是奴隶，而是受奴役的农民，以此我们说西周是"宗法封建制"，西周大宗是最高统治者；小宗是自由平民、士，他们是国人的主要成分；而野人则是受奴役的殷民。

我们肯定西周是宗法封建制，也就是"前期"封建制，它们自氏族社会转变而来，没有经过奴隶制。本来恩格斯在《家庭、私有制和国家的起源》一书内曾经指出：

> 马克思对这一点补充道：现代的家庭在萌芽时，不仅包含着奴隶制，而且也包含着农奴制，因为它从最初起，就是和耕地操作有关的。它以缩影的形式包含了一切的对抗，这些对抗后来在社会及其国家中广泛地发展起来。（人民出版社 1954 年版，55 页）

马克思和恩格斯的意见是完全相同的，恩格斯也曾经说："无疑，农奴关系不是中世纪封建所特有的形式，凡在征服者压迫原来的居民去耕种土地的地方，我们都可以遇见这种关系。"（转引自《古希腊史》高教出版社 1955 年版，171 页）这些意见是应当重视的。我们往往有一种机械的看法，认为奴隶制先农奴制而存在，而且它们是不能并存于一个社会的。西周灭了殷商是以一个小邦灭了大国，周初分封采取了殖民的方式，宗周贵族是封国的统治者，是征服者，那些原来的居民，变作"野人"去耕田，贵族领主与野地农民形成了对立的关系。征服者与被征服者，剥削者与被剥削者。广大劳动者既然是耕田的农民，是受奴役的农民，那么我们就不能说这是奴隶社会，判断社会性质的标准，主要看劳动者的身份地位及分配制度，以此我们说在西周的主要地区，比如齐国，这是前期封建社会，因此在春秋，它首先强大起来。

我们从《周礼》和《管子》中可以得出上述结论。《周礼》为什么可以作为宗周东部，尤其是从齐国的史料看，为什么从《周礼》中可以看出齐国的社会性质，我们曾有详论，这里只是叙述几点重要史实：

一、《周礼》中有奴隶制残余存在，但奴隶已经不是主要生产者，在农业社会，他们不从事农业生产，他们从事的工作，或者是为了贵族的享乐，或者是看守门户，或者管畜牧，或者是其他贱役。

二、虽然《周礼》中有奴隶存在，但其中有广大的从事于农业的农民及封建贵族地主。这种农民在《周礼》中称作"甿"，他们的地位高于奴隶，他们是授田的对象，他们是居于野的"野人"。

三、根据《周礼》和《管子》的记载，我们可以知道当时东部地区治国用彻法，治鄙用助法。这是一种封建式剥削而有东方色彩。在国内正是"统治种族自己的公社形成的农村组织"，而在鄙内存在着"被统治异族的公社"。在被统治异族公社的农民是受奴役的农民，这些人是不自由的，《周礼》说农民徙于他乡，为之旌节而行之；没有旌节的，关上便须呵问，查出来要受处罚。而国内的农村组织的农民——士，可以称为"自由农民"，他们没有那些限制，士是贵族中的小宗成员，是贵族成员中的大多数，《仪礼》实际是《士礼》。

四、"书社"的制度正好说明齐国地方组织有浓厚的农村公社色彩，它包括有土地和人民，而区域不大，家数不多，可以用来赐人的公社组织。《周礼》中的井田制是公社，与书社性质相似，都是地区域的农村公社。如果说国内公社是氏族公社原生态的变种，那么，区域公社也就是鄙内公社，就是氏族公社的次生形态了。国内公社成员是贵族小宗成员，他们有血缘关系，鄙内农民不存在宗法，而且组织划分由统治者摆布，只能是地区性的农民公社。

五、在地方行政组织上，齐国也有由原始部落留下来的十进制的行政组织，如《地官·族师》及《管子·立政》都有类似记载。

过去我曾经有《释朋友》一文，以为朋在氏族社会是某一氏族的同辈成员，十人为伍，在彭那鲁亚的婚配中，他们可能是一"朋"而与对方的女性为偶，"友"是互助，"朋友"实在是氏族社会中氏族成员，婚配时为"朋"，工作时为"友"。"春秋"末，孔子所谓"有朋自远方来"已不是原始的"朋"，但仍有同辈的含义。

由于以上的特点，齐国在宗周各国中可能是最早进入宗法封建制的国家，但它具有氏族社会以及奴隶社会形态，这一情况在当时其他各国是很少见到的。当然我们说过宗周畿内有公社组织，周天王之耕藉田，即此制度的具体表现，而秦在商鞅变法前，尚存在着家族公社，都说明了西周以至春秋时代各国间发展之不平衡，当我们判断西周时代的社会性质时，也只能区别对待，不能一概而论。

不平衡性造成中国古代史研究中的复杂性和重复性。我们不能把问题简单化，在西周以至春秋时代，东方齐，南方楚，西方秦，北方晋，各国的历史传统不同,地理环境不同,因之不能说他们的社会形态是完全相同的。就秦而论,到商鞅变法的时候存在着奴隶制,也有氏族公社的残余形态,但我们不能以偏概全,秦统一中国后,可能对其他地区发生过影响,也许和后来少数民族统一中国后,以其落后的社会形态加之于比较先进的地区上,使社会形态复杂化起来。从全中国的范围来看,新中国成立前的历史始终是发展不平衡的,虽然发展规律是一致的,但不能说不同的地区、不同的环境、不同的历史齐头并进的发展,划一条线,自某一个时代起是封建制的开端,前此只能是奴隶制。在我国内各族历史的发展也不是如此,更不能应用到全世界的范围中去。而过去苏联史学界的某些人员正是这样处理问题的,把全世界历史一刀切,只能说他们是切断历史了。

考虑到中国封建制起源的问题,必须研究农奴制的起源问题。上面我们已经接触到这个问题。生产关系问题主要是人们在生产过程中发生的人际关系,马克思在研究农奴制起源时说:

> 在多瑙河诸公国,徭役劳动是和农奴制度下的实物地租和他种课赋结合在一起。但对于统治阶级,主要的课赋,依然是徭役劳动。在事情像这样的地方,与其说徭役劳动从农奴制度发生,无宁反过来说农奴制度大多数是从徭役劳动发生。罗马尼亚各地方的情形,就是这样。那些地方的生产方式,是以共有制为基础的,不过不是把斯拉夫形态或印度形态的共有制为基础。土地一部分当作自由的私田,由共同体诸成员独立去耕作,一部分当作公田,由他们共同去耕作。这种共同劳动的生产物,一部分当作收获不足时或他种意外事情的准备基金,一部分当作国家贮藏,为了应付战争,宗教,及其他各种共同事务的费用。在时间的进行中,这种公地,被军事上宗教上的高官侵夺了。在公地上从事的劳动,也被他们侵夺了。自由农民在他们的公地上做的劳动,变成他们替公地盗占者做的徭役劳动了。农奴关系就是这样发展的。(《资本论》第一卷,1953年版,268—269页)

以上指出的罗马尼亚的古代土地制度,土地……一部分当作公田,由共同体诸成员共同去耕作。结果由这种徭役制发展成农奴制。我们从《周礼》以及《孟子》的记载中也可以看到类似的制度,这种制度我们认为是东方齐国的公社制度。齐国地区本属于东夷,在社会组织上,在生产关系上,它不同于当时其他地区,它有较普遍的氏族组织的残余存在,齐太公封国时的统治对象大部分是公社农民。在我过去的著作中有过这方面的叙述,今就先秦时代齐国田制、乡村组织及农民身份再加分析。

由前封建社会转入封建社会的过程,是封建土地所有制的形成过程,也是徭役农民农奴化的过程。根据《周礼》《管子》等书可以知道西周以后到春秋时代的农村公社的组织形式,这不完全是当时的实录,但也不是出于后人的想象,是有事实作根据的。《周礼》中从事于主要生产事业的农民叫作"甿"。《地官·遂人》说:

> 凡治野:以下剂致甿,以田里安甿,以乐昏扰甿,以土宜教甿稼穑,以兴锄利甿,以时器劝甿,以疆予任甿,以土均平政。

"甿"与"氓"可以通用。《说文解字》田部云,"甿,田民也"。正是农民的适当解释。"以田里安甿……"等等,很明显他们是住在田野而从事于农耕的人。甿或者称为野民,除耕田外,还要担任许多力役。《地官·县正》说:

> 若将用野民,师田行役,移执事,则帅而至,治其政令。

将用野民的时候,由县政"帅而至",说明农民的依附地位。这"野民"的地位当然同于《论语·先进》,"先进于礼乐野人也"的野人,大多是殷商遗民,他们有时也被称为"夫家"。《地官·遂大夫》说:

> 遂大夫各掌其遂之政令,以岁时稽其夫家之众寡,……以教稼穑。

这些"夫家"都是授田的对象,有时称作"夫"或"家",他们都是农民,这些农民以耕田为生而没有私有土地,政府授给他们土地。他们的身份是不自由的，如果他们要迁徙他乡，必须"为之旌节而行之"，没有旌节的，关上要查禁。后来的孟子却把农民这种失去自由的状况说成是他们的美德：

> 死徙无出乡，乡田同井，出入相友，守望相助，疾病相扶持。（《滕文公》上）

老子也有类似的思想，都是以村社为乐园的主观想法。

《周礼》中关于田制的记载共有四处（《考工记》除外），计为：《大司徒》《小司徒》《遂人》《大司马》。四处记载就性质说，可以分作两类。《大司徒》和《遂人》都是记载授田的数目，《小司徒》和《大司马》记载着每一家可供力役的人。据《大司徒》的规定，地有不易、一易、再易的区别。据《遂人》的记载，田有上、中、下和莱的差异。所谓"不易"就是指年年耕种而地力不衰的地，是上地；"一易"是一年耕，一年休耕，是中地；"再易"是二年休息，一年耕种，等于下地。"莱"据郑玄注是"休不耕者"。两种记载比较，《遂人》上地一夫田百晦，莱五十晦，是和"不易之地，家百晦"有差别的，但就上下文来看是可以解释的。《大司徒》一开头说"凡造都鄙"，可见所指都鄙田制，都鄙是指公卿大夫的采邑，而《遂人》所指是六遂制度。在都鄙与六遂外，还有六乡，郑玄注《周礼·小司徒》以为六乡制度与六遂相同。

我们进一步研究在这种田制下的生产关系问题。周实行分封后，在每一侯国中的居民可以区别为两个不同的阶级，即：1.宗周的小宗成员——士及没落的殷商贵族，2.居于野外的依附农民。这种区别在当时公社土地的区划中也可以看出，如《地官·遂人》说：

> 凡治野：夫间有遂，遂上有径；十夫有沟，沟上有畛；百夫有洫，洫上有涂；千夫有浍，浍上有道；万夫有川，川上有路，以达于畿。

这是乡遂的土地区划，属于国畿的范围，以十夫所耕作为一个单位，未提公田，所有的土地都是农夫的份地。《地官·小司徒》和《匠人》所载，则与此不同，是以九夫为井的井田制，如《匠人》云：

> 九夫为井，井间广四尺、深四尺谓之沟。方十里为成，成间广八尺、深八尺谓之洫，方百里为同，同间广二寻，深二仞谓之浍，专达于川，各载其名。

《小司徒》也说"九夫为井"。这九夫与上面十夫之间是有严格区别的。这种区别，郑玄曾经指出，后来的经解也承认郑氏的说法，但如何来解释这种区别的根源却有不同的意见。我们比较以上两种记载，知道《地官·遂人》以十夫为单位，是"一田"的土地。西周多有赐若干田的记载，农民居住于田间小邑，一个小邑可住十家，称为"十室之邑"，十室正好是"一田"。田和邑是很难分的，所以《公羊传》说，"田多邑少称田，邑多田少称邑"（桓公元年）。一田千亩，这千亩田在乡遂间十夫耕种，构成一个小小"公社"组织。西周天子之耕藉田千亩，就是一田之地，天子来耕藉田也说明这种土地的性质不同于井田。都鄙井田由九夫耕种，所以在《匠人》中九夫为一井，九夫耕九百亩份地，余一百亩为公田；两者的面积相同，在乡遂是"十夫有沟"，而都鄙是"九夫为井"，其中有沟。这"九夫为井"，不能理解为一井九百亩，仍然是千亩，其中百亩为公田。在乡遂"百夫有洫"，而都鄙是"十里为成"，其中有洫；一成的地方相当于百夫所耕地。

国人（乡遂内）和野人之分在春秋末年仍然存在，比如《左传》定公六年记载阳虎之盟，可以看出这种区别。他和宗周贵族盟于周社，因为周人是统治者；他盟国人于亳社，因为国人中有殷商旧族，亳社是殷社。同是殷人也有两种身份，一种是殷商贵族，成为国人；一种是依附农民，成为野人。居住于乡遂的国人向国家纳贡赋，居于都鄙的野人向国家出劳役租。后来的孟子还知道这种制度，所以他说：

> 无君子莫治野人，无野人莫养君子。请野九一而助，国中什一使自赋。（《滕文公》上）

国野之分是古制，但他说"方里而井，井九百亩"就不合于西周的井田制。

《周礼》被今文学派诬为伪造，以致治中国古代史者视为禁区，但近年来有所缓解，最相信今文派说法的顾颉刚老师也承认《周礼》是齐国的著作了。虽然如此，各人对于《周礼》的解释仍有分歧。蒙文通先生本出今文学派，但相信《周礼》，他在《孔子和今文学》一文中也谈到井田制。他说研究井田制离不开《孟子》，孟子曾经向滕国建议"请野九一而助，国中什一使自赋"。是在野实行助法，国内实行彻法；助法行于野人，而彻法行于君子。孟子一方面同意"治地莫善于助"的话，同时又主张助彻并行。如何来理解孟子的议论，从《周礼》中可以得到解答。蒙先生也认为郑玄指出《周礼》田制有井田与非井田两种，是正确的，但他认为乡遂不是井田乡出兵而遂出副倅之士，就不完全正确了。《周礼》军制各级人数和乡遂各级户数相符。天子六军也和六乡的数目相符，而遂则找不出军制的痕迹。这都说明居住六乡的人服兵役，居住六遂和都鄙者则不服兵役。当时兵士称为君子，越有"君子六千人"，楚有"都君子王马"之属的君子，都是指士兵。是知六乡居民是君子。六乡居民是君子而又不实行井田，这正是孟子所说的"国中"。《周礼·地官》载"遂人"之职有"掌邦之野起野役，共野牲，合野职，修野道，治野民"；"遂师"之职有"共野牲，入野职野赋，道野役，平野民"。"遂人"所属"县正"之职，有"用野民"；"遂人"所属"旅师"之职有"聚野之锄粟"。遂人职掌邦之野，而在职守上又加上这许多野字。六乡但称氏，而六遂则称野民；六乡但称役，六遂则称野役。很显然《周礼》是以六遂为野，而以所居为野民。叶水心谓："六乡于王畿为近，而皆君子，故使之什一自赋，其粟则藏于仓人，六遂于王畿为远，而皆野人，故使之九一而助，其粟则聚于旅师。遂人以兴锄利甿，里宰后耦于锄，旅师聚野之锄粟。锄即助字，助字唯见于六遂之官。"叶水心用仅见于六遂官职中的助字来说明六遂用助法，是非常正确的，这就是小司徒所掌的井田。六遂既被称为野，所居又为野民，又不服兵役，正是孟子所说的野。叶水心以《孟子》与《周礼》合起来讲是深刻的，这正是周代旧制。《国语·齐语》载管仲治齐是"参其国而伍其鄙"。所谓"参其国"，是制国以为十五乡，桓公、国子、高子各将五乡而立之军；所谓"五鄙"则不记出军，但有"井田畴均"。国出军，鄙不出军而行井田，这和《周礼》乡遂之制完全相合。是这种乡遂国野君子野人的差别至春秋时还在。

蒙文通老师分析有精彩处，尤其是以《齐语》解《周礼》是非常正确的。离开当时的齐国，我们很难找到明确的村社组织，也就是井田区划。但蒙先生把乡遂分开，而认为郑玄有误，是值得商榷的。遂人所掌地区实在不行助法，叶水心也找不到任何证据，只是在"锄"字上做文章，而"锄"字的原义正好不是助法。遂人所掌虽然有许多"野"字，这"野"是和"国"相对而言，国内指城内，贵族领主所居；乡遂是近远郊区，小宗成员所在，他们属于"士"，是自由农民；他们都有当兵的义务，郑玄的注解是对的。在遂人的职掌中明白规定，"以岁时稽其人民而授之田野，简其兵器，教之稼穑"。下面又说："若起野役，则令各帅其所治之民而至，以遂之大旗致之，其不同命者，诛之。"春秋以至西周的士兵，分作甲士与徒兵，甲士是君子，居于乡遂的人；徒兵是野人，居于都鄙的人。墨子所谓"徒步匹夫"即指野人说。乡遂是远、近郊之别，居民也可能有别，但都属于士。

在西周至春秋的土地区划中，方形及长方形都有，一夫百亩是方形，而一邑千亩则是长方形，这些具有畎、沟、洫、浍等灌溉系统的土地规划，有"图"由专人保管。杨树达先生的《释图》曾经说：

《书·洛诰》曰："予惟乙卯朝至于洛师，我卜河朔黎水，我乃卜涧水东，瀍水西，惟洛食。我又卜瀍水东，亦惟洛食。伻来以图及献卜。"《伪孔传》曰："洛，今洛阳也。将定下都迁殷顽民，故并卜之，遣使以所卜地图及献卜所吉兆来告成王。"《周礼·地官·大司徒》曰："大司徒之职，掌建邦之土地之图周知九州之地域广轮之数，辨其山林川泽丘陵坟衍之名，而辨其邦国都鄙之数。"郑注曰："土地之图，若今司空郡国舆地图。"《天官·小宰》曰："三日听闾里以版图"。司农注曰："图，上地图也。"又《司会》曰："掌国之官府郊野县都之百物财用，凡在书契者版图之贰，以逆群吏之治而听其会计。"郑注曰："图，土地形象，田地广狭。"……《荀子·荣辱篇》曰："循法则度量刑辟图籍，不知其义，谨守其数。"杨倞注曰："图谓模写土地之形。"此皆图字本义也。（《积微居小学述林》56—57页）

这些解释是正确的。"图"的本义即"土地形象，田地广狭"，也就是土地区划和沟洫制度的图形，今日之所谓"地图"仍未失原义，而"版"即户籍，"版图"代表国家之土地人口。土地既然有图，所以授田时也要授图。西周厉王时的《散氏盘》有：

> 毕受授图矢王于豆新宫东廷。

郭沫若先生解释说："经界既定，誓要既立，乃授其疆里之图于矢王，授田之地乃在'豆新宫东廷'。"（《两周金文辞大系图录考释》131页）杨树达先生于此虽然有不同的考释，但对于"图"是田里疆界，则无不同。《史记·刺客列传》记荆轲刺秦王时，"荆轲奉樊於期头函，而秦舞阳奉地图匣"，地图即燕都亢之地图。古代土地既然有一定的区划制度而立图，遵守此一区划规定而不违反，孟子以为此即仁政。他说：

> 夫仁政必自经界始，经界不正，井地不均，谷禄不平，是故暴君污吏必慢其经界。（《滕文公》）

不仅暴君污吏如此，后来之地主阶级也是如此，他们侵占土地往往自慢其经界起。明代张居正实行改革，丈量土地，以平赋役，而结果是地主土地越丈量越少，自耕农土地越丈量越多，此封建社会千古之流弊。

封建社会土地和农民结合在一起，封建统治者控制土地，也控制农民。他们掌握着有关田地疆界的图，也掌握着有关户籍的版，掌握版图即大权在握。《周礼·天官·司书》有：

> 三岁则大计群吏之治，以知民之财，器械之数，以知田野夫家六畜之数。

"田野夫家六畜之数"即指野外农家之财物畜数，但如果他们没有版图，也就没法掌握农家的财物。当时封建统治者剥削的对象居于野而不是国，在野存在着农村公社，公社是一种共耕制，这种共耕需要地方官吏的驾驭与安排。《周礼·地官·遂人》说：

> 凡治野，……以兴锄利甿。

郑注引杜子春云："读锄为助，谓起民人令相佐助。"这当然是一种共耕方式。又《地官·里宰》说：

> 里宰，掌比其邑之众寡，与其六畜兵器，治其政令。以岁时合耦于锄，以治稼穑，趋其耕耨，行其秩叙。

郑玄注解释道：

> 玄谓"锄"者，里宰治处也，若今街弹之室，于此合耦，使相佐助。……合人耦则牛耦也可知也。"秩叙"，受耦相佐助之次第。

当耕种开始，于里宰处合耦，里宰当即西周文献中之里君。郑玄解"锄"为里宰治所，亦即汉代之"街弹"，赵明诚之《金石录》有街弹碑，但已无字。人耕牛耕一夫都无法进行，要相互佐助，并且进行有秩序的佐助。而秩序的安排是在里宰治所"锄"内进行。孟子说：

> 死徙无出乡，乡里同井，出入相反，守望相助，疾病相扶持。

乡里同井而守望相助，出入相反，是谓朋友。十室之邑，正好是十人为友，这原是氏族公社的变种，和马克思指出的印度农村公社组织有许多相似处。

在西周以至春秋时代的地方组织中多有社，《周礼》《管子》所说是齐国制度，而孟子所说是邹鲁，从周天子之耕藉田千亩，可以说明在西周畿内也存在公社制。齐国的村社组织，在先秦文献中如《左传》《管子》《墨子春秋》《庄子》《吕氏春秋》中都可看到，而大本营是《周礼》。齐国的村社组织通常是"书社"。"书社"究竟是什么性质的组织，是不是农村公社,一个社有多少人家,曾经有许多人作过研究。《说文·示部》有云,"《周礼》二十五家为社",但今传《周礼》书内无此记载,《风俗通·祀典篇》引《周礼说》,大概是《周礼经》旧师说,经师相传书社二十五家。后来的训诂家遂依此作训,如贾逵《左传注》、《左传》杜注、《吕氏春秋》高注、《汉书》颜注引臣瓒说、《管子》尹注、《荀子》杨注,都如是说,我们不能说他们是盲从,而没有任何根据。除以上所引书社有关记载外,《商子·赏刑篇》有云:里有书社。这当然不是齐国。而《楚辞·天问》有"何环穿自闾社",是楚有闾社。而《吕氏春秋·高义篇》有越以书社三百封墨子的话,《史记·孔子世家》说楚昭王将以书社地七百里封孔子。是楚与越也有书社,这是一个有土有民的地区组织。这些材料虽说明春秋、战国间的史实,但村社组织不可能从无到有,它是亚细亚生产方式保存在阶级社会的结果,这种生产模式,因宗周的殖民政策不可能使殷民成为普遍的奴隶,而成为受奴役的农民,所以有普遍存在的公社。这种原始的生产方式,与阶级社会结合而保留下来,有两种可能性:

一、奴隶制社会。

二、宗法封建制的社会。

它直接发展成前期封建制(宗法封建)后,有些理论家即以这种封建制代替亚细亚生产方式,进而否定奴隶社会的存在。其实在奴隶社会也可以有公社制。

二十五家为社与井田制并无矛盾,那样棋盘形的井田制,是整齐化了的结果,而一邑之田可以有多有少,上述《公羊传》曾经指出这种事实。我们只要记住是一个因地区划分的农业生产组织,户数多少可因地因时而异。"社"是土地公社,在公社内也有祭土神的典礼。"社"在古文字中即"土",而"土"在甲骨文中作Ω,实在是圜丘之祭。《说文》解"社"说,"地主也";《礼记·郊特牲》引《五经异义》今《孝经》说,"社者土地之主",也就是社神是土地之主。在国家有邦社或冢社,是国家周天子的祭祀大典,这大典在国内举行时在"太室"内,在外则是在山野,我们以为嵩山的太室、东岳的泰山,都属于冢社范围内,邦社即封禅,封邦为轻重唇音,社禅,音义为一,当西周初封禅在太室,东周后移在泰山,后来泰山遂为封禅重地。

社神也就是后土神,在农业社会,社神的地位可以与上帝等齐,故"皇天后土"并列。后土实在是水土神,公社也是水土公社。在国畿附近实行了"宗族公社",由小宗成员组织的公社,这可以说是氏族公社的发展,它减轻了氏族色彩,因为大小宗间有了阶级分野,但没有完全脱离血缘关系。而在郊野中则是以地区划分的农村公社,因为在农民中不存在宗法制度,地区划分代替了血缘组织,这种公社是氏族公社的次生形态。这已经是阶级社会中的基层行政单位了,里君(里宰)管理着他们,孙诒让在《周礼·地官·里宰》的《正义》中指出:

> "汉时在街置室,检弹一里之民"……惠士奇云,《周室·大聚》云,"五户为伍,以首为长;十夫为什,以年为长;合闾立教,以威为长;合旅同亲,以敬为长;饮食相约,兴弹相庸,耦耕俱耘"。此里宰合耦之法也。"兴弹相庸"者,兴起而检弹之,以佐助其攻也。汉于街立室,名曰"街弹"。

在上面我们曾将"街弹"和"邮表畷"结合在一起,说明中国古代防卫、信息、检弹及生产组织之统一性。

以上关于西周社会发展模式的探讨,是我的旧说,但无新义。苏联过去有古代东方的学说,包括中国在内,机械理论而未能掌握中国有关古史资料,只是悬空论断,无说服力也。

(二)信仰与迷信

宗周对于上帝的信仰有所动摇,天不可信而尚德的思潮,成为当时的主流,这是郭沫若先生在研究中国天道观之进展时的创见。但在宗周仍然具有多神信仰,天之外有后土的崇拜,所谓"皇天后土",在当时人的心目中实具有超级权威。《左传》僖公十五年记秦晋韩之战,秦获晋侯:

> 晋大夫反首拔舍,从之。秦伯使辞焉,曰:"二三子何其慼也,

寡人之从君而西也，亦晋之妖梦是践，岂敢以至。"晋大夫三拜稽首曰："君履后土而戴皇天，皇天后土，实闻君之言，群臣敢在下风。"

"君履后土而戴皇天"，是以后土皇天为自然事物，但"皇天后土，实闻君之言"，则皇天后土有灵，乃人格化的神。关于后土，《左传》昭公二十九年曾有较详的叙述：

> 故有五行之官，是谓五官，实列受氏姓，封为上公，祀为贵神，社稷五祀，是尊是奉。木正曰句芒，火正曰祝融，金正曰蓐收，水正曰玄冥，土正曰后土。……献子曰："社稷五祀，谁氏之五官也？"对曰："少皞氏有四叔，曰重，曰该，曰脩，曰熙，实能金、木及水。使重为句芒，该为蓐收，脩及熙为玄冥；世不失职，遂济穷桑，此其三祀也。颛顼氏有子曰犁，为祝融；共工氏有子曰句龙，为后土，此其二祀也。后土为社，稷，田正也，有烈山氏之子曰柱，为稷，自夏以上祀之。周弃亦为稷，自商以来祀之。

五行之官即社稷五祀，五行为当时认为最重要的五种物质，即：木、金、火、水、土。原始的五行无相生相胜说在其中，此处及《尚书·洪范》所记均如此。五行有五官，即句芒、祝融、蓐收、玄冥及后土。有名的五官即重、该、修熙、犁与共工，共工为后土，后土为社，后世祀之。而社与稷合为社稷，社稷实为农业社会之代表，故言封建社会之政权者，每称为社稷。

后土的崇拜，即社的崇拜，这种崇拜在国家范围内即邦社的崇拜。崇拜活动在国内举行，在明堂大室内；在野外即封禅大典。我以为封禅来源于邦社，因封邦为轻重唇音，而社禅亦同纽字，来源同是〇。过去我曾有过关于封禅问题的文章。相传古代帝王多行封禅，《史记·封禅书》中说，"古者封泰山禅梁父者七十二家"，如今我们不必追究这七十二家的历史真实性，但这足以说明古代帝王进行封禅典礼的传说。封即邦，而禅为筑坛以祭，《荀子·正论》杨倞注云，"坛与禅同，墠亦同义"，也就是〇是社。封禅来源于邦社，本为后土祭，后来演变为祭天，合皇天后土为一。为什么又选在泰山？章太炎先生认为泰山原为中国古代政治中心，为防御戎马的侵扰，乃设险守固，"因大麓之阻，筑土为高，比于蒙古的鄂博，所以封禅是武备，不是文事"。（见《检论》六《原教》）这些话是出于想象，并无根据，我以为它来源于"太室"，太室明堂是古代于国内举行典礼的地方，因太室而有嵩山太室，广其义则以泰山为东方之太室，于是当中国政治中心在东方时泰山遂为历代帝王之祭天中心矣。在国内则祭于太室，明堂。《礼记·明堂位》云：

> 昔者周公朝诸侯于明堂之位，天子负斧依南乡而立。……明堂也者，明诸侯之尊卑也。……武王崩，成王幼弱，周公践天子之位，以治天下。六年朝诸侯于明堂，制礼作乐，……七年致政于成王。

是指明堂为周公朝诸侯之所，注疏于此无解，《左传》文公二年有"箕之役，先轸黜之，而立续简伯，狼瞫怒，其友曰，'盍死之'。瞫曰，'吾未获死所'。其友曰，'吾与女为难'。瞫曰，'周志有之，勇则害上，不登于明堂，死而不义，非勇也……'"。杜预注明堂曰："周志，周书也。明堂，祖庙也。所以策功序德，故不义之士不得升。"是以明堂为祖庙。但郑注《礼记·明堂位》有云，"周公摄王位以明堂之礼仪朝诸侯也，不于宗庙，辟王也"。又以明堂别于宗庙。而孔疏云："郑玄以为明堂在国之阳与祖庙别处，左氏旧说及贾逵、卢植、蔡邕、服虔等皆以祖庙与明堂为一，故杜同之。"《祭统》云，"古者明君必赐爵禄于大庙"。传称："公行还告庙，舍爵策勋，是明堂之中，所以策功序德，故不义之人不得升之也。"又《太平御览》五百三十三礼仪部引颖容《春秋释例》曰："周公朝诸侯于明堂，太庙与明堂一体也。人君将出，告于宗庙，反，行策勋献俘于庙。"段玉裁注《说文解字》亦云"古路寝、明堂、太庙，异名而实一也"。

孙人和先生曾经就太室明堂等问题归纳《诗·大雅·灵台》疏的意见道：

> 《毛诗·大雅·灵台》疏引《五经异议》曰，《左氏》天子灵台

在太庙之中，雍之灵沼，谓之辟雍。诸侯有观台，亦在庙中，皆以望嘉祥也。疏又云，贾逵、服虔注《左传》，亦云灵台在太庙明堂之中。又云，贾服诸儒，皆以庙学、明堂、灵台为一。又引卢植《礼记》注云，明堂即太庙也。天子太庙，上可以望气，故谓之灵台；中可以序昭穆，故谓之太庙；圜之以水似璧，故谓之辟雍。古法皆同一处，近世殊异，分为三耳。又引蔡邕《明堂月令论》曰，取其宗庙之清貌，则曰清庙；取其正室之貌，则曰太庙；取其堂则曰明堂；取其四门之学，则曰太学；取其周水圆如璧，则曰辟雍。异名而同耳，其实一也。又引颖容《春秋释例》曰，太庙有八名，其体一也，肃然清静，谓之清庙；行禘祫，序昭穆，谓之太庙；告朔行政，谓之明堂；行飨射，养国老，谓之辟雍；占灵物，望氛祥，谓之灵台；其四门之学，谓之太学；其中室，谓之太室；总谓之官。又云，颖容曰，公既视朔，遂登观台以望，以其言遂，故谓之同处。

《淮南子·本经篇》注云，明堂，王者布政之堂，上圆下方，堂四出，各有左右房谓之个，凡十二所，王者月居其房。告朔朝历，颁宣其令，谓之明堂。其中可以序昭穆，谓之太庙。其上可以望氛祥，书云物，谓之灵台。其外圆似辟雍。

根据上说则太庙、明堂、太室为一，已无疑义，但同属汉学而郑玄有别解，以为明堂在国之阳，与祖庙别处。孙人和先生于此判断曰："按《左氏》以古代简朴，故事异地同。郑以明堂庙寝同制，故事异地别。然《书·尧典》正月上日，受终于文祖。郑玄曰，文祖者，五府之大名，犹周之明堂。《尚书·帝命验》曰，五府，五帝之庙。帝者，承天之五府。……郑玄注曰，五府与周之明堂同矣。《周礼·考工记·匠人》云，'夏后氏世室'。郑注，'世室者，宗庙也'。似郑意以唐虞夏之际，明堂、太庙为一矣。卢植云云，则古今分合之辨也。由简而繁，文化定理，而袁準、贾思伯等不达此旨，是郑非左，未足以语古也。异名同实之说，不始于东汉诸儒，子骏因事见义，较然甚明。……若然，庙、学、明堂、辟雍同地，《大戴》已明言之矣。又马宫习《严氏春秋》者，且与子骏同时，不相因袭，而《隋书·牛弘传》，马宫，王肃以为明堂，辟雍，太学同处。

则此义亦非子骏所独创,自昔而然也。"(见《文史》第二辑 49 页)

孙义以古代明堂、太室、太学等异名同实说为是,但又不排除郑说,以为文化发展由简而繁乃定理,古代合一,不妨后世之分处也。其实"太室"即考古学及民族学中的"大房子",此类大型房屋遗址,用途广泛,汪宁生同志综合民族学上所见几种不同的"大房子",约略归类,可以分为以下几种:

(一)公共住宅(communal house)
(二)集会房屋(meeting house; council house)
(三)男子公所(men's house, men's club)
　　妇女公所(women's house)
(四)首领住宅(chief's house)

汪先生说:(一)这种公共住宅从形式到内容各不同,大多是长形房屋,也有少数圆形或其他形式。从内部组织来说,共居一座住宅之中有时是一个氏族,有时是一个大家族,有时又是并无血缘关系的地域性团体。这些居民有的母系,有的父系,还有母系父系交错存在。成员或者集体劳动平均分配,过着原始共产制的生活,或者是各有自己独立的经济,分散劳动,各自为炊。他曾经举出国内外许多公共住宅的实例,如云南基诺族的长房,直到 20 世纪 60 年代中期,还有一个村寨(龙帕寨)保存着八座长房。长房是干栏式建筑,其内包含若干小家庭,上层两端有门,中为一道走廊,排列着一个个火塘,两边以竹篱笆隔成许多卧室,每个小家庭占据一间卧室,拥有一个火塘。一个火塘多为一对配偶及其子孙组成,实行父系,但有部分火塘是母系继承的。妇女离婚或夫死,都要回转娘家的长房,长房内部绝对不能通婚,每个长房有一个族长,称为"着勒",负责每隔几年领导大家盖新的长房,主持以长房为单位举行的宗教活动,调整分配土地,调解纠纷,合理分配各种税款和负担等。土地基本上还是公有的,长房也是各火塘的集体财产,此外各个火塘都有自己独立的经济。

以上是在阶级社会中保留的原始氏族社会诸形态,我们也曾经指出亚细亚生产方式就是在阶级社会中保留着氏族社会的生产形态，无论是在"野"的井田公社或者是在"国"的氏族公社，都是原始公社的残余形态，因为有公社农民，他们不是奴隶而是依附农民，所以这不是奴隶社会而是封建社会，是前期封建社会，没有地主的封建社会，有些人遂以之代替亚细亚生产方式，而取消这一方式是不合适的。在中国前期封建社会中，氏族公社，十家为朋，在井田公社是九夫为侣，十家为朋，共居一大房内，而各小家庭各有其小屋是谓个，十朋共耕，彼此协理是为友，古代"朋友"的含义如此。孔子之所谓"有朋自远方来"已非原义，只能是广义的同类人了。

大房子除上述公共住宅外，还有（二）集会房屋。以村落或氏族为单位建造房屋，在此集会、娱乐、招待宾客、举行盛宴、储藏宗教用品，进行宗教仪式或供一些特殊人居住，有时也可作为一般成员临时住所。这种房屋面积一般较大，使用较好的建筑材料，常饰以雕刻，建造时间较长，内部布局亦与一般房屋不同。此外有（三）男子公所和妇女公所及（四）首领住宅。首领住宅一般要比普通成员的住宅稍大而装饰讲究。这种房屋时常是全村的集会场所，有时还是供奉神祇的地方。总之，首领住宅常常成为全村政治的或宗教的中心。（参考汪宁生同志《中国考古发现中的大房子》见《中国考古学报》1983年3期）

通过上述，我们知道无论是属于"公共住宅"的大房子或者是"首领住宅"，都有多种用途，而都包含着宗教活动或供奉神祇。上面我曾经谈到明堂与太室，因为后来的解释不同而有歧义，但我们同意古代两者为一。王国维先生在《明堂庙寝通考》中（见《观堂集林》卷三）以太室、太庙、明堂、寝宫等合并为一，他说：

> 明堂之制既为古代宫室之通制，故宗庙之宫室亦如之，古宗庙之有太室，即足证其制与明堂无异。殷商卜文中两见太室，此殷宗庙中之太室也。周则各庙皆有之，《书·洛诰》"王入太室祼"。王肃曰"太室，清庙中央之室"，此东都文王庙之太室也。《明堂位》又言文世室、武世室。……至太室四面各有一庙，亦得于古金文字证之。……

> 明堂之制，太室之外，四堂各有一室，故为五室，宗庙之制亦然。古者庙寝之分，盖不甚严，庙之四宫，后王亦寝处焉，则其有室也必矣。……
>
> 庙中太室之为四，宫中之广庭又可由古代册命之礼证之。……
>
> 明堂之制，既为古宫室之通制，故宗庙同之，然则路寝如何？……以余观之，路寝无太室自与明堂宗庙异，至于四室相对，则为一切宫室之通制。……
>
> 至燕寝之四室相对则有可言者，……其南宫之室谓之适室，北宫之室，谓之下室，东西宫之室则谓之侧室，……与明堂宗庙同制，其所异者唯无太室耳。

王先生以为太室即太庙或明堂中之一室，非别有太室，而路寝、燕寝无太室是与明堂、太庙异者，其他皆同，无论庙寝都可居人，与所谓"大房子"者性质相同，以此知中国古代文献中之太庙、明堂与太室同于民族学上或考古学上的大房子，大房子非别有一房，亦群房中间之较大者。王先生于上述文中附有四图：如本书183页。而汪宁生先生文内附图如下：

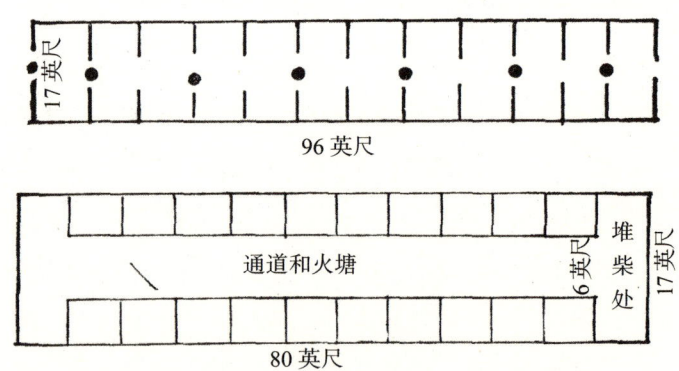

图一　辛尼加部落（上）温嫩多加部落（下）长房平面图

（采自《美洲土著的房屋和家庭生活》图13、14）

明堂图

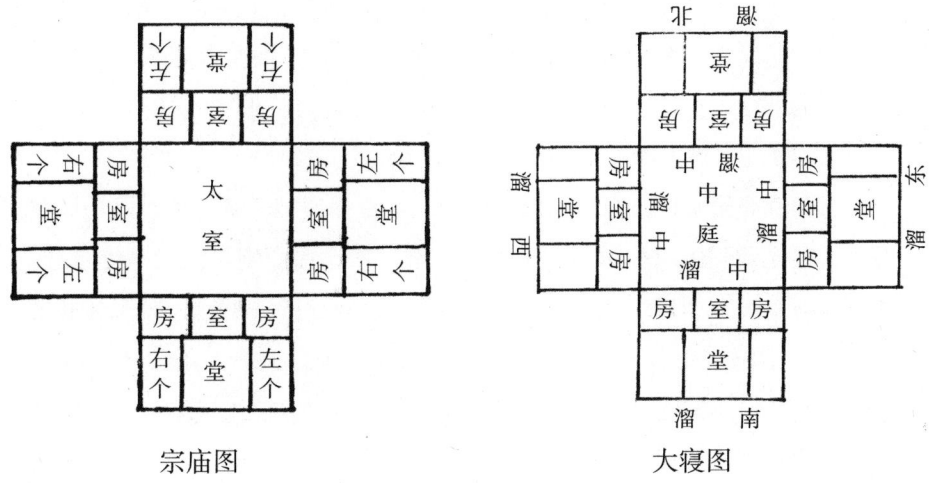

宗庙图　　　　　　　　大寝图

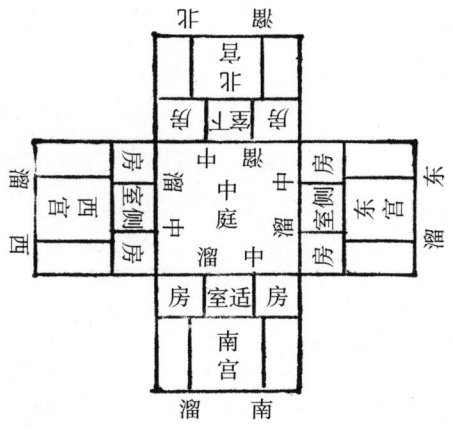

燕寝图

我们把王、汪两先生的附图,加以比较,可得结论如下:

1. 汪先生的图所代表的时代早,氏族社会人们共耕而共处,大房中有小屋,与王先生的附图相比,即明堂、宗庙或寝宫中的"个"。明堂、寝宫是贵族所处,我们推测在井田公社中的农民,也应共处而各有各个,"一朋"可能十"个"。

2. 但王、汪两图有不同处,汪图大房子中无太室,首领住宅或公共场所之大房可有"太庙""明堂"之用,而王图是明堂太庙中附有太室(大房);这也许是因为社会发展阶段不同而有不同的原因。

通过这种大房子的多种用途,我们知道,氏族社会或阶级社会初期,神与祖先的崇拜信仰是和人们的日常生活分不开的,信仰是人类生活中重要的组成部分。一个时代有一个时代的信仰,没有信仰的人是不存在的。信仰是宗教的起源,而迷信是信仰的派生物。

因有信仰而祭神,因祭神而有明堂、太室;祭神为了祈福,因祈福避祸而求神先知;因求神示乃有贞卜;贞卜有术,在商则为龟甲兽骨之卜,西周逐渐由贞卜而转于筮占,于是《易卦》兴而有《周易》,遂为经书之首,由卜筮书转为哲理古籍,《易传》不同于《易卦》非卜筮所能范围者。卜筮神秘,理解其内容为巫祝专职,演为哲理亦多不可解,千百年来注解者繁,王弼注代郑玄后,《易》为三玄之一,后来中国传统哲学各流派多与此书有关,由巫祝而哲而玄,乃《易》之三变也。近世治此学有成绩者推高亨教授及张政烺教授,张先生于《易卦》由来之探讨尤称独步。他说:在殷虚卜辞中曾经找到四个数目字的卦,如: 。这片卜骨,在《甲骨续存》(1980片)中曾著录过,是第三期田猎卜辞,这是有关筮法的"六七七六"四个数目字,倒刻。今估计此片卜骨年代在公元前1200年前后,可断言其在"太王去邠迁岐"之前。

此外在《小屯南地甲骨》上册第二分册4352片中有"八七六五"关于筮法的四个字,也是倒刻的,这是四五期以前的字。这与上一片情况相同,应当看作同一类。张先生推测这是殷代一种筮法的记录。再就是在《续殷文存》(卷上七页)一件鼎铭上有"八八六八"四个字(此器现藏上海博物馆),这当和上述两片卜骨是一类,这样就有了三组数目字:

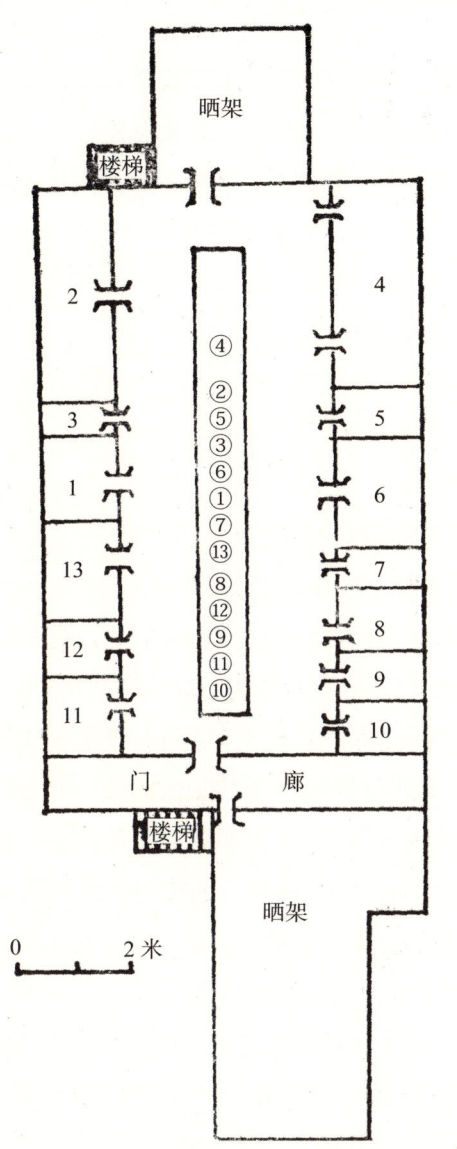

图二　龙柏塞基诺族Ⅶ号长房平面图

1. 木马拉 3 人
2. 车白 4 人
3. 白腊布鲁 3 人
4. 子车 8 人
5. 阿林 3 人
6. 沙木拉 5 人
7. 布鲁都 1 人
8. 白腊车 3 人
9. 婆车 2 人
10. 布鲁者 3 人
11. 布鲁木拉 6 人
12. 沙飘 2 人
13. 沙腰 4 人

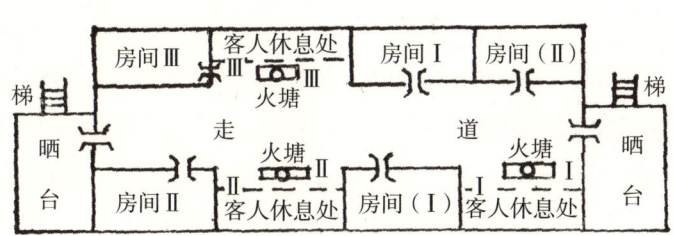

图三　镇康崩龙族[1]大房子平面图

（Ⅰ.Ⅱ.Ⅲ.各代表一个家庭）

《采自《崩龙族社会历史调查报告》41页》

1　崩龙族：德昂族的旧称。——编者注

"六七七六"，"八七六五"，"八八六八"。可以一并研究。汉代学者解释《易卦》，喜言"互体"，而互体说重视"中四爻"，初爻，上爻置之不论，专从二、三、四、五爻下功夫，把四爻当作一卦，因师其义，释上举甲骨金文三组四个数目字，如下：

六七七六　　三兑三巽　　"大过"。

八七六五　　三坎三离　　"既济"。

八八六八　　三坤三坤　　"坤"。

互体说可溯源于《左传》，用以解释甲骨金文之四爻，当无疑义。

　　这三个四爻卦所使用的数目字是五、六、七、八，没有一、二、三、四，在其他卦例中有一字。这不是偶然现象，而是筮人有意如此，看敦煌卷子《周公卜法》采用"上斜，中竖，下斜"的办法。知道筮人所苦在，二，三，三 这几个字皆积画为之，容易混淆。古代没有算筹，难于避免混淆，索性把二，三，四都省掉了，一般资料中，六最多，一次之，推测是三变一，二四变六。在易卦中，爻反映奇偶，卦以奇数偶数相配而成。单卦是三爻，有八个；重卦六爻有六十四个。卦的数目和爻的奇偶都是死的，不能增减改动。蓍策不能是无限的，要有个固定数目，而为奇为偶不能两全。《周易·系辞》，"大衍之数五十，其用四十有九"，是立一虚策；《太玄》的蓍策是三十六而虚其三，《潜虚》的蓍策是七十五而虚其五，虽有这一三五个虚策，它们都是把不用的策固定下来，但只是减少几根策，起不到调剂奇偶的作用。（参考《殷虚甲骨文中所见一种筮卦》，《文史》二十四辑）

　　张先生对易卦来源用力最勤，先是于《考古学报》（1980年4期）上已经有《试释周初青铜器铭文中的易卦》一文。近年在周原出土的甲骨文中也有类似上述数字出现，张先生断定为易卦之阴阳爻。稍后饶宗颐先生在《文史》（二十辑）中《有关易卦及有关占卜诸问题》一文内也说："自周原发见契数卜骨，引起许多讨论。张政烺先生最早指出，这些数字应与易卦有关，已为一般所承认。由于所见遗物，其构成的数字，不是六个数字，便是三个数字，没有例外，这和三爻成卦与重卦为六爻的情况完全符合，故可信这些数字必是易卦卦名"。下面他引用1979年9月，岐山南麓扶风县齐家村出有牛肩胛巨骨，上面有五组刻数符号时说，"这片所见数字只用一、五、六、八、九，卦象上九字几两见，阳数为一、五、九，阴数为六、八，全不用七。周人用九，这一片正是西周卦象的极重要资料"。西周卦象见于卜骨之最引人注目者为：

$$
\begin{matrix} \text{公六} \\ \text{××} \\ \text{二公} \end{matrix} \text{即} \begin{matrix} \text{六六} \\ \text{公公} \\ \text{二六} \end{matrix} = \begin{matrix} \text{三三} \\ \text{三三} \end{matrix} \quad \text{丰卦}
$$

$$
\begin{matrix} \text{××} \\ \text{公公} \\ \text{二公} \end{matrix} \text{即} \begin{matrix} \text{五六} \\ \text{二六} \end{matrix} = \begin{matrix} \text{三三} \\ \text{三三} \end{matrix} \quad \text{无妄卦}
$$

以上见于《文物》（1956年3期），而正面卜兆圆钻作〇〇〇形，饶先生以为最可注意者是卦象上──号，必是表示两卦相关之处，正好说明所谓变卦之一例。

通过上面的讨论可以知道，西周是逐渐由卜转向筮的时代，这虽然不始于周，但在西周终于由筮代替了卜，而有周易出现。"一"代表阳而"六"代表阴，符号是"—"，"--"；阴阳的发现及其无限的发挥在中国社会思潮中有无比的作用。我们以为，宇宙的动力是阴是阳，当然阴阳不是无物质的力，它们有载体，也就是任何具体事物都有阴阳两性，不能有脱离具体事物的阴阳"离子"，但人们可以概括宇宙为阴阳组成。阴阳的发现，早于西方的原子说而优于西方的原子说。到现在为止，在哲学上，在基础科学上，正负、阴阳的概念永不可少，没有它们的存在也就没有宇宙，保持它们之间的平衡，是世界上最重要的"生态平衡"。

（三）社会思潮

一个时代有一个时代的思潮；一种社会有一种社会的思潮。这种思潮凝集在个人身上，就是思想家或哲学家。思想家或哲学家如果逆潮而退，将湮没在这思潮的巨浪中。站在思潮的前沿，带头涌进，是为有远见的哲学家。哲学家而无远见，不是哲学家，所以我们需要伟大的哲学家。

探讨西周时代的思潮，我们离不开《易经》、《书经》和《诗经》。在《书经》中最集中的一篇是《洪范》，它编在《牧誓》后面，是周武王时代得到的《书》。它一开头就说："惟十有三祀，王访于箕子。箕子乃言曰：

'我闻在昔，鲧陻洪水，汨陈其五行。帝乃震怒不畀洪范九畴，彝伦攸斁。鲧则殛死，禹乃嗣兴，天乃锡禹洪范九畴，彝伦攸叙'。"谶纬书出，以之为大禹所受《洛书》，这是无根据的神话，但从中也可以得到信息，它不同于《周诰》，它不是有关人事的安排，而是流行在宗周社会的一种思潮，归纳成文，找不到来源，托始于禹，其实它只能代表宗周以至春秋间的思潮，不能更早，也不能晚到战国。但在20世纪20年代，当疑古思潮泛滥的时候，梁任公首先探讨其中的五行，说：

> 自汉人作《洪范·五行传》后，于是言五行者必联想《洪范》，此两名词几成不可离之关系。虽然，实际上《洪范》所谓五行果有何等神秘意味否耶？请勘视原文："我闻在昔，鲧陻洪水，汨陈其五行。……'五行'：一曰水，二曰火，三曰木，四曰金，五曰土。水曰润下，火曰炎上，木曰曲直，金曰从革，土爰稼穑。润下作咸，炎上作苦，曲直作酸，从革作辛，稼穑作甘。"此不过将物质区分为五类，言其功用及性质耳，何尝有丝毫哲学的或术数的意味。……《洪范》本为政治书，其九畴先列五行者，因其为物质的要素，人类经济生活所攸托命耳。《左传》所谓'天生五材，民并用之'即此义也。（《阴阳五行说之来历》，见《古史辨》五册）

任公先生是说《洪范》中的五行只是五种物质和这五种物质所固有的性质及其作用，并没有任何神秘处，这是原始的五行说。这种没有"哲学或术数意味"的五行说，和《左传》《国语》中的五行说相类似，《左传》襄公二十七年，有"天生五材，民并用之"的记载，这"五材"杜注是"金、木、水、火、土"，都是物质。《左传》文公七年又把"火水金木土谷"称作"天府"，也没有任何神秘意味。而《左传》昭公元年有云：

> 天有六气，降生五味，发为五色，征为五声，淫生六疾。六气曰：阴阳风雨晦明也。分为四时，序为五节。

杜预注以为"金味辛，木味酸，水味咸，火味苦，土味甘"，又以为"辛色白,酸色青,咸色黑,苦色赤,甘色黄"。这和《洪范》之"润下作咸,炎上作苦,曲直作酸,从革作辛,稼穑作甘"记载又相同,而"发为五色"依杜注则五色配五方后,乃东方色青为木,南方色赤为火,西方色白为金,北方色黑为水,中色黄为土。由此繁衍,遂以五行统类万物,五行成为神秘不可测之五种"范畴",而莫可究竟矣。《左传》昭公二十五年引子大叔和赵简子的问答也和上述"五行"说类似,原文是:

> 吉也闻诸先大夫子产曰:"夫礼,天之经也,地之义也,民之行也。"天地之经而民实则之,则天之明,因地之性,生其六气,用其五行。气为五味,发为五色,章为五声。

这和《洪范》五行说同一系统而有所发挥,"气为五味"当即上述之"咸、苦、酸、辛、甘"五味。"发为五色"当即"青、赤、白、黑、黄"。而《国语·郑语》记有桓公和史伯的问答,有:

> 故先王以土与金木水火杂以成百物,是以和五味以调口,刚四支以卫体,和六律以聪耳,正七体以役心,平八索以成人,建九纪以立纯德,合十数以训百体,出千品,具万方。……夫如是和之至也。

史伯以为这五种物质合起来可以造成万物,而发生无穷的作用;这是关系到宇宙生成和发展的学说,但这是朴素的五行说,是由物质构成物质,以至"出千品,具万方"。这原始的宇宙观,朴素的五行说,远胜于上帝建造宇宙的神学体系。这是春秋时代的认识水平,和《洪范》比,更加系统化了。以此我们说,《洪范》五行说,早于春秋,它代表了宗周时代的社会思潮。我们说是"社会思潮",因为我们找不到这种思潮的"个人载体",也就是找不到具有这种思潮的思想家,它只能说是"天赐与大禹,后由箕子传给武王"。因为找不到这样的思想家而托诸天,后人遂解《洪范》为《洛书》,这当然无稽,亦不得已也。

这是一种可贵的思潮,代表了当时人们的最高智慧,它不假上帝或任何其他权威而找出生成万物的五行说,虽然在《洪范》中还没有全面发挥，到春秋，上引材料说明，它前进了一大步，有了正确的理解和发挥，而在战国时，夸大和歪曲了原始的五行说，从具体的五种物质，升华为五种理论范畴，越走越远，与《洪范》说不相干。虽然在《洪范》五行中我们找不到神秘意味，找不到鬼神的作用，但当时人还是向鬼神祈福求知，这是一个卜筮并用的时代，《洪范》原文有：

> 七稽疑，择建立卜筮人。乃命卜筮。曰雨，曰霁，曰蒙，曰驿，曰克，曰贞，曰悔，凡七。卜五占用二，衍忒。立时人作卜筮，三人占则从二人之言。

卜是龟卜，筮是策筮；又卜又筮说明两者并用。我们在上节中曾经看到在卜骨上的筮卦，即在卜骨上表示卦义的数字，这是古文字学家的发现，但并没有完全解决问题，为什么在卜骨上有筮卦？这数字究竟是记载筮卦的数字，还是和卜骨本身有关，如果是筮卦数字，为什么刻在卜骨上？这些刻字都和其余卜辞不相干，那么只能说它是记事，即记筮卦于卜骨上。如果不是记事，即卦数与卜骨有关，也就是由卜而逐渐有卦的内容，即筮出于卜，筮出于卜后，然后筮成《易》而前进；卜则限于骨甲，无发挥余地而渐衰，是龟短而筮长。战国而后卜几乎消灭，而卦普遍流行。《易经》外有《易传》，《易》亦由筮书变为有丰富理论的哲学典籍。殷人已经用筮，说明宗周继承了此一传统。《周礼·春官·筮人》有"凡国之大事，先筮而后卜"，明白地指出卜筮并用。而晚近西周甲骨文之发现，以及《易经》之名《周易》，更是卜筮并用的直接证据，到春秋时代，情况未变而筮大盛。《左传》僖公四年有云：

> 初晋献公欲以骊姬为夫人，卜之不吉，筮之吉。公曰，从筮；卜人曰，"筮短龟长，不如从长"。

杜注，"物生而后有象，象而后有滋，滋而后有数，龟象筮数，故象长数短"。杜注，龟象筮数的材料来自《左传》僖公十五年。孔颖达于僖公四年疏云，"象者物初生之形，数者物滋见之状，凡物皆先有形象乃有滋息，是数从象生也。龟以本象金木水火土之兆以示人，故为长；筮以末数七八九六之策以示人，故为短"。龟卜因灼而成象，因象成数，当即以偶为阴而奇为阳，因数而成卦。据此则筮源于卜，因此，卜骨之奇偶数，或四字或六字，乃记甲骨之兆象，译成数字，西周繁演遂有《周易》。

《洪范》五行亦有数序，"一曰水，二曰火，三曰木，四曰金，五曰土"。郑玄注曰，"此数本阴阳所生之次也"。孙星衍《尚书今古文注疏》于此云，"郑注见《史记·集解》云，'此数本诸阴阳所生者'，阴阳谓天地，《易系辞》云，'天一，地二；天三，地四；天五，地六；天七，地八；天九，地十'。《月令疏》引郑注云，'天一生水于北，地二生火于南，天三生木于东，地四生金于西，天五生土于中。阴无阳，耦无配，未得相成。地六成水于北与天一并，天七成火于南与地二并，地八成木于东与天三并，天九成金于西与地四并，地十成土于中，与天五并也'。"郑玄为象数大师，于五行之生成，以数为序但数字究竟代表什么，只能是奇数为阳，偶数为阴，但由此而引出无限神秘过程。本来"数"的本身，变化莫测，近代"数论"已详言之。在古代遂以变化莫测为神秘莫测，于是卜筮本身，在神秘的基础上更加神秘了。

卜筮本来是问吉凶于鬼神，《周礼·春官·天府》有"冬季，陈玉以贞来岁之媺恶"。郑注云，"凡卜筮实问于鬼神，龟筮能出其卦兆之占耳"，实得其义。孙诒让《周礼·正义·春官》于此有长疏云，"凡卜筮实问于鬼神，龟筮能出其卦兆之占耳者。谓凡卜筮者皆纪问吉凶于鬼神，鬼神即上下四方之神，故礼神之玉，亦用六器也。鬼神不能明示其吉凶，故假蓍龟灵物，以出其卦兆之占。……《白虎通义·蓍龟篇》云，'筮画卦，所以必于庙何，托义归智于先祖至尊，故因先祖而问之也'。班谓筮即问于先祖，与郑义不同。贾疏云，'案《易系辞》云，"精气为物，游魂为变"，是故知鬼神之情状与天地相似'。注云，'精气谓七八，游魂谓九六，则筮之神，自有七八九六成数之鬼神'《春秋左氏传》云，'龟象筮数'，则龟自有一二三四五生数之鬼神。则知吉凶者，自是生成鬼神。龟筮直能出卦兆之占耳。案《易系》蓍龟神物。《士冠礼》注云，'筮不以庙、堂者，嫌蓍之灵由庙神'。若然，蓍龟亦自有神，而云出卦兆者；但所礼者，礼生成之鬼神，神之尊者。无妨蓍龟亦自有神也。孙氏《正义》驳贾疏云，'案贾说非也',《士冠礼注》义,亦谓卜筮所问,别自有神,非由庙神,与此注义不异也。七八九六等乃筮之数,不得为神,此注云,问于鬼神,亦非指七八九六等而言,贾未达其惜"。

诒让先生以为贾疏之误有二:1. 郑玄注《周礼·天府》云,"凡卜筮实问于鬼神,龟筮能出其卦兆之占耳"。而注《仪礼·士冠礼》,"筮于庙门"云庙,谓称庙,不于堂者,"嫌蓍之灵由庙神"。贾公彦《周礼正义》以为郑注《周礼》,卜筮问吉凶于鬼神而非蓍龟。但注《士冠礼》则云,"嫌蓍之灵由庙神",又似问吉凶于蓍龟者。孙则以为两处郑注实无不同,都是"卜筮所问别自有神,非由庙神"。2. 贾公彦《周礼正义》《天府》疏云,《易系辞》云,"精气为物,游魂为变"。……注云,"精气谓七八,游魂谓九六,则筮之神,自有七八九六成数之鬼神"。孙则以为七八九六者,乃筮之数,不得为神。此注云,"问于鬼神,亦非指七八九六等而言,贾未达其惜"。数只能表达神意,而本身非神,孙说不误而贾实未达其惜,但饶宗颐先生在《殷代易卦及有关占卜诸问题》一文中指责孙说,"批评贾疏,实在未够深入。余按,此易注乃郑玄之说也。李鼎祚《周易集解》卷十三'是故知鬼神之情状,与天地相似,故不违'句下引郑玄云,'精气谓七八也。七八木火之数也;九六金水之数也'。木火用事而物生,故曰'精气为物';金水用事而物变,故曰,'游魂为变'。精气为之神,游魂谓之鬼,木火生物,金水终物,二物变化其情,与天地相似,故无所差违之也。……,贾疏用郑氏注此说,进一步引《左传》韩简语来分说生数和成数,且指出生数和成数一样都有它的鬼和神的不同作用。……生数有它的终始(鬼神),成数亦然。孙诒让不知来历,郑氏明言'精气谓七八也,游魂谓九六也'。精气便是神,游魂便是鬼,何得云'七八九六等乃筮之数不得为神'耶?"

饶说实无理,孙之批贾,是指贾疏直以数为神而郑玄并不以数为神。饶引郑说不全,全引应作"精气谓七八也,游魂,谓九六也。七八木火之数也,九六金水之数也,明指七八九六为数,数所以表神者而不即是神"。郑氏此义而贾未达,饶氏亦未达,乃厚诬古人,以为孙氏不知易注来历而误批贾。其实李鼎祚书在世广为流传,不得云孙未读其书,况所谓"七八九六乃筮之数"与郑注同,孙氏批贾并未诬郑是其卓识,不愧为

"三百年绝等双者"!

五行说自《洪范》开源后,后来发挥无所不至,非始料所及。而《洪范》除五行说外,对后来思想界,人民中影响最大者是它的"无偏无颇,会其有极","归其有极"的学说。原文是:

> 无偏无陂,遵王之义;无有作好,遵王之道;无有作恶,遵王之路。
> 无偏无党,王道荡荡;无党无偏,王道平平;无反无侧,王道正直。会其有极,归其有极。

以"无偏无陂""无偏无党"为王道,当即圣王之道,这是一种理想的规范行为。《荀子·修身篇》曾引此篇云,"《书》曰,'无有作好,遵王之道;无有作恶,遵王之路'。此言君子之能以公义胜私欲也"。马融注云,"好,私好也"。孙星衍说《洪范》以为"好,私好者,谓好恶之私,非大中之道"。以"大中之道"解"无偏无陂""无偏无党",当无偏差。结合到下文:"六,三德,一曰正直,二曰刚克,三曰柔克。"正是后来的"中庸之道"。《书》郑玄注"刚而能柔,柔而能刚,宽猛相济,以成治立功"。后来儒家的《中庸》发挥此道,说:

> 唯天下至圣,为能聪明睿知,足以有临也;宽裕温柔,足以有容也;发强刚毅,足以有执也;齐庄中正,足以有敬也;文理密察,足以有别也。溥博渊泉而时出之,溥博如天,渊泉如渊。见而民莫不敬,言而民莫不信,行而民莫不说。是以声名洋溢乎中国,施及蛮貊。舟车所至,人力所通,天之所覆,地之所载,日月所照,霜露所队,凡有血气者,莫不尊亲,故曰配天。

中庸之道,也是圣王之道,这是宗周时代的社会思潮,在《易经》中可以看出。高亨先生指出,"卦爻辞作者的政治观点如诫临、咸临与周公的政治观点相同,足以说明这是西周初年已经出现的政治思想,同时也是由奴隶社会进入领主封建社会,由统治奴隶转为统治农奴必然出现的政治思想。"下面他又论述这种思潮的内容说:

卦爻辞中诫临与咸临相结合的政治主张——即实行宽和政策又采用刑杀手段的政治主张值得我们特别注意。《左传》载有孔子的一种政治论："政宽则民慢，慢则纠之以猛；猛则民残，残则施之以宽；宽以济猛，猛以济宽，政是以和。"（昭公二十年）诫临与咸临相结合，便是宽猛相济、恩威并用的统治方法。……我认为惠政与刑治相结合的政治主张，有其一定的政治意义。（《周易卦爻辞的哲学思想》，见《周易杂论》）

后来在《易传》中这种思想得到充分发挥，如《说卦》有"立天之道曰阴曰阳；立地之道曰柔曰刚；立人之道曰仁与义"。是以阴柔仁属于一个范畴，而阳刚义属于一个范畴。在《系辞》中也讲究"刚柔相摩"，而"会其有极，归其有极"。"极"即"中"，即归于"中庸"。

宗周正统思潮影响到后世最大的是有关孝道的提出。《书·酒诰》有：

妹土嗣尔股肱，纯其艺黍稷，奔走事厥考厥长。
肇牵车牛远服贾，用孝养厥父母，厥父母庆，自洗腆，致用酒。

这是周王告诫妹邦，一定努力农耕黍稷，"奔走事厥考厥长"。一是从事商贾，"用孝养厥父母"。"孝"的提出是伦理学上的大事，在奴隶社会史上是"杀人不偿命"的，包括儿子杀害父母。匈奴冒顿单于之行为，也可以作此说明，而宗周时代，统治者提出"孝"，孝其父母，事其考长，这一方面是宗法社会嫡长子制的反映，一方面表现了人类文明的进步。这种思想变为儒家伦理学的中心内容，在《中庸》内得到充分发挥。如：

君子之道四，丘未能一焉，所求乎子以事父，未能也；所求乎臣以事君，未能也；所求乎弟以事兄，未能也；所求乎朋友先施之，未能也。
子曰，舜其大孝也与？
子曰，武王周公其达孝矣乎？夫孝者善继人之志，善述人之事者也。
践其位，行其礼，奏其乐，敬其所尊，爱其所亲，事死如事生，事亡如事存，孝之也。

仁者人也，亲亲为大，义者宜也，尊贤为大，亲亲之杀，尊贤之等，礼所生也。

"孝"的思想流行在中国封建社会内几乎三千年，它是中国传统道德学中的主要内容，是伦理学中的主要内容。没有它，在中国没有道德伦理可言。后来的《孝经》应运而出。

宗周时的社会思潮：一、五行；二、中庸思想；三、孝的提出。这些思潮，在中国历史上都发生了无与伦比的作用。梁任公在论述五行说在中国历史上发生的作用时说，"阴阳五行说为二千年来迷信之大本营。直至今日，在社会上犹有莫大势力"。（《阴阳五行说之来历》）任公的说法有节制。说五行为二千年来迷信之大本营，当不及《洪范》五行及《左传》中之言五行。后来五行与迷信结合，乃五行说神秘化的结果，与宗周五行说不相干。原始五行，我们应当肯定它朴素的唯物观点，与阴阳结合亦无消极意义。阴阳是两种力量，五行是力的载体，阴阳与五行结合而有宇宙万物。这种力量可以名之曰神，是泛神论思想的萌芽。

中庸之道陶冶了我们的民族性格，我们的民族性"极高明而道中庸"，中庸是不偏不颇，保持平衡，平衡才能发展，中国古代之所以孕育了灿烂文明和这种思想分不开，而高明是使中庸免于乡愿的保证。

"孝"是"人际"中最主要的伦理思想，没有它谈不到人人之际，一切人事自家庭始，在封建社会更是如此。封建社会最初以族为单位，我们称之为宗法封建。在宗法中最重要的法纪是孝，这也是父系家长制必然的要求。后来在地主封建社会，是小农社会，是以家为单位的社会，维护家庭的内在力量也是孝。所以在封建社会不见个人，只有族或家，个人不能违反家族的利益，反之，则为不孝。不孝之罪上浮于天，此所以有《孝经》。凡事不能偏颇，走向极端则百病丛生，在孝道掩护下亦有流敝，此所以对于孝之分析不能草率也。

总之，宗周社会思潮凝聚到周公而有制礼作乐；凝聚到孔子而有新儒家的产生。西汉时代儒家成为正统，统治者亦标榜以孝治天下，《孝经》起了难以估计的作用。此后儒家思想忽明忽暗，但始终与中国民族性格相结合，儒家与封建的中华民族之性格盖为不可分割的整体，此所以孔子能俎豆千秋也。在封建社会解体后，儒家思想当与封建社会俱去，但也需有选择地保留。

（四）风俗人情

宗周初年由氏族社会过渡到阶级社会不久，它保留有很多氏族社会的风俗习惯，在男女生活上、婚姻形态上更是自由、活泼与放任，处在一夫一妻制的初期，对偶婚制的残余仍然存在。我们可以在民族学上找到实例，比如男女同浴的习俗，在某些现代民族中还很盛行，在沐浴时互相调情、恋爱，活泼而放任，无拘无束。我们回头再看《诗经》，开始第一篇就是：

> 关关雎鸠，在河之洲；窈窕淑女，君子好逑。
> 参差荇菜，左右流之；窈窕淑女，寤寐求之。
> 求之不得，寤寐思服；悠哉悠哉，辗转反侧。
> 参差荇菜，左右采之；窈窕淑女，琴瑟友之。
> 参差荇菜，左右芼之；窈窕淑女，钟鼓乐之。

这是三百篇的第一篇，也是几乎人人可以歌唱的一首诗，但千百年来始终被误解，《诗序》开始说："关雎，后妃之德化，风之始也，所以风天下而正夫妇也，故用之乡人焉，用之邦国焉。"又云："是以关雎乐得淑女，以配君子。爱在进行，不淫其色。哀窈窕，思贤才而无伤善之心焉，是关雎之义也。"《毛诗注疏》遂循《诗序》义而云"文王正其家，而后及其国"。《诗序》出自何人虽有争论，但其出于儒家之手可无问题，儒家说《诗》遂以其道德学说被之于《诗》，于是情歌变成道德说教，毛郑而后，至宋朱熹也说是后妃性情之正于此者。"诗无达诂"不在其内容含蓄，而在其"皇袍加身"矣。还《诗》义以本来面目者，自"五四"始，顾颉刚先生说《诗》，遂以"诗"说《诗》，而不是以"教"说《诗》。从此遂以《关雎》为情诗了。

其实这是一首男女青年在河水沐浴时的情歌,"关关雎鸠,在河之洲,窈窕淑女,君子好逑"是"比"而不是"兴",关关雎鸠,沐浴后在河洲遨游,一如青年男女在沐浴后的谈情。殷周时期,妇女称"好",而男子称"良",以此君子好逑,实在是君子逑好。假使我们变韵:

关关雎鸠,在河之岛,
窈窕淑女,君子求好!

《国风》中类似的情诗很多,比如《邶风·静女》:

静女其姝,俟我于城隅,
爱而不见,搔首踟蹰。

静女其娈,贻我彤管。
彤管有炜,悦怿女美。

自牧归荑,洵美且异。
匪女之为美,美女之贻。

这本来并不是古奥的诗,是可以达诂的,但因汉经师之故弄玄虚,以致不知其究竟。在六十年前曾经有顾颉刚先生、刘大白先生之热烈讨论,认为汉经师的注解,实在是"瞎子断匾",本无其事而瞎说,以此顾、刘等先生都有新解新译,刘大白先生说,"此诗第一章是诗人正在对预约等待在城角上的静女,寻找着,追求着。在寻找追求中仿佛不见,所以要'搔首踟蹰'起来。这正是幽期密约者对于所寻找追求的所欢!很迫切地要见到她,而又恍恍惚惚地唯恐见不到她的心情和实际状况底描写"。刘先生又把这首诗今译如下:

一个静悄悄的姑娘,
流利而又端庄,

约定等我在城角旁；
——为甚仿佛看不见？
累我搔着头皮，
远望着在路上徬徨。

一个静悄悄的姑娘，
妩媚而又和惋，
她送给我这支红管；
红管红得有光芒，
我爱你能代表——
咱们俩爱情底美满！

你就是她从牧场上
采回来的柔荑，
实在美丽而又希奇！
不但你自身美丽，
更可爱在你是——
那美人送我的表记！　（《古史辨》三册下篇）

在许多今译中，我们采取了大白先生的译文，因为它干净流利。在解释上诸位先生都能打破前人注疏的束缚而认为这是情歌，但我以为还可以再推敲。

宗周初在婚姻形态上对偶婚的遗俗仍然存在，在长期固定的对偶外，还有短期不固定的情人，这都是合法的。男女都是如此。所以他们在表达爱情方面，可以大胆放任，这不是偷情，而是不受约束的求爱！《召南·野有死麕》也是一首情歌，第一章说吉士诱怀春之女。第二章说"有女如玉"。第三章说：

舒而脱脱兮，
无感我帨兮，
无使尨也吠！

帨是佩巾，古人身上多佩物，所以《诗经》中有"佩玉锵锵""杂佩以赠之"等。"脱脱"是慢慢，"感"是感动，"尨"是狗。三句诗的意思是：

你慢慢儿地来，
不要碰到我身上挂的东西，
不要使得狗叫！

这是一个女孩子要求情人来而嘱咐叮咛的话。汉宋注解都迷于卫道心肠，说出不可理解的话。顾颉刚先生曾引《吴歌甲集》一歌，用以说明两者之相近，都是情歌：

结识私情结识隔条浜，
绕浜走过二三更，
"走到吪笃场上狗要叫，
走到吪笃窝里鸡要啼！
走到吪笃房里三岁孩童觉转来。"
"倷来末哉！
找麻骨门闩笤箒撑，
轻轻到我房里来！
三岁孩童娘作主，
两支奶奶塞仔嘴，
轻轻到我里床来。（《古史辨》三册下）

两相比较这都是情歌，但吴歌纯是偷情，而《静女》却大胆些。胡适先生对于《野有死麕》的见解也值得称道，他给顾颉刚先生的信中说："《野有死麕》一诗最有社会学上的意味。初民社会中，男子求婚于女子，往往猎取野兽，献予女子。女子若收其所献，即是允许的表示。此俗至今犹存于亚洲美洲的一部分民族之中。此诗第一章和第二章说那用白茅包着的死鹿，正是吉士诱佳人的贽礼也。又南欧民族中，男子爱上了女子，往往携一大提琴至女子的窗下，弹琴唱歌以挑之。吾国南方民族中亦有此风。我以为《关雎》一诗的'琴瑟友之''钟鼓乐之',亦当作'琴挑'解。"(同上书)这些都是开明的见解,用社会学民族学的方法解《诗经》,才能有"达诂"。又如《齐风·鸡鸣》有:

> 鸡既鸣矣,朝即盈矣。匪鸡则鸣,苍蝇之声。
> 东方明矣,朝既昌矣。匪东方则明,月出之光。
> 虫飞薨薨,甘与子同梦。会且归矣,无庶予子憎。

王伯祥先生说,"明明是一首很好的情诗。它写男女燕暱的状态。……简直与后来读曲歌中的'打杀长鸣鸡,弹去乌臼鸟,愿得连冥不复曙,一年都一晓'有同样的风趣"。(《古史辨》三册下)

《诗经》中的情诗既然表现了初期封建社会的氏族对偶婚的遗风,在阶级社会也会有被剥削者对于封建统治者的怨恨,比如《魏风·伐檀》:

> 坎坎伐檀兮,
> 寘之河之干兮;
> 河水清且涟漪!
> 不稼不穑,
> 胡取禾三百廛兮?
> 不狩不猎,
> 胡瞻尔庭有悬貆兮?
> 彼君子兮,
> 不素餐兮。

君子属于士的阶级,包括天子以至于士,这些

> 君子们哟!
> 不稼不穑,为什么取走我们三百石粮?
> 不狩不猎,为什么在你的院子里挂着貂皮?

在宗法封建社会中，君子是统治者，小人是被统治者；君子是不劳而获、食不素餐的阶级，而小人是被奴役的农民，处处不平等，以至于：

> 周道如砥，其直如矢，君子所履，小人所视。（《小雅·大东》）

"周道如砥，其直如矢"，可以比于现在的高速公路，但它是"君子所履，小人所视"。

从《诗经》的《国风》中可以看出它所表现的当时社会风俗人情的一面，存在着氏族社会粗犷放荡的风情，但也反映了阶级社会的阴暗面，西周而后春秋时代犹有西周遗风，顾炎武的《周末风俗》有云：

> 春秋时犹尊礼重信，而七国则言不礼与信矣。春秋时犹宗周王，而七国则绝不言王矣。春秋时犹严祭祀，重聘享，而七国则无其事矣。春秋时犹论宗姓氏族，而七国则无一言及之矣。春秋时犹宴会赋诗，而七国则不闻矣。春秋时犹有赴告策书，而七国则无有矣。（《日知录》卷13）

亭林以为七国时风俗浇薄，不如春秋；其实是社会在发展，风俗人情随之而变，如云"春秋时犹论宗姓氏族，而七国则无言及之矣"。西周宗族乃氏族社会父系家长制之遗风，氏族公社尚残存于国郊，若农民已无宗族可言而为井田公社。贵族亦因大小宗之分化，小宗成员由士而庶人，七国时代，士庶人已不分，宗族亦渐瓦解而地主封建成。时势使然，非关风俗之厚薄。如云"春秋时犹尊周王，而七国则绝不言王矣"。实则西周天子亦非后来之皇帝，"大一统"亦松散之联邦而已，但王纲未解，诸侯尊王。时至春秋，夷狄而进于中国，王室之不坠若线，于是齐桓晋文出而称霸，号"尊王攘夷"，此所以亭林谓"春秋时犹宗周王"。若七国则诸侯强大，东周、西周，雒邑，王城夷于小国诸侯，尊王云云，徒成笑柄。秦始皇之统一亦水到渠成也。若云"春秋时犹宴会赋诗"，实为特色。西周时男女相会多风谣，乃氏族社会或阶级社会初期之通俗，社会越发展，诗歌由青年男女间交流感情之情歌变作士大夫宴会中表达志愿的工具，这在《左传》中例证非常多，如：

> 郑伯享赵孟于垂陇，子展、伯有、子西、子产、子大叔、二子石从。赵孟曰："七子从君，以宠武也，请皆赋，以卒君贶；武亦以观七子之志。"子展赋《草虫》，赵孟曰："善哉，民之主也！抑武也，不足以当之。"伯有赋《鹑之贲贲》，赵孟曰："床笫之言不踰阈，况在野乎！非使臣之所得闻也。"子西赋《黍苗》之四章，赵孟曰："寡君在，武何能焉！"子产赋《隰桑》，赵孟曰："武请受其卒章。"子大叔赋《野有蔓草》，赵孟曰："吾子之惠也。"印段赋《蟋蟀》，赵孟曰："善哉，保家之主也，吾有望矣。"公孙段赋《桑扈》，赵孟曰："匪交匪敖，福将焉往？若保是言也，欲辞福禄，得乎！"卒享。文子告叔向曰："伯有将为戮矣！诗以言志，志诬其上而公怨之，以为宾荣，其能久乎。"（襄公二十七年）

以上的赋诗多是称颂赵孟，赵孟对于这种称颂，或是谦不敢受，或是答以谢意。独子太叔之赋《郑风》之《野有蔓草》，原诗云：

> 野有蔓草，零露漙兮。有美一人，清扬婉兮。邂逅相遇，适我愿兮。
> 野有蔓草，零露瀼瀼。有美一人，婉如清扬，邂逅相遇，与子皆臧。

这是一首情诗。宗周或宗周以前，男女相爱发为情歌，后人或稍加剪裁，收之于诗集，是为《诗经》。春秋时代，士大夫交往遂以诗言志，也就是借古人之言抒个人之志。但以风情诗言志，将何所取？顾颉刚先生以为这是在"断章取义"，就是赋诗人的心意，不即是作诗人的心意，所以作诗的人尽管是言情诗，但赋诗的人尽可用它作宴宾诗。"有美一人"本来是情人的恩辞，子大叔用来却是称颂赵孟了，所以赵孟说，"吾子之惠也"。这类的例子在《左传》中还有，如昭公十六年郑六卿饯韩宣子于郊，宣子欲知郑志，郑六卿皆赋郑诗，而子大叔赋《郑风·褰裳》：

> 子惠思我，褰裳涉溱，子不我思，岂无他人，狂童之狂也且。

子惠思我，褰裳涉洧，子不我思，岂无他士，狂童之狂也且。

　　颉刚先生说："这正是荡妇骂恶少的口吻，说'你不要我，难道就没有别人吗？'……子大叔断章取义，用在这里，比喻他愿意从晋，只恐晋国拒绝。所以韩宣子就说，'我在这里，怎会使得你去寻别人呢？'子大叔拜谢他，他又说，没有这样的警戒，那能有始有终呢！"

　　春秋是《诗》被广泛引用的时代，这真是始料所不及，诗以言志言情，亦各言其志，各言其情而有诗，但至春秋已不是作诗的时代，而是用诗的时代，士大夫都习于诗而唱诗，大家都熟习了，所以才能在交际场合用诗代言且觉得有力。比如：

　　晋师从齐师，入自丘舆，击马陉。齐侯使宾媚人赂以纪甗、玉磬与地。……晋人不可，曰："必以萧同叔子为质，而使齐之封内尽东其亩。"对曰："萧同叔子非他，寡君之母也；若以匹敌，则亦晋君之母也。吾子布大命于诸侯，而曰必质其母以为信，其若王命何？且是以不孝令也。《诗》曰，'孝子不匮，永锡尔类'。若以不孝令于诸侯，其无乃非德类也乎。先王疆理天下，物土之宜，而布其利，故《诗》曰，'我疆我理，南东其亩'。……今吾子求合诸侯，以逞无疆之欲，《诗》曰，'布政优优，百禄是遒'。子实不优，而弃百禄，诸侯何害焉？"……晋人许之。（《左传》成公二年）

　　这类以诗为证的辞令，可以折服对方，《诗》于此时已非纯文艺作品，而是有权威的判断标准了。又如：

　　晋郤至如楚聘，且莅盟，楚子享之，子反相，为地室而悬焉。郤至将登，金奏作于下，惊而走出。子反曰："日云莫矣，寡君须矣，吾子其入也。"宾曰："君不忘先君之好，施及下臣，贶之以大礼，重之以备乐，如天之福，两君相见，何以代此。下臣不敢。"子反曰："如天之福，两君相见，无亦唯是一矢以相加遗，焉用乐。寡君须矣，吾子其入也！"宾曰："若让之以一矢，祸之大者，其何福之为！世之治也，诸侯间于天子之事，则相朝也，于是乎有享宴之礼，——享以训共俭，宴以示慈惠；共俭以行礼，而慈惠以布政。政以礼成，民是以息；百官承事，朝而不夕，此公侯之所以扞城其民也。故《诗》曰，'赳赳武夫，公侯干城'。及其乱也，诸侯贪冒，侵欲不忌，争寻常以尽其民，略其武夫，以为己腹心、股肱、爪牙。故《诗》曰，'赳赳武夫，公侯腹心'。天下有道，则公侯能为民干城，而制其腹心，乱则反之。今吾子之言，乱之道也，不可以为法。"（《左传》成公十二年）

这些话说得强有力，楚国被他折服了。但原诗"赳赳武夫，公侯干城"及"赳赳武夫，公侯腹心"，出于《诗·周南·兔罝》：

  肃肃兔罝，椓之丁丁。赳赳武夫，公侯干城。
  肃肃兔罝，施于中逵。赳赳武夫，公侯好仇。
  肃肃兔罝，施于中林。赳赳武夫，公侯腹心。

  这原是赞美武士为公侯出力的诗，武夫作为公侯的干城和作为腹心，并没有不同，但郤至为了驳辩子反的"两君相见，无亦唯是一矢以相加遗"的话，而得到"今吾子之言，乱之道也"的结论，而把它拆成两截，以"公侯干城"为治世，以"公侯腹心"为乱世。这不是断章取义，而是歪曲诗意，诗为己用了。（参考《诗经在春秋战国间的地位》，《古史辨》三册）
  通过上述，知《诗》在春秋时，流传广泛，而《诗》之《风·雅·颂》都是普遍流行。《左传》昭公二年记李武子与韩宣子赋诗一节，武子先赋《大雅》，宣子答的是《小雅》，武子又答以《召南》。又襄公二十七年七子赋诗一节，子展赋《召南》，伯有赋《鄘风》，子西、子产、公孙段赋《小雅》，子太叔赋《郑风》，印段赋《唐风》。但乐与礼合，诗乐亦不得任意为之，如《左传》襄公四年：

  穆叔如晋，报知武子之聘也，晋侯享之。金奏《肆夏》之三，不拜；工歌《文王》之三，又不拜；歌《鹿鸣》之三，三拜。韩献子使行人子员问之，曰："子以君命辱于敝邑，先君之礼，藉之以乐，以辱吾子。吾子舍其大，而重拜其细，敢问何礼也。"对曰："三《夏》，天子所以享元侯也，使臣弗敢与闻。《文王》两君相见之乐也，使臣不敢及。《鹿鸣》，君所以嘉寡君也，敢不拜嘉。《四牡》，君所以劳使臣也，敢不重拜。《皇皇者华》，君教使臣曰，'必咨于周'。臣闻之，'访问于善为咨，咨亲为询，咨礼为度，咨事为诹，咨难为谋'。臣获五善，敢不重拜。"

礼乐制度已灿烂成章，金奏与工歌各有其"所"，郑卫新声起后，旧"所"渐乱，遂有孔子之重订礼乐，孔子云，"吾自卫反之鲁，然后乐正，《雅》《颂》各得其所"，盖谓此也。

近代言《诗》，所得最多者莫过于顾颉刚先生，本节亦多自《古史辨》中来。

下卷　宗周的礼乐文明

第一　礼的起源

（一）导言

礼仪起源于原始社会的风俗习惯，在当时，人们有一系列的传统习惯，作为全体氏族成员在生产、生活的各种领域内遵守的规范。等到阶级和国家产生后，贵族们利用其中某些习惯加以改造和发展，逐渐形成各种礼仪，作为稳定阶级秩序和加强统治的一种制度和手段。在西周，以及春秋时代，最明显的有周公和孔子对于礼乐的加工和改造。周公对于礼乐的改造，适应了西周一统局面的形成及领主封建社会的建立；而孔子对于礼乐的再改造，为后来的地主封建社会的建立及秦始皇统一帝国的形成打下了精神及某些方面的物质基础。中国古代，比如商、周时代的礼，具体地说，如《乡饮酒》礼起源于氏族聚落的会"食"中，它很自然地着重于尊长和养老。因为在原始社会里，"国家并不存在，公共联系、社会本身、纪律以及劳动规则，全靠习惯和传统的力量来维持，全靠族长或妇女享有的威信或尊敬来维持"。（《列宁全集》二十九卷，1956年人民出版社版432页）《乡饮酒》礼原来就是周族在氏族社会末期的风俗习惯，在这种礼仪中充分显示了长老享有的威信和为人所尊敬。周王朝建立后，父系家长制转化成宗法制度，《乡饮酒》礼也就成了贵族统治者的统治手段。

其实不仅古代的风俗习惯变为后来的礼，古代的社会生产和交换行为，有些也变成后来的礼，比如"藉礼"，在原始社会末期的氏族公社中，以农业为主要生产活动而集体耕作时，都是由族长和长老带头进行的。在每种重要的农业劳动开始时，往往由族长主持一种仪式，以鼓励和组织氏族成员集体劳动。因为当时是"民之大事在农"，而族长的主要任务是"唯农是务",有着"教民尊生产"的责任。在少数民族中,海南岛黎族曾经有过"合亩"制,每个"合亩"有个亩头,也就是家长,他们原是集体生产的领导者和组织者,同时又是富有生产经验和传统知识的人,负有传授经验和知识的责任。黎族的各种农业劳动开始时都有一定的仪式和禁忌,"亩头"又是各种仪式的主持者,当耕田仪式举行时,"亩头"要先作几下象征性的挖土工作。可以推想,周天子在举行"藉礼"时要带头"耕一坺",就是起源于这样的耕田仪式。(以上参考杨宽先生《古史新探》225、291、306等页)

这似乎是一种普遍规律,居住于西双版纳的傣族,也曾经存在过类似西周的土地制度,因之也有类似"藉田礼"的仪式。有些领主在农奴代耕他的"公田"时,要亲自参加一些辅助劳动。因为他们知道,如果亲自参加和监督农奴代耕劳动,就更能保证取得"公田"上的预期收入。在古文献的记载中,从西周开国时起就可以看到这种制度,《书·无逸》有"文王卑服,即康功田功";《诗·周颂·臣工·噫嘻》有关于成王行藉田礼的记载,《臣工》说:"维莫之春,亦又何求。如何新畬,于皇来牟。将受厥明,明昭上帝,迄用康年,命我众人。庤乃钱镈,奄观铚艾";《噫嘻》说:"噫嘻成王,既昭假尔。率时农夫,播厥百谷";《令鼎》中记载康王"王大藉农于谌田"。(参考匡亚明:《孔子评传》139页)因为这是一种隆重的传统礼仪,所以当西周宣王即位而"不藉千亩"的时候,虢文公谏曰:

> 不可!夫民之大事在农。……是故稷为大官。……农祥晨正,……土乃脉发,先时九日,太史告稷曰,自今至于初吉,阳气俱蒸,土膏其动,弗震弗渝……谷乃不殖。稷以告。王曰,史帅阳官,以命我司事曰,距今九日,土其俱动。……司空除坛于藉,命农大夫,咸戒农用。先时五日,瞽告有协风至,王即斋宫。……王乃淳濯飨醴。及期……王裸鬯飨醴乃行,百吏庶民毕从。及藉,后稷监之,膳夫农正陈藉礼,太史赞王,王敬从之,王耕一坺,班三之,庶民终于千亩。……土不备垦,辟在司寇,乃命其旅曰徇。农师一之,农正再之,后稷三之,司空四之,司徒五之,太保六之,太师七之,

太史八之，宗伯九之，王则大徇，耨穫亦如之。民用莫不震动，恪恭于农，修其疆畔，日服其镈，不解于时，财用不乏，民用和同。是时也，王事唯农是务。（《国语·周语上》）

藉田不仅是一种非常重要的典礼，而且是有现实意义的举动。在当时生产不发达，工具不完善，农民们的天文历法知识更属茫然，不误农时是头等大事。于是太史"顺时覛土"，立春的时候，"土乃脉发"，先立春九日，发动春耕的活动开始，先由太史告后稷；先立春五日，"瞽告有协风至"，王即斋宫；先立春三日，王乃沐浴饮酒。及期王乃行而"百吏庶民毕从"，开始春耕，王耕一墢而庶民终于千亩。"藉千亩"实际是全国春耕的动员令，依《周诰》体，可以名之曰《藉田令》。命令一发，还要派遣王官巡视全国。杨宽教授曾经指出："广泛的巡查和监督庶人耕作。……要在广大地区普遍通告贵族去监督庶人耕作，如果土地有未开垦好的，就应由司寇严加判罪处罚。……可见当时贵族监督庶人耕作的严厉。不仅如此，所有各级官员还要分批不断出动巡查。……这样由低级到高级，一层层官吏出动巡查，一而再，再而三，三而九，最后由天子亲率大臣出来大巡查。当时贵族监督庶人耕作的严厉，于此又可见。"（见《古史新探》220页）

"藉礼"，应来自殷商时代的"叠田令"，叠田则来自原始社会之集体耕作，也就是"朋友"共耕，而由族长和长老带头进行，当进行时应由族长主持一种仪式，以组织和鼓励成员的集体劳动，后来发展成为殷商的叠田。我认为一直到中国封建社会初期，西周时代土地和农民都掌握在封建贵族手中；既控制着土地，也控制着农民，此所以成为封建社会。贵族们掌握有关土地的图，也掌握有关农民户籍的版，如《周礼·天官》：

小宰：三日听闾里以版图。

宫伯：掌王宫之士庶子，凡在版者。

司书：掌……邦中之版，土地之图。

郑司农注《小宰》云，"版，户籍；图，地图也。听人讼地者，以版图决之"。《司书》职曰，"邦中之版，土地之图"。又注《宫伯》云，"版，名籍也，以版为之"。清末孙诒让在《周礼正义》中疏《宫伯》，"云版名籍也者，《宫正》注义同。云以版为之者，释名版之义。《论语·乡党》皇疏云，谓邦国图籍也。古未有纸，凡所书画皆于版，故云版也。……"《汉书·高帝纪》诏曰，"民前或保聚山泽，不书名数"。颜注云，"名数谓户籍也。案乡户籍者，即谓乡里户口之名数也。汉时户口亦以版书之，故又谓之户版"。而当时户版实以公社组织为基础，从西周到春秋时代，各地多有此类组织，而以齐、秦各地为最显著。一般是千亩为一田，成为一个邑，所谓"十室之邑"，邑以室为准，而室以土地为准。十室之邑也就是十夫共耕一田，取共耕形式。这十人的共耕组织，在古老的氏族公社内是为"一朋"，一朋的成员，出入相友，守望相助，是谓"朋友"。这公社共耕的制度随着社会的发展而有变化，直到汉朝，还有"合耦于锄"的习惯，我们在《邮表畷》的研究中可以看到。这说明当时的生产力低下，劳动密集。上溯殷商，这种共耕形式称作"叠田"。友人张政烺先生于此有不同看法，他在《殷契叠田解》（见《甲骨文与殷商史》）文中说：

殷墟第一期卜辞有：

□□卜，㱿，贞：王大令众人曰：叠田，其受年？十一月。

同文卜辞在已发表的著录文字的书中凡四见，文皆残缺，残辞互足，可写定如上。除了干支字缺无法补齐外，这条卜辞可以说是完整的。

㱿是第一期卜人，那么这里的王应是殷王武丁了。

众人是族众，包括平民和家长制下的奴隶，是殷代的农业生产者，也是当兵打仗的人。"叠"在卜辞和殷代铜器铭文中常见，是一种祭祀，过去学者多说相当于周代的祫祭，即合祭。这种说法是可取的，"叠"在这条卜辞中当是动词。"田"在卜辞中最常见的用法有两种，一是田猎，二是田土。这条卜辞下文说"其受年"，自然是田土。"叠"田是一种祭祀，最早这样讲的是王襄，他说："叠，祭名；田，即田祖。"

关于叠田这个问题，过去一些甲骨学专家，差不多都注意过。最通行的意见以为"叠田"是合力以耕田，董作宾更具体地把"叠田"

说成种麦。可是殷历十一月相当于夏历的十月,这个月的节气是立冬和小雪,就算这年节气晚,怎么样也差不到一个月,耤田决不会是种麦子。通过以上一些考证,企图说明殷人的耤田相当于周人的蜡祭,都是索鬼神而祭之。蜡祭有正常的,每年十二月(即殷历十一月)在国中举行。"耤田"也是如此。十一月耤田是岁终报功之祭,而为了灾荒,则择时择地举行。

以上是张先生原文的主要内容,他提出的最充分理由,是十一月种田已晚,所以"耤田"应是田祖之祭而不是组织和号召众人合耕。我不同意张先生的说法,以为关于"耤田"的原义,还有深入发掘的必要,因为到西周还有类似的问题存在。"耤田"时不排除祀典,但举行祀典同时应当有合耕,如果排除合耕、共耕,会发生一些没法克服的困难。首先,殷王祭田祖,为什么要"大令众人"?"众人"的身份是奴隶,张先生在原文内似亦有此主张。而无论奴隶社会或封建社会,祭祀都是天子或国王的事,即所谓"祭则寡人"(《左传》襄公二十六年)而"支子不祭"(《礼记·曲礼下》),都不必于合祭时要奴隶参加而下令。奴隶不是国祭的参加者,而"王大令众人"是要他们干什么?无论如何解释这"大令"的"大"字,也不外"隆重"、"尊严"和"普遍"等义。按现在的话说,即殷王隆重地颁布命令:奴隶们共耕!"令"就是"命令","大令"就是更隆重的命令,对象是奴隶,而要他们作的事是"耤田",即合力耕田。如果不如是说,而解"耤田"为祭祀,"田"为田祖,用现在的话是:"奴隶们大祭田祖!"奴隶们不具备这种资格,农奴也不具备,在大合祭时,小宗贵族(支子)也不具备。那么,如何解决这一困难?如果说,农事已毕,喜庆丰收,国王与民休息,如张先生所说:"十一月中,旧的生产过程已经结束,新的生产过程还未到来,正是'农隙'之时,一年之中只有这几天农民可以稍微轻松一下,古代的帝王不在这时安排田土上的重大劳动而是尽量地利用这个机会搞迎神赛会、庆丰收、祈来年一类麻醉农民的把戏。"这种说法在中古以后是有事例的,在殷商是否有过"迎神赛会",于文献无征。而且在奴隶社会内,奴隶主从来没有这样慈善过,以此,与其说"我们一块儿祭田祖然后大乐一番",不如说"为了来年的丰收,赶紧干活"!

我以为这是要奴隶耕田的"叶田令"。在奴隶社会，奴隶主在抓生产，待奴隶如工具，奴隶对工作没有任何积极性，你不下令，他们不干，而且无从干起，他们没有工具，而且不懂农时，何时干，如何干，都听命令。令行则行，令止则止。"叶田"到西周变作"藉田"。社会性质变了，殷民变成农奴，奴隶共耕的"叶田"，变成农奴合耕的"藉田"。在奴隶社会，奴隶没有"私田"，因之当时不存在"公田""私田"的耕作制度，都是奴隶主贵族的田，无所谓"耤"，也就不存在"藉田"，只是由奴隶贡献出全部劳动所得，即所谓"莫不善于贡"的贡法。而在西周，井田制度中存在着公田、私田；一邑之中，公田百亩，农民助耕谓之"耤"，在国中公田千亩，是谓"耤田"，所以有周初诸王之耕千亩及周宣王"不藉千亩"之事。这是在每年立春前九日开始的举动，首先"除坛于藉"是作祭祀准备，所以我们认为殷商"叶田"时有祭祀是正确的。但不止于祭，祭也是为了春耕，为了丰收，所以有"王耕一坺，班三之，庶人终于千亩"的记载，这是周天子的示范行动，是很好的动员了。全国都动起来，贵族们是象征性的，实干的是农民。这才是"王事唯农是务"。是否全国都在动起来，王官进行普遍巡视，以期达到"遍戒百姓，纪农协功"。"协功"也就是"协力耕田"，"协功"的用法，使我们想到这是古老的"叶田"的继续。

既然"叶田"是动员春耕，在时令上说，应当是什么农功？董作宾先生以为是种麦，张政烺教授以为十一月种麦已误农时。我们认为早晚之说因地而异，在黄河流域究竟嫌晚。《夏小正》中，九月种麦，夏九月当殷十月，夏玮英先生还以为迟；以此我们说，如果是建丑历，只能作整治土地解，周初耕藉田也是春种前的整治土地。《礼记·月令》记孟冬之月："天子乃祈来年于天宗，大割祠于公社及门闾，腊先祖五祀，劳农以休息之。"这段文字同于《吕氏春秋·孟冬纪》，张政烺先生因之以比于殷商祈年之祭。殷、周制度不同，西周分祈年祭劳农及动员春耕为二，耤千亩即动员春耕，放在季冬，不必与前者混。张先生于文末又引卜辞：

弜已灾，叀懋田叶，受又年？

并解释说,"叀懋田叒"是宾语倒装句法,"叀"读为唯,殷墟卜辞为了加强语气,明确目的,才用唯字,唯字后的动词常放置在宾语之后,所以"叀懋田叒",就是着重说"叒懋田"。"懋"字按照词例当是地名,"懋田"是"懋"地的田土。前引卜辞"贞叀辛亥叒田",是殷王占王叒田的日期,这条卜辞则是殷王问叒田的地点。殷王占问在懋田举行叒祭是否可以受有年,是想改变灾荒的局面,所以对象仍当以田祖为主。张先生这段叙述,有两个问题可以提出讨论:一是"叒田"的意义;二是倒装句法问题。一、关于"叒田"的意义,上面已经谈到,根据此处"叒懋田"及"辛亥叒田"两条材料,如果认为是田祖祭,那么"叒懋田"是祭懋地田祖,而不应解作在懋地祭地祖,这是很难解释的。如果解"叒田"为协力耕田,两条皆通,无妨碍处。二、关于倒装句法问题,不作如是解亦通,比如以北京代"懋",以"共耕"代"叒",则是:"唯在北京的土地共耕。"没有不通顺的地方。而且张先生在开始时就曾指出,"田"在卜辞中的用法有两种:一是田猎;二是田土。但通篇文章又说田是田祖,是田有三义:田猎、田土、田祖。今按:田猎、田土都是田之本义,而"田祖"是增字解,"增字解经"先贤所忌,今增字解"田"其可乎?

张先生反对"叒田"为协力耕田的主要理由还有,十一月农事已毕,而春耕尚早,正处于农闲,这上面已经谈到,就春播前之整治土地说,无所谓早晚,三时务农,一时习武,是农战时代的特征,况且奴隶社会,奴隶主对于奴隶更是无所不至,何况殷代历法混乱,旧三正说,是应当重新研究的。郑慧生先生曾有《殷正建未说》一文(《史学月刊》1984年一期)引用武丁时卜辞:

  雨、雷?十月。(《后》2、1、12)
  贞:帝其及今十三月令雷?帝其于生一月令雷?(《乙》3282)
  乙丑……生一月其雨?七日壬申雷,辛巳雨,壬午亦雨。(《前》3、19、3)
  一月,昃雨自东,九日辛未大采,各云自北雷。(《乙》12)及今二月雷。(《乙》529)
  ……采,烙云自北,西单雷……三月。(《前》7、26、3)

郑先生说:"由上列卜辞可以看出,商代卜雷在十、十三、一、二、三月。所谓十三月,就是商人历法中闰年的最后一月。此时卜雷,难道可能出现冬雷震震这样的咄咄怪事吗?……正常的鸣雷还是在夏季,而商代的卜雷却全部集中在十月至三月;从四月到九月却是连一条卜雷记录也没有!这说明,卜辞的十月至三月,根本不在冬季,其四月至九月也不在夏季前后。所以十月至三月卜雷,会迎来隆隆雷声,但却不是冬雷震震。我们把卜辞中的十月至三月,看作现今农历的腊月前后,那是要大错特错的。"把以上的结论应用到《叒田令》中,十一月正好在十月至三月中,那不是现今农历腊月前后,因之也不是农闲时节。那么,殷正何月?郑先生以为"商人以大火星纪时,做为一年的正月,所以武丁卜辞《乙》4100说'火今一月其雨'。'火今一月'就是说大火星的一月。……商人以大火星纪时,《毛诗》时代,大火星出现于南方中天,在夏历六月。……因此说,商代一年时序的开始应在夏历六月,即建未之月。文献资料是与文字的推测,卜辞的推断吻合着的。"

郑先生曾有许多例证及说明来证明此说。殷历十一月正当夏历四月,而夏历四月无论从哪一种农作物来说都是大忙季节。郑先生也说:"商代……劳动被放到了重要地位上,正因为如此,商人才把劳动的收获看做最重要的节日,'殷正建未'与劳动的关系既如此密切,我们就可大胆断言,殷历以收获为年,是劳动的创造。"在此以前,庞朴教授已经做"火历"的研究,即将出书。这当然可以解释张政烺先生提出的时令问题。中国古代各地区民族间发展水平不一,各种制度当亦不相同,商代前后历法及各地区的历法彼此乖违亦属常事。最近,张培瑜、孟世凯两同志又有《商代历法的月名、季节和岁首》一文[1],又提出一些不同的意见。他们以为:由纪月的武丁时期月食考证商代历法岁首,仍不是完全固定,尤其是前期,有时建寅,有时建丑、建子,即使是后期固定建子,仍有一定参差,甚至出现建亥的情况。可知我国早期历法中,虽季节月名有基本固定关系,但岁首有一定的摆动。因此认为:商代历法的岁首很可能在主要农作物收获前后的秋季,即建申、建酉、建戌,含今立秋至寒露、霜降三个

---

[1] 原文尚未刊出,承作者善意允许引用。

月中，这不仅符合武丁纪月的月食考订，也能解释许多纪月与季节有密切关系的农事、气象卜辞。

他们两位也是从农业生产角度来谈殷商历法建首问题，这虽然与建"未"说有出入，但未、申、酉、戌是岁首相连，都是农忙或收获季节，与"叀田令"的规定月份也不矛盾，以此我们说"叀田令"是"藉田令"的前身，而"叀田令"来自氏族公社之合亩共耕，由"合"而"协"、而"耤"，是合乎社会发展程序的，都是动员群众开始春耕而举行的礼仪，只是"群众"的身份地位有了变化。

在生产领域内，自原始社会末到奴隶社会，封建社会都曾有过祭祀土、谷神的典礼。在交换领域内，更可以看出自奴隶社会到封建社会初期，许多人世间的礼仪交往都和原始社会的物品交易有关，在原始社会中之所谓礼品交换实际是商业交易行为；或者我们说当时的交易行为是用礼品赠与和酬报的方式进行，即《礼记·曲礼上》所谓，"礼尚往来，往而不来非礼也，来而不往亦非礼也"。其实这也可以追溯到物品交易的对等原则。这种交换的事实可以帮助我们理解中国古代礼仪的起源、演变和发展中的若干问题，礼品和商品在当时只是不同时间的不同称谓罢了。

在五十年前，杨堃教授曾经介绍"potlatch"[1]的学说到我国来，比较详细地论述了此一名词的由来、含义，从而给研究中国礼乐制度的源流等问题以重要的启示。杨先生在原文说，最初将"保特拉吃"（potlatch）这个字介绍到社会学中的是美国人类学家、民族学家、社会学家兼语言学家保爱斯（Boas）；其次，英国人类学家、民族学家及宗教学家服瑞慈（Frazer），在他的《图腾主义与族外结婚》一书中也曾经提到"potlatch"这个字，但他和保爱斯相似，仅认为是北美西部印第安族的一种商业制度，对于这个字的真实价值实未注意。又如巴尔堡（Barbeau）认为"potlatch"与图腾主义有关，但他仅注意这一名词在法律方面的价值，对于其在社会学中的真实意义亦未能道出。而真能发现这个字的真实价值并予以充分注意和看出它的普遍意义的，则为法国莫斯（Mauss），他认为"potlatch"是一种社会制度，可以说成"竞赛式之全体赠给"。原来在初民

---

1 见《中法大学月刊》Vol.4, No.Ⅰ，1933年11月1日出版《论保特拉吃》（potlatch）。

社会内，无所谓商业交易，仅有一种友谊的或强迫的赠借制度，而此所谓"全体赠给"，即因此种制度乃是强迫的、相互的、集合的，并且是与经济的、法律的、宗教的、艺术的、社会形态等方面全体有关的。在此制度内，应给予者必须给予，应接受者必须接受，而接受者经过相当期间后，仍必须予原来给予者以报酬。此种必须给予、必须接受与必须报酬之种种手段，均须在一盛大的节日与公共的宴会之下举行。在这种典礼、宴会之内，一方面带有浓厚的宗教或巫术的色彩，另一方面也有财富、技术或美术的竞赛意味。又因为此种竞赛式赠借制度是与初民的整个生活有关，所以莫斯名之曰"竞赛式之全体赠借"。

莫斯对于这种复杂、别致而有趣的社会制度，最初亦疑为北美西部民族间特有的一种现象，后来经他与人长期合作研究的结果，始知此种社会之领域颇为普遍，因此在他的《赠与论》一文内，除对波利尼西亚、美拉尼西亚及北美西部诸民族之"potlatch"均有细致的研究外，对于罗马、日耳曼、印度等地之先史研究，他也搜集了许多确实而难得的论证，足为"保特拉吃"曾在印度、欧罗巴诸民族内存在过的证明。因此，莫斯的这篇著作，成为在"保特拉吃"的范围内以及在社会学的领域内一种极为重要的文件。杨堃教授曾和 Granet 教授讨论此一问题，Granet 以为中国古代确曾存在过此种制度，他在他的名著《中国古代之跳舞与传说》一书内曾大为发挥。

我们没有看到 Granet 教授的原著，但就杨堃教授的介绍看，他从跳舞和神话入手来探讨中国古代的"保特拉吃"问题，方法还是正确的，因为古代的巫是"以舞降神"的专业者，在神话中，也就是原始社会内，这种竞赛式的宴会及赠予制度是有迹可循的。而最重要的材料，应当在尚存的《三礼》中去找。因为中国古代社会发展之不平衡，在不久前的某些少数民族中，还存在着氏族社会末期以及奴隶社会、封建社会等不同的社会形态。可惜杨堃教授在这方面的介绍，没有引起中国史学界的重视，因而没有大的影响。但在其他各国，这种学说却引起较为普遍的重视，比如苏联 B. H. 狄雅可夫著《古代世界史》（1952 年，莫斯科国立教育书籍出版社版），中国东北师范大学日知先生有中译本（1954 年教育部定为教材），原书第一篇《原始社会》第四章《家长制氏族社会之发生与氏族制度之解体》中的第五节，有：

> 大家族的氏族组织之解体及小家族之分出，在经济上较弱的贫困大家族中进行得特别激剧。同时，富裕家族成员则力图保持氏族的传统。这种富有者要保持氏族传统的意图，可用许多原因来说明：首先，富有的氏族公社的成员需要团结一致，以统治他们所占有的奴隶。其次，在氏族关系解体的条件下，氏族的相互援助获得了另一种意义和内容。从前最幸运的集体成员必须与同部落分享自己生产的剩余，而随着财富之具有日益扩大的意义，这些馈赠跟着就要求还礼了。富裕大家族的家长，现在举行所谓"送礼"（potlatch）。在送礼之时，他们分赠给亲族，甚至同部落人以武器、牲畜、皮货等等。过些时，凡是接受过点礼品的，必须还礼，而且还须有所增加。在其他情况下，凡对首领或富人有任何欠债的人，便成了首领或富人的附庸。……因而同氏族人便无报酬地对富人贡献自己的劳力。所以，氏族互助的原则，在氏族组织解体与财富增长的过程中，被歪曲了，现在变成家长制，富有家族一方对贫苦家族剥削的工具了。……
>
> 在富有的家长制公社中保持着并且往往人为地维持着氏族传统，而贫穷的公社则瓦解为小家族，移居于别的氏族之内，很快就忘掉自己的家世。因此之故，富有者就成为氏族贵族而与众不同了。富有者以自己家世而自豪，他们经常回忆自己来自声名显赫的祖先，因而在他们的财富以外，又附益以"门第"，他们把门第传给自己的子孙。名门望族在这时期永远与财富为一体，且是财富的后果。

通过上述描述，结合到中国古文献记载及少数民族中的调查，可以知道财富、门第、馈赠、酬酢、贿赂等一系列典礼活动，都和其他地区的"potlatch"相类似。而通过"礼"的形式进行剥削，加速了阶级间的分化，在中国古代及现代的少数民族中，也可以看到。比如《禹贡》的"贡"，形式上是礼物的贡献，实际上是氏族间的剥削。这种形式，在不久前[1]的

---

[1] 作者写作时间在 20 世纪 80 年代。——编者注

云南西双版纳傣族社会生活中，农奴们对领主还有各种"献礼"、"贡赋"和特权。匡亚明先生在《孔子评传》中曾经说，"所谓'献礼'和'贡赋'是一份与土地结合不甚密切的剥削。还披着一层带宗教性的神秘外衣，具有较浓厚的原始色彩。西双版纳傣族普遍信佛，把向神献礼、祈福称为'赕'（音淡）。每年关门节、开门节、过年节日，农奴们都要准备一些腊条、米、油、茶、钱、鸡、鱼、水果等礼品，奉献给管辖他们的领主，认为他们是'神、佛的化身'，要向他们去'赎罪'和'祈福'。领主出巡或下乡，农奴们也要准备一些财物跪着献给他，请他赐给'好运气'。至于'召片领'和各勐的'召勐'对山区少数民族的统治剥削，则仍采取'贡纳制'的方式去进行"。（见原书141页）这距离礼物对等交换制的时代已远，但仍然留有残余痕迹，农奴们贡礼，仍然希望有回报，也就是"福"或者"好运气"。福和运气也许超过他们的贡礼，这与上对下的剥削，原始的根源相同，但福与好运气永远是空洞的，而剥削却是实实在在的。

在美国出版的《人类学：人的研究》（*Anthropology: The study of man*，作者：E. Adamsom, Hoebel）一书中的第四部分[1]，《原始文化及社会》第二十章：《地位（身份）与角色（作用）》中，有云：

> 西北（美洲）沿海地区印第安人的馈宴：在西部沿海地区，财产的流动性是以馈宴来作保证的——这是一种精心制作与安排的宴会习俗，其间伴之以主人或主人的男亲属向其他血统或别的部落来宾，铺张浪费地馈赠礼物的活动。它的最初的作用是为了表明主人的家庭和主人的个人的地位身份，从而客人们可以通过亲眼目睹证明主人们所自称的某种地位身份。虽然说举行馈宴必须要积累财富，但又并不完全因财富而取得地位；这是对尊敬的特权的合法占有，这关系到特定的称谓和称号，而这些称谓和称号又都是可以世袭继承的，但不经过在专门为此而举行的馈宴上当众宣布，不得使用。若是未经在馈宴上公开地由公众所证实而擅自使用一种称谓，那就会被人们视作一种羞耻的冒昧放肆的举动。

---

[1] 据1966年第三版。

类似的情况我们在《仪礼·乡饮酒》中也可以看到。胡培翚在《正义》一书中指出，郑玄说"《乡饮酒》有四事：一则三年宾贤能；二则卿大夫饮国中贤者；三则州长习射饮酒；四则党正腊祭饮酒。总而言之，皆所谓《乡饮酒》"。在这种宴会中也是公开肯定贤者之社会地位，并公开其社会地位的场合，这还不是原始社会"potlatch"的遗风？

通过杨堃教授的介绍，我们知道"potlatch"学说的梗概。我们从莫斯教授的原著《礼物》(*The Gift*)中更可以知道比较详细的内容。莫斯曾经说："我们想在这本书里单独谈一些重要的现象：也就是馈赠理论上是自发自愿的、无私的，而实际上是应尽的义务，并是图利的。这种形式通常是通过慷慨馈赠礼物而进行的；但伴随出现的行为是表面上的虚伪和交往上的诓骗，这种情况下的交易本身是建立在应尽的义务和经济上自私自利基础上的。在这种必要的交换（即劳动本身的分配）形式背后，我们将注意到各种不同的原则。但我们将把我们详尽的研究限制在下列的调查研究中：在原始或古代社会典型中，依据什么原则回敬收下的礼物？在所赠礼物中存在什么力量迫使受物者回敬收下的礼物？我们期望凭借手头足够的材料，能够准确地回答这个问题，并且能够对那些可能探索到的同类性质的问题，指出答案的方向。"他接着说："他们所交换的东西并不仅限于货物和财物、不动产和动产以及一切有经济价值的物件。他们的交换还很谦恭，款待很讲究仪式，有武装人员协助维持保护，……并有舞蹈和宴筵招待，……最终，虽然这些馈赠和回赠表面上都是自愿的，严格说，实质上却是应尽的义务。而且他们间的约束力或由个人间私下解决，或由公开的战争解决。我们建议把这种习俗称之为'全面馈赠制'。这种风俗习惯，据我们看，似乎在澳大利亚和北美部落的分支联姻结盟中表现得最为明显。那里，典礼仪式、婚嫁喜事、财产继承、权力和利益共管活动、军事和宗教等级评定，甚至竞技活动，都是形成一种习俗制度的组成部分，从而可以预测两个部落分支协作的前景。"（见 *The Gift*, Jan Gunnison 等英译本《导言》）这种"全面馈赠制"在我国古代社会中也普遍流行过，甚至在近古比如明朝与少数民族的交往中，还可以看到。陈高华同志指出，在明朝，吐鲁番和中原地区的经济联系是十分密切的，缎匹、铁、茶等物，凡他们日用之不可缺者，都仰给于明朝，而这种经济联系，主要采取朝贡的方式，吐鲁番派遣的使节团，少则数十人，多则数百人，朝贡的目的是：向明朝进贡马匹、玉石等物，换取相应的回赐。明朝政府对各种物品的回赐标准，有很详细的规定。不在规定之内的物品则临时会估，而定回赐数目。可见这种回赐，实际上是考虑到进贡物品的价值的，也是一种贸易关系。明朝政府的回赐物品通常比进贡物品的价值要高，这是吐鲁番之所以乐于进贡的主要原因。（参考陈高华：《明代的吐鲁番》，载《民族研究》1984年2期）这种说明可以帮助我们理解礼物交换之原始意义，而对于礼品价值的会估，不正是《仪礼·聘礼》中，士大夫交往有"贾"参加的翻版？

在我国古典著作中的《三礼》及后来所谓"五礼"中都是包罗万象，婚丧、嫁娶、朝聘交往、礼仪乐舞、军队征伐、典章制度，无一非礼，而许多是来自原始社会的风俗习惯，来自原始社会的（potlatch）。这种古老的习俗，经过阶级社会"圣人"的加工和改造，变为成文的礼，后来又变作成文的法。此所以有西周周公对于礼的第一次加工和改造；经过这次加工，减轻了礼物的交易性质而增加了德与刑的内容；同时也添加了乐的成分，遂有周公"制礼作乐"的记载。春秋时代的孔子又有对于礼的第二次加工改造，去掉了礼的商业内容，而以仁和礼作为人类行为的准则，同时整顿了趋于紊乱的乐，所以他说："礼云礼云，玉帛云乎哉；乐云乐云，钟鼓云乎哉。"遂有孔子"删诗书，定礼乐"的记录。

（二）礼尚往来

《礼记·曲礼上》有云："礼尚往来，往而不来非礼也，来而不往亦非礼也。"这是两千年来流行在我国封建社会中家喻户晓的格言，是人们社会交往的准则，但却很少有人追问为什么要如此，这句话的原始意义是什么？也正如莫斯教授所说："在原始或古代社会典型中，依据什么原则回敬收下的礼物？在所赠礼物中存在什么力量迫使受物者回敬收下的礼物？"莫斯有他自己的答案，我们的答案是："礼物本身具有迫使对方回赐力量，吐鲁番进贡马匹、玉石，而回赐物品是缎匹、铁、茶，同是两方生活所必需。""生活必需"是物品力量的渊泉，是迫使对方回敬的手段。

礼是商业性质的交往，互通有无，有赠有报，有往有来，这就是"礼尚往来"的适当笺注。有此笺注，我们对于《仪礼·聘礼》中的有关文献才能明了它的真实含义，如：

> 君朝服，南乡，卿大夫西面北上，君使卿进使者。使者入，及众介随入，北面东上。君揖使者，进之，上介立于其左，接闻命。贾人西面坐启椟，取圭垂缫，不起而授宰，宰执圭屈缫，自公左授使者，使者受圭，同面，垂缫以受命。既述命，同面，授上介。上介受圭，屈缫，出授贾人，众介不从。受享，束帛加璧，受夫人之聘璋，享，玄纁束帛加琮，皆如初。(《受命遂行》)

又：

> 入竟，敛旜，乃展。布幕，宾朝服立于幕东，西面，介皆北面东上，贾人北面坐，拭圭，遂执展之。上介北面视之，退复位，退圭。……展夫人之聘享亦如之，贾人告于上介，上介告于宾，有司展群币以告。及郊，又展如初。及馆，展币于贾人之馆，如初。(《入竟展币》)

又：

> 公皮弁迎宾于大门内，大夫纳宾，……及庙门，公揖入，立于中庭，宾立接西塾。几筵既设，摈者出请命。贾人东面坐启椟，取圭垂缫，不起而授上介，上介不袭执圭，屈缫授宾，宾袭执圭。摈者入告，出辞玉。……(《聘享》)

清人胡培翚《仪礼正义》引《郑目录》云："大问曰聘，诸侯相于，久无事，使卿相问之礼。大聘使大夫。《周礼》曰，凡诸侯之邦交，岁相问也，殷相聘也，世相朝也。"是知《聘礼》乃诸侯间之互相聘问，执行者为卿大夫。但我们于上引文中看到，自"使者"之《受命遂行》《入竟展币》

至《聘享》礼成，都有"贾人"参加，他们的职责是看管聘问时的礼品，圭。从受命时的"启圭"，入境时的"展圭"以及聘享时的"授圭"。贾人在所有场合都是"坐而不起"，因为他们的地位低贱，在贵族交往中是"不与为礼"的。胡疏云，"贾人是庶人在官者，故云贱不与上介为礼也"。既不与为礼，为什么又让他们参加？郑玄注《聘礼》云，"贾人在官知物价者"。贾懂得物价行情，这是专门业务，尤其是圭玉，一般人没法估计它的价格。礼品的价格必须明确，因为"礼尚往来"，彼此的礼品价格必须相当。贾人在场可以免去偏差。我们看到明与吐鲁番贡品的"会估"，可以帮助我们了解古代礼品估价的情形。但这时究竟不是氏族社会了，在西周及春秋时候，礼品的交易性质日益减轻以至于无。虽然残存的交易意识依然存在，有贾人在，主客双方都会知道礼品的交往是对等的，"往而不来非礼也，来而不往亦非礼也"。

　　《仪礼》的确是繁文缛礼，费了无数道手续的礼品，圭，主人并没有受下而要"还玉"。《聘礼》云："君使卿皮弁还玉于馆。宾皮弁袭，迎于北门外，不拜，帅大夫以入。……宾自碑内听命，升自西阶，自左，南面受圭退。"这种被贾人定值并且妥为保管的圭，隆重地献出，还要退归原主。郑玄注："玉，圭也。君子于玉比德焉以之聘，重礼也。还之者，德不可取于人，相切厉之义也。"这样解释可能距原义较远，所以还有不同的意见。但有贾人参加，无论收受与否，都可以说明"礼尚往来"，虽然《聘礼》中的交往，主人不受玉，聘礼也还没有结束，宾返回前，要报之以"束纺"。《聘礼》云："大夫降，中庭；宾降自碑内，东面授上介于阼阶东。上介出请，宾迎，大夫还璋，如初入。宾裼迎，大夫贿用束纺。礼玉束帛乘皮，皆如还玉礼。"主不受玉而贿宾，郑玄注，"贿予人财之言也，纺，纺丝为之"。胡培翚疏云，"贿，予人财之言也者，按《尔雅》《释言》云，'贿，财也'。又《一切经音义》引《通俗文》云，'财帛曰贿'，故郑以贿为予人则也。云纺，纺丝为之者，《说文》，'纺，纺丝也'。……今按：丝以纺而成，故谓之纺。……云所以遗聘君，而或又以为贿聘宾。惟敖氏云，贿礼主于答其聘。盛氏云，贿主君，所以报聘也。其说是矣。盖玉帛乘皮以报享，而报聘但用束纺，似乎物薄，然聘以圭璋已聘还之，主君于聘，一无所受，而又不可恝然已也，故用束纺以致其勤挚之意，注所谓'厚之至也'。此在还玉之后，故知为报聘之物。若以为贿聘宾，则当在'公使卿赠如觌币之下'。非其次矣"。不受主人之圭璋而报以束纺，因为宾来访，主人于此不能"恝然已焉"，否则是为无礼，是来而无往。

从贿赠中也可以探索礼品酬报的原始含义。《聘礼》云："凡庭实随入左先，皮马相间可也。宾之币，唯马出，其余皆东。多货则伤于德，币美则没礼，贿在聘于贿。"郑玄注，"贿在聘于贿"云，"贿财也，于读曰为，言主国礼宾，当视宾之聘礼而为之财也。以其币为之礼。古文贿皆作悔"。胡培翚疏云，"此云贿，即贿用束纺及出有赠贿之贿，乃主国所以遗聘国者，盖亦不可过礼也。……云，言主国礼宾，当视宾之聘礼而为之财也者，郑读为为'为'。而又训在为'视'，言主国所以致礼于宾国者，当视宾国聘礼之厚薄而为之财，不可啬，亦不可丰也"。是知应视聘礼之厚薄而为之贿，这场合贾人也参加，因为他们是厚薄相当的知情者。

古代聘礼以郊劳始，以赠贿终。《左传》僖公三十三年有云："齐国庄子来聘，自郊劳至于赠贿，礼成而加之以敏。"又昭公五年："公如晋，自郊劳至于赠贿，无失礼。"这赠贿都是"束纺"，名义上是主对宾的来聘之报，实际是宾返回时的赠送，虽然这赠送视聘礼之丰减而有所不同。因为对于这种赠送不再回报，所以下对上，弱对强的贡纳也称作"贿"，西周时有所谓"帛贿人"，正是一种贡纳户。其初，王国维先生在《兮甲盘跋》中说：

> 宣王五年三月乙丑朔，二十六日得庚寅，与此盘云"既死霸"合，……下云王命甲政𤔲成周四方责至于南淮夷，"责"读为委积之积，盖命甲微，成周及东诸夷之委积，正为六月大举计也。此盘当作于三月之后，六月之前，吉甫奉使成周之时。其淮夷旧我帛晦人以下乃告淮夷及东方诸侯百姓之辞，字虽不可尽识，而大意可知。（见《观堂别集》二）

虽然王先生说"其淮夷旧我帛晦人以下……字虽不可尽识，而大意可知"。其实王先生并未说出这一段大意，是大意仍不可知。后来到1976年唐兰先生在《用青铜器铭文来研究西周史》（见《文物》1976年，六期）一文内还说：

> 在青铜器铭文里，有很多关于淮夷、南夷、南淮夷的记载。《驹父盨》铭的重要，由于派遣驹父的人是南仲邦父，又由于派遣驹父去见南淮夷，索取贡赋。南仲是周宣王的卿士，……《元惠鼎》称司徒南仲，据这篇铭文则又叫南仲邦父。他派驹父取贡赋，大概是任司徒时事，在任卿士之前。在铜器铭文里，涉及南淮夷的，大都和军事有关。但《师寰簋》说，"淮夷繇我貟畮臣"，《兮甲盘》说，"淮夷旧我貟畮人"。说明对周王朝有贡赋关系。这篇铭文里，驹父去见南淮夷，为了取他的服，就是贡赋。

以上唐先生的叙述在关键处还不能完全定性，比如贡赋的内容不一，可以有财帛、玉器等，但唐先生究竟前进了一步，肯定了"貟畮臣""貟畮人"的性质，他说，"貟"字从贝白声；也作賏，从贝帛声，见《乖伯簋》。貟字通赋，《尚书·多方》"越惟有胥伯"，《尚书大传》作"越惟有胥赋"。《毛公鼎》说，"执大小楚赋"，楚赋即是胥赋，也就是胥伯，可证。貟畮臣是纳田赋的臣。（见原文注22）唐先生学识渊博，识字细密，每有创见，貟、赋之异，只是古音相同，貟之广义与赋通，但终嫌笼统，而释"畮"为"亩"，去原义太远，这不是"亩"，而是"贿"，"貟畮人"即"帛贿人"，也就是贡纳束纺的人。这里"贿"的用法和《仪礼》《周礼》《左传》都相同，贿用束纺（帛）是传统古礼，淮夷有纺，故其贡为帛，其人为"帛贿人"。其实在唐先生为此文的四十年前，郭沫若先生已经解决了这个问题，他在其《两周金文辞大系图录考释》中《兮甲盘》的隶定原文是：

> 佳五季三月既死霸庚寅，王衤各_略伐厰玁_狁于畐盧。兮甲从王，折首执嬲_讯，休，亡敃_尤。王易_锡兮甲马三匹，驹䡬车王令甲政_征龠_治成周三方責_积至于南淮尸。淮尸_夷旧我貟畮_贿人，母_毋敢不出其貟其責，其进人，其寅，母_毋敢不即諫_次即㞢_市，……。

下面，郭先生考释道：

责即责字，王云，"读为委积之积，盖命甲征成周及东诸侯之委积，正为六月大举，计也"。眞与《蔌伯毁》之眞为一字，余意即贝布之布之本字。晦当读为贿，《一切经音义》四，"贿古文賄同"，正从每声。《仪礼·聘礼》记"贿在聘于贿"，注云，"古文贿皆作悔"。知贿与悔通，则知晦与贿通矣。布帛曰贿，故此眞晦连文。"眞晦人"者犹言赋贡之臣也。下《师寰毁》正云，"淮夷繇我眞晦臣"。

五十年前，沫若先生对此已有精切解释，但未为唐先生所接受，始终以"晦"为"亩"，以"眞晦臣"为"为纳田赋臣"，未免失之。中国古文字三大家，王静庵先生之研究古字，尚处于筚路蓝缕时代，披荆斩棘，实在不易，有所成就，即属空前。静庵先生于学无所不窥，但细密而流于穿凿，似深入而有时误上歧途。沫若先生天才横溢，又能运用历史唯物主义方法，分析史料，解剖文字，诚事半功倍，有时失误，亦才大而疏也。

晦即贿，乾嘉学者于古音的研究中已经解决。江永在《古韵标准》一书内《上声第二部》里包括有《十四贿》《分四十五厚》，别收《去声十八队》；在《十四贿》中有"悔"，而郑玄注《仪礼》云，"古文贿皆作悔"。是郑、江两君说可以先后为证。而江永在《四十五厚》中有"亩"，得知从"亩"得声字，古同于贿，而在《去声十八队》中又有"悔"及"晦"。至此，我们知道，无论古"贿"作"悔"，作"晦"，都相同无疑。而唐兰先生定"晦"为"亩"，以"眞亩人"为纳田赋人，在音韵上是相通的，但"纳田赋"与"贡束帛"应有区别，唐说似未达一间。江永以后的段玉裁在《六书音韵表》中《古十七部谐声表》内说：

六书之有谐声，文字之所以日滋也。考周秦有韵之文，某声必在某部，至赜而不可乱，故视其偏旁，以何字为声而知其音在某部，易简而天下之理得也。许叔重作《说文解字》时，未有反语，但云某声某声，即以为韵书可也。自音有变转，同一声而分散于各部各韵，如一"某"声，而"某"在《厚韵》，"媒、膜"在《灰韵》；一"每"声，而"悔、晦"在《队韵》，"敏"在《轸韵》，"晦、痗"在《厚韵》

之类，参差不齐，承问多疑之，要其始则同谐声者必同部也。

以上段氏在举例中也有《队韵》中的"悔、晦"，《厚韵》中的"晦、痗"，在分部中前者为第一部，后者为第四部，而这两部，江永归于一部。而依据段氏的理论，两者虽不同部，"要其始则同谐声者必同部也"。同谐声字定古音值，比从古文献中找同押字为可信，我在论"之咍"两部古音值时曾详言之。

員即帛之具锦文者，郭沫若先生在《两周金文辞大系图录考释》中云：

"同罿黄"，罿字当即缕之异。《说文》，"缕帛文皃"；《诗》曰，"缕兮斐兮，成是贝锦"。今《诗》作萋，叚借字也。《毛传》云，"萋菲文章相错也。贝锦，锦文也"。郑笺云，"锦文者如余泉、余蚳之贝文也"。《尔雅·释鱼》"余蚳，黄白文，余泉，白黄文"。是则所谓"同罿黄"者谓佩玉之呈绚色而有文者也。（原书一五五页《鄦毁考释》）

員同于帛，亦即有萋菲相错之贝锦。"員贿人"即进贡贝锦的人。南淮夷为贝锦出产地，故为贝锦之贡户，一如明清时代之曲阜孔家有各种贡纳户，皆视其所有而定，如鱼虾户、荷藕户、洒扫户以及嚎丧户，孔府有丧事，他们去"帮哭"以成礼；南淮夷就是这种贡纳户。南淮夷当时是一个部落，所以称作"員贿人"或"員贿臣"，而不称"户"。

"贿"本来是财帛之通称，用以馈赠因谓之"贿"。它是交聘礼中的临别馈赠，用以答谢宾之来聘，贿不必报，后来演变，遂以"贿"为非礼行为，其实不然。当时，真正不正当而非礼的行为是"赂"不是"贿"。段玉裁《说文解字注》"赂"字注云，"货赂皆谓物，其用之则有公私邪正之不同"。是"赂"亦指财物言，但用法则有公私邪正之不同。可惜后来"赂"字都是用于邪私而不公正，如《左传》中的一系列记载：

《左传》桓公二年：以郜大鼎赂公，齐陈郑皆有赂。

《左传》庄公二十八年：骊姬嬖，欲立其子，赂外嬖梁五与东关嬖五。

《左传》僖公九年：晋郤芮使夷吾重赂秦以求入。

《左传》宣公九年：晋荀林父以诸侯之师伐宋，……又会诸侯于扈，将为鲁讨齐，皆取赂而还。

《左传》成公九年：楚人以重赂求郑、郑伯会楚公子于邓。

《左传》襄公十一年：郑赂晋侯歌钟二肆及其铸磬。

上面所有"赂"字的用法，不用解释，都属于邪私"非礼也"。"贿"是馈赠，而"赂"是不正当的馈赠，后来这两个字联系起来成为使人厌烦的字句。

正当的礼之往来必有"报"，《礼记》中多发挥礼中"报"之本义，如：

《礼器》："礼也者反本修古，不忘其初者也。"

又："礼也者反其所自生，乐也者乐其所自成。"

《乐记》："乐也者始也；礼也者报也。"

又："礼之报，乐之反，其义一也。"

《祭义》："礼得其报则乐，乐得其反则安。礼之报，乐之反，其义一也。"

都强调了礼必有报。礼的对象，一是天，一是人。对于天，自然或者上帝，因为他们给予人们的东西很多，是有厚礼于人，所以人们对之要报，如云，"反本修古，不忘其初"，"礼也者反其所自生"，都是对于天之报。这是原始的礼，是"第一次礼"的报。在人世间，上下之间，朋友之间，都讲礼与报，如《中庸》说：

体群臣则士之报礼重，子庶民则百姓劝，来百工财用足，柔远人则四方归之，怀诸侯则天畏之。

都是讲有给有还、有礼有报的道理。给得多则报厚，无礼则不报。这还没有脱离礼的原始意义，带有浓厚的财物交易性质。所以过去对于《礼记·曲礼》中"礼不下庶人"的解释与此相合。郑玄注"礼不下庶人"云，

"为其遽于事，且不能备物"。孔颖达疏云，"礼不下庶人者，谓庶人贫无物为礼，又分地是务，不服燕饫，故此礼不下庶人行也"。这种解释未尝无理，庶人贫无物为礼，而且忙于农耕，无暇于繁文缛礼。这与近代阶级分析方法，谓礼非行于庶人间者，亦相近。

  逐渐使礼脱离原始的朴素内容，是周公、孔子对于礼不断改造加工的结果。但原始的内容，以物易物的"礼尚往来"，是很难洗刷干净的。在宗周时代，周公以后，礼物的往还，还可以看出交易的性质，比如当时土地曾经作为礼品交换过，以致有人认为宗周已经有土地买卖。我们以为，完全把它当作土地交易是不妥的，因为在领主封建社会是"田里不鬻"的（《礼记·王制》）。但有些研究者以为这正好说明此一原则的突破，周礼已经到了被突破的边缘。吴镇峰先生在《陕西出土商周青铜器概述》中，指出1975年2月岐山董家村发现一窖西周青铜器，共三十七件，其中三十件铸有铭文。《卫盉》记载着周共王三年裘卫用价值贝一百朋的瑾璋、两件赤琥、两件麂韨和一件贲鞃，换取矩伯的土地十三田（一千三百亩）；《五祀卫鼎》记载共王五年裘卫用自己的五田（五百亩）土地对换了邦君厉的四田（四百亩）土地；《九年卫鼎》记载裘卫在共王九年又用一辆车子及车马器具等，换取矩的一片林地等，有关土地占有形态变化的情况。和《卫盉》《卫鼎》所载交易土地相似的还有过去出土的《格伯簋》（应称《倗生簋》）。簋铭说："格伯取良马乘于倗生，厥贾（价）三十田，则析。"倗生用四匹马换得格伯三十田土地，双方各执券契，然后勘划田界，办理交付手续。这些都是极重要的史料。《礼记·王制》所谓"田里不鬻"是周礼的一条根本原则，《卫盉》《卫鼎》的铭文表明这一原则在西周中期开始被突破了。奴隶主贵族之间出于某种需要，可以用实物换取土地和林地，或者用这块土地对换那块土地。由于当时土地在名义上还是国有的，所以，土地转让时还得报告王廷，至少取得形式上的认可。从《九年卫鼎》可以看出，在西周中期林地的交易和田地不同，只要私下达成协议，不通过官府即可易主。看来奴隶制的土地国有制转变为封建制的土地私有制，首先是从荒山野林开始的。

  以上吴先生的文章只是一种概述，未能详细说明这几件铜器关于土地交易的内容，有些提法也存在问题，比如说"看来奴隶制的土地国有制转变为封建制的土地私有制,首先是从荒山野林开始的",就存在着许多问题,封建社会初期一定有土地私有?典型的奴隶社会是土地国有?这都是问题。比较详细讨论这一问题的有林甘泉教授的《对西周土地关系的几点新认识》(《文物》1976年5期)一文,他说:"著名的《曶鼎》为我们提供了奴隶交换的价格,《卫盉》和《格伯簋》则为我们提供了土地交换的价格。把上述铭文有关西周土地和奴隶交换的比价列出来,可以看到:

一件玉璋 = 八十朋 = 十田

四匹良马 = 三十田

五名奴隶 = 一匹马 + 一束丝

把这个比价换算一下,则西周的一田大致值贝八朋,一匹良马大致值贝六十朋,而一名奴隶的价格无疑大大低于一匹良马。奴隶犹如奴隶主会说话的牲畜,但却比真正的牲畜不值钱。"下面又说:"土地用来交换或转让,这是奴隶主土地国有制遭到破坏和土地开始私有化的重要标志。共王以后,这样的例子慢慢多起来了。……到了春秋时代,各级奴隶主贵族之间交换和转让土地的现象越发常见。"又说:"《卫鼎》甲和《卫盉》的铭文说明,在周共王时代,奴隶主土地国有制已经开始破坏,土地私有制的历史过程已经发生。土地关系的这种变化,不仅表现在耕地上,也表现在林地上。《卫鼎》乙的铭文给我们提供了这方面的材料。"结论和吴文相同。这种解释还牵涉到有关铭文的隶定问题。唐兰先生认为"寅"只能隶定为"租"而不是"贾"。他说:"杨树达先生读贮为价(本作贾),韵母虽同,声母距离很远,不可通,而且,如果读为价,那就是等价交换,西周时还没有私有的田产,怎么能有农田的价格呢?"(见《文物》1976年6期中《用青铜器铭文来研究西周史》注五)唐先生认为在西周昭穆时代,贵族们醉心于向外掠夺,田地荒芜,奴隶减少,可是在另一方面,出现了新的农业经营者,他们招募了流散奴隶,进行了大规模农业生产,因此,这些新的农业奴隶主们就千方百计地谋求扩大耕地面积,租田就是这样兴起的。从卫的三件铜器铭文,可以看到裘卫在三年时间里租到田一千七百亩,后来又要到了一个林䆴里,显然是这种新兴的农业奴隶主。他虽然不是大贵族,但是他拥有贵重的玉器、豪华的车马、大量的裘和皮,俨然是富商巨贾。西周中叶(约公元前10世纪),出现这类人物,以及租田、典田等事，这和封建社会中的若干现象，已经十分类似了。

以上唐先生的意见有值得商量处。他说"赇"不能同时释作"租"，又释作"贾"，以为仅是韵同，不能通假。其实古音粗疏，无论音同纽同，都可通假，此例不胜枚举。"赇"解作"贾"在所有上述铭文中都可以讲通，物品交换在原始社会已经以礼品赠报的方式进行，而商贾的出现也很早。因之我们以为，唐先生说西周时还没有田产，怎么能有农田的价格呢？是很难成立的。但唐先生在疑似之间道出了这种交易的实质，他说："九年卫鼎记矩向裘卫取了一辆车子和车马的装饰，裘卫还另外送给矩姜（可能是矩妻）四卷帛，而后矩把林䎽（音苔）里给他。……这尽管不能算是买卖，而是互相赠予，其价值未必相当，但在事实上，总是以物易地了，这样的史料还是第一次发现。"（参考同上文）以上"这尽管不能算是买卖，而是互相赠予，其价值未必相当"，却道出了事情的真相，这的确不能算作正式买卖，而是互相赠予，也就是礼品的赠报，但价值也必须相当，因为在礼品交换场合，一定有贾（知物价者）参加。这是礼品交换，所以要有隆重的礼仪，唐先生在原文内也说："当时，田地属于王所有，其他奴隶主们只能暂时享有使用的权利。裘卫从矩伯那里租到田一千三百亩，告诉了伯邑父等五个执政大臣，大臣们还派职官去参加授田，是十分隆重的。"（同上文）唐先生说授田的过程"是十分隆重的"，但仅是租田不会有这种隆重的礼仪，"租田"不构成礼的内容。况且奴隶主贵族为什么要租田？他们自己都有来自分封或赏赐的采地，但他们自己不从事农耕，用农奴或奴隶来耕租田，类似封建社会后期的经营地主，在历史上没有存在过，因之这种解释是不妥当的，未免是唐先生千虑之一失。

郭沫若先生在类似的考释中多有精到处，他考释《鬲从盨》时指出：

> 此铭至难通读，细案殆是章曡两人于同日以邑里与鬲从交换，王命史官典录其事，鬲从复自作器以记之。……钧者取也，交易也。"复友"字三见，均是动词，且当有还付之意，是知友当读为赇，言既钧其田则还报以邑也。……唯突出善夫克之名为异，或者其犹后世之证人耶？（《两周金文辞大系图录考释》124—125 页）

这段释文有极精到处：一是以"友"为"贿"，在原文中虽然没有详细说明，但我们以为这在古音上是可以说通的。江永在《古韵标准》中，以《十四贿》《四十四有》同列上声第二部，而"友"在《四十四有》中。二是原文说明了这种以邑易田，实在是进行礼品交换，"是知友当读为贿；言既钧其田，则还报以邑也"。"复贿"在古代是礼仪用词。我们曾经说过，"贿"是当时礼仪往来中的一个环节。三是这种易田方式采取了隆重的礼仪，所以"王命史官典录其事"，而要善夫克参加作证。在《矢人盘》的铭刻中也是记载田邑交换而有田官参加，普通田产交易不会告知王室，起动贵族，田官记录，这些构成隆重的仪。在封建社会，有地为君，《仪礼·丧服传》云，"君，谓有地者也"。有地则有臣，由此也可以看出宗周社会之封建性质，可以说明"礼不下庶人"之阶级涵义，庶人没有力量答礼，也没有身份参与礼的场合。

至此，我们可以得出以下的结论：

1. 在原始社会，"礼尚往来"中的礼品交换，实质上是货物的交易行为。

2. 在中国封建社会初期，比如宗周，货物的交易行为中还带有浓厚的礼仪性质，所以在交换过程中有贵族参加，有王室的关注；而因为是货物交易也要有贾人参加，他们是"知物价者"。

西周时的周公、春秋时的孔子，都因往日的礼仪而加工改造。经过周公的加工，减少了礼仪中的商业性质；经过孔子的再加工，去掉了礼仪中的商业性质，"礼云，礼云，玉帛云乎哉！""礼"岂同于商业！

（三）冠礼、婚礼

杨宽教授在《古史新探》的《冠礼新探》中指出，西周、春秋时代贵族所应用的"周礼"，是由父系家长制时期的"礼"转变而来，其中"冠礼"是由"成丁礼"变化而来。"成丁礼"也叫"入社礼"，是氏族社会男女青年进入成年阶段的必经仪式。根据《仪礼·士冠礼》和《礼记·冠义》，贵族男子到二十岁时，要在宗庙中由父亲主持举行冠礼，在行礼前要选定日期和选定加冠的来宾，叫作"筮日""筮宾"。这是当时贵族青年成为

"成人"必经的仪式。成为成人才可以为人，可以为人才可以为治人，取得"治人"的贵族特权。因此所有贵族，包括天子、诸侯、卿大夫、士在内，都必须举行这个仪式。

按礼，贵族男子在结发加冠后，才可娶妻，贵族女子在许嫁后，才可结发加笄，所谓"男子幼娶必冠，女子幼嫁必笄"。（《太平御览》718引《白虎通》）所以古代礼书上常以"冠婚"连称。根据古礼，婴儿生下三月后，要择日剪发，由"父执子之右手，咳而名之"。（《礼记·内则》）男子到二十岁举行"冠礼"，才由宾客取"字"，所谓"男子二十冠而字"。（《礼记·曲礼》上）女子则在十五岁许嫁时，举行"笄礼"取字，所谓女子"十有五年而笄"，（《礼记·内则》）"女子许嫁笄而字"。（《礼记·曲礼》上）所以旧时习俗上，女子将许嫁时，叫作"待字"。后来"冠礼"虽然不时行了，但这个成年取"字"的习俗长期流行着。

《士冠礼》中记述男子取字的方式：

曰：伯某甫，仲、叔、季，唯其所当。这是说，男子"字"的全称有三个字，第一字是长幼行辈的称呼如伯、仲、叔、季之类。第二字是和"名"相联系的某一个"字"，末一字都用"甫"的称呼。其实，"甫"是父的假借字。在西周时确曾流行着这种取字的方式，春秋时也还有沿用这种习惯的。至于女子取字的方式，在《仪礼》中没有谈到。我们在西周、春秋金文中发现了许多贵族女子的称呼。这些称呼，除了有的冠有国名或氏以外，第一个字长幼行辈的称呼，第二个字是姓，第三个字和第四个字都作"某母"。王国维以为："此皆女字，女子之字曰某母，犹男子之字曰某父。"（《观堂集林》卷三《女字说》）郭沫若先生曾经称道王氏的说法是"揭破三千年来之秘密"。（《甲骨文字研究·释祖妣》）但后来他在《两周金文辞大系》《蔡太师鼎》的考释中又说："古人女子无论已嫁未嫁，均称某母，……"于此又不同意王国维说，认为"某母"乃女子之名而非字，无论已嫁未嫁都可称某母。杨宽先生不同意郭沫若先生的说法，而认为"以当时贵族女子'孟某母'的取字方式及简称方法作一比较，可知'某母'确为女子之字，非名。西周、春秋时女子在许嫁时举行'笄礼'取'字'，以丈夫的称号为字的，但不能说当时女子'无字'，全是'以丈夫之字为字'。实际上，妇女出嫁后都用字，不以名行，因此在古文献上妇女的名很少见"。下面，杨宽先生又把周代贵族女子的字和男子的字比较一下，而认为两者取字的方式基本相同，就是：

曰：伯（或作孟）某母（或作女），仲、叔、季，唯其所当。（见《古史新探》，235—243 页）

这是杨宽先生在他的《古史新探》一书内很有见解的地方，但事实还不能这样绝对化。中国古代女子既嫁后也可以称作某"妇"或"子"，王献唐先生在他的《山东古国考》内曾经说："《说文》，'女，妇人也'。据知诸女即诸妇，与《杞妇卣》等同例。别有尊文曰：'母甹诸妇'（见《筠清馆》金文诸书），彼言诸妇，犹此言诸女。凡彝器铭文，如《彭女甗》等，称女者甚多；上为国名地名或氏族名，下署女者，类用为妇，非指未嫁之女也。……此云'诸妇以'者，用某夫之字也。……古代男女，每通称为子，《仪礼·丧服传》郑注，'凡言子者，可以兼男女'。《礼记·曲礼注》，'言子者，通男女'。《左传》庄公二十八年、成公二年杜注，亦均训子为女，因之处女亦称处子，俱可案也。"（见原书 238 页）其实既笄而后，无论嫁与未嫁，都已成人称字，未嫁者称字，当然不必夫字，而"某母"可以称"某妇"或"某子"。

《仪礼·昏礼》云，"女子许嫁，而醴之，称字"。后来郑玄注《礼记·曲礼》因之曰，女子"以许嫁为成人"。其实无论《昏礼》及《曲礼》郑注都有些前后颠倒，应当是成人而后笄，笄而后待嫁；并不是许嫁而后笄，笄而后成人。不是成人不笄，不笄不许嫁。女子字，笄礼及昏礼中所记皆不详，以致有上述郭、杨、王诸家之争论。虽然在古文献中不详，但在我们少数民族中关于女子笄礼的流行却比男子的冠礼的流行普遍。最近，吕光天先生在《论解放前牧区蒙古族的家庭与婚姻》及严汝娴先生在《藏族的着桑婚姻》（均见《社会科学战线》1985 年 3 期）内都详细地叙述了两族成年男女的冠婚礼，尤其是关于女子的笄礼、婚礼，更可以补《仪礼》之不足，同时还可以了解封建社会初期的冠婚礼还保留着原始社会末期的风俗习惯。这种习俗正好是中国古礼的再现，古代汉族的冠、婚礼，在蒙、藏族中的再现，它帮助我们理解古文献中的礼仪及文献中我们还不理解的地方。

吕光天先生在他的论文内指出，在内蒙古西部还流行一种"指名为婚"和"指物为婚"的风俗。"指物为婚"实际上也是"指名为婚"，区别在于"指名为婚"的名义丈夫参加婚礼，而"指物为婚"是名义丈夫不参加婚礼，而是用名义丈夫的某些物件代替其本人。另外，如果在找不到担任名义丈夫的情况下也可以指烧火棍，或"摇克特"（炒米搅板）为丈夫，将发束起来作媳妇。这种还保留着的名义上夫妻的风俗，可能是我国古代对偶婚的一种变形的遗留，即女人在许多男人中有一正夫，男人在许多女人中有一正妻的风俗遗留。与此相似的，青海互助县土族有一种"戴天头"的风俗，姑娘长到十五六岁，在除夕日由父母主持为她单方面举行婚礼，戴上已婚女子的头饰，她的配偶就是老天爷，所以称"天头"。从此她就可以比较自由地结识异性朋友，生儿育女。

这种"戴天头"的风俗，实际是《仪礼·冠礼》中对于女方笄礼的由来，笄礼后待字闺中，也就是"戴天头"后，可以有男友了。由于这种风俗的存在，我们可以解释古文献上类似"戴天头"的记载。不过原文在这方面的叙述还不详尽，严汝娴的文章可以补足它。

严文曾经指出，"戴天头"是青海藏族的重要婚俗，全国解放初还流行，即当女孩长到十五、十七岁时，家长要为她改装易服，举行婚礼，与天匹配。从此，她就结束少女生涯，步入少妇的行列。所举行的"戴天头"仪式不减于正式婚礼，事前，由家长邀本族户主共商婚期，推举司婚总管及其他专职人员。举行仪式当天，宾客盈门，由喇嘛为"戴天头"姑娘举行宗教洗礼，念诵含义深远的《戴天头祝词》：

> 羽毛丰满的锦鸡，
> 向着蓝天飞翔；
> 脚力已足的马驹，
> 驰骋在辽阔草原。
> 及龄的女郎戴头，
> 是古老的民族习俗，
> 为姑娘自由匹配，

上天打开了大门。

随后喇嘛将青稞种子撒向新人住所,口中念诵"生根、开花、结果,世世代代传下去!"

宗教仪式后,是世俗的更衣、分辫和单人的拜堂典礼,这是"戴天头"仪式的中心内容,由女孩的母亲、姨母等女性亲长主持。她们将女孩的单辫分开,分成许多小辫,在她的背上披一块背饰称"囊角",下面坠三个小布袋,居中一个称"札瓦",左右两个称"加尤",戴头的关键就是将女孩的发辫插入两个"加尤"中,这就是成年女子头饰的重要标志,象征她从今后是成人了,可以婚配了。待女孩更换一新,妇女们便拥簇她来到正屋中央,举行单人拜堂仪式,程序是:先拜天地,后拜祖先,再拜父母,最后拜假想中的配偶。《拜天地歌》的歌词是:

一拜天地天眼开,二拜祖宗赐福来,
三拜父母恩情重,四拜情人早些来。

实际上,戴天头的礼仪无非是为适龄女子过成人生活提供合法身份。从此以后她们便可以自由地和异性交往,而彼此没有任何约束,双方互称"着桑",意思是"朋友"或"相好",不是夫妻关系,这种偶居可以称为"着桑"婚,这和正式男婚女嫁大不一样,它的特点是:

1. 着桑婚的基础是单纯性关系,不组成共同生活的家庭,结合自愿,离异自由。
2. 偶居时间的长短以双方感情为转移,偶居期间并非独占的同居。
3. 所生子女全属女方,由女方抚养,与男方无涉。
4. 子女在社会上和家庭中的地位与婚生子女相同。

社会在发展,婚姻形态也在发展,这种婚姻生活是在达到一定年龄,举行成年仪式之后,自然开始的。

以上原文又说,"举行成年仪式",就是我国古代冠礼的由来。摩尔根在他的《古代社会》一书内曾经举出在易洛魁族,到十六岁或十八岁时,通常由酋长举行仪式,宣布废除幼年名字,授予成年名字。在成年名字授予后，一经部落会议公布，就取得了成员的权利和义务。在母系氏族时代，举行成年仪式是一种普遍的社会现象，这是为了向社会提供合格成员而进行的一系列的训练仪式。原始的成年式，是由氏族长老对少年进行生产技术和战斗技能的训练；同时由同性亲长传授婚姻生活知识。最后以改变服饰和发式的方式，加上更改或加添名字的方式，将成年人和未成年人明显地区别开来。一旦进入成年人的行列，就要承担相应的社会职责：一方面参与主要的生产活动；另一方面则开始婚姻生活，以繁衍新一代。此所以恩格斯在《家庭、私有制和国家的起源》一书内强调"两种生产"，人类的繁衍始终是社会上主要问题之一。

在举行成年礼的仪式中，无论男女都要另取名字，在我们的古礼中男子是冠而后字，女子是笄而后字，还是必要的，因为"氏族有一定的名称，或一套名称，在全部落内只有该氏族才能使用这些名称，因此，氏族个别成员的名字，也就表明了他属于哪一氏族。氏族的名称一开始就同氏族的权利密切联系在一起"。（《家庭、私有制和国家的起源》三《易洛魁人的氏族》）在中国古代姓氏与名字的关系中可以看出此种现象，而《左传》昭公十一年中所记少皞氏以鸟名官，是氏族图腾与名字连在一起，也可以说明此一问题。

上面我们说过，这种冠婚礼的存在，可以帮助我们理解古文献中一些不得其解的问题，比如《诗经·周南·关雎》：

> 关关雎鸠，在河之洲；
> 窈窕淑女，君子好逑。
> 参差荇菜，左右流之；
> 窈窕淑女，寤寐求之。
> 求之不得，寤寐思服；
> 悠哉悠哉，辗转反侧。
> 参差荇菜，左右采之；
> 窈窕淑女，琴瑟友之。
> 参差荇菜，左右芼之；
> 窈窕淑女，钟鼓乐之。

根据《诗序》,"《周南》《召南》,正始之道,王化之基,是以关雎,乐得淑女,以配君子。爱在进贤,不淫其色。衷窈窕,思贤才,而无伤善之心焉,是关雎之义也"。这种解释离题太远,是把比较原始的浪漫诗歌伦理化的结果。在西周,儒家思想远没有取得统治地位,这种"得淑女以配君子,爱在进贤,不淫其色"的思想还没有渗透到男女生活中。原诗中表现的男女关系,和我们曾经叙述过的"戴天头"以后的妇女没有两样。结合着有关冠婚礼的探讨,我们认为,中国古代男子成年,经过必要的考验而纳入本氏族以内者,谓之"良人";女子成人,经过笄礼而待字者,谓之"好女"(或"淑女")。《孟子·离娄下》有云,"齐人有一妻一妾而处室者,其良人出则餍酒肉而后反,其妻问所与饮食者则尽富贵也。其妻告其妾曰,良人出则必餍酒肉而后反,问其与饮食者,尽富贵也,而未尝有显者来,吾将瞷良人之所之也"。妻妾称其夫为"良人"。又《诗·唐风·绸缪》云,"绸缪束薪,三星在天,今夕何夕,见此良人,子兮子兮,如此良人何?"《毛诗》云,"良人美室也"。郑笺云,"今夕何夕者,言此夕何月之夕乎,而女以见良人,言非其时"。孔颖达疏依《毛诗》,遂以良人为"美室"。此说不确,当依《郑笺》,宋朱熹《诗经集传》《绸缪》遂云,"良人夫称也"。良人指男子或丈夫,在古文献中不胜枚举。而《绸缪》一诗,用以解笄礼后,即戴天头后的女子,"三星在天,见此良人",可以自由与男子结合了。这样,应当是《诗》之本义。良人既指男性,而"好"乃用以称女人。《说文》,"好,媄也"。段注,"各本作美也,今正,与上文媄为转注也。好本谓女子,引申为凡美之称"。"好本谓女子",是为达诂。以此,我认为殷商之"妇好"不止一人,女子皆可称好,故"妇好"可以是达名,对某一妇女言,当然也可以作私名看。

通过上面对于《诗经》的剖析,我们知道,诗与民族学研究结合,可以互注而探讨中国礼仪风俗以及更泛史实之本质。通过"戴天头"即笄礼的探讨,我们更可以解释《诗·大雅·生民》之所谓:

厥初生民,时维姜嫄。生民如何?克禋克祀。以弗无子,履帝武敏歆,攸介攸止,载震载夙,载生载育,时维后稷。

诞弥厥月,先生如达。不拆不副,无灾无害。以赫厥灵,上帝不宁，不康禋祀，居然生子。

诞寘之隘巷，牛羊腓字之。诞寘之平林，会伐平林。诞寘之寒冰，鸟覆翼之。鸟乃去矣，后稷呱矣。

自"厥初生民"开始，实际上是由母系氏族社会转入父系氏族社会的开始。《诗序》云，"生民，尊祖也。后稷生于姜嫄，文武之功，起于后稷，故推以配天焉"。尊祖是尊后稷，后稷母姜嫄，而其父则无法认定，于是"履帝武敏歆"生后稷。《郑笺》云，"帝，上帝也；敏，拇也。……祀郊禖之时，时则有大神之迹，姜嫄履之。……其左右所止住如有人道感己者也，于是遂有身。……后则生子而养长，名之曰弃"。这是一个未婚女子，根据上面关于"戴天头"的叙述，这正是"当姑娘长到十五、十七岁时，家长要为她改装易服，举行婚礼，与天匹配。从此，她就结束少女生涯，步入少妇的行列"。"履帝武敏歆"，也就是与天匹配。与天匹配后的姜嫄，生下大有作为的儿子"后稷"，成为周族始祖，周人永远忘不了这不祧的祖先，《鲁颂·閟宫》歌颂道：

閟宫有侐，实实枚枚，赫赫姜嫄，其德不回。上帝是依，无灾无害，弥月不迟。是生后稷，降之百福，黍稷重穋，植稚菽麦，奄有下国，俾民稼穑。有稷有黍，有稻有秬，奄有下土，缵禹之绪。

以上使后稷与大禹并称，都是对中华民族作出过巨大贡献的人，而其母姜嫄"其德不回，上帝是依"，依于上帝生子，更是"戴天头"的绝好注解。"戴天头"后生子与婚后生子有同等地位，后稷不会被人所歧视，又因其发展农业有功，更被周人祀为不祧祖先，对中华民族来说也是有功的伟人。

姜嫄是周族的始祖母亲，周是华夏族的一支；而商与东夷的古史记载，也有类似姜嫄后稷的故事，他们是华夏族的另一支。所谓华夏，即以夏、商、周各族为主体，而夏、周为一系，商、夷为一系。《诗·商颂·玄鸟》有云："天命玄鸟，降而生商，宅殷土茫茫。"又《商颂·长发》有："有娀方将，帝立子生商。"这都是说明殷商始祖的产生情况。有娀氏女也是处于"戴天头"的阶段而生商祖，找不到父亲，遂谓"帝立子生商"。

《郑笺》于此受有当时"五色帝"影响,遂指实帝为黑帝,而《疏》云,"有娀氏之女,方欲长大之时,天为之生立其子而使之生商"。《吕氏春秋·音初篇》于此有较详叙述:

> 有娀氏有二佚女,为之九成之台,饮食必以鼓。帝令燕往视之,鸣若谥隘。二女爱而争搏之,覆以玉筐。少选,发而视之,燕遗二卵北飞,遂不反。二女作歌,一终曰,"燕燕往飞。"实始作为北音。

这是《玄鸟》《长发》关于玄鸟的故事。上帝与有娀氏女间有"燕"之中介,而主之者为帝,这是"戴天头"式婚姻的描述加上鸟图腾的色彩。汉王充《论衡·吉验篇》《魏书·高勾丽传》及《清太祖武皇帝实录》内都有类似记载,说明玄鸟故事普遍流传于东夷各族中。如《论衡·吉验篇》云:"北夷橐离国王侍婢有娠,王欲杀之。婢对曰,'有气大如鸡子,从天而下,我故有娠。'后生子,捐于猪溷中,猪以口气嘘之不死。复徙置马栏中,欲使马藉杀之,马复以口气嘘之,不死。王疑以为天子,令其母收取,奴畜之,名东明,令牧牛马。东明善射,王恐夺其国也,欲杀之。东明走,……因都王夫余,故北夷有夫余国焉。"这个故事和姜嫄后稷相似,都是未婚生子,遭到坎坷而得天护的故事。这种故事,遍及东夷,因秦族也是东夷之一支,所以《史记·秦本纪》也有"玄鸟陨卵,女修吞之,生子大业"的记载。图腾崇拜与"戴天头"的风俗联系在一起,遂有玄鸟遗卵,少女吞之而生子的传说,基本上与周族姜嫄的故事相似。

冠礼、婚礼在古代本是互相衔接的两件事。男子当冠婚之前,还要经过一番必要的考验,严汝娴在她的文章中指出,"在母系氏族时代,举行成年仪式是一种普遍的社会现象,这是为了向社会提供合格成员而进行一系列训练仪式。原始的成年式,是由氏族长老对少年进行生产技能和战斗技能的训练;同时由同性亲长传授婚姻生活的知识。为了锻炼少年们的体魄和意志,往往进行烟熏、火烤、残体等考验,最后以改变服饰和发饰的方式将成年人与未成年人明显地区别开来。一旦进入成年人的行列,就应承担相应的社会职责:一方面参与主要的生产活动,以供养氏族老幼;另一方面则开始过婚姻生活,以繁衍新的一代。"(见《社会科学战线》1985

年3期243页）通过这种民族学方面的探索，我们可以更好地理解《尚书·尧典》中的一段记载，当尧老而求贤的时候，四岳举舜，并说明舜在家庭中的孝悌行为，尧说道：

> 我其试哉，女于时观厥刑于二女，釐降二女于妫汭，嫔于虞。帝曰钦哉，慎徽五典，五典克从，纳于百揆，百揆时叙，宾于四门，四门穆穆，纳于大麓，烈风雷雨弗迷。

这种文字，也许是后人追记，但不能说是伪造。通过这种史实，我们知道舜的冠婚、成年入社，被举为部落酋长的过程，是经过种种考验的。这和我们知道的存在于少数民族中的成丁入社礼，没有不同。尤其是"纳于大麓，烈风雷雨弗迷"，这雷雨和烟熏、火烤同样是严峻考验。因为这是氏族社会挑选酋长或军事首长的方法，而后来儒家把尧舜神圣化，认为是中国古代理想的帝王，氏族社会不文明的挑选方法，不适用于文明社会的圣贤禅让，于是以"大麓"为"大录"，完全改变了性质，牟庭在《同文尚书》内有较详叙述，他说：

> 《伪孔传》曰："麓，录也，纳舜使大录万几之政，阴阳和，风雨时，各以其节，不有迷错愆伏。"……沈约《宋志》引王肃注曰，"尧纳舜于尊显之官，大录万几之政"。《尚书大传》，"纳之大麓之野"。郑注曰，"麓者录也。古者天子命大事，命诸侯则为坛国之外，尧聚诸侯命舜陟位居摄，致天下之事，使大录之"。庭按：《伪孔传》用王肃注，王肃注用《大传》郑注，此即伏生所传今文说矣。《汉书·于定国传》曰，"万方之事，大录之事，大录于君"。即用今文三家义关。今文说大麓近是，而麓通为录，义尚迂回。……《说文》：麓，古文作𣏾，然则录、禄、𣏾、麓皆通用。即麓当读为禄。……"纳于大禄"谓使摄帝位入于大福，非大录也。马融郑注皆曰，"麓，山足也"。《五帝纪》曰："尧使舜入山林川泽，暴风雷雨，舜行不迷，尧以为圣。"此用真孔古文说。大麓为山林川泽，马郑亦闻而从之，所谓古文说也。然大麓若是山林川泽，……尧得舜乡用方殷，而使在山泽风

雨之处御螭魅乎？事不近情可知，古文说非也。（原书卷一《尧典》）

古文说以"大麓为山林川泽"，今文则解"大麓"为"大录"，以"纳于大麓"为大录万几，当天子事。司马迁从古文说，所以在《五帝本纪》中记为"舜入于大麓，烈风雷雨不迷"。这是成丁入社的考验，当时虽没有文字记载，但巫史世家，口耳相传，后来有文字记载，从而出现古今文之异说，经过经书之儒化，于是朴素的原始故事被有后世的缤纷色彩。牟庭于此很难有正确理解，但有此叙述，使人们得知史实原委。尧舜的故事，不能出于后人伪造。有虞氏始入阶级社会，而尧曾使二女归舜，弟象尚使二嫂治栖，都说明这是对偶婚制的残余，结合到成年入社等措施，我们可以理解尧舜时代的社会性质。后来儒家以古代原始社会为理想中的黄金世界，遂有托古之说，但托古非复古也。这些古礼上的规定与民族学上的现象之相类似，也说明中华民族有发展先后不同，但是一线相通且可先后互证。

（四）军礼

这里我们谈军礼中的乐舞。宗周一代的《大舞》曰《大武》，今《大武》乐章，尚存于《诗经·周颂》中。《礼记·乐记》中有孔子论《武》云：

> 宾牟贾侍坐于孔子，孔子与之言及乐曰，夫《武》之备戒之已久何也。对曰，病不得其众也。……子曰，唯丘之闻诸苌弘，亦若吾子之言是也。宾牟贾起免席而请曰，夫《武》之备戒已久则既闻命矣，敢问迟之迟而又久何也？
>
> 子曰，居吾语汝。夫乐者象成者也，揔干而山立，武王之事也；发扬蹈厉，太公之志也；武乱皆坐，周召之治也。且夫武始而北出，再成而灭商，三成而南，四成而南国是疆，五成而分周公左、召公右，六成复缀以崇；天子夹振之而驷伐盛威于中国也。

以上所论《武》是描绘西周开国灭商的战斗历程，载歌载舞，"驷伐盛威于中国"。所以清阮元以《颂》为舞容,其说确不可易,而《毛诗序》:"颂者,美盛德之形容,以其成功,告于神明者也。"当为阮元说法的张本。根据实战过程,制为舞乐,美盛德之形容者,不仅宗周,历代有之;不仅汉族,各族有之。后来最著者有唐太宗时之《秦王破阵乐》。据《新唐书·礼乐志》记载:"唐之自制乐,凡三大舞,一曰《七德舞》,二曰《九功舞》,三曰《上元舞》。《七德舞》者,本名《秦王破阵乐》,太宗为秦王破刘武周;军中相与作《秦王破阵乐曲》。及即位,宴会必奏之,谓侍臣曰:'虽发扬蹈厉,异乎文容,然功业由之,被于乐章,示不忘本也。……朕虽以武功兴,终以文德绥海内,谓文容不如蹈厉,斯过矣。'乃制舞图,左圆右方,先偏后伍,交错曲伸,以象鱼丽鹅鹳。命吕才以图教乐工百二十八人,披银甲执戟而舞凡三变,每变为四阵,象击刺往来,歌者和,曰《秦王破阵乐》。"这是可比于《大武》的舞乐。

在唐前,北齐神武帝兰陵王,常著假面对敌,时人壮之,为乐声效其击刺之容,名之曰《兰陵王入阵曲》,是唐代流行的软舞之一。段安节《乐府杂录·鼓架部》云:"大面出于北齐,齐兰陵王长恭才武而貌美,常著假面以对敌。尝击周师金墉下,勇冠三军,齐人壮之,为此声以效其指挥击刺之容,俗谓之《兰陵王入阵曲》。""大面"一名"代面",即指兰陵王著假面言。向达先生在他的《唐代长安与西域文明》中曾经说:

> 段氏又谓戏者衣紫腰金执鞭。《兰陵王》在日本一名《陵王》,又名《罗陵王》:有啭;有乱序、中序各一帖;荒序、八帖各一拍;入破四帖,后改为二帖,各十六拍。舞者一人别装束假面帽子,执金桴。其《兰陵王》舞服面具,并传于今。……今按日本所传《兰陵王》有啭词云:"吾等胡儿,吐气如雷。我采顶雷,蹈石如泥。右得力士,左得鞭回。日光西没,东西若月。舞乐打去,录录长曲。"(原书,五)

这是尚存于日本的我国舞曲。不仅帝王有战斗舞曲,民间故事亦可入乐。唐代乐府中又有《钵头》,一名《拨头》,又名《拔头》,也是一种舞乐。段安节《乐府杂录·鼓架部》记《钵头》之由来云:"《钵头》:昔有人父为虎所伤,遂上山寻其父尸。山有八折,故曲八叠。戏者披发素衣,面作啼，盖遭丧之状也。"杜佑《通典》作《拨头》，并云："出西域，胡人为猛兽所噬，其子求兽杀之，为此舞以象也。"（原书卷146）《钵头舞》亦存于日本，舞者胡服，戴面具，披发，手持短桴。王国维先生以为出于西域之拔豆国。（见《唐代长安与西域文明》70—71页）通过这些舞乐的探讨，我们知道《大武》的来源与西周开国时的战斗历程相关，是无疑的。

近来汪宁生先生在《释武王伐纣前歌后舞》（见《历史研究》1981年4期）一文中，曾经根据我国西南少数民族有关习俗，解释西周初《大武》乐的起源。古代战争讲究先声夺人，认为这是取胜的必然条件。临阵时有人大声呐喊，高唱战歌，手执武器，作出各种恫吓性的刺杀动作，或者身穿彩衣，化装为野兽。在中国古代战争中固所在多见。顾颉刚先生在《史林杂识初编》中也曾经指出，《左传》庄公十年，郎之役，鲁公子偃蒙皋比（虎皮）而先犯之，以胜宋。又僖公二十八年传，城濮之役，晋下军胥臣亦蒙马以虎皮，以胜陈蔡。可见春秋时代有此兵法。虎者非虎也，虎皮而已。《史记·田单传》："乃收城中得千余牛，为绛缯衣，画以五彩龙文，束兵刃于其角，而灌脂束苇于尾，烧其端。……牛尾炬火光明炫耀。燕军视之皆龙文，所触尽死伤。"龙者非龙也，彩画之龙文而已。若以神话式之记载施于田单，不将曰"齐以火龙胜燕乎！"《宋书·宗悫传》："元嘉二十二年，伐林邑。……林邑王范阳迈倾国来拒，以具装被象，前后无际，士卒不能当。悫曰：'吾闻师子威服百兽。'乃制其形，与象相御；象果惊奔，众因溃散，遂克林邑。'狮者非狮也，制狮之形而已。若亦以神话方式施之，不将曰，宗悫以狮军破象阵耶？"（见原书109—170页《驱兽作战》）这些都是用恫吓手段，使敌人驯服的例证。

汪宁生先生又说，同样的战俗在我国西南少数民族中，近世仍然保存。云南德宏地区景颇族解放前经常发生"拉事"，即贵族间一种掠夺性械斗。当"拉事"前，双方都推举勇敢者充当先锋，巫师卜卦决定战期后，由贵族对先锋举行"授盾牌"仪式，即将一块绘有恐怖人面图形的野猪皮盾牌授与先锋，表示委以领战的重任，然后出征。其具体作战过程是：先锋共两人，一个称为"勒卡总楚"（正兵头），一个称为"司列"（副兵头），他们走在出征队伍的最前列，"勒卡总楚"一手舞刀，一手舞野猪皮盾牌；"司列"双手紧持长矛，作不断击刺状。两人的动作很像舞蹈，情绪紧张热烈，口中还时常发出"啊，啊，……"的声音，造成一种恐怖气氛，边舞边吼，向敌人冲去，全队即紧随向前推进。近代景颇族已使用新式步枪，但作战时仍要推选先锋，由他们在前，挥刀、矛与盾牌，仍然认为这是决定胜负的关键。

凉山彝族在解放前，各个家支之间经常发生械斗，即"打冤家"，他们也保持着古老的战俗，双方各选出先锋，称为"札夸"（由黑彝担任）。战时"札夸"一手舞牛皮盾牌，一手舞刀，在全队前打头阵。战士们都穿上鲜艳服装，有的还披皮甲胄与皮护臂，头缠红布，插以鸡毛。"札夸"打扮更奇，甲胄、盾牌之上，都添上红、黄、黑三种颜色组成的图案，鲜艳夺目。这些都是使对方害怕的场面。开仗时双方"札夸"先通报家支名称及自己的名字，背家谱及发出恫吓的语言，如："你们这一家支的人，被我杀过的头太多了！"或"我比老虎还凶"之类。众多战士及助战妇孺则在后呐喊助威，称为"吼号子"，有时还要高唱战歌，有一首的内容是：

> 我是很出名的黑彝，我是杀猪的屠户。我是人上之人，我是吃人之虎。我曾剥过人皮九张，谁能比得上我！

这些都是可以说明中国古代文献所载，武王伐纣时，士兵歌舞的真实意义。如《尚书大传》云：

> 武王伐纣，至于商郊，停止宿夜，士卒皆欢乐歌舞以待旦。
> （《礼记·祭统正义》内皇侃疏引）

《华阳国志》解释上述记载道：

> 周武王伐纣，实得巴蜀之师，著于《尚书》。巴师勇锐，歌舞以凌，殷人倒戈，故世称之曰："武王伐纣，前歌后舞也。"……阆中有渝水，賨民多居水左右，天性劲勇，初为汉前锋陷阵，锐气喜舞。帝善之曰："此武王伐纣之歌也。"乃令乐人习学之，今所谓《巴渝舞》也。（《巴志》）

汪先生以为此所谓"歌舞以凌"，即"武王伐纣前歌后舞"的原始意义，"凌"是近逼敌人，是先头部队的冲锋陷阵方法，并不是表示欢乐的歌舞，到西汉初年，巴賨人民还曾用此法助汉作战，"先声夺人"在古代认为是战争取胜的必要条件。以此来解释西周《大武》乐的起源，还是有说服力的。

《大武》是宗周祭祀祖先的一种乐舞，现在《诗经·周颂》中还保存着《大武》乐章。王国维先生曾经有过考证道：

> 《乐记》夫武始而北出，再成而灭商，三成而南，四成而南国是疆，五成而分，周公左，召公右，六成复缀以崇。是武之舞凡六成，其诗当有六篇也。据《毛诗序》于《武》曰，"奏大武也"。于《酌》曰，"告成大武也"。则六篇得其二。《春秋左氏》宣十二年传，楚庄王曰，武王克商作武。其卒章曰，"耆定尔功"。其三曰，"铺时绎思，我徂惟求定"。其六曰，"绥万邦，屡丰年"。是以《赉》为武之三成，以《桓》为武之六成，则六篇得其四。其诗皆在《周颂》，其余二篇，自古无说。案《祭统》云，"舞莫重于武、宿夜"，是尚有《宿夜》一篇，郑注，《宿夜》武曲名也。疏引皇氏云，师说《书传》云，武王伐纣，至于商郊，停止宿夜，士卒皆欢乐歌舞以待旦，因名焉《武宿夜》，其乐亡也。熊氏云，此即《大武》之乐也。……《武宿夜》即《武夙夜》，其诗中当有"夙夜"二字，因以名篇。……《大武》六篇，其四篇皆在《周颂》，则此篇亦当于《颂》中求之。今考《周颂》之十一篇，其有"夙夜"字者凡四，《昊天有成命》曰，……若《武宿夜》而在今《周颂》中，则舍此篇莫属矣。……如此则《大武》之诗，已得五篇，其余一篇，疑当为般。……此《武》待之可考者也。至其次第则《毛诗》……六篇分居三处，其次：则《夙夜》第一、《武》第二、《酌》第三、《桓》第四、《赉》第五、《般》第六；此殆古之次第。（《王国维遗书》卷二，《周大武乐章考》）

后来记载多是说武王、周公制《大武乐》，这在下面将有详细说明。汪宁生以为《大武乐》就是来源于巴人参与伐纣时"歌舞以凌"的动作。本来武王伐纣有许多西南少数民族参加,《牧誓》中的"庸、蜀、羌、髳、微、卢、彭、濮人"几乎都自西南来,他们具有类似巴人的战斗作风,并非意外,而且根据古文献记载或者是现代民族学的研究,这种战斗作风曾经普遍存在,以实战过程制为乐舞,纪念过去,警惕未来。唐太宗有《秦王破阵乐》,则武王、周公之有《大武乐》亦古今一辙。

《大武》中系统的舞蹈动作本来是模拟武王伐纣时的战斗行为,根据《礼记·祭统》及《明堂位》的记载,《大武》舞者手执"朱干玉戚","朱干"即采绘盾牌,戚是斧形武器,"玉戚"已经是礼器。1960年,湖北荆门县漳河车桥的战国墓中曾经出土一件铜兵器,经过研究定为"大武戚",有铭文"大武辟兵",辟兵即避兵。原来作为纪念过去的《大武乐》,逐渐演变为警惕未来、止暴乱、息兵患的有力象征。正如《商君书·徕民》所云,"天下有不服之国则王以此春困其农,夏食其食,秋取其刈,冬陈其宝,以大武摇其本,以广文安其嗣,王行此十年之内,诸侯将无异民"。"以大武摇其本"是以《大武》为强大武器,使对方不战而服。"大武戚"之"大武辟兵"的真实意义,是用武以止暴,而不是以武力去征服,"大武戚"由兵器变为礼器,正好是"化干戈为玉帛"。(参考《江汉考古》1955年3期黄锡全《大武辟兵浅析》)

乐舞构成礼仪中的仪,而仪不止于乐舞,《礼记·中庸》有云:

> 礼仪三百,威仪三千,待其人然后行。

汉唐注疏于此都委曲不能达意,宋朱熹之《中庸章句》遂谓"威仪曲礼也"。而《礼记·曲礼》有"经礼三百,曲礼三千"之说,朱子遂以曲礼解威仪。陈澔《礼记集解·礼器》中引朱子说云,"礼仪三百,便是《仪礼》中士冠、诸侯冠、天子冠礼之类,此是大节有三百条,如始加、再加、三加,又如坐,如尸立、如齐之类,皆是其中小目"。是说"大节"为《礼仪》为《礼经》,而小目为《威仪》为《曲礼》。"曲"有细小义,《礼记·中庸》,有"其次致曲,曲则有诚"。郑玄注"曲"云,"犹小小之事也"。从字义上讲这是不错的,礼经为纲,曲礼为目,但"威仪"不能解作"细小节目",《左传》襄公三十一年传有云:

卫侯在楚，北宫文子见令尹围之威仪，言于卫侯曰："令尹似君矣，将有他志。虽获其志，不能终也。《诗》云，'靡不有初，鲜克有终'。终之实难，令尹其将不免。"公曰："子何以知之？"对曰："《诗》云，'敬慎威仪，惟民之则'。令尹无威仪，民无则焉。民所不则，以在民上，不可以终。"公曰："善哉，何谓威仪？"对曰："有威而可畏，谓之威；有仪而可象，谓之仪。君有君之威仪，其臣畏而爱之，则而象之，故能有其国家，令闻长世。臣有臣之威仪，其下畏而爱之，故能守其官职，保族宜家。……《周书》数文王之德曰，'大国畏其力，小国怀其德'，言畏而爱之也。《诗》云，'不识不知，顺帝之则'，言则而象之也。……文王伐崇，再驾而降为臣，蛮夷帅服，可谓畏之。文王之功，天下诵而歌舞之，可谓则之。文王之行，至今为法，可谓象之。有威仪也。故君子在位可畏，施舍可爱，进退可度，周旋可则，容止可观，作事可法，德行可象，声气可乐，动作有文，言语有章，以临其下，谓之有威仪也。"

这是春秋时代北宫文子对于"威仪"的详尽发挥，虽然不是权威说法，但是值得参考的意见。西周以来有德、刑两手的传统观念，文王是具有这种观念的典型人物。文王之德是"大国畏其力，小国怀其德"，力是刑而德是规范行为，这"规范行为"包含有礼的内容，也就是后来之所谓"赏"。北宫文子说："有威而可畏，谓之威；有仪而可象，谓之仪。君有君之威仪，其臣畏而爱之，故能有其国家，令闻长世。臣有臣之威仪，其下畏而爱之，故能守其官职，保族宜家。"已经逐渐偏离西周以来的传统而重在"威"，发展下来，"威仪三千"遂与《吕刑》之"五刑之属三千"相比附，去德尚刑，遂为法家学说之思想根据。

仪是模式，是法度，依模式而行礼是谓礼仪，依法度而行法是谓威仪；"礼仪三百，威仪三千"，遂有礼、法对立的趋势。《周礼·地官·保氏》有："保氏掌谏王恶，而养国子以道，乃教之六艺：一曰五礼，二曰六乐，三曰五射，四曰五驭，五曰六书，六曰九数。乃教之六仪：一曰祭祀之容，二曰宾客之容，三曰朝廷之容，四曰丧纪之容，五曰军旅之容，六曰车马之容。"六仪即六容，是以"容"解"仪"。又《秋官·司仪》有："掌九仪之宾，容摈相之礼，以诏仪容辞令揖让之节。""仪、容"联文，与上文相同。这同我们解作模式、法度是没有分歧的。《左传》昭公五年也有关于"礼""仪"区别的议论。如：

> 公如晋，自郊劳至于赠贿，无失礼。晋侯谓女叔齐曰："鲁侯不亦善于礼乎？"对曰："鲁侯焉知礼。"公曰："何为，自郊劳至于赠贿，礼无违者，何故不知。"对曰："是仪也，不可谓礼。礼，所以守其国，行其政令，无失其民者也。今政令在家，不能取也；有子家羁，弗能用也。奸大国之盟，陵虐小国，利人之难，不知其私。公室四分，民食于他。思莫在公，不图其终。为国君，难将及身，不恤其所。礼之本末将于此乎在，而屑屑焉习仪以亟。言善于礼，不亦远乎！"君子谓叔侯于是乎知礼。

自郊劳至于赠贿，是聘礼的全部过程，从表面上看，鲁公在全面过程中无失礼处，但女叔齐不以鲁公为知礼，他说"礼，所以守其国，行其政令，无失其民者也"。这是周公制作的礼，是治国的大经之法，包括有"礼仪三百，威仪三千"的全部内容；不仅是表面的模式、法度、仪容，这些是"仪"不是"礼"。

第二　周公对于礼的加工与改造

（一）周公制礼作乐

《左传》文公十八年有云：

> 季文子使太史克对曰："先大夫臧文仲教行父事君之礼，行父奉以周旋，弗敢失队，曰：'见有礼于其君者，事之，如孝子之养父母也；见无礼于其君者，诛之，如鹰鹯之逐鸟雀也。'先君周公制周礼曰：'则以观德，德以处事，事以度功，功以食民。'作誓命曰：'毁则为贼，掩贼为藏，窃贿为盗，盗器为奸。主藏之名，赖奸之用，为大凶德，有常无赦，在九刑不忘。'"

以上"先君周公制周礼"是有关周公制礼的最早记载，事情出于季文子之口，他是鲁之世家子，鲁为周公子伯禽封国，且春秋去西周不远，这是可信的记载。礼的范围广泛，上述"周礼曰"及"誓命曰"的文辞虽不见于先秦典籍及彝铭中，但不可能是后人伪造。《礼记·明堂位》也说："武王崩，成王幼弱，周公践天子之位以治天下。六年朝诸侯于明堂，制礼作乐，颁度量而天下大服。"明确提出周公"制礼作乐"。今传《三礼》为《周礼》《仪礼》及《礼记》。《周礼》一名《周官》，相传为周公"所建官政之法"；而《仪礼》相传《经》出于周公，《记》则出于孔子及后学。《礼记》内容庞杂，系统不一，盖出自儒家各派之手，用以发挥礼之蕴藉者。但《三礼》问题实多，任何一部均非可以简单断定其作者的"大文章"。

通论中国古代文化之发展，虞夏以来，至于春秋，其中心地域在今山东、河南、河北,后来发展遂及山西、陕西。虞、夏代表夷、夏,共处于中国东方,黄河下流,以山东为中心,东及辽沈,西及河南,南及江、淮,北达燕蓟。后来发展为齐鲁文明,实为宗周文化之嫡传,而鲁为姬,齐为姜,后来结果,齐一变至于鲁,鲁一变乃至于道;周礼在鲁,遂为中心之中心。宗周应为夏裔,在西方与姜姓结合,太王后,以周原为据点,势力东向,而翦商,据丰镐后灭商,周公经营洛阳,绾毂东方,遂统一"天下"而建立宗周封建王朝。宗周封建,大东齐鲁,处于东夷范围内;西北晋,北方燕与诸戎杂处;汉阳诸姬屏藩周室;六合之内各有强藩,鲁、晋实为之魁。而因地理及传统之不同,齐、鲁文明遂与三晋各有特点,周初始封,晋、鲁所得亦多,《左传》定公四年有云:

> 昔武王克商,成王定之,选建明德,以藩屏周。故周公相王室,以尹天下,于周为睦。分鲁公以大路、大旂,夏后氏之璜,封父之繁弱。殷民六族,……使帅其宗氏,辑其分族,将其类丑,以法则周公,用即命于周。是使之职事于鲁,以昭周公之明德。……分康叔以大路、少帛、綪茷、旃旌、大吕,殷民七族,……取于相土之东都,以会王之东蒐。聃季授土,陶叔授民,命以《康诰》,而封于殷虚。皆启以商政,疆以周索。分唐叔以大路、密须之鼓、阙巩、沽洗,怀姓九宗,职官五正,命以《唐诰》,而封于夏虚。启以夏政,疆以戎索。

这是我们几次引用的文献,说明周初封建,内宗亲而外异姓,宗亲之中,鲁、卫与晋为最,上述记载可证。后来卫国不竞,沦为晋、楚之附庸,鲁、晋遂继宗周为华夏文明之中心。齐因太公故,亦为大国,而姬、姜两姓,世为姻亲,虽与鲁邻,但风范似与鲁异。《淮南子·齐俗训》曾云:"昔太公望、周公旦受封而相见,太公问周公曰,'何以治鲁?'周公曰,'尊尊亲亲'。太公曰,'鲁从此弱矣'。周公问太公曰,'何以治齐?'太公曰,'举贤而上功'。周公曰,'后世必有劫杀之君'。"周公尊亲,乃西周宗法社会的传统;太公举贤,遂开后来政治尚贤的先声。这些记载,虽不必符合周公、太公的本来面目,但齐、鲁体、用不同,则是事实。鲁遵守西周传统,"周礼在鲁"是宗周礼乐文明的嫡传,而齐偏离此一轨道,遂有"齐一变至于鲁,鲁一变至于道"的适当概括。"道"也就是宗周的礼乐文明,以德、礼为主的周公之道,世代相传,春秋末期遂有孔子以仁、礼为内容的儒家思想。宗周→春秋;周公→孔子,构成三千年来儒家思想之完整体系,而东方之齐,西方之晋乃法家思想之摇篮。儒家之礼、法家之法亦互相渗透,含义时相混淆。礼有礼仪及威仪,礼仪即礼,威仪即刑;而仪、刑古为同义字,在周书《吕刑》中,威仪遂与刑法为一体。因之鲁国实为宗周文化之正统,而齐、晋为其"小宗","周礼尽在鲁矣",道出当时的真实情况。《左传》昭公二年:

> 春,晋侯使韩宣子来聘,且告为政而来见,礼也。观书于大史氏,见《易象》与《春秋》曰:"周礼尽在鲁矣,吾乃今知周公之德与周之所以王也。"

以《易象》与《春秋》代表周礼,这是广义的礼,"周礼尽在鲁矣"等于说"周之文化中心在鲁"。周公及其同僚,建立了宗周的礼乐制度,鲁国继之成为正统,春秋而后,孔子因之有所发展。《易》与《春秋》乃儒家思想之理论渊泉,这是"天人之学",《易》代表天,而《春秋》代表人,天与人互相影响而有一系列表现。前期儒家、史学家及后来的理学对此都有所发挥。首先有儒家《中庸》之谈"诚":

> 诚者物之终始,不诚无物。

又说:

> 至诚无息,不息则久,久则征,征则悠远,悠远则博厚,博厚则高明。博厚所以载物也,高明所以覆物也,悠久所以成物也。

"诚"是实有,不诚是虚无,虚无则无物。其过程是:"实有"运动不已,而有时间(久),有了时间则有表象(征),有了表象则有长度(悠远),广度(博),厚度(立体);立体物是为空间,空间所以载物,高明(能量）所以覆物，而时间是成物的过程。这是我国古代贤哲对于世界生成的"宇宙观"。我们认为这种宇宙观是唯物的、辩证的，是我国古代思想家、科学家的光辉成就。《中庸》实在是《易》与《春秋》之学的结合，因为它说明了"天人之际"。

后来的史学家发挥了这种"天人之学"的传统，司马迁《史记·历书》中反映了他的"天人之学"，他所理解的"天"，有朴素自然的一面，他所谈论的礼祥也不同于一般的灾异说。可以说这种"天人之学"的发展，越来越接近自然，接近于自然的本来面目，这是中国传统哲学的优良传统。但孔子以后，人与人的关系变成哲学家的主要课题，这是没有止境的事业。秦汉以后，这种探讨仍在进行，晚唐后落在理学家头上。理学家的"天"是有理性的天，人是有理性的人，可以说，理学家的发挥达到了天人之学的高峰，也是人人之学的顶点。这已经是我国传统的"天人之学"晚期了。

程颢在"思孟学派"的思想体系中发挥了"仁"与"诚"，这是人性和天性的探讨。他以为"天地之大德曰生"。也就是"天地以生为心"，这是一个充满生意的天地，因为它充满了生意，所以称之曰"仁"。这样使"仁"和宇宙本体结合在一起，而人是宇宙之一体，"人"也就是"仁"；这也为人性善说找到了形上学的根据。《中庸》说，"不诚无物"，也可以说"不仁无物"，因为有仁才有诚；不生不长谓之不仁，是"乾坤息矣"，是没有生物的宇宙。从此引申，手足麻痹为不仁，也就是失去生意为不仁。仁者善体此意，必须使人、己各得其所，"己欲立而立人，己欲达而达人"，也就是"仁者浑然与物同体"。此所谓"仁"实际离不开《中庸》之所谓"诚"，"诚"本来是思孟学派继周公、孔子提出"德""仁"之后的第三课题，理学家于此又使仁与诚结合，是发挥了先秦儒家思想传统，因而构成新儒家的思想体系。

谢良佐又发挥了大程学说，他说"活者为仁，死者为不仁"，这是更明确的提法。又说，"今人身体麻痹不知痛痒谓之不仁，桃、李之核，可种而生者，谓之桃仁、杏仁，有生之意，推之而仁可见矣"。桃、李无仁不生，而有仁不诚亦不能生。这是有关"仁"和"诚"的"最佳名状"。宇宙是"仁""诚"，所以生生不已，宇宙不生，还有什么？因之大程又把宇宙归纳为一个"生"字，他说："生生之谓易，是天之所以为道也。天只是以生为道，继此理者即是善也。……万物皆有春意，即是继之者善也。"万物皆有春意，这是一个活泼泼的世界。乾坤息则无以见易，易也只是生意而已。这是西周以来正统派的"天人之学"，哲学家有探讨宇宙、批评或称颂这宇宙的权利和责任，在近代科学发展以前，哲学家担负了这种任务，否则谓之失职。理学家这样做了，他们从天体本质中抽象出"仁"和"诚"，而人类是天体中的成员，因而人性是善良的，王阳明的"致良知"也是从此出发。"致知"是先秦儒家的方法论，王阳明以"良知"代"知"，遂使方法论变成本体论，"良知"是本体，发挥良知，弥漫宇宙，人们是处在一个善良的宇宙中。这样称颂我们所居住的世界是正确的、高明的；以此我们以为正统派的儒家也是高明的。受这种思想影响的中国人民的性格也是"极高明而道中庸"。可惜理学家的"天人之学"偏离了固有的方向，他们只讲《易》而少讲《春秋》，司马光出而纠偏，他的《潜虚》继承了《易》的传统，而《资治通鉴》上承《春秋》。（以上参考本人与冒怀辛论文《关于方以智和中国传统哲学思想的讨论》，见《历史研究》1986年第1期）以此我们认为，因《易象》《春秋》在鲁，而肯定周礼在鲁的说法是有道理的，这种道路是中国思想界正统派所走的道路，三千年来它浸润着中国人的思想方法、伦理行为，周公、孔子遂为中国哲学家、政治家所供奉的不祧祖先，虽然他们也时遭厄运，而屡仆屡起！

《周易》出自西周初年，历来学者多有论述，近代学者用力最勤者则推高亨教授，他先后著有《周易古经通论》《周易杂论》和《周易大传今注》等书，他曾经指出：

> 《周易》古经，大抵成于周初，其中故事，最晚者在文、武之世。《随·上六》云，"拘系之乃从维之，王用亨于西山"。余谓"从"读为"纵"，"维"读为"遗"，"纵遗"犹"纵逸"也。此文王被囚于羑里又被释放之事也。《晋》云，"康侯用锡马蕃庶，昼日三接"。"康侯"即康叔，初封于康，后封于卫，此康叔封卫前之事也。《明夷·六五》云，"箕子之明夷利贞"。箕子亦殷末周初之人也。其中无武王以后事，可证此书成于周初矣。至于最后撰人为谁，则不可知。后儒谓文王作

卦辞，周公作爻辞，与此书之内容无所抵触。其或文王、周公对于此书有订补之功欤？（见《周易古经通论·周易琐语》）

以上这些议论都是实事求是，其解《随》，"拘系之，乃从维之"，及《坤》，"含章可贞"，均发前人之所未发；高先生又说："《周易》古经有传七种，即彖、象、文言、系辞、说卦、序卦、杂卦；而彖、象、系辞各分上下两篇，共得十篇，先儒称为《十翼》。谓《周易》古经之有传，犹鸟之有翼也。"司马迁云，"孔子晚而喜《易》，序彖、系、象、说卦、文言"。（《史记·孔子世家》）班固云，"孔氏为之彖、象、系辞、文言、序卦之属十篇"。（《汉书·艺文志》）后儒遂谓十翼皆孔子所作。按，孔子确曾读过《周易》，《论语·述而篇》："子曰，加我数年，五十以学易，可以无大过矣"。（《释文》"鲁读'易'为'亦'，今从古。《史记·孔子世家》载此文作'易'，不作'亦'，鲁读非是"。）这些说法都是正确的，但近人于此多有争论，疑古说起，更信《鲁论》，以"易"为"亦"，以为孔子未尝读《易》，其实这是讲不通的说法。如果"易"作"亦"，那么"五十以学，亦可以无大过矣"，有何意义？《论语·为政》说：

吾十有五而志于学，三十而立，四十而不惑，五十而知天命，六十而耳顺，七十而从心所欲不逾矩。

同是"子曰"，一方面说"加我数年，五十以学"；一方面又说"吾十有五而志于学"。十五岁已经"志于学"，何必又"五十以学"？而且说"五十而知天命"，"知天命"与"学易"是相通的，学《易》然后知天，故云"五十而知天命"。本来"子罕言利与命与仁"，（《论语·子罕》）"命"即"天命"，学《易》后，孔子得知天命，为什么否认孔子曾经学《易》。《易》属周礼，周礼在鲁，孔子鲁人，孔子而不读周礼？他曾经说："夏礼吾能言之，杞不足征也，文献不足故也；殷礼吾能言之，宋不足征也，文献不足故也。"下面他又说："周监于二代，郁郁乎文哉，吾从周。"（《论语·八佾》）周朝接受了夏殷两代的文化遗产，又有丰富的文献可征，故云"郁郁乎文哉！吾从周"，而这些文献包含有《易》《春秋》。我们肯定孔子学《易》，《易》纳入儒家轨道后，《十翼》当为孔子后学的撰述。观察《十翼》反映的思想，这正是"小人儒"变作"君子儒"的关键著作，其中颇多发挥"君子儒"的思想。

我们曾经说过《易》与《春秋》属于礼的范畴，但具体的典章制度、礼仪规范、干戚乐舞等则见于《三礼》中，即《周礼》、《仪礼》和《礼记》中。《周礼》称作《礼经》，而问题实多，成为今文经学发难的主要对象，千百年来争论不休。唐贾公彦《序周礼废兴》云：

《周官》孝武之时始出，秘而不传。《周礼》后出者，以其始皇特恶之故也。是以《马融传》云，秦自孝公以下，用商君之法，其政酷烈，与《周官》相反，故始皇焚挟书，特疾恶，欲绝灭之，搜求焚烧之独悉，是以隐藏百年。孝武始除挟书之律，开献书之律，开献书之路，既出于山岩屋壁，复入于秘府，五家之儒，莫得见焉。至孝成皇帝，达才通人刘向子歆，校理秘书，始得列序，著于录略，然亡其《冬官》一篇，以《考工记》足之。时众儒并出，并排以为非是。唯歆独识，其年尚幼，务在广览博观，又多锐精于《春秋》，末年乃知其周公致太平之迹，迹具在斯。奈遭天下仓卒，兵革并起，……弟子死丧，徒有里人河南缑氏杜子春尚在，永平之初，年且九十，……能通其读，颇识其说，郑众、贾逵往业焉。众、逵洪雅博闻，又以经书记传相证明为解。逵解行于世，众解不行，兼览二家为备，多所遗阙。然众时所解说，近得其实。独以《书序》言，成王既黜殷命，还归在丰作《周官》，则此《周官》也，失之矣。逵以为六乡大夫则冢宰以下及六遂为十五万家，绝千里之地，甚谬焉。……六乡之人实居四同地，故云绝千里之地者，误矣。……又云，至六十为武都守，郡小少事，乃述平生之志，著《易》《尚书》《诗》《礼》《传》皆讫，惟念前业未毕者唯《周官》，年六十有六，目瞑意倦，自力补之，谓之《周官传》也。案《艺文志》云，成帝时以书颇散亡，使谒者陈农求遗书于天下，诏光禄刘向大夫校书……会向卒，哀帝复使向子歆，卒父业。歆于是揔群书，奏其《七略》，故有六艺七略之属。……故郑玄序云，世祖以来，通人达士，大中大夫郑少赣名兴，及子大司农仲师名众，故议郎卫次仲，侍中贾君景伯，南郡太守马季长皆作《周礼解诂》。又云，玄窃观二三君子之文章，顾省竹帛之浮辞，其所变易，灼然如晦之见明，其所弥缝，奄然如合符复析，斯可谓雅达广览者也。……然则《周礼》起于成帝刘歆，而成于郑玄，附离之者大半，故林孝存以为武帝知《周官》末世渎乱不验之书，故作《十论》《七难》以排弃之。何休亦以为六国阴谋之书，唯有郑玄遍览群经，知《周礼》者乃周公致太平之迹，故能达林硕之论难，使《周礼》义得条通。……

以上是一篇有关《周礼》早期遭遇的论述，魏晋六朝争论少息，而宇文周及唐李林甫皆本之以修《六典》，王安石亦本之以变法。经书之能发挥政治作用者，《公羊传》外，以《周礼》为最。但《公羊》详"微言大义"而鲜实施方案，《周礼》则百官具备，德刑兼施；两者互相补充，互相为用。《公羊》《周礼》虽今古不同，但思想内容皆近法家，同出齐国，齐一变而至鲁，鲁一变而至道，亦法一变而至儒，儒一变而至道也。

《周礼》今文家视为伪书，乃不足道者。康有为出，此说大盛；疑古派出，《周礼》遂无人齿及。实则此乃冤案，冤案不解，将使中国失去一资料丰富的文化宝库。我曾经写过几篇有关《周礼》的文章，比较集中的是《周礼之内容分析及成书年代》一文。我以为就《周礼》所载的典章制度言，不可能伪造，没人能够凭空撰出合乎社会发展规律的政治经济社会各方面的著作。根据《周礼》以及《管子》等书，可以知道从西周到春秋时期农村公社的组织形式，部分是实录，当然有后来记录者的加工；没有当时的"存在"，后人是没法凭想象写出的，也就不可能有后人的加工。在社会篇中我已经运用《周礼》材料说明社会性质，如今从社会制度方面来说明《周礼》之不伪。

《周礼》中从事于农业生产的人叫作"甿"，"甿"和"氓"通用，《说文》田部云，"甿，田民也"，正好是农民的适当解释。"以田里安氓，以乐昏扰甿，以土宜教甿稼穑，以兴锄利甿，以时器劝甿，以疆予任甿"，很明确地指出住在田野的人而从事于农耕。甿或者称为"野民"，《论语·先进》所谓"先进于礼乐野人也"，"野人"同于"野民"。"野人"之所以是礼乐先进，因为周人袭殷礼，而"野人"即殷人。我们记得《左传》定公四年记武王灭商后，分封诸侯，于鲁最厚，说，"分鲁公以……殷民六族：条氏、徐氏、萧氏、索氏、长勺氏、尾勺氏，使帅其宗氏，辑其分族，将其丑类，以法则周公，用即命于周"。殷民六族大都变作"野人"，也就是农奴地位的农民，但和周人比，他们是礼乐先进。农民在《周礼》中也被称作"夫家"，这些夫家都是授田的对象。《地官·遂人》中的"夫"是指有妇的男人说，代表一家，或称作"家"。《周礼·地官·大司徒》中有"家"，这是以"家"为单位的土地分配。由此可知，无论"夫""家""夫家""家室"都是指农民，这种农民以耕国家的土地而生，没有自己的土地，要由国家授给他们，他们不是自由的，不能任意移动，假使他们要迁徙他乡，必须"为之旌节而行之"。没有凭证，查出来要下监狱；而后来的孟子却把这种农奴的禁锢生活说成理想世界，他说："死徙无出乡，乡田同井，出入相友，守望相助，疾病相扶持。"（《滕文公》）《老子》中也曾经有："小国寡民，使有什佰之器而不用，使民重死而不远徙，虽有舟舆，无所乘之；虽有甲兵，无所陈之。使人复结绳而用之。甘其食，美其服，安其居，乐其俗，邻国相望，鸡犬之声相闻，民至老死不相往来。"（《老子》下）这都是在原始公社的基础上加以理想化的结果，事实上西周时代的公社农民已经农奴化，被束缚在土地上，没有人身自由。

通过当时的土地制度，更可以说明当时的社会性质。《周礼》除《考工记》，关于田制的记载共有四处，计为《大司徒》《小司徒》《遂人》《大司马》。所有四种田制的记载，就性质说可以分作两类：《大司徒》和《遂人》一类，是记载授田数目；《小司徒》和《大司马》一类，是记载每家可供力役的人。据《大司徒》，地有不易、一易和再易的区别；据《遂人》，地有上、中、下和莱的差异。而《大司徒》开头就说"凡造都鄙"，可知是指都鄙田制，都鄙即贵族的采邑地。《遂人》所载是六遂的制度；六遂、六乡，据郑玄注《小司徒》，其制相同，都是附郭郊区。

据上述记载，可以进一步研究在这种田制下的生产关系。西周实行分封后，每个封国的居民可以分作三个阶级，即：（1）周朝的贵族，各阶层中的大小宗成员，可以统称曰"士"，他们和附属于他们的工商，住在国内，名曰"国人"。（2）居住于采邑都鄙的"野人"，殷遗民或其他族之沦于农奴者。(3) 非贵族亦非农奴的自由平民，上层包含周士及殷商没落贵族，孔子、墨子都属于这一阶层。这种区别，在土地分配中也可以看出。《地官·遂人》说，"凡治野，夫间有遂，遂上有径；十夫有沟，沟上有畛；百夫有洫，洫上有涂；千夫有浍，浍上有道；万夫有川，川上有路，以达于畿"。这是西周乡、遂间的土地制度及交通规划，虽然有理想成分，但从中可以看出国与野的区别，是以十夫所耕土地作为一个单位，或者是一个公社，未提公田。所有土地，都是份地而合耕。《地官·小司徒》和《匠人》所载则与此不同，是以九夫为单位的井田制，或者称作农村公社，《匠人》云，"九夫为井"，《小司徒》也有相同记载。这"九夫"和"十夫"之间，是有着原则区别的，这种区别，郑玄已经看出，后来的疏证也多接受郑氏的说法，但如何来理解这种区别，就有分歧了。通过比较深入的分析，我们知道《地官·遂人》以十夫所耕作为一个单位，也就是一田的土地。西周时多有赐田若干的记载，农人居于田间小邑，一个小邑十家，称作"十室之邑"。田和邑是分不开的，所以《公羊传》桓公元年有云：

　　田多邑少称田，邑多田少称邑。

一田一千亩，这千亩田在乡遂间由十夫耕种，构成一个"村社"，这当然是原始公社的次生形态，但也不排除它仍然有"氏族公社"的残余，因为在西周无论统治者或被统治者都是以族氏为集团。当时的周天子也在象征地耕"千亩"，以发动农耕，周宣王"不藉千里"，遂引起非议。在都鄙则由九夫耕种，所以在《周礼·匠人》中"九夫为井"，九夫耕九百亩份地，余一百亩为公田；九夫与十夫所耕地面积是一样大小。

　　两者土地面积大小虽然相等，但有不同，区别在于：都鄙有公田，乡遂无公田；都鄙九夫耕千亩，乡遂十夫耕千亩。这种局面，这种规划，不可能出于后人伪造，而且我们从其他方面的记载中也可以证明其真实性。《考工记》晚出，以之配《周礼》，更被人视为"伪中之伪"，我们则以为它同样是值得信赖的文献，其中田制是反映都鄙制度。《周礼》是说明宗周礼乐文明的主要典籍，如果不解决它的问题，宗周文明将无从谈起。几十年来具有这种认识的学者多起来，即使是今文大师，也在研究《周礼》。

蒙文通先生经学来自廖季平,二十年前,他在《孔子和今文经学》一文中曾经谈到井田制度,他说,研究井田制离不开《孟子》,孟子曾经向滕国建议,"请野九一而助,国中什一使自赋"。是指在野实行助法,国中实行彻法;助法行于野人,而彻法行于君子。孟子一方面同意"治地莫善于助"的话,但又主张彻助并行。我们应如何来理解孟子的建议呢?从《周礼》中可以得到解答。《周礼》中乡遂和都鄙田制不同,正是彻、助分头并行,而孟子主张从周,他所说正是周制。蒙先生也认为郑玄指出《周礼》的田制有井田、非井田两种,是完全正确的,尤其是以《国语·齐语》解《周礼》更具卓识。后来顾颉刚先生也有类似见解。我向来认为《周礼》是齐人编成,他们根据西周文献及齐国当时制度加以理想化而成书。这和郑玄注古经而说汉制一样,都是结合古今而互证。因为《周礼》出于齐,所以其中反映了法家的思想,我们曾经指出《公羊》《周礼》有相通处,即据此言。"礼"有仪,其中"威仪"即刑,即法;而"礼仪"包含有德与仁。后来儒家的发展,思孟学派发展了仁的思想,而有《中庸》中的"诚"与《孟子》中的"性善",他们美化了宇宙,美化了人生,宋明理学承袭了他们,并大有发展,是为"道德学派"。荀子、韩非走向法家,后来与道家结合而成"黄老",在中国政治史上发挥了无可比拟的作用。

　　我们曾经谈到顾颉刚先生说《周礼》。顾先生和蒙先生一样都是近代今文经大师,今文经善变,顾、蒙两位老师的经学思想也在变。初,顾先生不信《左传》,更不信《周礼》,但到晚年,也改变了"今文家法",在中华书局《文史》(1979年第六辑)上,先生有《"周公制礼"的传说和〈周官〉一书的出现》一文,文内说,"经过我们上面的推考,知道《周官》和《管子》的文辞虽有参差,而其中心思想则同是组织人民,充实府库以求达到统一寰宇的目的,由此可以推测它出于齐国以及别国的法家"。这种结论和我们的研究有类似处而不同于原来今文学派的传统说法。但顾先生接着又说,"跟周公和儒家根本不生关系"。这是值得探讨的问题,周公并没有著《周礼》是没疑问的,但《周礼》中的制度,比如我们举的田制,是周初的规划,这种规划,没法说和周公"不生关系"。有关国计民生的大事,当政者不问,是不可能的。顾先生在原文中也曾大力研究其中的井田制,细密周到,但因少与古代社会相结合,只是在书面上讨论,所得结论同于过去经师,似乎说服力不足。比如先生原文说:"愈近国都的地方,征收的赋税愈少,愈远则愈多,所以城里的住宅是没有征的,园艺场征二十分之一,近郊的土田、贾田等征十分之一,远郊的牛田、牧田等征二十分之三,都鄙之地就征到十分之二,漆林竟征到二十分之五。"这和孟子所说的"野九一,国中什一",荀子所说的"田野什一",《王制》所说的"公田藉而不税"都完全不同。这些结论有值得商量处。《周礼》这方面的记载和《孟子》《荀子》以及《王制》是可以讲通的,都是远重近轻。孟子说:"夫滕壤地褊小。……无君子莫治野人,无野人莫养君子。请野九一而助,国中什一使自赋。"国野之分,君子、小人之别都与古代社会相合,而"请野九一而助"也不能省作"野九一",去掉"助"字,则泯没了赋役之不同,助是劳役租,而彻是实物租,是有本质区别的。至于"任地",不是指井田言,郑司农云,"任地谓任土地以起赋税也"。除都鄙的井田、乡遂的藉田外,尚有宅田、园田、贾田、牛田、牧田等,都非国野居民的份地,但也是远者租重,近者租轻。不是远近有别,而是人们的阶级成分有别,远者野人而近者君子。《周礼》所记与《孟子》所论无根本矛盾处,孟子去古未远,得知西周史略,对井田尚不生疏。荀子则去古稍远,井田遗迹已稀,他所谓"王者之等赋政事,……相地而衰征,理道之远近而致贡,……是王者之法也",(《荀子·王制》)这是理想,但不是没有依据,因之与《周礼》也不矛盾,其中"相地而衰征,理道之远近而致贡",与《周礼》中之远地租重、近地租轻的道理也是相合的,只是"相地衰征"如果是级差地租,则为《周礼》所无。至于《王制》中的"公田藉而不税"也是劳役租,与《周礼》记载亦无不同。

顾先生论文改变了"今文家法",因为已经不谈《周礼》出于歆、莽伪造了,但还没有完全忘掉刘歆、王莽,以为《周礼》作为经书之一种,已经是王莽摄政的时候,那时刘歆作为王莽的爪牙,典"儒林史卜之官",再也不怕人们反对,因而拥护《周礼》的人,就说出于周公,因为歆、莽如是说;凡不信《周礼》的人则说它是刘歆所造,因为这是王莽当政所得书。其实部分伪造是可能有的,如在《春官篇》内的昊天上帝高于五帝之制,如五岳之制,如三皇五帝的史统,都是西汉时代热烈讨论的问题,该是刘歆把这些资料整理好了插进去以适应时代要求的。至于全书,它是接近法家思想的，和西汉儒家思想绝不相同，而迂拘的儒家也一定没有这样的气魄建立起这个庞大王朝的大系统来。

上面颉刚老师的意见仍然带有"今文家法"，说《周礼》出于法家是不易之论；但说有刘歆的窜入，还是老的说法，没有证据，不足服人。我们曾经指出，《周礼》中的社会制度，阶级关系，土地规划，都是根据西周的经济基础而制作出来，这些基础，春秋以后逐渐消失，没有人能够伪造。周公是西周开国后的主要当政者，他又是一位伟大的思想家和政治家，因袭商法，比如根据"叠田制"改造成井田，加以周族本身的传统而制造出种种典章制度，有伟大的气魄，足以"建立起这个庞大王朝的大系统来"！因此我们说《周礼》中的记载，主要方面，是当时实录，虽然有后人的理想，有夸大而无歪曲，基本可以信赖。据《周礼》以研究周公的思想及其设施，不会离题太远。

《三礼》中有《仪礼》，上面我们已经多次涉及，这是一部来源颇古而范围较广的礼书，其中礼仪，许多还在春秋时代流行着。来源颇古的礼，西周初经过加工改造，以适应当时社会的需要，比如《大武》来源于原始战争中的呐喊助威；原始社会礼仪之交易的性质变作西周之交易而带有礼仪色彩，也就是在"礼尚往来"中减轻了交易性质。这种改造工作出自西周初的统治者，当时和后来人都把这种工作推到周公身上，所以有周公"制礼作乐"的记载，因此遂谓《周礼》《仪礼》也出自周公。著述事业，就现在能见到的材料看，在春秋以前还不存在，虽然史官秉笔记录，但不是著述，执笔为文作系统的著述，战国时大盛，《周礼》《仪礼》只能是根据西周流行的典章制度系统化、理想化而成书，成书时代不会早于战国。汉以来经书有注，南北朝隋唐有义疏，清人治经，在承袭过去的基础上超过汉唐，胡培翚的《仪礼正义》、孙诒让的《周礼正义》，博雅精密，先后辉映，为此学之集大成者。胡培翚在《仪礼正义》中开宗明义说：

> 《礼记·明堂位》曰，周公摄政六年，制礼作乐，故崔氏灵恩，陆氏德明，孔氏颖达及贾氏皆云，《仪礼》周公所作。韩氏愈云，文王、周公之法制，具在于是，亦以为周公作也。孔子、孟子所云学礼，即谓此书。朱子云，遭秦灭学，礼乐先坏，汉晋以来，诸儒补

辑，竟无全书，其所存者，《三礼》而已。《周官》一书，固为礼之纲领，至其仪法度数，则《仪礼》乃其本经，而《礼记·郊特牲》《冠义》等篇乃其义疏耳。前此犹有《三礼》《通礼》《学究》诸科，王安石变乱旧制，废罢《仪礼》，而独存《礼记》之科，弃《经》任《传》，遗本宗末，其失已甚。张氏淳云，《周礼》古矣，然圣人设官分职之书也，至其所用以长以治者，岂能舍《仪礼》。《礼记》古矣，然皆释《仪礼》之义。若《祭义》《冠义》《昏义》《乡饮酒义》《射义》《燕义》《聘义》是也，岂得而先《仪礼》。虞氏云，《礼记》乃《仪礼》之传，《周礼》虽得之于河间献王，时无有传之者，武帝以为末世渎乱之书，何休以为六国阴谋之书，至汉末乃行于世。唯《仪礼》之书，汉初已行，高堂生传之萧奋，萧奋传之孟卿，孟卿传之后苍，后苍传之戴德、戴圣。案：此即郑氏《六艺论》所谓五传弟子也。熊氏朋来云，《周礼》大纲虽正，其间职掌繁密，恐传者不皆周公之旧。《戴记》固多格言，而讹谬亦不免。唯《仪礼》为礼经之稍完者，先儒谓其文质彬彬，乃周公制作之遗。今案：据此诸说，《三礼》唯《仪礼》最古，亦唯《仪礼》最醇矣。《仪礼》有《经》、有《记》、有《传》，《记》《传》乃孔门七十子之徒之所为，而《经》非周公莫能作。其间器物陈设之多，行礼节次之密，升降揖让裼袭之繁，读之无不条理秩然，每篇自首至尾，一气贯注，有欲增减而不能者。今所存止十七篇，以为残阙不全，固有之矣，若以为出后人之伪撰，则断乎其未有也。……贾疏又谓《仪礼》亦名《曲礼》，引《礼器》，"经礼三百，曲礼三千"为证。今案《中庸》作"礼仪三百，威仪三千"；《汉书·艺文志》作"礼经三百，威仪三千"，其名大同小异。旧解多以经礼为《周礼》，曲礼为《仪礼》，然《周礼》三百六十是官名耳，非礼之条目。王氏应麟云，朱文公从《汉书》臣瓒注，谓《仪礼》乃经礼也，曲礼皆微文小节，如今《曲礼》《少仪》《内则》《玉藻》《弟子职》，所谓"威仪三千也"。后人多宗朱子之说，则以《仪礼》为曲礼，非矣。……《仪礼》之名，始见《后汉书·郑康成传》，其为魏晋间人所加可知。今案：《仪礼》古只谓之礼。《汉书·景十三王传》云，"河间献王所得书，皆古文先秦旧书，《周官》《尚书》《礼》

《礼记》。所谓《礼》，即《仪礼》也。（《仪礼正义》卷一疏）

　　我们引此长文，从中可知两千年来，《仪礼》之流传经过，并因之以见各代学者对于《仪礼》的评价。这是一篇简赅的"仪礼传授史"。中国古代所谓《礼》或《礼经》指今《仪礼》言，而《周礼》为《周官》，《礼记》只是《礼经》的传；但谓《仪礼》为周公作，我们已经说过不可能。书虽不出于周公，其中的礼仪制度在西周以至春秋曾经实行过。实行过的礼仪和原始的风俗习惯不同，是经过周初统治者加工改造，以适应社会需要，因此以现存《仪礼》作为周公"制礼作乐"的部分内容，是说得通的。

　　纳《仪礼》于西周的礼乐体系中，除上述理由外，还可以由《三礼》互证及与其他古文献互证得到说明。这些不可能出于后人伪造。因为一伪皆伪，中国将无可信古籍，也就是中国传统的灿烂文明将无所寄托；没有载体的事物是很难存在的。在我列举《仪礼》与其他中国古文献可以互证前，杭州沈文倬教授在《文史》第十五、十六辑中《略论礼典的实行和〈仪礼〉书本的撰作》一文，已经做过类似的工作，鸿文巨制，成绩空前。沈先生曾经指出，先秦典籍涉及各种门类的礼典和《仪礼》的记述绝大部分是一致的，凡在《仪礼》成书以前的记载，都属略述一个具体礼典的举行；在《仪礼》成书以后的记载，始援引其原文。先秦文献《诗》《书》记载多在《仪礼》成书前，都属略述一个具体礼典的举行，文字与礼书虽有差异，但就内容看仍然相符。《左传》《国语》即有多处此类文字，即使《左传》出后人手，其事则非虚构。沈文倬教授的老师曹元弼先生说："考之《左氏》，卿大夫论述礼政，多在定公初年以前，自时厥后，六卿乱晋，吴越迭兴，而论礼精言，惟出孔氏弟子，此外罕闻。"（《礼经学》卷四《会通》）沈先生以为，此一揭示深刻，说明定公时社会性质开始变革，对礼典的实行，前后截然不同，可见《左传》《国语》所记都是可信的。曹先生又说："按聘、食、觐礼，皆见《左传》，而聘礼尤备。"（同上）《左传》《国语》所记，主要是朝聘、飨礼，其次是丧礼、冠礼。

　　以下沈先生叙述冠礼、丧礼、聘礼等之见于《左传》《国语》而与《仪礼》相符者。朝礼、飨礼已佚，十七篇有觐礼而无朝礼。诸侯臣属于天子有朝觐之礼。春秋时天子微弱，诸侯不朝，朝觐礼废。但诸侯间，小国屈于大国，间用朝礼，《左传》定公十五年"春，邾隐公来朝，子贡观焉。邾子执玉高，其容仰；公受玉卑，其容附"。这些仪容动作的叙述，正是当时实行朝礼的证据。又十七篇中有食礼而无飨礼。飨礼是高一级贵族款待低一级贵族来见时的宴会。飨即享，西周时实行此礼，春秋时实行此礼也是无可疑的。《左传》庄公十八年："春，虢公、晋侯朝王，王飨醴，命之宥。"僖公二十五年："四月戊午，晋侯朝王，王飨醴，命之宥。"又二十八年："五月己酉，王享醴，命晋侯宥。"《晋语》："（襄）王飨醴，命公作侑。"《左传》宣公十六年："冬，晋侯使士会平王室，定王享之，原襄公相礼，殽烝。武子私问其故。王闻之，召武子曰，王享有体荐，宴有折俎，公当享，卿当宴，王室之礼也。"又僖公十二年："王以上卿之礼飨管仲，管仲辞，受下卿之礼而还。"周惠王、襄王、定王都为诸侯或陪臣举行过飨礼。飨礼用乐，《左传》襄公四年，"穆叔如晋，晋侯享之，金奏肆夏之三不拜；工歌文王之三，又不拜；歌鹿鸣之三，三拜"。穆叔所以不拜，《鲁语》比《左传》讲得明白："夫先乐金奏肆夏樊、遏、渠，天子所以飨元侯也；夫歌文王、大明、绵，则两君相见之乐也；今伶箫咏歌及鹿鸣之三（即鹿鸣、四牡、皇皇者华），君之所以贶使臣，臣敢不拜贶"。是为爵位、等级上不可差忒的缘故。对整个飨食，《周语》记有定王的一段赞词："择其柔嘉，选其馨香，洁其酒醴，品其百笾，修其簠簋，奉其牺象，出其樽彝，陈其鼎俎，净其巾幂，敬其祓除，体解节析而共饮食之，于是乎有折俎加豆，酬币宴货，以示容合好。"这里阐发的典礼意义是很明确的。至于《左传》僖公二十二年，"丁丑，楚子入飨于郑，九献，庭实旅百，加笾豆六品"，《晋语》"（晋文公）遂加楚，楚成王以周礼享之，九献，庭实旅百"，都在宾主等级关系上不合规程，但可借以知道王飨元侯是用九献，庭实旅百和加笾豆六品。

以上对比《左传》《国语》所述冠礼、丧礼、聘礼与《仪礼》本书相应，而朝礼、飨礼也获得充分根据，证明春秋时这些典礼在现实生活中经常举行。清人之怀疑《仪礼》者如姚际恒，以为《仪礼》是后人述春秋时事，而抄《左传》来编造的。把整理和记录正在实行的典礼说成有意捏造，那么他们为什么不把朝礼、飨礼也编造出来？可见这些都是不作实事求是的偏颇之见。沈先生的意见是正确的，我们则以为，这些疑古的专家是一种虚无主义者，古籍多伪，古史多虚，那么中国不存在古代文明？他们实在是"数典忘祖"。

无论《尚书》《逸周书》《毛诗》，或《左传》《国语》，都能证明春秋以前各种典礼都在实行，而最能证明典礼先于礼书而存在的事实，莫过于《论语》。《论语》述礼，不下四十余章，可以看出，孔子时礼书还没有完成，而礼物和礼仪所构成的典礼在现实生活中正在普遍实行。沈先生这些意见都很正确，但我们补充一点，即现在规模的《仪礼》一书，当时虽没有成书，但书内的条文，即典礼条文，不能没有，否则实行无据。典礼规划綦严，条例极细，不是不了解就能实行的。比如《左传》文公六年："秋，季文子将聘于晋，使求遭丧之礼以行。"如果礼无条文，季文子将何所求？礼文藏于官府，不在私人手中，故须求之以行。《仪礼》之成书，亦止根据官府条文加以编排，公之于世。此前非无条文，只是藏于官府，春秋时之铸刑鼎、刑书，亦非匆促而成者，本为固有，"刑"原来亦在"礼"的范畴内。

沈文倬先生曾经以先秦古籍证《仪礼》，说明它不是后人伪造，我也曾做过类似工作，彼此所作或有雷同处。如今列举《仪礼》与其他古文献可以互证处如下：

1.《仪礼·士相见礼》：

> 凡自称于君，士大夫则曰下臣；宅者在邦则曰市井之臣，在野则曰草茅之臣；庶人则曰刺草之臣；他国之人则曰外臣。今按：《孟子·万章》下，有：

> 孟子曰：在国曰市井之臣，在野曰草莽之臣，皆谓庶人。庶人不传质为臣，不敢见于诸侯，礼也。

以上"在国曰市井之臣，在野曰草莽之臣"，与《士相见礼》之"宅者在邦则曰市井之臣，在野则曰草茅之臣"相符合。但孟子所指是庶人，而《士相见礼》乃先言"宅者"，而后庶人，是"宅者"与庶人不同。焦循《孟子正义》亦谓"此宅者指已仕而罢官之人，与孟子言庶人未仕之人有别。按：宅者谓士之家居而未仕者也"。而胡培翚《仪礼正义》于此引敖氏说,"以宅者为未仕而家居者则与庶人不传质为臣者正同"。此说可从,孟子时代,井田制国野之分已不存在,士庶之别亦已泯没,"士庶"多连称。《仪礼》反映情况较早,士、庶有别;《仪礼》之有别与《孟子》之无别,和当时社会发展情况相符合。上述称臣之例,当为古礼。

沈文倬先生亦引《孟子》,谓两者相同,"二文俱明言《礼》,可见他手中有《仪礼》书本"。

2.《仪礼·乡饮酒礼》:

笙入堂下磬南,北面立,乐《南陔》《白华》《华黍》。

今按:郑玄注上文云:

笙,吹笙者也,以笙吹此诗以为乐也。《南陔》《白华》《华黍》,《小雅》篇也,今亡,其义未闻。昔周之兴也,周公制礼作乐,采时世之诗,以为乐歌,所以通情相风切也,其有此篇明矣。后世衰微,幽厉尤甚,礼乐之书,稍稍废弃。孔子曰:"吾自卫返鲁,然后乐正,《雅》《颂》各得其所。"谓当时在者而复重杂乱者也,恶能存其亡者乎?

又胡培翚《仪礼正义》于此云:夫《诗》逸多矣,如《鲤首》《采齐》《肆夏》见于《周礼》;《祈招》《新宫》《河水》见于《春秋传》;《三夏》之名见《国语》;《九夏》之名见《周礼》。考其辞与义,必无夫子所删者,而今《诗》皆不能具,其亡于夫子之前而不及收与?抑亡于夫子之后,而今之所存者,或非其旧与?

以上,足见逸诗与删诗,问题复杂,非片言可决者。但《南陔》等三诗《仪礼》以为乐,足见未佚,而不见于现存《诗经》内。又如《仪礼·燕礼》有"升歌《鹿鸣》、下管《新宫》,笙入三成"。郑注,"《新宫》,《小雅》逸篇也,管之入三成,谓三终也"。

又胡培翚《正义》引褚氏寅亮曰,"……周公时已有《新宫》,……其非《斯干》可知。宋公享叔孙昭子赋《新宫》,其有辞可知,故注云,'《小雅》逸篇'"。又《仪礼·大射仪》亦有"乃管《新宫》三终",是知当时《新宫》有辞而三管之。《左传》昭公二十五年,记宋公赋《新宫》,既云"赋",益可知其有辞,而孔子删《诗》后无此篇,是知此诗曾流行于西周、春秋间,《仪礼》有此诗,可以互证,时间较早,非春秋以后事。

沈文倬先生在他的文章内说,"音乐演奏以《诗》为乐章。诗、乐结合便成为各种礼典的组成部分。邵懿辰说,'乐本无经也,乐之原在《诗》三百篇之中,乐之用在《礼》十七篇之中',(《礼经通论》)论证乐本无书本,邵说确不可易。但从礼、诗、乐三者的相互关系上看,举行典礼需要诗乐组成的音乐配合"。因此《仪礼》中保存有佚诗是可以理解的。

3.《仪礼·乡射礼》:

旌各以其物。

郑玄注云:"旌总名也,杂帛为物,大夫士之所建也。言'各'者,乡射或于庠或于谢。"

又胡培翚《仪礼正义》云:"'旌总名也'者,《周礼·司常》云,'九旗通帛为旃,杂帛为物'。"

又疏"无物"云:"……大夫士建物,《春秋传》曰,'采谓之物'。'无物',谓士之未命者。旌无物则不得画物。"

今按:古代之所谓"物"即图腾崇拜标志之遗风,贵族有物,士之受命者有物,庶民无物。大宗贵族可以代表一族,"物"为各族的标志。《左传》哀公元年记夏初动乱后,少康复兴,"祀夏配天,不失旧物","旧物"即夏族原来的图腾。古文献之所谓"物以类聚",亦指不同族类者有不同"物"。以此知《仪礼》所记为古礼,春秋以前通行者。

4.《仪礼·燕礼记上》云:

宾为苟敬,席于阼阶之西,北面,有脀,不啐肺,不啐酒,其介为宾。

胡培翚《正义》云:《春秋传》宋公与叔孙昭子宴饮酒乐,宋公使昭子右坐。右坐者,居公之右,改礼坐也。不啐啐如卿之礼。"苟"者,聊且粗略之意,"苟敬"犹曰杀敬也。敖氏曰,"苟"诚也,实也;"苟敬"

者国君于外臣所燕者之称号。……朝氏肇昕曰,此经"苟敬",人各为说,迄无定论。郑注且假之义,郝氏极排之,而戴氏震则别自为说,以为《说文》,"自急敕也,音棘,从羊省"。与苟且字不同。近时说经者,如翁氏方纲,陈氏寿祺,洪氏颐煊等皆从其说,而王尚书《经义述闻》则云,敖氏、戴氏之说皆非也。……既不可专事恭敬,又不可全不恭敬,故谓之苟敬也。

今按:上述"宾为苟敬"一段,实为古礼。《聘礼记》云,"燕则上介为宾,宾为苟敬"文字与此同,郑注以为"杀敬"。关于"苟敬"之"苟"字解释,二三百年争论不决,训诂大家戴东原、王引之都参与争论,近人郭沫若先生解释甲骨文字,仍以"苟"为"苟且"之苟,以殷代先王之羌甲为苟甲。我本人则同意戴氏的说法,字从羊省,甲骨文中应释为"羌",曾有论文发表。如此则于殷、周两代,戴氏说均可通行。由此亦可以断定《仪礼》来源尚古,非后人所可假托者。

5.《仪礼·燕礼记》云:

> 若以乐纳宾,对宾及庭奏肆夏,宾拜酒,主人答拜而乐阕。公拜受爵而奏肆夏,公卒爵,主人升受爵以下而乐阕。升歌《鹿鸣》、下管《新宫》,笙入三成,遂合乡乐,若舞则勺。

郑注"若舞则勺"云:"勺,颂篇,告成大舞之乐歌也。"其《诗》曰:"于铄王师,遵养时晦"。又曰:"实维尔公允师。"既合乡乐,万舞而奏之,所以美王侯劝有功也。

胡培翚《正义》云:《注》云"勺,颂篇告成大武之乐歌也"者,《周颂·勺》篇序文,郑以勺即酌也。云"既合乡乐,万舞而奏之"者,贾疏引宣八年《公羊传》云"万者何?干舞也"。谓秉干以奏勺诗也。盛氏曰,《内则》,"十三舞勺,成童舞象"。注,"先学勺,后学象,文武之次也"。疏家谓以其年尚幼,故习文武之小舞,然则勺盖文舞之小者,故《燕礼》得用之。朱子《诗集传》云,"万者舞之总名,武用干戚,文用羽籥"。是舞勺当用羽籥。疏引《公羊传》以为干戚。盖非。

今按:胡疏以为勺是文舞之小者,舞用羽籥而非干戚之武舞。甚是。

王国维先生在《说勺舞象舞》(《观堂集林》卷二)一文内说,"周一代之大舞曰《大武》,其小舞曰《勺》、曰《象》。《内则》,'十有三年,学乐诵诗舞勺,成童舞象'。郑注,'先学勺,后学象,文武之次也'。《疏》引熊安生云,'勺,籥也,言十三之时,学此舞籥之文舞也'。又云,'象谓用干戈之小舞也'。是勺与象皆小舞,与大武大夏之为大舞者不同。但又谓'武亦有象名则可,谓《诗序》之象舞与《礼》下管所奏之《象》即《大武》之节则不可。……是《大武》之外又自有象舞,且与《南籥》连言,自系文舞,与《武》之为武舞有别。'"

以上王说周密,亦可说明《勺》在西周春秋间流行。

6.《仪礼·聘礼》云:

上介不袭,执圭屈缫,授宾,宾袭,执圭。摈者入告,出辞玉。

郑注:摈者上摈也,入告公以宾执圭将致其聘命。圭,贽之重者,辞之,亦所以致尊让也。

胡培翚《正义》云:"圭贽之重者",庄二十四年《左传》,御孙曰,男贽大者玉帛,小者禽鸟。玉即圭璋璧琮之属,是圭为贽之重者也。……云"辞之亦所以致尊让也"者,以圭为重器,故辞之。《聘义》曰,"三揖而后至阶,三让而后升,所以致尊让也"。此辞亦是致尊让,故注云"亦"也。文十二年《左传》,秦伯使西乞术来聘,襄仲辞玉曰,君不忘先君之好,照临鲁国,镇抚其社稷,重之以大器,寡君敢辞玉。对曰,不腆敝器,不足辞也。是辞玉之礼,春秋时犹有存者。

今按:鲁襄仲辞玉,秦使对后,"主人三辞"。宾客曰,"寡君愿徼福于周公、鲁公以事君,不腆先君之敝器,使下臣致诸执事,以为瑞节,要结好命,所以藉寡君之命,结二国之好,是以敢致之"。襄仲曰,"不有君子,其能国乎,国无陋矣"。厚贿之。此言三辞,而《聘礼》不言三,江永以为省文,盖是。

7.《仪礼·聘礼》云:

摈者进,公当楣再拜,宾三退,负序。

胡培翚《正义》曰，王氏士让云，《论语》，"趋进，翼如也"，即在斯时，江氏永云，公与宾皆升堂，宾致命，公将北面拜贶，拜君命之辱。其时摈者位在中庭，从中庭进至阼阶西，释辞于宾，以相公拜，所释之辞，则后记云，子以君命在寡君，寡君拜君命之辱，是也。经曰，"摈者进"即《论语》趋进之进，不言趋者，省文耳。其时宾已致命，公已左还北乡将拜，摈者从中庭进，至阼阶西，有数十步，不宜舒缓，故必当趋。趋则急遽，或至垂手掉臂，难其容，故特记容。趋进必有辞，辞无常者不能记，辞有常者不必记也。趋进有辞，见《左传》者凡五：成三年，齐侯朝于晋，将授玉，郤克趋进。襄七年，卫孙文子来聘，公登亦登，叔孙穆子相，趋进。襄九年，同盟于戏，晋士庄子为载书，郑公子騑趋进。昭十二年，晋侯以齐侯宴投壶，公孙傁趋进。定八年，晋师盟卫侯于鄟泽，将歃，涉佗捘卫侯之手及捥，卫侯怒，王孙贾趋进。此五事，皆有辞无常者也。凡发足向前为进。又云，趋进，庙中相礼时也。

今按：《左传》成公三年：郤克趋进曰，"此行也，君为妇人之笑辱也，寡君未之敢任"。《左传》襄公七年：叔孙穆子相，趋进曰，"诸侯之会，寡君未尝后卫君，今吾子不后寡君，寡君未知所过，吾子其少安"。孙子无辞。《左传》襄公九年，公子騑趋进曰，"天祸郑国，使介居二大国之间，大国不加德音，而乱以要之，使其鬼神不获其禋祀，其民人不获享其土利，夫妇辛苦垫隘，无所底告。自今日既盟之后，郑国而不唯有礼与彊，可以庇民者是从，而敢有异志者，亦如之"。荀偃曰，"改载书！"《左传》昭公十二年：公孙傁趋进曰，"日旰君勤，可以出矣"。以齐侯出。《左传》定公八年：王孙贾趋进曰："盟以信礼也，有如卫君，其敢不唯礼是事，而受此盟也"。

以上所有趋进辞，皆于迫促间言事，得当则胜否则败，如公子騑之趋进辞招致荀偃之欲改载书，而公孙舍之曰，"若可改也，大国亦可叛也"，乃盟而还。

8.《仪礼·聘礼》云：

聘于夫人用璋，享用琮，如初礼。若有言，则以束帛，如享礼。

郑注：有言，有所告请，若有所问也。记曰，有故，则束帛加书以将命。《春秋》臧孙辰告籴于齐，公子遂如楚乞师，晋侯使韩穿来言汶阳之田，皆是也。

今按：臧孙辰告籴于齐在成公二十八年，公子遂如楚乞师在僖公二十六年，晋侯使韩穿来言汶阳之田在成公八年。皆有所告请者。

9.《仪礼·聘礼》云：

宾觌，奉束锦，总乘马，二人赞。入门右，北面奠币，再拜稽首。

郑注：觌用束锦，辟享币也。"总"者，总八辔牵之。"赞"者，居马间扣马也。入门而右，私事而阖右。奠币再拜，以臣礼见也。赞者贾人之属，介特觌也。

胡培翚《正义》曰：自此至序从之，言私觌之事。分宾觌、上介觌，为三节。《周礼·司仪》职曰：及礼，私面私献，皆再拜稽首，君答拜。郑注云，礼以醴礼客，私面私觌也，既觌则或有私献者。郑司农说私面以《春秋传》曰：楚公子弃疾见郑伯，以其乘马私面。今按：《仪礼》见君谓之觌，见卿大夫谓之面。《周礼》《左传》以私觌为私面者，对文异，散则通也。

今按：《左传》昭公六年有云：楚公子弃疾如晋报韩子也。过郑，郑罕虎、公孙侨、游吉，从郑伯以劳诸祖；辞不敢见。固请见之，见如见王，以其乘马八匹私面。见子皮如上卿，以马六匹；见子产以马四匹；见子大叔以马二匹。禁刍牧采樵，不入田，不樵树，不采蓻，不抽屋，不强匄。誓曰，"有犯命者，君子废，小人降。"舍不为暴，主不慁宾，往来如是。郑三卿皆知其将为王也。

又按：楚弃疾知礼，以乘马八匹私面郑伯，其余以次降，与《仪礼》合。又《论语·乡党》："私觌愉愉如也。"可参看。

10.《仪礼·聘礼》云：

宾奉币入门左，介皆入门左，西上。公揖让如初，升。公北面再拜。宾三退，反还负序，振币进授，当东楹北面。

胡培翚《正义》云：李氏云，礼宾宾觌，授受当东楹，臣礼也。《春秋传》，郑伯如晋拜成，授玉于东楹之东。士员伯以为视流而行速，不安其位。凡敌者授受当于两楹间也。

今按：上引《春秋传》见《左传》成公六年：郑伯如晋拜成。子游相，授玉于东楹之东。士员伯曰："郑伯其死乎？自弃也已，视流而行速，不安其位，宜不能久。"是知《仪礼》礼宾授受当东楹与《左传》同。《左传》之所谓"成"，亦古礼。《左传》成公十二年有云，"郑伯如晋听成"，"成"即"盟"。

11.《仪礼·聘礼》云：

> 公劳介，介皆再拜稽首，公答拜。宾出，公再拜送，宾不顾。

郑注，引《论语》：君召使摈，色勃如也。足躩如也。……宾退，必复命曰，宾不顾矣。

今按：郑引《论语》见《乡党》。"宾不顾"为礼终，摈者必以复命。摈者或不复命，故《论语》云，"宾退，必复命曰：宾不顾矣。"

12.《仪礼·聘礼》云：

> 宾裼迎，大夫贿用束纺。

郑注：贿，予人财之言也。纺，纺丝为之，今之缚也，所以遗聘者，可以为衣服，相厚之至也。

胡培翚《正义》云，郑以此为遗聘君，而或又以为贿聘宾。惟敖氏云，贿礼主于答其聘。盛氏云，贿主君，所以报聘也。其说是矣。盖玉帛乘皮以报享，而报聘但用束纺，似乎物薄，然聘以圭璋，已聘还之。主君于聘，一无所受，而又不可恝然已也，故用束纺以致其勤倦之意。注所谓"厚之至也"。

今按："贿用束纺"之意义已见前章。古礼"贿"为聘之末章，自郊劳始，至赠贿终。

13.《仪礼·聘礼》云：

> 使者归，及郊，请反命。朝服，载旜，襛，乃入。乃入，陈币于朝，西上。上宾之公币、私币皆陈。上介公币陈，他介皆否。束帛各加其庭实，皮左。公南乡，卿进使者，使者执圭垂缫，北面；上介执璋屈缫，立于其左。反命，曰："以君命聘于某君，某君受币于某官，某君再拜，以享某君，某君再拜。"宰自公左受玉。受上介璋，致命亦如之。执贿币以告曰："某君使某子贿。"授宰。

郑注：某子，若言高子、国子，凡使者所当以告君者，上介取以授之，贿币在外也。

胡培翚《正义》：此亦宾执之以告也。贿币，束纺也，邻君所以报聘者，故先执以告公，告后亦授宰藏之。……云贿币在外也者，上注云，其礼于君者不陈。此贿币是礼于君者，不在陈币之列，故知在外也。

今按：聘礼，使者受贿而反，义不反顾，是报聘礼终。复命于君，"执贿币以告曰，某君使某子贿"。贿不在陈币之列，以其乃礼于君者。古礼如是。

14.《仪礼·聘礼》云：

> 聘遭丧，入竟则遂也。不郊劳，不筵几，不礼宾。主人毕归礼，宾唯飨饩之受。不贿，不礼玉，不赠。

郑注：遭丧，主国君薨也。入竟则遂，国君以国为体，士既请事，已入竟矣，关人未告，则反。

胡培翚《正义》：自此至卒殡乃归，皆聘者遭丧之礼，或所聘国君薨及夫人世子丧，……凡四节。案，文六年《左传》曰，季文子将聘于晋，使求遭丧之礼以行，即谓此也。……云，入竟则遂，国君以国为体者。案"遂"，谓遂行聘事。"以国为体"，《公羊传》文，言已至国，则不可以已也。……

又疏"不贿，不礼玉，不赠"："贿"即贿用束纺。"礼玉"即上所云，

"礼玉、束帛、乘皮"。"赠"即使者至郊，使卿赠如觐币者。敖氏云，贿与礼玉，主君以报聘君者也。今主君薨，难乎其为辞，故阙之。赠者所以答私觌，遭丧则不觌，故主国亦不赠。

今按：《左传》文公六年有云：秋，季文子将聘于晋，使求遭丧之礼以行。其人曰："将焉用之？"文子曰："备预不虞，古之善教也，求而无之，实难，过求何害？"

通过季文子之请，可知古礼条文，具于官府，非漫无纪纲，可以任意为之者。则谓《仪礼》所载，非仅具文，且为行动之纲领，其重要可知。

又郑注引《公羊传》见庄公四年。原文，"国君一体也，先君之耻，犹今君之耻也；今君之耻，犹先君之耻也。国君何以为一体，国君以国为体，诸侯世，故国君为一体也"。郑不注《公羊》，但亦治《公羊》，此所以何休有"入室操戈"之叹！

15.《仪礼·聘礼》云：

若宾死，未将命，则既敛于棺，造于朝，介将命。

郑注："未将命"，谓俟间之后也。以柩造朝，以已至朝，志在达君命。

胡培翚《正义》：敖氏云，此朝谓大门外也。介将命于庙如宾礼，既则殡其柩于馆。注云，未将命，谓俟间之后也者，前宾入竟而死，未至国。此云，未将命，则是将行聘享时，故注以为俟间之后也。俟间者，前宾至，下大夫劳者以宾入，至于朝。主人曰，不腆先君之祧，既拚以俟矣。宾曰，俟间。此后大夫帅至于馆。至明日，乃行聘享事。于此之时而死，则必以棺造朝也。……朱子云，礼宾已至朝，主君将欲行礼，宾请间之后而宾死，则以柩造朝，以尸将事。《左传》陈侯使公孙贞子吊吴，乃良将以尸入，吴子使太宰嚭劳，且辞上介芊尹盖援聘以尸将事之礼，吴人纳之。向令公孙贞子卒于俟间之后，行此礼可也。今卒于竟内，亦行此礼，而吴人从之。杜注又以为知礼，胥失之矣。

今按：上引敖氏说，胡疏以为"此论甚精，足与经义相发明"。

此出聘宾介死，属于聘者遭丧礼，凡四节：或所聘国君薨及夫人世子丧；或出聘后本国君薨；或聘宾有死丧，或宾死及介死。即鲁季文子出聘时，求遭丧之礼。所引《左传》见哀公十五年，原文：

> 夏，楚子西、子期伐吴，及桐汭，陈侯使公孙贞子吊焉，及良而卒，将以尸入。吴子使大宰嚭劳，且辞曰："以水潦之不时，无乃廪然陨大夫之尸，以重寡君之忧，寡君敢辞。"上介芋尹盖对曰："寡君闻楚为不道，荐伐吴国，灭厥民人，寡君使盖备使，吊君之下吏，无禄，使人逢天之慼，大命陨队，绝世于良。废日共积，一日迁次。今君命逆使人曰，'无以尸造于门'，是我寡君之命委于草莽也。且臣闻之曰，'事死如事生，礼也。'于是乎有朝聘而终，以尸将事之礼，又有朝聘而遭丧之礼。若不以尸将命，是遭丧而还也，无乃不可乎？以礼防民，犹或逾之，今大夫曰，'死而弃之'，是弃礼也，其何以为诸侯主？先民有言曰，'无秽虐士'，备使奉尸将命。苟我寡君之命，达于君所，虽陨于深渊，则天命也，非君与涉人之过也。"吴人纳之。

今按：芋尹盖以礼说吴，吴亦通行周礼者，则知西周春秋时，周礼通行于众诸侯间，而《仪礼》即礼之条文藏于官府者，以鲁为最备，故云"周礼尽在鲁矣"。

16.《仪礼·聘礼记》云：

> 辞无常，孙而说。辞多则史，少则不达。辞苟足以达，义之至也。辞曰，"非礼也敢"。对曰，"非礼也敢"。

胡培翚《正义》，"……孔子曰，文胜质则史。又曰，辞达而已矣。若辞少则不足以达意。"

又胡氏《正义》，"此经二句，谓常事常礼之外，有非礼之加，非礼之问，必谔谔不阿，乃为称职。主人施以非所当施，则辟之，其辞曰，所以施使臣者非礼也，敢受乎！主人问以非所当问，则对之，其辞曰，所以语使臣者非礼也，敢不对乎！如僖十二年，齐使管夷吾平戎于王，王以上卿礼飨管仲。管仲辞曰，臣贱有司也，有天子之二守国高在，若节春秋来承王命，何以礼焉，陪臣敢辞。此辞曰，"非礼也敢"之证也。文四年，卫宁武子来聘，公与宴，为赋湛露及彤弓，不辞，又不答赋。使行人私焉。对曰，臣以为肆业及之也，昔诸侯朝正于王，王宴乐之，于是乎赋《湛露》，则天子当阳，诸侯用命也。诸侯敌王所忾而献其功，王于是乎赐之彤弓一，彤矢百，旅弓矢千，以觉报宴。今陪臣来继旧好，君辱贶之，其敢干大典以自取戾。此对曰，"非礼也敢"之证也。注云，二者皆卒曰"敢"，谓凡言"敢"多在语之终，云"辞曰"，云"对曰"，云"敢"，传无不与经印合者。

今按：《正义》引僖公十二年，文公四年"非礼也敢"均见《左传》，《左传》僖公十二年有云：

冬，齐侯使管夷吾平戎于王，使隰朋平戎于晋。王以上卿之礼飨管仲，管仲辞曰："臣贱有司也，有天子之二守国、高在，若节春秋，来承王命，何以礼焉？陪臣敢辞。"王曰："舅氏，余嘉乃勋，应乃懿德，谓督不忘。往践乃职，无逆朕命。"管仲受下卿之礼而还。君子曰："管氏之世祀也，宜哉！让不忘其上。诗曰，'恺悌君子，神所劳矣。'"文公四年《左传》如上所引。《正义》指出"辞曰""对曰""敢"，传无不与经相印合者。可以说明周礼固通行古代"天下"者。

17.《仪礼·公食大夫礼》云：

宰夫设筵，加席几。无尊，饮酒浆饮，俟于东房。凡宰夫之具，馔于东房。

胡培翚《正义》：注云，饮酒，清酒也者，《周礼·酒正》职曰，辨三酒之物，一曰事酒，二曰昔酒，三曰清酒。郑司农云，清酒，祭祀之酒。又曰，辨四饮之物，一曰清，二曰医，三曰浆，四曰酏。……《周礼·浆人》掌共王之六饮，水、浆、醴、凉、医、酏，彼先言饮，此先言浆，后言饮，明亦饮以酏口，与六饮用以共饮者不同。……

《正义》又云：《仪礼·释官》云，《周礼·宰夫》掌宾客之饮食与其陈数。注云，饮食燕飨也。疏云，郑不解经中食为食礼者，经中言食，则食礼自明。注又云，凡此礼陈数存可见者唯有《行人》《掌客》及《聘礼》《公食大夫》。疏云，《仪礼》具有诸侯之礼，俱亡灭者多，今存可见者有《聘礼》《公食大夫》是侍聘客之法。然则食礼之陈数，宰夫掌之，故此经设筵，授公醢酱，荐豆，设黍稷，设铏，设觯丰，授公饭粱膳稻，进觯丰，授公束帛，侑宾，皆宰夫主其事也。

今按：上述宰夫之职，《仪礼》《周礼》可以互证，一伪皆伪，否则亦然。

18.《仪礼·觐礼》云：

> 觐礼，至于郊，王使人皮弁用璧劳。侯氏亦皮弁迎于帷门之外，再拜。

郑注，郊谓近郊，去王城五十里。《小行人》职曰，凡诸侯入王，则逆劳于畿，则郊劳者大行人也。

胡培翚《正义》云，"则郊劳者大行人也"者，此无正文，以凡诸侯入王，小行人逆劳于畿，推而知之，故引《周礼·小行人》职文为证也。必知郊是近郊者，以聘礼宾至近郊，主国使卿劳，知也。《左传》，昭公如晋，自郊劳至于赠贿无失礼。又蘧启疆曰，入有郊劳。聘礼劳宾于近郊，是朝聘皆以郊劳为重。

今按：上引《左传》见昭公五年。朝聘皆以郊劳为重，古文献《左传》《周礼》《仪礼》可以互证。又朝觐有别，《郑目录》云，"觐，见也，诸侯秋见天子之礼，春见曰朝，夏见曰宗，秋见曰觐，冬见曰遇。……三时礼亡，唯此存尔"。《五经异议·公羊说》，诸侯四时见天子，及相聘皆曰朝，以朝时行礼卒，而相逢于路曰遇。古周礼说春曰朝，夏曰宗，秋曰觐，冬曰遇。许慎按：礼有觐。郑驳之云，此皆有似不为古昔。按《觐礼》曰，诸侯前朝皆受舍于朝，朝通名也。段玉裁《说文》注云，此条许、郑本无异，不得云驳也。《春秋》隐公四年秋九月，卫人杀州吁于濮，而《传》（《左传》）云，"王觐为可"，又云"朝陈使请"。是于陈言朝，于王言觐，是秋觐之名至春秋时犹存。万斯大谓朝觐是一，并疑《周官》春朝、夏宗、秋觐、冬遇之不足据，非是。

19.《仪礼·觐礼》云：

> 使者不答拜，遂执玉，三揖至于阶。使者不让先升，侯氏升听

命，降再拜稽首，遂升受玉。

胡培翚《正义》：王氏《纵解》云，上云璧，此云玉，凡圭璋璧琮琥璜皆玉为之，故总称玉。……礼，冠，昏，乡射，聘，食皆三揖时皆有三让法。此王使尊不让，故特著之。云升者升坛者，以帷宫无堂，故知升为升坛也。必知帷宫有坛者，襄二十八年《左传》云，"子产相郑伯以如楚，舍不为坛。"注云，"至敌国郊，除地封土为坛，以受郊劳，是也。"又宣十八年传，"子家坛帷复命于介。""坛帷"连言，则帷堂内有坛明矣。

今按：《左传》襄公二十八年"郑伯如楚"事全文如下：

九月，郑游吉如晋，告将朝于楚以从宋之盟。子产相郑伯以如楚，舍不为坛。外仆言曰："昔先大夫相先君适四国，未尝不为坛，自是至今亦皆循之。今于草舍，无乃不可乎？"子产曰："大适小，则为坛；小适大，苟舍而已，焉用坛？侨闻之，大适小有五美：宥其罪戾，赦其过失，救其菑患，赏以德刑，教其不及。小国不困，怀服如归，是故作坛以昭其功，宣告后人，无怠于德。小适大有五恶：说其罪戾，请其不足，行其政事，共其职贡，从其时命。不然则重其币帛，以贺其福而吊其凶；皆小国之祸也，焉用作坛，以昭其祸？所以告子孙，无昭祸焉，可也。"

外仆之言达于礼而子产言为实情。大适小，小国"怀服如归"，不能不为坛以示崇敬而昭其功。小适大则兢兢业业，求免祸而已，焉用坛为？苟舍而已。时处礼坏乐崩时代，子产之言亦不得已，可知《仪礼》封土为坛乃为古礼。

20.《仪礼·觐礼》云：

诸侯前朝，皆受舍于朝。同姓西面北上，异姓东面北上。

胡培翚《正义》：前朝，谓先觐日也，朝犹觐也，与下受舍于朝之朝异。蔡氏云，同姓西面，从主人之位，异姓东面，从宾位也。今案：皆北上者，以近王为尊也。《曲礼》曰，诸侯北面而见天子曰觐。此云西面东面者，谓庙门外为位时，其入见则皆北面耳。……李氏心传云，受舍于朝，所谓外朝也。后人以外朝去庙门甚远，疑郑说为未确。考《曲礼》孔疏云：凡天子三朝，其一在路门内，谓之燕朝，太仆掌之；其二是路门外之朝，谓之治朝，司士掌之；其三是皋门之内，库门之外，谓之外朝，朝士掌之。又《周礼·小宗伯》：掌建国之神位，右社稷，左宗庙。郑注：谓库门内雉门外之左右，非也。刘氏敞《天子五门议》云，礼说天子五门，曰皋门，曰库门，曰雉门，曰应门，曰路门。此有五门之名，无五门之实。以《诗》《书》《礼》《春秋》考之，天子有皋门无库门，有应门无雉门，有毕门无路门。诸侯有库门无皋门，有雉门无应门，有路门无毕门。天子三门，诸侯三门，门同也，而名不同；三同也，而制不同。何以言之邪？《诗》曰，乃立皋门，皋门有伉，乃立应门，应门将将。《书》曰，二人雀弁执惠，立于毕门之内。又曰，王出在应门之内；此皆道天子之礼者也。无道库门雉门者，非天子门故也。《明堂位》曰，库门，天子皋门；雉门，天子应门，此言鲁之库门，制如皋门；鲁之雉门，制如应门也。鲁用王礼，故门同王门，其制虽同，而名不同也。《春秋》曰，雉门两观灾。雉门诸侯之飨。诸侯有路朝，路朝之门，是谓路门。此诸侯三门也，无道皋门、应门、毕门者，非诸侯门故也。天子三朝，诸侯三朝，天子治朝在应门之内，诸侯治朝在雉门之内。其建国之神位，左宗庙，右社稷，皆夹治朝，此《春秋》所云，"闻于两社为公室辅"者也。仲尼助祭，于庙事毕，出游观之上。观者，雉门也，祭毕而出游，乃得至观之上，明庙在治朝之左，雉门之内也。戴氏震作三朝三门考，说与刘略同，亦举五事证宗庙社稷在中门内路门外之左右，其说甚确。……然则"受舍于朝"即治朝也。庙在治朝之左，故郑云受次于文王朝门之外也。李氏以朝为外朝，非矣。《乐记》曰，祀乎明堂，而民知孝。朝觐，然后诸侯知所以臣。郑注，文王之庙为明堂制，是其意亦以觐为文王庙也。云《聘礼记》曰，宗人授次，次以帷，少退于君之次者。行之以证此舍为次舍也。……《周礼·掌次》，诸侯朝觐，则张大次、小次，是次系天子使张之，有定处。

今按：上述朝觐之礼，朝门之制，通贯《诗》《礼》《书》及《春秋》诸书，足征此种礼制固通行于西周春秋间者。

21.《仪礼·觐礼》云：

天子衮冕负斧依，啬夫承命，告于天子。天子曰，非他，伯父实来，予一人嘉之。伯父其入，予一人将受之。

郑注：啬夫，盖司空之属也为末摈，承命于侯氏下介，传而上，上摈以告于天子。……《春秋传》曰，啬夫驰。

胡培翚《正义》：《曲礼》，诸侯见天子曰，臣某侯某。郑注，谓啬夫承命告天子辞也。其为州牧，则曰，天子之老臣某侯某，奉圭请觐。……注云，啬夫盖司空之属，又引《春秋传》啬夫驰者，《左传》昭十七年，叔孙昭子救日食，引《夏书》云，辰不集于房，瞽奏鼓，啬夫驰，庶人走。《仪礼·释官》云，案啬夫之名，始见于《夏书》，周殆因夏制欤？《夏小正》，"啬人不从"，啬人疑即啬夫。《汉书·五行志》引《左传》"啬夫驰，庶人走"，说曰，啬夫，掌币吏，庶人，其徒役。《曲礼疏》引《音义隐》云，啬夫主诸侯所赍币帛皮圭之礼，奉以白于天子。解与此经略合。《仪礼》唯《觐礼》尚存天子之制，而有啬夫，其为《冬官》之阙无疑。又曰，"案《汉书·百官公卿表》及《张释之传》皆有啬夫"。郑氏笺《诗》云，"田畯司啬，今之啬夫"。则汉亦此官，所掌或与周异。……《释官》曰，据《汉书》云，庶人其徒役，则啬夫当士为之。《聘礼》，卿为上宾，大夫为承摈，士为绍摈。此虽诸侯礼，天子亦然，故注以啬夫为末摈也。……此所陈摈介，当在庙之外，门东陈摈，从北乡南，门西陈介，从南乡北，各自为上下。今按：此命即谓辞也。君朝用交摈传辞，臣聘用旅摈不传辞。

今按：啬夫为夏官，因有"周殆夏制"之问，此为夏周一系之又一佐证。农业社会，礼品出自农，故啬夫为摈与？

又胡培翚《正义》：《曲礼》，"君天下曰天子，朝诸侯……曰予一人。"又《玉藻》，"凡自称天子曰予一人"。孔疏，谓天子与臣下言及遣摈者接诸侯，皆称"予一人"是也。

今按："予一人"之称来源甚古，殷商已有此称，甲骨文中多见。胡厚宣兄有释"予一人"。

22.《仪礼·觐礼》云：

天子赐侯氏以车服，迎于外门外，再拜。路先设，西上，路下四，亚之。重赐无数在车南。诸公奉箧服，加命书于其上，升自西阶，东面，大史是右。侯氏升，西面立，大史述命。侯氏降两阶之间，北面再拜稽首。升成拜。大史加书于服上，侯氏受。使者出，侯氏送，再拜。傧使者，诸公赐服者，束帛四马，傧大史亦如之。

郑注"太史是右"：右读如周公右王之右，是右者，始随入，于升东面，乃居其右。

胡培翚《正义》云：箧制详《士冠礼》，服盛箧，故云箧服。命书，即王命赐车服之书，加于其上，加于箧上也。使诸公奉之者，见锡予之重也。大史，掌礼书者。……注云，言诸公者，王同时分命之，而使赐侯氏也者，以来觐非一国，王同时使三公分往命之，故言诸公也。《春官·序官》，大史下大夫二人，上士四人，是亦足敷分命矣。敖氏谓奉箧服者一人耳，乃云诸公者，若师若傅若保不定也。则是以命赐者止一人，设来觐国多，恐目不暇给矣。敖说非也。云右读如周公右王之右，是右者，始随入，于升东面，乃居其右者，案，周公右王，襄二十一年《左传》文，言周公左右王室也。诸侯职崇，大史职卑，始随入在公后，及升自西阶，则与公同东面而居公之右，盖在公之南也。吴氏章句云，经曰是右，则非但在其右也，盖如周公右王之右，谓左右之，如下述命加书之事。

又《正义》：述命，谓读王命书，亦诏辞自右之义。或因《周礼》内史掌书王命，遂疑读之者为内史，不知此命书，内史书之，大史读之也。大史职曰，大祭祀戒及宿之日，与群执事读礼书而协事。又云，大会同朝觐，以书协礼事，是读命书正其职。《仪礼·释官》云：《玉藻》疏引此经大史是右，谓大史代内史宣行王命，故居右，非也。

又《正义》云：注云，大史辞之降也，谓辞其降拜也。引《春秋传》证辞下拜之事，僖九年《左传》云，王使宰孔赐齐侯胙，齐侯将下拜。孔曰，且有后命。天子使孔曰，以伯舅耋老，加劳赐一级，无下拜。齐侯卒下拜登受。今按：下拜者，臣之正礼。未有不辞而升成拜者，此节升成拜，经不言辞，文不备，此注特补之。敖氏乃谓不辞之而升成拜，尊者之礼。盛氏世佐云，按升成拜，以公辞之故也。既拜于下，乃辞，礼之正也。……敖说非。……秦氏蕙田云，盛氏驳敖不辞之说，极当。但郑注谓大史辞之，盛氏谓公辞之。按上文述王命者大史，则此辞侯氏者亦必大史也，盛说似非。今按，秦说是也。

又《正义》云：使者出，赐车服事毕也。使者，兼公与大史言。傧使者，为总目之辞，下乃分言也。诸公赐服者，即上奉箧服者，傧之束帛四马，傧大史亦如之，亦束帛四马也，使事同，傧礼亦同也。

又《正义》云：汪氏克宽云，周制诸侯践位而入见，则有锡命；修聘来朝，则有锡命；能敌王所忾而献功，则有锡命，此礼之正也，无就其国而锡命之礼。如《春秋》书王使荣叔来锡桓公命，天王使毛伯来锡公命之类，皆非正也。

今按：上述周天子赐诸侯车服时的礼制，其程序是：

（1）天子赐侯氏以车服，车同姓以金路，异姓以象路；服则衮也，鷩也，毳也。

（2）《诗小雅·采菽》："君子来朝，何赐予之？虽无予之，路车乘马。又何予之？玄衮及黼"。郑注引此以证赐车服事，路车乘马赐车也，玄衮及黼，赐服也。又《周礼·小宗伯》掌衣服车骑宫室之赏赐。

（3）"诸公奉箧服，加命书于其上，升自西阶东面"。《正义》以为来觐非一侯国，王同时使三公分往命之，故言"诸公"。

（4）"大史是右"。郑注"右读如周公右王之右。是'右者'始随入，于升东面，乃居其右"。

今按："大史是右"郑注"右读如'周公右王'之右"。"周公右王"见《左传》襄公二十一年，"管蔡为戮，周公右王"。即周公辅弼成王。周初器《大丰簋》有"天亡右王"，予以为即太公望之右武王。"右者"之引人注意，自郑玄始。《正义》以为诸侯职崇，大史职卑，始随入在公后，及升自西阶，则与公同东面而居公之右，盖在公之南。

（5）"侯氏升，西面立，大史述命"。《正义》云，"述命，谓读王命书，亦诏辞自右之义。或因《周礼·内史》掌书王命，遂疑读之者为内史；不知此命书，内史书之，大史读之也。《大史》职曰，"大祭祀戒及宿之日，与群执事读礼书协事"。又云，"大会同朝觐，以书协礼事。是读命书正其职"。《仪礼·释官》云，"玉藻疏引此经大史是右，谓大史代内史宣行王命，故居右"，非也。

今按：《正义》以为内史书王命，而大史读之，读王命正大史职而非内史。读王命时与公同东面而居公之右。所以谓"如周公右王之右，谓左右之，如下述命加书之事"。"述命加书"乃读王命书，而"使者"为公，大史职卑，只是宣读王命。所以名"右"，以其居"公"右，大史本人并非受命侯之"左右"者，"公"可当其职，但此处"公"非"右者"。以此《仪礼·觐礼》中之"右者"，与今人之说金文礼制者异，而王国维先生有考订，他说："大保大史大宗彤裳纯吉者，大保摄成王为册命之主，大宗相之，大史命之，皆以神道自处，故纯吉也。王由宾阶陟者，未受册不敢当主位也。大保由阼阶者摄主，故由主阶。何以知大保摄主也？曰大保受顾命于成王而传之于康王，有王道焉。成王不亲命康王而命大保者，何也？曰，康王之为元子久矣，顾命也者，命之为王也。成王未崩，则天下不得有二王；既崩则不得亲命，故大保摄王以命之。册命之有摄主，犹祭之有尸矣。大宗从大保者，何也？曰傧也。《周礼·大宗伯》职，王命诸侯则傧。古彝器，记王册命诸臣事，必有右之者，器所谓'右'即大宗伯所谓傧也。周册命之制，王与受册者外，率右者一人，命者一人，故册嗣王亦用是礼也。……古者命必有辞，辞书于册，谓之命书。《觐礼》'诸公奉箧服加命书于上'。《颂鼎》《寰盘》皆云尹氏受王命书。《宂敦》'王受（假为授）作册尹书，俾册命宂'。是命书，本王或摄王者所持。此大史秉书者，大保承介圭，介圭重器不能复持命书以授大史，故大史秉之。由宾阶陟者，大史居不保右也。《觐礼》天子赐侯氏以车服，大史是（郑注古文是为氏）右。《少仪》'赞币自左诏辞自右'。《祭统》'史由君右，执册命之'。是大史位在大保之右。时大保在阼阶上西面，大史后升不可越大保而趋其右，故由宾阶也。"

下面王先生又说"以礼言之，则大保当在阼阶上西面，大宗居左，大史居右，王在宾阶上东面，大史迎而命之"。（以上见《观堂集林》卷一《周书顾命考》）

今按：王先生考《周书顾命》册命礼制，结合彝器铭文及《仪礼·觐礼》，以说明周代册命礼仪程序，其说详密而正确，为后来者所不及。根据《顾命》册命礼，其程序是：

（1）大保摄王以命之为摄主。

（2）大宗从大保为傧。古彝器记王册命必有右之者，右即傧。

（3）册命之制，王与受册者外，右者一，命者一。

（4）古者命必有辞，辞书于册谓之《命书》。命书本王或摄王所持，但大保承介圭，故由大史秉书。

（5）在《顾命》中册书之辞为：

曰皇后凭玉几导扬末命命女嗣训，临君周邦率循大卞燮和天下用答扬文武之光训。

（6）大史位在大保之右，时大保在阼阶上西面，大史后升，不可越大保而趋其右，故由宾阶也。

据上述程序，是知大史居大保之右，但非"右者"，右者为宗伯，即所谓傧。此说与《仪礼》本身及郑注胡疏俱不同。《仪礼·觐礼》明白指出"诸公奉箧服……大史是右"，郑注即以此"右"为"右者"，而胡疏以为内史掌书王命而大史读之。述王命者大史，辞侯氏者亦大史。总之，据《仪礼·觐礼》及郑注胡注，均以大史为右。如《觐礼》云，"大史加书于服上，侯氏受。使者出，侯氏送，再拜。傧使者，诸公赐服者，束帛四马，傧大史亦如之。"乃以诸公为摄主而大史为右，一如"顾命"之以大保为摄主而大宗为右，大史秉书命之。盖彝铭记载与《觐礼》有详略之不同，遂有此异。据《周礼》大史为下大夫，而"顾命"中之大史与大保、大宗等列，亦可为右。今陈汉平同志曾有讨论"右者"之专门论著，可参考。

23.《仪礼·丧服经传》云：

君

《传》曰，君至尊也。

郑注：天子诸侯及卿大夫有地者，皆曰君。

胡培翚《正义》：注云"天子诸侯及卿大夫有地者皆曰君"者。……据下《传》云，君，谓有地者也。地谓采地，若《周礼》家邑、小都、大都及列国卿大夫食邑之类。《礼运》曰，天子有田以处其子孙，诸侯有国以处其子孙，大夫有采以处其子孙；三者皆有君义也。

今按,"有地者皆曰君",最足以说明西周春秋时之社会性质。有奴隶者为奴隶主,有土地者为封建主,此义至明不容混淆。又《丧服传》有云,"寄公者,何也?失地之君也。"《正义》云,《春秋传》,"卫侯出奔齐,齐人以郲寄卫侯。"《诗序》曰,"狄人迫逐黎侯,黎侯寓于卫,是为寄公。"皆为失其土地而寄君他邦者,则不得为君而称"寄公",皆封建社会之特征。

24.《仪礼·士丧礼》云:

为铭各以其物。

今按:在《乡射礼》中"旌各以其物"节中已有说明。今又见"为铭各以其物"。据郑注:"铭,明旌也。杂帛为物,大夫士之所建也。……无旗不命之士也。"胡培翚《正义》于此多所发挥道:"铭所以表柩也。《周礼·司常》曰,'大丧共铭旌'。《丧服小记》曰,'复与书铭,自天子达于士,其辞一也。'则铭自天子至士皆有之。'为铭各以其物'是泛言为铭之制如此。'各以其物',谓各以生时所建之旗也。《司常》曰,'掌九旗之物名'。又曰,'赞司马颁旗物',即此经所谓物也。"以上郑注既云"无旗不命之士也',故有人谓无旗为庶人。但胡培翚以为此乃士礼,士礼而无士,不当。其实士与庶人,西周时有所区别,春秋以后,阶级关系逐渐变迁,士无封地非君,其地位逐渐同于井田农民。《管子》中的"士乡"与"农乡"区别渐泯。西周春秋间甲士来自士,而徒兵来自农,战国而后,士庶人无别,甲士亦等于徒兵矣。

25.《仪礼·既夕礼》云:

公赗玄纁束马两。

郑注:公,国君也。赗,所以助主人送葬也。两马,士制也。《春秋传》曰,宋景曹卒,鲁季康子使冉求赗之以马,曰,其可以称旌繁乎?

胡培翚《正义》:《公羊》隐元年传,"赗者何?丧事有赗,赗者盖以马,以乘马束帛"。何注曰:"此道周制也。以马者,谓士不备四也。"《礼·既夕》曰，"公赗玄纁束马两"是也。《传》又曰，"车马曰赗"，何注，"此春秋制也"。

今按：郑注引《春秋传》，见《左传》哀公二十三年。《正义》引何休注《公羊》，以"赗者盖以马"为周制，而以"车马曰赗"为春秋制。是知礼制发展，前后有别，盖造车为古代高等工艺，来之不易，故赗无车，春秋而后，工艺发达，赗遂有马有车矣。

26.《仪礼·既夕礼》云：

主人之史请读赗，执筭从柩东。

又：

读书释筭则坐，卒，命哭，灭烛，书与筭执之以逆出。

胡培翚《正义》：《说文》，筭长六寸，所以计数者。……段氏注云，《汉志》，筭法用竹，径一分，长六寸，二百七十一枚而成六觚，为一握。……又云，筭为算之器，算为筭之用；二字音同而义别。……今案，执筭从，从史也。……云古文筭皆为笶者，胡氏承珙云，笶乃策字之别。……案《檀弓》读赗。曾子曰，非古也，是再告也。陈氏澔云，古者奠之而不读，周则既奠而又读焉。是读赗为周礼也。

又：

《正义》，读之而又释筭以计其数者，盖欲见赗奠赙赠之多而以为荣也。

今按：读赗释筭，都是计算赗赠之厚薄多寡，乃所以告逝者及逝者后裔，赗者如是如是，不能忘，必有以报，礼尚往来，赗，礼也。又：王国维先生《释史》（《观堂集林》卷六）云，"中者盛筭之器也。……其物当如中形，而于中之上横凿空以立竿，达于下横，其中央一直乃所以持之，且可建之于他器者也。考古者简与筭为一物。……《既夕礼》主人之史请读赗执筭从柩东。……射时舍筭既为史事，而他事用筭者，亦史之所掌。筭与简策本是一物，又皆为史之所执，则盛筭之中盖亦用以盛简，简之多者自当编之为篇，若数在十简左右者盛之于中，其用较便。……故当时簿书亦谓之中。《周礼·天府》凡官府乡州及都鄙之治中，受而藏之。《小司寇》以三刺断庶民狱讼之中。……《楚语》左执鬼中。盖均谓此物也。然则史字从又持中，义为持书之人与尹之从又持丨（象笔形）者同意矣。"

今按：以上王先生说是，《三礼》中史官为释筭者，史而释筭乃其世业，而筭人与史官不分。治《易》亦巫史事，乾坤之策数即筭数。《易系辞》所谓"大衍之数五十，其用四十有九"。后来解释多端，少当人意者。依静庵先生说，ϕ有立竿以达于下横，而ϕ所以盛简策，而以十简左右为便。但《周易》筮法则于椟中盛蓍五十策，此五十策中实有一策为ϕ之立竿，不能为用，故五十去一而四十有九，此"大衍之数五十，其用四十有九"之朴实解释。高亨先生曾考《周易》筮法，有云：策人以椟盛蓍五十策，筮时仅用四十九策，即所谓"大衍之数五十其用四十有九"也。以四十九策演之如下。（今略）（《周易古经通说》第七篇）高亨先生深通《易理》，论证正确，但于"其用四十有九"，牵就大衍之数五十有五之说而去其六爻，以成四十有九，但筮法仍采五十策而用四十九策，前后未能圆融。

27.《仪礼·既夕礼》云：

隶人涅厕。

郑注：隶人罪人也，今之徒役作者也。

胡培翚《正义》：案《周礼》有司厉、司隶、罪隶、蛮隶、闽隶、夷隶、貊隶等官。司厉注云，主盗贼之兵器及其奴者。又其职曰，其奴入于罪隶。注，故知隶人罪人也。司隶注云，隶给劳辱之役者，汉始置司隶，亦使将徒治道沟渠之役，故云今之徒役作者也。

今按：根据上引注疏，《周礼》《仪礼》中隶民多属罪人及少数族人，罪人罚为隶，而少数族被掠或被迫为隶者，皆供役事，一如汉代之徒役作，无从事主要生产事业者，井田农民乃主要劳力，性质明确，由此亦可定当时社会性质。

28.《仪礼·少牢馈食礼》云：

> 卒命祝，祝受以东北面于户西，以嘏于主人，曰，皇尸命工祝，承致多福无疆，于女孝孙，来女孝孙，使女受禄于天，宜稼于田，眉寿万年，勿替引之。

胡培翚《正义》云，郝氏又云，宜稼于田，禄自田出也。方氏苞云，《周官》，不耕者祭无盛，士无田则从庶人之荐，故虽卿大夫之尊，祝嘏之辞，不过宜稼于田而已。

今按：所有嘏辞都可与耕稼土田相接合，士无田等于庶人，则知土田耕稼决定当时人之身份地位、社会性质，于此可见，乃封建社会之典型。

以上我们虽然举了几十条例证说明《仪礼》曾流行于西周春秋间，沈文倬先生的论文也可以作此说明。虽然所举例证，仅及礼经三百及《威仪》三千的千分之一二，但通过《聘礼》之"聘遭丧，入竟则遂"之见于《左传》文公六年，季文子将聘于晋，使求遭丧之礼的记载；以及"趋进曰"之屡见于《春秋左传》及《论语》孔子之为傧。这些通行的礼仪，非后人所得伪造，举一反三，我们断定：《仪礼》之可信，尤甚于《周礼》，而《礼记》内容比较庞杂，本身并不协调一致，其中《大学》《中庸》等篇曾在中国历史上发挥最大作用，而《礼运》一篇，清末经康有为与《公羊》三世学结合后，作为维新变法之理论基础，"大同世界"遂为人们向往的境界。《礼运》开头说：

> 昔者仲尼与于蜡宾，事毕，出游于观之上，喟然而叹。仲尼之叹，盖叹鲁也。言偃在侧曰，君子何叹？孔子曰，大道之行也，与三代之英，丘未之逮也，而有志焉。大道之行也，天下为公，选贤与能，讲信修睦，故人不独亲其亲，不独子其子，使老有所终，壮有所用，幼有所长，矜寡孤独废疾者，皆有所养。男有分，女有归。货恶其弃于地也，不必藏于己；力恶其不出于身也，不必为己。是故谋闭而不兴，盗窃乱贼而不作，故外户而不闭，是谓大同。

今大道既隐，天下为家，各亲其亲，各子其子，货力为己，大人世及以为礼。城郭沟池以为固，礼义以为纪，以正君臣，以笃父子，以睦兄弟，以和夫妇，以设制度，以立田里，以贤勇知，以功为己；故谋用是作，而兵由此起。禹、汤、文、武、成王、周公，由此其选也。此六君子者，未有不谨于礼者也，以著其义，以考其信。著有过，刑仁讲让，示民有常，如有不由此者，在势者去，众以为殃，是为小康。

此文描绘了"大同"与"小康"的蓝图。"小康"时候已经是私有制的阶级社会，"天下为家，各亲其亲，各子其子，货力为己，大人世及以为礼。……禹、汤、文、武、成王、周公，由此其选也，此六君子者，未有不谨于礼者也"。代表人物禹、汤、文、武、周公，正好是夏、商、周三代的开国主。我们根据古代记载及考古学上的论证，夏是中国阶级社会的开始（或者上及有虞），而殷、商是比较成熟的奴隶社会。宗周，根据我们的研究，是领主封建社会。在《礼记》中的记载，或者说在春秋战国之际的学者，尤其是儒家，已经确认，夏、商、周三代都是阶级社会，他们讲礼乐制度，都是从夏、商、周三代或者是虞、夏、商、周四代起，社会在发展，周代文明尤为发达，所以孔子说，"郁郁乎文哉，吾从周！"在"大道之行也，天下为公"的时代，是原始社会，历史人物只见于传说，或者说这是"史诗"时代，历史存在于神、巫口中，还没有出现史书。因此《礼运》中的大同世界，只能是一种理想世界，以曾经长期存在的原始社会为蓝图，加上理想，遂使存在过的古代世界变作未来。这种思想也就构成儒家中的公羊学派，以"复古作维新"的理论根据，也是历史之辩证发展的事实。

孔子虽然也慨叹夏、商文献之不足，但究竟还是有文献可言，在《礼记》中，关于三代或者是四代的文明颇多描述，比如：

鸾车有虞氏之路也，钩车夏后氏之路也，大路殷路也，乘路周路也。
有虞氏之旗，夏后氏之绥，殷之大白，周之大赤。
米廪有虞氏之庠也，序夏后氏之序也，瞽宗殷学也，泮宫周学也。

> 有虞氏祭首，夏后氏祭心，殷祭肝，周祭肺。
>
> 有虞氏官五十，夏后氏官百，殷二百，周三百。有虞氏之绥，夏后氏之绸练，殷之崇牙，周之璧翣，凡四之服器官，鲁兼用之。是故鲁王礼也，天下传之久矣，君臣未尝相弑也，礼乐刑法政俗未尝相变也，天下以为有道之国，是故天下资礼乐焉。（以上《明堂位》）
>
> 祭法，有虞氏禘黄帝而郊喾；祖颛顼而宗尧；夏后氏亦禘黄帝而郊鲧，祖颛顼而宗禹；殷人禘喾而郊冥，祖契而宗汤；周人禘喾而郊稷，祖文王而宗武王。（《祭法》）
>
> 昔者有虞氏贵德而尚齿，夏后氏贵爵而尚齿，殷人贵富而尚齿，周人贵亲而尚齿。虞夏殷周天下之盛王也，未有遗年者，年之贵乎天下久矣，次乎事亲也。（《祭义》）
>
> 子曰，虞夏之道，寡怨于民；殷周之道，不胜其敝。子曰，虞夏之质，殷周之文，至矣。虞夏之文，不胜其质，殷周之质，不胜其文。（《表记》）

当然，在《礼记》中言及古帝王者绝不止此，但具体文化事业可言者，仅此四代，或者是夏、商、周三代。这不是后人的伪托或编造，乃出于巫史相传，根据史实可以判定虞、夏、商、周为中国文明史之滥觞及发展阶段。所谓"虞夏之质，殷周之文"，由质而文，也就是由滥觞到发展，正符合历史发展规律。如果说在两千年前能够编造出这种符合发展的史实，是没法想象的。

四代历史的阶级社会之小康阶段，结合荀卿的历史学说，大同、小康正是大儒及雅儒之效。荀子的政治思想近于《公羊》，因之其俗儒、雅儒、大儒之论亦与《公羊》三世说近。在《儒效篇》中荀子曾反复说明"三儒"之有别，如：

> 彼大儒者，虽隐于穷阎漏屋，无置锥之地，而王公不能与之争名。……用百里之地，而千里之国不能与之争胜。笞棰暴国，齐一天下，而莫能倾也，是大儒之征也。其言有类，其行有礼，其举事无悔，其持险应变曲当。与时迁徙，与世偃仰，千举万变，其道一也，

是大儒之稽也。……通则一天下，穷则独立贵名，……仲尼、子弓是也。故有俗人者，有俗儒者，有雅儒者，有大儒者。不学问，无正义，以富利为隆，是俗人者也。逢衣浅带，鲜果其冠，略法先王而足乱世术。缪学杂举，不知法后王而一制度，不知隆礼义而杀诗书，其衣冠行伪，已同于世俗矣。……其言议谈说已无以异于墨子矣。……是俗儒者也。法后王一制度，隆礼义而杀诗书，其言行已有大法矣。然而明不能齐，法教之所不及，闻见之所未至，则知不能类也。知之曰知之，不知曰不知，内不自以诬，外不自以欺，以是尊贤畏法而不敢怠傲，是雅儒者也。法先王，统礼义，一制度，以浅持博，以古持今，以一持万。苟仁义之类也，虽在鸟兽之中，若别白黑。倚物怪变，所未尝闻也，所未尝见也，卒然起一方，则举统类而应之，无所儗㤿，张法而度之，则晻然若合符节，是大儒者也。故人主用俗人，则万乘之国亡，用俗儒，则万乘之国存，用雅儒，则千乘之国安；用大儒，则百里之地久。而后三年，天下为一，诸侯为臣，用万乘之国，则举错而定，一朝而伯。

下面他又叙述了这几种人物的区别，用不同的人物导致不同的政治结果。用俗人、俗儒的结果最坏。雅儒近于法家，"法后王，一制度，隆礼义而杀诗书"。俗儒更具体地说如子思、孟轲，"略法先王而不知其统"，"法先王"是荀子的理想，是"大儒之效"。在现实政治上他虽然提倡"法后王"，这似乎是迫于现实而不得已，因为后王之灿烂者也只是小康。"法先王"和"略法先王"，有本质区别。"略法先王而不知其统"。杨倞注，"言其大略虽法先王而不知体统，'统'谓纪纲也"。我们看孟子的理想社会："五亩之宅，树之以桑，五十者可以衣帛矣。鸡豚狗彘之畜，无失其时，七十者可以食肉矣。百亩之田，勿夺其时，八口之家，可以无饥矣。谨庠序之教，申之以孝悌之义，颁白者不负戴于道路矣。老者衣帛食肉，黎民不饥不寒，然而不王者，未之有也。"（《孟子·梁惠王》）"黎民不饥不寒"，只是一个温饱的社会，似乎不及"小康"，所以荀子批评他们是"略法先王而不知其统，……子思唱之，孟轲和之"。（《非十二子篇》）他们伪造仲尼、子弓的学说，简直是罪人。荀子之所谓法后王即是雅儒为政的小康，那么，大儒之效又如何？荀子说：

> 若夫总方略，齐言行，壹统类，而群天下之英杰，而告之以大古，教之以至顺，奥窔之间，簟席之上，敛然圣王之文章具焉，佛然平世之俗起焉。六说者不能入也，十二子者不能亲也。无置锥之地，而王公不能与之争名，在一大夫之位，则一君不能独畜，一国不能独容，成名况乎诸侯，莫不愿以为臣，是圣人之不得执者也，仲尼、子弓是也。（《荀子·非十二子篇》）

他并没有道出大儒之效的政治结果，只是说出仲尼、子弓的作用和影响。在《儒效篇》中，他也只是说，"用大儒，则百里之地久。而后三年，天下为一，诸侯为臣，用万乘之国，则举错而定，一朝而伯。"这"天下为一，诸侯为臣"和"一朝而伯"说成"大儒之效"未免寒酸。禹、汤、文、武、周公不过"小康"，是后王之治，而"告之以大古"的大儒之效，应当是"大同"，但荀子实在描绘不出"大同世界"的详细情况，仲尼、子弓也没有做出"大同"的榜样来。"大同"的面貌是在原始共产主义基础上加以理想的成分，不是任何人都可以想象得来的。理想的"大同"必是大一统的天下，《公羊》义中大一统已经是"王者天外"，这是大同世界。西周初年的统一，比起以往说，是"大一统"，而文化灿烂，是"郁郁乎文哉！"但这是后王之治，只能小康。周公是孔子以前的圣哲，《儒效篇》谈到周公时说，"大儒之效"，指出周初周公摄政的经过，结论是：

> 故以枝代主而非越也，以弟诛兄而非暴也，君臣易位而非不顺也。因天下之和，遂文武之业，明枝主之义，抑亦变化矣，天下厌然犹一也，非圣人莫之能为，夫是之谓大儒之效。（《荀子·儒效篇》）

以周公为第一代大儒，但大儒之效并不是理想的大同，因为这都是后王，不是先王，先王之治只能是理想，现实的政治是法后王。西周的社会制度及与之相应的礼乐文明，为荀子的"法后王"提供了有力的根据，而存在于西周的礼乐文明加上原始共产主义的传说，又为他大儒之效所憧憬的理想社会提供了榜样。所以荀子的政治思想实在是进退于先王后王之间，但他却批判了思、孟的"略法先王"，以为他们不了解古代社会，也就描绘不出理想社会来，乃以温饱当大同。

荀子的政治理论近于《公羊》《三世说》。《三世说》不见于《公羊传》本身，见于何休的《公羊解诂》中，经师是有本之学。我向来认为《公羊》《荀子》相通，由"三儒"之别而有三世学说，雅儒相当于升平世，大儒相当于太平世，俗儒相当于衰乱世。《公羊》三世的理论也可以解决荀子先王、后王，太古、现世的矛盾思想。三世说是把春秋时的鲁昭公、定公、哀公作为"所见世"；文公、宣公、成公、襄公作为"所闻世"；隐公、桓公、庄公、闵公、僖公作为"所传闻世"。所见世作为太平世，所闻世作为升平世，所传闻世作为衰乱世。以春秋时代为理想，可以结合到孔子之大儒之效，但当时何曾太平，这和荀子的法后王可以结合起来，而"法后王"又不是大儒之效。总之在《荀子》及《公羊》中他们还提不出大同世界的蓝图；先王、后王，何者足法也举棋不定，而"礼运"的大同学说，补足了这种缺欠，也适当地解决了先前的矛盾。我们之所以把《礼记》列入"周公制礼作乐"的行列内，因为溯本穷源，没有西周的文明，没有周公的制礼作乐，没有把周公列为大儒之首，不可能有《礼运》的理想，西周的现实加上儒家的理想，遂有"大同世界"。我们说过"大同世界"有原始社会作为它的模型，但这是"太古"，公羊和荀子近于法家，都有法后王的思想体系，《公羊》的"据乱世"放在过去，而"太平世"放在未来，此所以有法先王、后王及"略法先王"等纠缠不清的问题。这不清的渊源就是社会历史在发展，西周社会及与之相应的礼乐文明又超过前代，而儒家的理想社会又必须"托古"，这太古与西周、先王与后王的矛盾，困扰了许多历史学家。荀子是一位处于变换之际的大思想家，真正的大一统即将出现，理想的社会在于将来，将来与太古都是见不到的现实，于是都成为理想的乐园，但荀子描绘不出大同世界的面貌来，《礼运》的出现应当在其后，这是一篇儒家理想的结晶，是大儒之效应当有的结果，而大儒之首是周公。

《礼记》除《礼运》外，《中庸》《大学》在中国思想史上更发挥了无可比拟的作用，20世纪二三十年代的经学大师钱玄同先生曾经说过："至如《易》之《彖》《象》《系辞传》，如《小戴礼记》中之《礼运》《中庸》《大学》诸篇，如《春秋》之《公羊传》与《繁露》，如《周礼》，这都是极有价值的'托古'著作。但不能因其有价值，便说是姬旦、孔丘所作；也不能因其非姬旦、孔丘所作，便说是无价值。"（《古史辨》第一册，《答顾颉刚先生书》）这些的确是有价值的书，但不能说它们都是"托古"著作，更不能说是伪书。中国在春秋以前无著作家，诸子（学者）出于王官，学在官府，"史"更是古代学术界的权威，没有一部没有来源的经书、子书和史书，即使是它们的作者不详，或者是安排错了作者，这都和这部书有无价值不相关。《中庸》相传出于子思，而曾子传《大学》。赵光贤教授曾经说："到了西汉，儒家讲礼的出自高堂生，他是传荀学的，所以今本大小戴《礼记》讲礼各篇，可以说都是发挥荀学。荀子和汉儒把礼提高到理论的高度，所以我们应当注意，《礼记》各篇讲礼论，虽然常引'子曰'如何如何，并不能看作真的孔子的话，不能以它为根据来说明孔子重礼轻仁。"（《北京师范大学学报》1985年第1期《论孔子学说中"仁"与"礼"的关系》）这是有道理的。孔子以后儒学的发展，是孟、荀两大家。孟子发挥了孔学中"仁"的思想，由此而有性善以及良知良能诸命题。荀子发挥了孔学中"礼"的思想，倡"隆礼义而杀诗书"，使礼的本义近于法家的法。在《礼记》中，《中庸》与孟子相近，而《大学》近于荀卿。《中庸》发挥了"大儒之效"，而《大学》是现实的雅儒政治。

《中庸》传尧、舜、禹之道，朱子在《中庸章句序》中说："盖自上古圣神继天之极，而道统之传有自来矣。其见于经则'允执厥中'者，尧之所以授舜也。'人心惟危，道心惟微，惟精惟一，允执厥中'者，舜之所以授禹也。……夫尧、舜、禹天下之大圣也。……以天下之大圣行天下之大事，……则天下之理，岂有以加于此哉。自是以来，圣圣相承。……子思惧夫愈久而愈失其真也，……作为此书，……其曰天命率性则道心之谓也。"对于《大学》，朱子的《章句序》说，"大学之书，古之大学，所以教人之法也"。盖《中庸》为天学，是"诚者，天之道也"。而《大学》为人学，是"诚之者，人之道也"。由《大学》以至《中庸》是由人以至于天，这是儒家的"天人之学"。

我们把上述的思想体系归纳到"周公制礼"的范畴内，是否恰当？如果我们留心西周以来哲学思想发展线索，这样归纳是有道理的。郭沫若先生视力过人，早在几十年前已有如是解释，他说："德字照字面上看来是从值（古直字）从心，意思是把心思放端正，便是《大学》上所说的，'欲修其身者，先正其心'。但从《周书》和周彝看来，德字不仅包含着主观方面的修养，同时连客观方面的规范——后人所谓'礼'——都是包含着的。礼字是后起的字，周初的彝铭中不见有这个字。礼是由德的客观方面的节文所蜕化下来的，古代有德者的一切正当的行为的方式汇集下来便成为后代的礼。德的客观上的节文，《周书》中说得很少，但德的精神上的推动，是明显地注重在一个'敬'字上的。敬者警也，本意是要人时常努力不要有丝毫的放松，那在消极一方面的说法便是'无逸'。还有《周书》和周彝大都是在帝王的立场上所说出的，故尔那儿的德不仅是包含着正心修身的工夫，并且有治国平天下的作用包含在里面的。……以天道为愚民的政策，以德政为操持这政策的机柄，这的确是周人所发明出来的新的思想。发明了这个思想的周人，在《周书》中是表示得很明白的，那便是周公。因为上揭的《周书》十一篇中除掉《召诰》的前半部是召公所说的话外，其余的都是周公所说的话。那其中流露着的思想，我们不能不说就是周公的思想。在三千年前的周公已经有这样进步的想念，的确不能不说是一位杰出的人物。"（《先秦天道观之进展》二《天的观念之利用》）

上引郭先生的话，许多是我们同意的，虽然那种思想不能说是"周人所发明出来的新的思想"，因为"思想"不是来自"发明"，当时以"小邦周"灭了"大邦殷"以后，必须这样做，才能国泰民安。这种思想为孔子所承受，而继续发展，他更提出"仁"来以代天，也就是"人"的出现，于是礼由荀子发展而近于法，"仁"由孟子发展而与"性善"结合。关于周公、孔子都有制礼乐或定礼乐的记载，他们实际是对传统的礼乐加工改造，从原始的交易行为，变作修身、齐家、治国、平天下的大道理。原始狭义的礼包含有"礼物""礼仪"两部分，"仪"是原始交往中的规范，也是阶级社会礼乐制度中的规范行为，所谓《仪礼》多半是"仪"，而其他古文献中也曾有对于"仪"的叙述。如我们曾经提到的《左传》襄公三十一年记载：

> 卫侯在楚，北宫文子见令尹围之威仪，言于卫侯曰，……令尹其将不免。公曰，子何以知之。对曰，《诗》云，敬慎威仪，惟民之则。……公曰，……何谓威仪？对曰，有威而可畏则谓之威，有仪而可象谓之仪。君有君之威仪，其臣畏而爱之，则而象之，故能有其国家。

"有威可畏，有仪可象"，就是在规范行为以外，加上显示身份地位的威严。莫斯（Mauss）在论述"保特拉吃"（potlatch）时指出，在初民社会内，无所谓商业交易，仅有一种友谊的或强迫的赠借，即因此种制度是强迫的、相互的、集合的；在此种制度内，应给予者必须给予，应接受者也必须接受，而接受者在经过相当时间后，仍必须予原来给予者以报酬。而此种必须给予，必须接受与必须报酬之种种手段，均须在一盛大的节日与公共的宴会之下举行。在此种典礼与宴会之内，一方面带有极浓厚的宗教或巫术的色彩，另一方面也有财富的、技术的或美术的竞赛意味。又因为这种竞赛式的赠借制度与初民的整个社会有关，故莫斯始名之曰"竞赛式之全体赠借"。（参考杨堃先生论《保特拉吃》）原始的礼包括两方面：赠给与仪式。在北美印第安人的馈宴中明显地表现出这种仪式来。这是一种精心制作与安排的宴会风气，其间伴以主人或主人的男亲属向其他血统或别的部落来宾铺张浪费地馈赠礼物的活动。它的最初的作用是为了表明主人的家庭和主人个人的身份地位，从而客人们可以通过亲眼目睹证明主人们自称的某种身份地位。（参考 Adamson Hoebe'l: Anthropology: The Study of Man）在中国古代更可以看到表示自己身份地位的场面，所以荀子曾经给礼定义是"份"，每人有自己的一份，各守其份就是达礼，这一份也就是各人的身份地位。《仪礼·乡饮酒》有："工歌《鹿鸣》《四牡》《皇皇者华》"。胡培翚《正义》引敖氏云，"《春秋传》云，文王《大明》《绵》，两君相见之乐也。两君相见，得歌《大雅》，则士大夫相见，得歌《小雅》，差之宜之"。诗乐应无阶级分野，"礼别异，乐合同"是相传古义，但乐与礼配合，构成礼仪的组成部分，为表示主宾身份之不同，遂有差别。

我们曾经说，周公制礼作乐后，减轻了原始社会"礼"之商业交换性质，但在"仪"的方面，礼乐的配合，反而加重了礼仪之阶级色彩。"威仪三千"是等级制度的行为准则，这"准则"是交往中应当遵守的规范行为,逐渐演变,规范行为变作被迫行为,如果违反,就要加刑,于是"威仪三千"变作"五刑之属三千",这也是由礼变法,由儒家到法家的明显过程。

(二)德与礼

我们曾引用郭沫若先生的著作以证明《大学》《中庸》等篇之思想体系与周公之一线相通处。当我们说明西周统治者提出"敬德"的思想以适应当时需要时,郭先生的意见更可以证明周公的思想,在当时发生的作用。他以为"敬德"的思想是周人独有的思想,根本的主意是"人定胜天",是要把人的力量济天道之穷。"德"字不仅包含主观方面的修养,也有客观方面的规范——后人所谓"礼"——都是包含着的。"礼"是后起字,周初彝铭中不见这个字。礼是由德的客观方面节文所蜕化下来的。古代有德者的正当行为的方式汇集下来便成为后代的礼。德的客观行止的节文,《周书》中说得很少,但德的精神上的推动,是注重在一个"敬"字上的。这一套思想,以天的存在为可疑,在客观方面仍然要利用它来作统治的工具,在主观方面却强调着人力,以天道为愚民的政策,以德政为操持这种政策的机柄。这的确是周人所发明的新思想。发明了这种思想的周人,在《周书》中是表现得很明白的,那便是周公。因为在《周书》十一篇中,除《召诰》前半部是召公所说的话外,其余都是周公所说的话。其中透露的思想,不能不说是周公的思想。在三千年前的周公已经有这样的思想意念,的确不能不说是一位杰出的人物。假如他不是政治家,不是站在统治者立场上的人,说不定他在思想上怕早就把天来完全否定了,而另外建设了什么思想意念来代替它的。但他的意识却不能不为他的存在所囿,他的怀疑精神没有更加发展的必要,也就没有更进一步的可能。(参考郭沫若:《先秦天道观之进展》二)

这些议论,虽然有可商讨处,总的来说,是郭先生的卓识。我们肯定周公是西周初年制礼的人,在制礼的过程中包括有怀疑天的前提,天不可信而敬德,礼是德的规范行为。也就是说礼是由德的思想体系中派生出来的。对于礼的起源,我们认为不能如郭先生所说,它既不是德的派生物,也不是"古代有德者的正当行为的方式汇集下来"。正如上面所述，礼的来源很早，它起源于原始社会。广义的礼，社会制度、风俗习惯无所不包；狭义的礼，主要包括两方面：1. 礼物交换；2. 人们交往中的仪式行为。这都不是由德的规范行为所派生；相反，正好是礼的规范行为派生出德的思想体系。德是对礼的修正和补充；修正、补充不可能早于原生物。西周初年有"礼"字，而且在甲骨文中已经存在。王国维先生曾有《释礼》一文云：

《说文·示部》云，"禮，履也，所以事神致福也。从示从豊，豊亦声"。又"豊，行禮之器也，从豆象形"。案殷墟卜辞有豊字，其文曰，癸未卜贞酻豊。（《殷墟书契后编》卷下第八页）古辈玨同字，卜辞玨字作丰、羊、羋三体，则豊即豊矣。又有㺬字……及㺬字，……珏珏又一字。……此诸字皆小篆豊字所从之𠀎，古ㄩㄩ一字。……此诸字皆象二玉在器之形。古者行礼以玉，故《说文》曰，豊行礼之器，其说古矣。……盛玉以奉神之器谓之𠀎若豊，推之而奉神之酒醴亦谓之醴，又推之而奉神人之事通谓之礼，其初皆当用𠀎若豊二字。……其分化为醴、礼二字盖稍后矣。（《观堂集林》卷六）

王先生说已详备，不得谓西周或西周前无礼字。但以礼完全推之为盛玉奉神，则未达一间，盛玉奉人，亦古礼，"礼云，礼云，玉帛云乎哉！"人所爱者然后奉神。又《书·洛诰》及《金縢》有礼字，《金縢》虽不能与《周诰》诸篇比，但非春秋以后物。

原来的礼字只作礼物用，礼物重玉，无论对神对人皆如此，故即以盛玉器为礼。在"人际"关系中行礼有式是谓仪，表示行礼者之身份地位的豪华举动，谓之"威仪"。周公对于原始礼仪有过加工，他以为这种待人敬天的礼以及行礼中的仪容，应当充实德的内容，礼不应当仅是物品的交换，仪也不应当仅是外表的仪容，他把它们伦理化、美化；如果说他以德代礼，也就是以乐舞代仪。从此中国传统的礼乐文明建立下良好基础，以后，孔子又以仁丰富了礼的内容，使礼从"天人之际"回到"人人之际"中来，礼用以处理"人际"关系，所以礼为仁之目。

西周春秋间礼和德的含义是相通的，如《诗·大雅·民劳》：

第二 周公对于礼的加工与改造

> 民亦劳止，讫可小息；惠此京师，以绥四国。无纵诡随，以谨罔极；式遏寇虐，无俾作慝，敬慎威仪，以近有德。

我们从"敬慎威仪，以近有德"中，可以看出威仪和德是相通的。威仪即礼之组成部分，在西周有时即以威仪代礼。《诗·大雅·抑》中多道威信与德：

> 抑抑威仪，维德之隅。人亦有言，靡哲不愚。庶人之愚，亦职维疾。哲人之愚，亦维斯戾。
>
> 无竞维人，四方其训之。有觉德行，四国顺之。訏谟定命，远犹辰告。敬慎威仪，维民之则。
>
> ……
>
> 质尔人民，谨尔侯度，用戒不虞。慎尔出话，敬尔威仪，无不柔嘉。白圭之玷，尚可磨也，其言之玷，不可为也。
>
> 无易由言，无曰苟矣。莫扪朕舌，言不可逝矣。无言不仇，无德不报。惠于朋友，庶民小子，子孙绳绳，万民靡不承。
>
> ……
>
> 辟尔为德，俾臧俾嘉。淑慎尔止，不愆于仪。不僭不贼，鲜不为则。投我以桃，报之以李。彼童而角，实虹小子。
>
> 荏染柔木，言缗之丝。温温恭人，维德之基。其维哲人，告之话言，顺德之行。其维愚人，覆谓我僭，民各有心。

"抑抑威仪，维德之隅"，是以"威仪"为"德"之属性。朱熹《诗集传》引郑氏曰："人密审于威仪者，是其德必严正也。……如宫室之制，内有绳直，则外有廉隅也。"是以"威仪"为规范行为，而"规范行为"也就是"德"。"有觉德行，四国顺之"和下面的"敬慎威仪，维民之则"，含义相近。《民劳》与《抑》是西周中晚期诗，可以说明西周时代，以德代礼。"威仪"也是礼的概括，故可以当作德之同义语，因而可以说明，周公对于礼的加工改造，在于以德行说礼，减轻了礼物之商业交换的意义，宗教上的含义也同时减轻。但"无德不报"，还是"礼尚往来"之对等交换,改变一种古老的传统习惯不是旦夕间事。

西周以后,春秋时代的文献记载,多数还是以德代礼,威仪与礼并举,如:

《左传》隐公十一年:君子是以知桓王之失郑也。恕而行之,德之则也,礼之经也。己弗能有,而以与人,人之不至,不亦宜乎。

又桓公二年:夏四月取郜大鼎于宋,戊申纳于大庙,非礼也。臧哀伯谏曰,君人者将昭德塞违,以临照百官,犹惧或失之,故昭令德,以示子孙。……夫德俭而有度,登降有数,文物以纪之,声明以发之,以临照百官,百官于是乎戒惧而不敢易纪律。今灭德立违而寘其赂器于大庙,以昭示百官,百官象之,其又何诛焉。

又僖公七年:管仲言于齐侯曰,臣闻之,招携以礼,怀远以德,德礼不易,无人不怀。

又僖公二十五年:苍葛呼曰:德以柔中国,刑以威四夷,宜吾不敢服也。

又僖公二十七年:赵衰曰,郤縠可。臣亟闻其言矣:"说礼乐而敦诗书",诗书义之府也,礼乐德之则也,德义利之本也。

又宣公十二年:随武子曰:……德刑政事,典礼不易,不可敌也。……叛而伐之,服而舍之,德刑成矣。伐叛刑也,柔服德也,二者立矣。……君子小人,物有服章,贵有常尊,贱有等威,礼不逆矣。德立刑行,政成事时,典从礼顺,若之何敌之。

又成公二年:《周书》曰,明德慎罚,文王所以造成也。

此外,德、刑并举的例证也多。后来的法家变德、刑为赏、刑,以为国之"二柄"。上述桓公二年《传》,"夫德俭而有度,登降有数,文物以纪之,声明以发之,以临照百官,百官于是乎戒惧而不敢易纪律"。所有关于"德"之形容都是礼仪,这说明当时对于德的理解,包括礼物及规范行为。由礼物的含义而有德之施惠于人,由规范的含义而有"德俭而有度,登降有数"。周公之造"德",在思想史上、政治史上,都是划时代的大事,由此,传统的"天人之际",逐渐失去颜色,至孔子造"仁",遂以"人人之际"代"天人"。在礼物对等交换方面,德施于人,可以不报;在礼仪方面,周公而后,加重仪的地位,于是以仪代礼,《仪礼》遂为礼之正宗,为服务于封建社会等级制度之有力工具。僖公二十七年《传》曰,"礼乐德之则也",已为稍后孔子之说"仁"与"礼"开了先路。《论语》颜渊问仁,又请问其目,孔子答曰:

> 非礼勿视,非礼勿听,非礼勿言,非礼勿动。

西周礼是德之则,而孔子以礼为仁之目,虽然赵衰生不及西周,但思想发展本来是源远流长。德与仁都是礼之升华,是周公、孔子根据传统的礼仪制度加工改造,使之升华到一个新的高度。越是具体的制度,局限性越大,用之于奴隶社会者不能用之于领主封建制;用之于领主封建者不能用之于地主封建制。周公以"德"代礼,强调了人间德政的意义,以削减上帝权威;孔子之以"仁"补礼,强调了人际关系,遂为后来儒家认识人性,铺平了道路。因为对人性认识之不同,遂有孟、荀两派之争,从此仁与礼分,而孟子殉仁,荀子讲礼,遂有宋、明理学程朱、陆王之分,程朱标榜孟子,而方法近荀卿,故以《大学》为依傍;陆王空疏,由仁而诚,而良知、良能夺席矣。

在《周书·吕刑》中亦讲德刑,如:

> 上帝监民罔有馨香德,刑发闻惟腥。……皇帝清问下民,鳏寡有辞于苗,德威惟畏,德明惟明。

以德、刑并举者,当然不止于此处。所谓"德威惟畏,德明惟明",是"德"的两种含义,"德威"即威仪之可畏的一面,而规范行为是明知的一面。《吕刑》之"五刑之属三千"与"威仪三千"也正好符合,"仪""刑"在文字的意义上亦相通。《吕刑》一书,因其内容及文字与《周书》不类,有人以为"此篇固是吕王之诰,南方之训典,与成周无涉,固墨子之所引,而非早年儒家之书也"。(见傅孟真:《中国古代文学史讲义》)这些话应当分别对待。谓之为"吕王之诰,南方之训典"是可以成立的,因为篇名《吕刑》，内称"吕王"，而吕居在当时偏南，多南方古史传说。但谓与成周无涉，非儒家之书，则值得商量。"吕"是四岳后，姜姓之一，姜与姬共为周族，互通婚姻，后来宗周大一统，虽然姬为大宗，姜氏亦为大国，两个原始的文化体系组成一个郁郁乎文哉的周，其中不能排除任何一支。虽然《吕刑》与《周诰》不同，这不同，遂构成后来鲁学、齐学之异，儒法之分，但同属中国传统文化之主要组成部分，固不能排之在外。《周诰》代表周公一代统治者之思想体系，而《吕刑》仍保留巫史相传的典章制度，这制度有奴隶社会的意识形态，多严刑酷法，遂为后来法家张本。齐学重威仪而鲁学讲仁义，本是原始礼学之两支，泾渭分流，各有所守，战国而后，其界渐泯矣。

（三）诗与乐舞

周公制礼作乐，礼的部分，已如上述，虽多引申，亦以其源远而流长。乐的部分，不能离开《诗经》。《诗三百》，除原始民歌外，基本出于宗周。依次而论，《周颂》最早，《左传》宣公十二年云，"楚子曰，……夫文止戈为武，武王克商作《颂》曰，'载戢干戈，载櫜弓矢，我求懿德，肆于时夏，允王保之'。又作《武》，其卒章曰，'耆定尔功'；其三曰，'铺时绎思，我徂维求定'。其六曰，'绥万邦，屡丰年'。夫《武》禁暴、戢兵、保大、定功、安民、和众、丰财者也，故使子孙无忘其章"。而《国语·周语》有"是故周文公之《颂》曰，'载戢干戈'"。两者小有不同，《左传》以为武王之颂，《国语》以为周公之颂。后来的《吕氏春秋·古乐篇》遂云，"武王即位，以六师伐殷，六师未至，以锐兵克之于牧野。归乃荐俘馘于京大室，乃命周公为作《大武》。成王立，殷民反，王命周公践伐之。商人服象为虐于东夷，周公遂以师逐之，至于江南，乃为《三象》以嘉其德。故乐之所由来尚矣，非独为一世之所造也"。乃以《大武》为周公承王命作，虽别《武》与《象》为二，但以《三象》为继《大武》作，又以《象》为周公南征之事，于是王国维先生以为"正与《乐记》夫《武》四成而南国是疆，五成而分周公左，召公右，及武乱皆坐，周召之治相合。疑《武》之六成，本是大舞，周人不必全用之，取其第二成用之谓之《武》,取其第三成用之谓之《勺》,取其四成、五成、六成用之,谓之《三象》,故《白虎通》谓《勺》《象》合曰《大武》,而郑君注《礼》,亦以《武》《象》为一也"。(《观堂集林》二《说勺舞象舞》)这虽然解释了《武》《象》为一的问题,但《大武》舞六成,《诗》亦六篇,这六篇《诗》,有《左传》宣公十二年记载中的三篇;其余三篇尚缺,这六篇的次第如何排定?自王先生开始后,又有许多学者从事此项研究。王先生的排列次序根据《乐记》:"夫武始而北出,再成而灭商,三成而南,四成而南国是疆,五成而分,周公左,召公右,六成复缀以崇"的提示而定,以一成诗为《宿武夜》,再成为《武》,三成为《酌》,四成为《桓》,五成为《赉》,六成为《般》。(《观堂集林》二《周大武乐章考》)这虽然补足了六篇,但与《左传》宣公十二年的记载不合,乃络续有说,至1980年高亨教授出版了《诗经今注》,乃以《我将》为《大舞》舞曲的第一章,叙述武王在出兵伐纣时,祭祀上帝和文王,祈求他们保佑。并指出"《大武》有舞有歌,舞分六场,歌分六章。舞的内容:一场象征武王带兵出征,歌《我将》篇;二场象征灭亡殷国,歌《武》篇;三场象征伐南国,歌《赉》篇;四场象征平服南国,歌《般》篇;五场象征周公统治东方,召公统治西方,歌《酌》篇;六场象征班师还朝,歌《桓》篇。战国人说,《大武》是武王、周公所作。这六篇原是一篇的六章,今本分为六篇,而且篇次已错乱"。(见原书480—481页)这已经和王先生的说法不同,稍后阴法鲁教授在《诗经中的舞蹈形象》一文(见1982年第4期《舞蹈论丛》)中又详细地讨论了《大武》问题,他说,"古代所谓'乐'是指乐曲、舞蹈和歌词三者的统一整体而言。《大武》既有舞蹈,必然也有歌词。关于它的歌词,《左传》一书中提供了部分线索"。阴先生参考了各家研究成果,排列出《大武》各段歌词是:

    第一段:《周颂·酌》,
    第二段:《周颂·武》,
    第三段:《周颂·赉》,
    第四段:《周颂·般》,
    第五段:缺,

第六段：《周颂·桓》。

高、阴两教授的著作代表了20世纪80年代初水平，他们的意见也不一致，但都是根据舞容定乐歌。《乐记》的时间较晚，和《左传》所记襄公十二年楚子的话尚有三四百年的距离，断定《大武》乐章时不能不考虑《左传》的记载。楚子反对夸耀武力而提出"止戈为武"，并引《周颂·时迈》做证，《时迈》的主旨是"止戈"（"载戢干戈"），但不能于未灭纣前止兵，此所以止兵之舞应属第二章，这样和孔子的话"再成而灭商"也不矛盾，灭商后才能止兵，所以有"载戢干戈，载橐弓矢"。其三曰"铺时绎思，我徂维求定"，指《诗·赉》，各家无异词。其四，阴、高两先生均作《般》，结合到"四成而南国是疆"，是指南国已平，周南、召南俱入版图。但《般》诗原文反映不出这种情况，我以为应当是《酌》，其中"是用大介"，指王师大捷，是灭殷后另一次大捷。其五，"周公左，召公右"说本无据，《般》诗正好说明征服南国，天下一统的太平景象。其六，正如《左传》所谓"绥万邦，屡丰年"，指《周颂·桓》。

关键问题是《武》应为《大武》的首章，它首先提出武王继文王后，总干山立，胜殷遏刘的开国规模，用武灭殷后而止兵，所以有"大武辟兵"的传统。戢兵而后求定，南国不服，遂有新征，"遵养时晦"后更有大捷，而天下一统，趋于太平，遂有"绥万邦，屡丰年"之理想结局。我们以为《左传》楚子的话是可取的，谈《大武》，弃《左传》，而重《乐记》，重舞容而轻乐曲的说法是不可取的。舞容无据，而诗歌有词，按词求义，可以离题不远。南宋朱子在《诗经集传》中已经指出：

《春秋传》以此为《大武》之首章也。《大武》周公象武王武功之舞，歌此诗以奏之。《礼》曰，"朱干玉戚冕而舞《大武》"，明白地指出《武》为《大武》首章。后来马瑞辰在《毛诗传笺通释》中引申朱子的话，"卒章盖首章之讹"，朱子《集传》云，"《春秋传》以此为《武》之首章"，应为定论，《大武》以《武》开始，继之以弭兵，卒之以"绥万邦，屡丰年"。楚人一直有这样的理解，所以1960年在湖北荆门漳河车桥出土的战国铜兵"大武戚"，仍以"大武辟兵"为铭。（见《考古》1983年10期、1965年6期有关文章）因之我们断定《大武》六章的编次是：

第一章:《诗·周颂·武》原诗:

  于皇武王,无竞维烈。允文文王,克开厥后。嗣武受之,胜殷遏刘,耆定尔功。

大意:武王无竞之功,实文公开之,武王嗣而受之。胜殷止杀,以至定其功。

第二章:《诗·周颂·时迈》,原诗:

  时迈其邦,昊天其子之,时右序有周。薄言震之,莫不震叠。怀柔百神,及河乔岳。允王维后,明昭有周。式序在位,载戢干戈,载櫜弓矢。我求懿德,肆于时夏,允王保之。

大意:武王克商后,朝会祭告。天既佑助有周,显示威武,四方诸侯,莫不震惧,而能怀柔百神,惠及河岳。有周天下,一切就绪,于是而"载戢干戈",而要求美德,则信乎王之能保天命也。用武之意在于止武,在首章已"胜殷遏刘",胜殷后天下定,于是以止戈为武。结合到《左传》楚子言,可以无忤。

第三章:《诗·周颂·赉》,原诗:

  文王既勤止,我应受之,敷时绎思,我徂维求定。时周之命,于绎思。

大意:言文王之勤劳天下至矣,其子孙受而有之,然而不敢专也,布此文王功德之在人而可绎思者以赉有功,而往求天下之安定。凡此皆周之命而非复商之旧矣。

关于此章,各家无异说,因为《左传》已明确指出"敷时绎思,我徂维求定"是第三章。

第四章:《诗·周颂·酌》,原诗:

于铄王师,遵养时晦。时纯熙矣,是用大介。我龙受之,蹻蹻王之造,载用有嗣,实维尔公允师。

大意:此亦颂武王诗,言其初有于铄之师而不用,退自循养,与时皆晦。既纯光矣,然后一戎衣而天下大定,后人于是宠而受此蹻蹻然王者之功,其所以嗣之者,亦惟武王之事是师尔。

第五章:《诗·周颂·般》,原诗:

于皇时周,陟其高山,隳山乔岳,允犹翕河,敷天之下,裒时之对,时周之命。

大意:堂皇哉此周也,既有崇山乔岳,又有大河。普天之下,包括各国,莫非周命。

第六章:《诗·周颂·桓》,原诗:

绥万邦,屡丰年,天命匪懈。桓桓武王,保有厥土,于以四方,克定厥家。于昭于天,皇以间之。

大意:武王克商,除害以安天下,故屡获丰年之祥。《传》所谓周饥,克殷而年丰,是也。天命之于周,久而不厌。故此桓桓之武王,保有其土而用之于四方,以定其家,其德上昭于天。

以上《诗》大意本朱子《诗集传》。我们这样断定《大武》的篇次,符合楚子"武有七德"的精神。根据《左传》楚子的话来定《大武》的篇章比较合理,因为《乐记》的议论,矛盾重重,是没法依据的。比如:

宾牟贾起,免席而请曰,夫武之备戒之已久,则既闻命矣,敢问迟之迟而又久,何也?子曰,居,吾语汝。夫乐者象成者也,总干而山立,武王之事也;发扬蹈厉,大公之志也;武乱皆坐,周召之治也。且夫武始而北出,再成而灭商,三成而南,四成而南国是疆,五成而分,周公左,召公右,六成复缀以崇,天子夹振之,而驷伐盛威于中国也。分夹而进，事早济也；文立于缀，以待诸侯之至也。且女独未闻牧野之语乎？武王克殷反商，未及下车，而封黄帝之后于蓟，封帝尧之后于祝，封帝舜之后于陈。下车而封夏后氏之后于杞，投殷之后于宋；封王子比干之墓，释箕子之囚，使之行商容而复其位。庶民弛政，庶士倍禄。济河而西，马散之华山之阳而弗复乘，牛散之桃林之野而弗复服，车甲衅而藏之府库而弗复用。倒载干戈，包之以虎皮，将帅之士，使为诸侯，名之曰建櫜；然后天下知武王之不复用兵也。……祀乎明堂，而民知孝；朝觐然后诸侯知所以臣，耕藉然后诸侯知所以敬。……食三老五更于大学，天子袒而割牲，执酱而馈，执爵而酳，冕而总干，所以教诸侯之弟也。若此则周道四达，礼乐交通，则夫武之迟久，不亦宜乎？

研究过这一段文献的学者，以为这是汉初儒家演习武舞时的评语，其中有"食三老五更于大学"，这是先秦未曾有过的事，"三老五更"本是秦爵。那么这篇武容之叙，除空话外，多是西汉初儒者之所谓"武"。而且其中所举各事如"声淫及商"（见所引原文前段）似乎是归纳《大雅》中的《大明》及《荡》之义；而"发扬蹈厉，太公之志也"，似乎是从《大雅·大明》中的"牧野洋洋，檀车煌煌，驷騵彭彭，维师尚父，时维鹰扬"中得来。"北出"来自《笃公刘》及《文王有声》。而"南国是式"则出自《大雅·嵩高》这首诗，《诗集传》以为出于宣王时，这样来理解《大武》，是以较后的诗解较早的《颂》。（以上参考傅孟真《周颂说》全集第一册）《周颂》在《诗经》中，时代最早，这在用韵中也可以得到说明。江有诰曾主张"之""幽"通韵，认为在《周颂》产生的时候——g还没有变成——wg，所以很可能成为一韵。而《礼记·乐记》中的《大武》竟似《大雅》集合体，是和《周颂》的原义有出入的。汉代儒家有他们理想中的《大武》，竟以较后的"南国是式"解释周初的《大武》舞容，所以我们认为解释《大武》不能依据《乐记》，而《左传》宣公十二年的有关记载却可靠多了！

《颂》是舞容，是乐歌，也是史诗，舞盛德之形容，咏祖先之功烈，这规定了它是史诗的性质。巫祝翩翩起舞，念念有词，当他们的事业被史官接替后，于是：

> 王者之迹熄而诗亡；诗亡，然后《春秋》作。（《孟子·离娄》）

"诗亡，然后《春秋》作"是历史学发展的不同阶段。中国古代历史，从原始社会到奴隶社会，都是巫祝的专职，这时无论有没有文字，历史作为诗歌保存在巫祝的心中、口中。"巫"本来是"以舞降神者"（见《说文》），也就是代神立言，在他们的历史中遂使神话与历史不分，表现形式是史诗与乐舞的结合，这是《诗经》中《颂》的起源，而《楚辞》中的《天问》也正好说明巫祝的祝辞是史诗，没有人能够凭空作出《天问》来，它开始问天，接着是有体系的中国上古史，从开天辟地到夏后鲧、禹的治水，它不完全是神话，是神人不分，传说与历史相结合的巫祝舞辞。巫来自神，神的时代，"未绝地天通"，所以人间历史要从天地的形成开始。史是诗乐，诗乐与舞结合，遂为巫祝之《天问》，二人对舞，互相唱和，开头道：

〔唱曰〕：遂古之初，谁传道之？
　　　　上下未形，何由考之？
〔和曰〕：冥昭瞢闇，谁能极之？
　　　　冯翼惟象，何以识之？

下面接着是互问或接续式对唱：

〔巫甲〕：明明闇闇，惟时何为？
　　　　阴阳三合，何本何化？
〔巫乙〕：圜则九重，孰营度之？
　　　　惟兹何功，孰初作之？
〔巫甲〕：斡维焉系，天极焉加？
　　　　八柱何当，东南何亏？
〔巫乙〕：九天之际，安放安属？

　　　　隅隈多有，谁知其数？
〔巫甲〕：天何所沓，十二焉分？
　　　　日月安属，列星安陈？
〔巫乙〕和：出自汤谷，次于蒙汜。
　　　问：自明及晦，所行几里。
〔巫甲〕夜光何德，死则又育？
　　　　厥利维何？而顾菟在腹？

以上是关于"天"的问答。以下转入关于"人"的历史，可能是对唱或连唱。开始，次序紊乱，人无不分，自"羿焉彃日"后，遂基本上转入夏史的范围，又夹杂尧、舜、女娲，或章次有误，非歌舞者之罪。原辞云：

羿焉彃日，乌焉解羽。
禹之力献功，降省下土四方。
焉得彼涂山女，而通之于台桑。
闵妃匹合，厥身是继。
胡维嗜不同味，而快鼌饱。
启代益作后，卒然离蠥。
何启惟忧，而能拘是达。
皆归射鞠，而无害厥躬。
何后益作革，而禹播降。
启棘宾商，九辩九歌。
何勤子屠母，而死分竟地。
帝降夷羿，革孽夏民。
胡射夫河伯，而妻彼雒嫔。
冯珧利决，封豨是射。
何献蒸肉之膏，而后帝不若。
浞娶纯狐，眩妻爰谋。
何羿之射革，而交吞揆之。
阻穷西征，岩何越焉。

> 化而为黄熊，巫何活焉。
> 咸播秬黍，莆雚是营。
> 何由并投，而鲧疾修盈。
> 白蜺婴茀，胡为此堂。
> 安得良药，不能固藏。

以下安插了一些神话，不知所指，接着又是夏初衰乱事：

> 惟浇在户，何求于嫂。
> 何少康逐犬，而颠陨厥首。
> 女歧缝裳，而馆同爰止。
> 何颠易厥首，而亲以逢殆。
> 汤谋易旅，何以厚之。
> 覆舟斟寻，何道取之。
> 桀伐蒙山，何所得焉。
> 妹嬉何肆，汤何殛焉。
> 舜闵在家，父何以鳏。
> 尧不姚告，二女何亲。
> 厥萌在初，何所亿焉。
> 璜台十成，谁所极焉。
> 登立为帝，孰道尚之。
> 女娲有体，孰制匠之。
> 舜服厥弟，终然为害。
> 何肆犬体，而厥身不危败。
> 吴获迄古，南岳是止。
> 孰期去斯，得两男子。
> 缘鹄饰玉，后帝是飨。
> 何承谋夏桀，终以灭丧。
> 帝乃降观，下逢伊挚。
> 何条放致罚，而黎服大说。

简狄在台訾何宜，玄鸟致贻女何喜。

该秉季德，厥父是臧。

胡终弊于有扈，牧夫牛羊。

干协时舞，何以怀之。

平胁曼肤，何以肥之。

有扈牧竖，云何而逢。

击床先出，其命何从。

恒秉季德，焉得夫朴牛。

何往营班禄，不但还来。

昏微遵迹，有狄不宁。

何繁鸟萃棘，负子肆情。

眩弟并淫，危害厥兄。

何变化以作诈，后嗣而逢长。

成汤东巡，有莘爰极。

何乞彼小臣，而吉妃是得。

……

这叙述了尧、舜、鲧、禹、后羿、寒浞到成汤的历史故事，混杂了神话传说；在过去，没有人重视《天问》《山海经》中的历史记录，当作神话而忽略了。自王国维先生起到阴法鲁先生以甲骨文解上古史，旁征博引，遂使《天问》《山海经》中的神话故事，得以复现历史的真实。这些神话，还属于"神"职的历史时代。中国古代史职的演变，可分三期，即：

一、"神"职历史时期，这时未"绝地天通"，人人通天为神，神话与历史不分。

二、"巫"职历史时期，颛顼时代，重、黎"绝地天通"，是为巫的开始。

三、春秋时代，"诗亡然后《春秋》作"，是为"史"的历史时期开始。

一直到春秋、战国时代的楚国，还是巫祝的史职时期。《尚书·吕刑》逼近楚国，其中历史记载，尚有楚风，其中首先提到"绝地天通"，原文是：

> 上帝监民,罔有馨香德,刑发闻惟腥。皇帝哀矜庶戮之不辜,极报以威,遏绝苗民,无世在下,乃命重黎绝地天通。

根据"乃命重黎绝地天通",是在此前,天地间可以交通;天地交通,人神不分,是以神话与历史混杂。原来所谓"神"(申)是巫的前身,是歌唱历史以祭祖先及上帝的人(申),祖先即上帝,神话即历史。这种情况在南方楚国保留较久,至春秋时在楚地还有类似传说,但他们究竟去古已远,不明原委了,于是有楚昭王之问:

> 《周书》所谓"重黎实使天地不通者",何也?若无然民将能登天乎?(《国语·楚语》)

《周书》即指《吕刑》,他不了解"绝地天通"的意义,渊博的观射父解释道:

> 及少昊之衰也,九黎乱德,民神杂揉,不可方物。夫人作享,家为巫史,无有要质。民匮于祀而不知其福,蒸享无度,民神同位,民渎齐盟,无有严威,神狎民则不蠲其为。嘉生不降,无物以享,祸灾荐臻,莫尽其气。颛顼受之,乃命南正重司天以属神,命火正黎司地以属民,使复旧常,无相侵渎,是谓重黎绝地天通。其后三苗复九黎之德,尧复育重黎之后不忘旧典者,使复典之,以至于夏商,故重黎民世叙天地而别其分主者也。(同上)

从观射父答话中,我们知道,少昊以前神司天职,人不能随意通天。及少昊之衰,民神杂糅,神不是垄断通天的职司,人人可以通天,结果是"民渎齐盟,无有严威",以致"灾祸荐臻"。颛顼复使重、黎绝地天通,而代替神职的巫遂正式出现,重黎应当是巫职的开始,而巫是史的前身。《天问》的内容来自神职时代的历史,他们的舞曲即史诗,由天到人,神话与历史杂糅。现在我们能够分析这种史诗的内容,但当时神、巫分别不出天、人,于是天人的历史合而为一。《天问》的素材,不可能是谁的创造,是神职所守；没有这种专业知识，神将不复为神。重、黎而后，神职归于他们家族，是专职巫开始。社会在发展，人们的知识在增加，历史与神话开始有了区别，这可以《周颂》为代表，《周颂》也是唱出的历史，是史诗，但不同于《天问》了，我们可以比较一下，其中有关宗周的历史。

《天问》：

> 稷维元子，帝何竺之？
> 投之于冰上，鸟何燠之？
> 何冯弓挟矢，殊能将之？
> 既惊帝切激，何逢长之？

再看《周颂·思文》：

> 思文后稷，克配彼天。
> 立我烝民，莫匪尔极。
> 贻我来牟，帝命率育。
> 无此疆尔界，陈常于时夏。

又《大雅·生民》：

> 厥初生民，时维姜嫄。
> 生民如何，克禋克祀。
> 以弗无子，履帝武敏歆。
> 攸介攸止，载震载夙。
> 载生载育，时维后稷。
>
> 诞弥厥月，先生如达。
> 不拆不副，无菑无害。
> 以赫厥灵，上帝不宁。
> 不康禋祀，居然生子。

> 诞寘之隘巷，牛羊腓字之。
> 诞寘之平林，会伐平林。
> 诞寘之寒冰，鸟覆翼之。
> 鸟乃去矣，后稷呱矣。

同是歌颂周祖后稷，在《天问》中，是"稷维元子，帝何竺之"。后稷是上帝的元子，所以生下来得到鸟的卵翼，这是"神"的历史，天、人未分。而《周颂》与《大雅》，只是姜原履帝武而生后稷，虽因未婚生子而被抛弃，卒因各方维护成长起来，但"后稷"也只能是配天而不是天。这还是史诗，是巫在舞蹈时的诗乐，它已经减少了神话色彩，但还没法解释"戴天头"式的婚姻生子，于是要姜原"履帝武敏歆"，这是文明社会对于对偶婚前的粉饰，是巫职对于神职的订正。但无论神、巫的舞诗，都还没有脱掉历史的神话部分，没有神话也就没有巫职，没有巫职，史诗唱不出来，而专职的史官出现，于是"诗亡而后春秋作"。孔子是鲁《春秋》的著作者，孔子是第一代史家，但儒家传统仍兼巫职，他们相礼，儒家与商祝息息相关。

史家的历史是人的历史了，这种历史的出现非同小可，历史上的人也是现实的人，从天到人，这一发现，是世界观的跃进，从"天人之际"转向"人人之际"了。史的进展，《春秋》而后，《太史公书》继之而出，我们看《史记·周本纪》中关于后稷的叙述道：

> 周后稷，名弃。其母有邰氏女，曰姜原。姜原为帝喾元妃。姜原出野，见巨人迹，心忻然说，欲践之，践之而身动如孕者。居期而生子，以为不祥，弃之隘巷，马牛过者皆辟不践；徙置之林中，适会山林多人，迁之；而弃渠中冰上，飞鸟以其翼覆荐之。姜原以为神，遂收养长之。

从《天问》《诗经》到《史记》关于后稷记载的变迁，表现了上述三个阶段的历史差异。《春秋》不始于孔子，当时各国各有其《春秋》，孔子因鲁史修《春秋》，孔子是著名的史家之一，此后司马迁，以世职史官,继《春秋》而著《史记》,遂为"正史"之开端。史本来是"天人之学",由上述可以知其原委。我们说《天问》《周颂》属于神巫的舞乐、史诗,也只是说素材采自他们,现存两者都是中国古代文学中的瑰宝,《天问》的绚丽多姿,《周颂》《大雅》之典雅雍容,不是神、巫原来唱诗的模样,这丰采多姿是经过加工改造的。这加工改造者:

《天问》是屈原。

部分《周颂》是周公。

这也是周公制礼作乐的辉煌成果。屈原在后,周公在前,但楚较保守,故在战国时仍有神巫之唱诗。

《楚辞·天问》的文学水平高于《周颂》,这可以理解,周公是一位政治家,而屈原是一位天才文人。在《天问》歌舞的过程中,多是群舞,互相唱和。在唱和中告一段落,在乐曲中达到一个高潮时,不分唱和而合唱合奏是谓《乱》,杨荫浏先生在《中国古代音乐史稿》中,根据《楚辞》中的《乱曰》曾经做出三点推论:

(1)《乱》有短有长,而一般则是长于其前者的各个歌节;长便于发挥。这说明了《乱》的形式,在一曲中,有适于突现高潮的作用。

(2)大多数的《乱》,比之其前的多个歌节,在句法上都有突然的改变,这说明了在音乐上必然有节奏的改变。有节奏的改变更适合配合高潮。这是可以理解的。也有在句法上看不出什么演变痕迹的《乱》,例如《哀郢》的《乱》。我们知道:句法的改变,固然常会引起节奏的改变,但句法不改变,也并不就此能说明不能改变音节的长短,从而改变节拍的形式;因此,即使句法不改变,仍然并不排斥改变音乐上节奏效果的可能性。

(3)《乱》若是高潮所在,则除了结构的长短,节奏的变化以外,可能在旋律的运用,速度的处理,音色的安排,唱奏者表达手法的运用等方面,都会有其突出之处。(见原书66页)

这种细致的描述,道出了《乱》的音乐特点,但要指出,这是"唱""和"

双方的合唱或合奏,所以曰《乱》,这种情况,在《楚辞》中可以看出,比如《招魂》:

> 肴羞未通,女乐罗些,敶钟按鼓,进新歌些。……二八齐容,起郑舞些。衽若交竿,抚案下些。竽瑟狂会,搷鸣鼓些。宫庭震惊,发激楚些。吴歈蔡讴,奏大吕些。

所谓"二八"即二列。《左传》襄公十一年有晋悼公赐魏绛"女乐二八,歌钟二肆"。若独唱而有和者,是"一唱三叹",有如后来之"帮腔"。

《诗经》所录,都是乐歌,其中尤多唱和形式。阴法鲁教授在《中国古代诗歌中的唱和形式》(见1980年第1、2期《诗刊》)一文中对此有详细叙述。他说中国诗歌的起源是和音乐分不开的,它们都起源于劳动,其艺术的原料都出自人民生活,而又都随着社会的发展而发展。音乐、诗歌都有节奏、旋律,都有唱和形式。《吕氏春秋·淫辞篇》说:

> 今举大木者,前呼舆谔,后亦应之。此其于举大木者,善矣,岂无郑卫之音哉?然不若此其宜也。

这是就抬木的劳动者说,歌唱"舆谔",前后呼应,是最适宜的歌唱形式。正是这种集体劳动的基本节奏,产生了音乐和诗歌的唱和形式。这种形式后来得到广泛应用,对音乐与诗歌形式的发展产生重要影响。

所谓唱和,包括"对唱""帮腔"以及重唱等形式。《礼记·乐记》中也曾经论述过"唱"与"和"的关系及其效果等问题说:

> 清庙之瑟,朱弦而清越;一唱而三叹,有遗音者矣。

"一唱三叹"即"一唱三和",在弹奏领起部分或主曲调之后,多次出现应和的旋律,使人感到余音徘徊,意味无穷。唱和或者是对唱,取两人或两方交替歌唱,或采取问答方式,或采取接续方式;所用曲调,或同或不同。采用曲调当然以互相配合为原则,如:

〔甲〕：采取问答式的对唱形式，《诗经》中的《召南·采蘋》可能属于这一类：

〔唱〕：于以采蘋？　　〔和〕：南涧之滨。
〔唱〕：于以采藻？　　〔和〕：于彼行潦。
〔唱〕：于以盛之？　　〔和〕：维筐及筥。
〔唱〕：于以湘之？　　〔和〕：维锜及釜。
〔唱〕：于以奠之？　　〔和〕：宗室牖下。
〔唱〕：谁其尸之？　　〔和〕：有齐季女。

到南山涧采蘋，到流水河采藻，烹煮蘋藻，祭祀祖先。这种祭祀时的乐舞，采用此唱彼和的节奏，反复叙述，这是唱词的特点。乐曲的旋律当然比文字的形式复杂，歌唱时还要依曲调对歌词加以调整，如增加衬字虚声等。顾颉刚先生《论诗经所录全为乐歌》一文（见《古史辨》三）中曾经举出由徒歌变作乐歌时增加章段回环复沓的节奏时，曾举《吴歌》作例，可以看出两者的区别。

〔乙〕：采取接续式的对唱形式，如《诗经》中的《周南·芣苢》：
〔唱〕：采采芣苢，薄言采之。　　〔和〕：采采芣苢，薄言有之。
〔唱〕：采采芣苢，薄言掇之。　　〔和〕：采采芣苢，薄言捋之。
〔唱〕：采采芣苢，薄言袺之。　　〔和〕：采采芣苢，薄言襭之。

她们在野外采车前子，一面采一面唱，此唱彼和，兴高采烈，相偕而回。

《豳风·东山》似乎也是接续式对唱形式，如：

〔唱〕：我徂东山，慆慆不归。我来自东，零雨其濛。
〔和〕：我东曰归，我心西悲。制彼裳衣，勿士行枚。
　　　　蜎蜎者蠋，烝在桑野。敦彼独宿，亦在车下。

本诗中的唱和部分像乐曲引子，在各章中重复出现，文字、位置完全相同。在《楚辞·天问》中也可以看到接续式对唱形式，上面已经谈到。顾、阴、杨诸教授的研究，使我们明白古代诗与乐舞的各种情况，感谢他们，并请阴、杨两先生指正。

以上都属于宗周的礼乐文明，楚地虽有特色，亦属宗周，"郁郁乎文哉"的周，的确是光辉灿烂的周！

（四）本章总结

《礼记·明堂位》有周公制礼作乐的记载，说礼乐出自某一位圣贤的制作，是不可能的；但谓周公对于传统的礼乐有过加工、改造，是没有疑问的。"礼"有广义、狭义之分。广义的礼，风俗信仰、礼仪制度无所不包；狭义的礼，包括有礼物、礼仪两部分。"乐"属于与"礼"结合在一起的"仪"，所以我们往往是礼乐合称。《曲礼上》所谓"礼尚往来，往而不来非礼也，来而不往亦非礼也"，应当指礼物的交换说。其初，礼物是对等交换，所以到春秋时代，在礼物的交换过程中还有"贾"参加，贾是知物价者。后来逐渐变成不等价的交换，是一种强制的剥削行为，平民对于贵族的贡献，或者是弱小部族向强大政权的贡纳，如所谓"帛贿人"，都属于强制性的礼物交换。"礼仪"包括有"乐舞"，是在礼的往来中的仪式、行为，通过这种仪式、行为——往往是豪华的、浪费的或者是残酷的行为——来表达主人的身份地位，所谓"人殉"也是葬礼中的仪，是贵族礼仪中最残酷的行为。

礼物既然是一种交易行为，通过这种交易来满足自己的物质要求并借以表现地位的行为，一直到周初，礼还没有完全从这种原始的形态中摆脱出来，还没有从这种原始的交换行为中抽象出"礼"的概念，一种脱离实物交换而纳入道德伦理范畴的"礼"。自周公制礼作乐开始，是首次有意识地对于"礼"加工改造，他用"德"字概括了过去的"礼"。"德"字不仅包括着人们主观方面的修养，也有客观方面的规范。还有，周初的统治者对于传统的"天"也有不同于殷人的看法，对于绝对权威的"天"的信念动摇，用敬德的方法修补对于"天"的动摇，这在传统的世界观方面是一个跃进，从"天人之际"转到"人人之际"；逐渐抛弃了天而走向人。周公是一位大思想家，也是一位大政治家，从政治角度看，他是以德政为操持政策的机柄，因而减少了上天的权威，提高了人的地位和人的尊严。后来，到春秋末年的孔子，更提出"仁"来作为礼的理论依据。"仁"，据《说文》，"亲也，从人二"。段玉裁《说文解字注》云，"《中庸》曰，'仁者人也'。注：'人者，读如相人偶之人，以人意相存问之意'……按：'人偶犹言尔我亲密之词，独则无偶，偶则相亲，故其字从人二'。孟子曰，'仁也者，人也'。谓能行仁恩者人也。又曰，'仁，人心也'，谓仁乃是人之所以为心也'。与《中庸》语义皆不同"。上述段玉裁的引申，有是有非。以"相人偶"解"仁"始于东汉郑玄，这是正确的注解。段氏的引申"人偶犹言尔我亲密之词，独则无偶，偶则相亲"，也是正确的。这是"人人之际"，周公逐渐脱离了"天人之际"而倡德；孔子转向"人人之际"故倡仁，以为人人之际的亲密关系则天下治。至孟子则以"仁"为人心，倡性善及良知良能而认为人心本天，这是新的"天人之际"，以天为善良的天，天人不二，心性为一。孟子之说与《中庸》并无矛盾。孔子的"礼"本来是"仁"之目，"仁"为纲，而"礼"为目，至孟子则发挥"仁"，而荀子则发挥"礼"。但他们都重视"人人之际"，也就是人际的关系，宇宙属于人，自人类言，当然如此。先秦儒家的世界观遂为两千多年中国封建社会的礼乐文明奠定了基础。

因为先秦儒家重视"人人之际"，那么，什么是人，也就是什么是"仁"的探讨，遂构成中国哲学史中的主题。孟子道性善，以为仁即人心，而荀子道性恶，遂弃仁而重礼，强调后天的教育行为。于是重仁重礼在儒家遂如泾渭分流矣。（赵光贤教授也曾如此分别孟、荀，实是卓识）。法家的思想与荀子相通，以礼为法（刑），以仁为赏，于是刑赏，成为法家治国的"二柄"。

在西周春秋间实行的"礼""仪"，许多还保存在现存《三礼》中。《三礼》：《仪礼》、《周礼》和《礼记》，在传统的经学史中存在许多问题，尤其是《周礼》，今文经学家以为它是刘歆、王莽伪造，用以篡汉者。即使是《仪礼》，如果说它是宗周实行过的礼仪条文，近代的疑古派学者也不相信。《礼记》的性质与前两者比，不是一部体系完整的书，是丛书，或者论文集，内容不一，价值自然不一。其中的《礼运》、《大学》和《中庸》在长期的中国封建社会中发挥了无可比拟的作用。先说《仪礼》，因为它是保存中国古代礼仪最完备的书，它表现了宗周时代礼乐文明的面貌。我们可以找到许多证据说明它不是后人的编造，因为可以在中国古代文献及民族学与考古学的研究中找到证明的材料，一伪皆伪，中国将无信史可言。比如《左传》文公六年记鲁季文子将聘晋，使人向官守寻求遭丧之礼的故事，可见当时礼书藏于官府，鲁传周礼，所谓周礼在鲁，于此可见。而在民族研究中及考古发掘上，与《三礼》可以互证的不可胜数。

《周礼》属于古文经，因为千百年来的今古之争，而后息者胜，晚清属于今文经的天下，康有为、廖季平皆以今文经倡于天下，《左传》《周礼》成为伪经伪传，似成定论，但晚近几十年的研究，始知《周礼》所记，实多实录，如井田制度，根据《周礼》记载，当时耕田的农民没有自己的土地，要由国家授给他们。这些农民不是自由农民，他们住在野外，又因他们多是殷商的遗民，殷商和宗周比，在文化上处于先进地位，所以说"先进于礼乐野人也"。"士"也是农民，但他们是自由农民，住于郊区的乡、遂。士与农的区别，在土地分配上也可以看出。乡遂的土地规划是以十夫所耕为一单位，没有公田，所有土地都属于士的份地而共耕。野外的土地分配则与乡遂不同，是以九夫为单位的井田制，中有公田。经过研究，这十夫、九夫之间是有严格区别的，区别的关键在于都鄙有公田而乡遂不存在公田。野外九夫耕千亩，乡遂十夫耕千亩。这种制度不是后人能够想象得来的。乡遂农民是"士"，属于自由农民，在阶级的分野上应当属于贵族，但属于贵族的最低层。周族的小宗成员及殷商的没落贵族都属于这一阶层。孔子、墨子应当是这一阶层的人。有此区别，我们可以深入地了解西周贵族封建性质及其所反映的礼乐文明，这种礼乐文明主要流行于士及士以上的阶层中，因此《仪礼》主要是士礼，它不能流行于"野人"中，所以说"礼不下庶人"！

《仪礼》、《周礼》及《礼记》中的部分篇章反映了宗周的典章制度、风俗人情；而其中重要的制度与礼乐是和周公分不开的。当然不是说周公是《三礼》的作者，但礼的具体内容及其实施，某些乐章的制定，肯定是周初统治者所为，而主要是周公。因为"非天子不议礼，不制度，不考文"。(《中庸》)周公曾摄周政，而且是伟大的思想家。

周公制礼作乐，礼的部分已如上述，而谈周乐，不能离开《诗经》。《诗三百》，除去较原始的民歌外，基本出于西周及春秋时。《周颂》最早，《左传》宣公十二年记载楚子论《武》乐："武王克商作《颂》曰，'载戢干戈，载櫜弓矢，我求懿德，肆于时夏，允王保之'。又作《武》，其卒章曰：'耆定尔功'；其三曰：'铺时绎思，我徂维求定。'其六曰：'绥万邦，屡丰年。'夫《武》禁暴、戢兵、保大、定功、安民、和众、丰财者也。故使子孙无忘其章。"在《国语·周语》上又有"是故周文公之《颂》曰：'载戢干戈……允王保之。'"两者记载，稍有分歧。后来《吕氏春秋·古乐篇》遂云，"武王即位……乃命周公为作《大武》"。调和两者，谓《大武》为周公承王命作。近代王国维先生曾有《周大武乐章考》（《观堂集林》二），奠定近代研究此乐章的基础，但因初作，未免粗放，后尚有多家考订。代表20世纪80年代初有水平的著作，有高亨教授《诗经今注》中的《大武》乐章次第，又有阴法鲁教授的《诗经中舞蹈形象》一文（1982年第4期《舞蹈论丛》）。为学譬如积薪，后来居上，他们的研究比起王先生进步多了，虽然仍有不可解释的问题。主要是一般研究者多是以《礼记·乐记》孔子曰定舞容，而这里面的"孔子曰"很难使人相信，内容可能来自汉人，根据他们的想象定乐舞，而以《大雅》解《周颂》。因此我认为《大武》乐章还有重订的必要，乐章的次第应当是：

第一章：《诗·周颂·武》；

第二章：《诗·周颂·时迈》；

第三章：《诗·周颂·赉》；

第四章：《诗·周颂·酌》；

第五章：《诗·周颂·般》；

第六章：《诗·周颂·桓》。

我们这样排列《大武》乐章的次第，符合《左传》楚子之所谓《武》有七德的理解，而且这种章次并不是我的独断。南宋朱子已有此说，清人亦有和者，其说合理，惜近人未加理睬。

诗与乐章之分，诗是舞曲也是史诗。原来历史掌握在神巫手中，他们于乐舞祭祀时，以史诗作舞曲。巫以后是史，所以太史公自叙上及重黎，而孟子说"诗亡然后春秋作"也正好说明了这种演变。如果我们比较一下神、巫、史的历史内容，我们会发现其中颇有不同，约略是：

（1）"神"述历史，天人不分；

（2）"巫"述历史，天人渐分；

（3）"史"述历史，天人已分。

以后稷的历史为例，《天问》说"稷维元子，帝何竺之"，以后稷为上帝的元子，所以得到鸟兽的保护，这还是天人未分的历史。而在《周颂》与《大雅》中只是说姜原履帝武而生后稷，虽被抛弃，足因各方面的维护而得救，后来后稷也只能"配天"而不是"天"，这减少了人中神的成分，是"巫"传历史，但因为没法解释那"戴天头"式的婚姻生子，于是"履帝武"的说法产生。无论神、巫都不是职业史家，只是以"史"作为舞曲，通过舞容对于祖德的形容，通过诗史对于祖德的歌颂。神、巫事业衰落后，职业的史家代兴，于是史诗亡而史书出，是谓"诗亡然后春秋作"。孔子可以说第一代史学家，所谓"述而不作，信而好古"。史不必作，而"古"即历史，孔子是最喜欢历史的一个思想家。司马迁继《春秋》而著《史记》，遂使中国史学走上康庄大道。

虽然我们说《天问》是"神"的历史，《周颂》是"巫"的历史，也只是说这些文献中的原材料来自神、巫，现在《天问》之绚丽多彩，《雅·颂》之典雅雍容，是经过加工改造的，这加工改造者前者是屈原，后者部分是周公！

第三　孔子对于礼乐的加工与改造

（一）"子所雅言，诗书执礼"

司马迁在《史记·孔子世家》内曾经指出：

> 孔子之时，周室微而礼乐废，《诗》《书》缺。追迹三代之礼，序《书传》，上纪唐虞之际，下至秦缪，编次其事。曰："夏礼吾能言之，杞不足征也。殷礼吾能言之，宋不足征也。足，则吾能征之矣。"观殷夏所损益，曰："后虽百世可知也，以一文一质。周监二代，郁郁乎文哉。吾从周。"故《书传》《礼记》自孔氏。孔子语鲁大师："乐其可知也。始作翕如，纵之纯如，皦如，绎如也，以成。""吾自卫返鲁，然后乐正，《雅》《颂》各得其所。"古者《诗》三千余篇，及至孔子，去其重，取可施于礼义，上采契、后稷，中述殷、周之盛，至幽、厉之缺，始于衽席，故曰："《关雎》之乱以为《风》始；《鹿鸣》为《小雅》始；《文王》为《大雅》始；《清庙》为《颂》始。"三百五篇，孔子皆弦歌之，以求合《韶》《武》《雅》《颂》之音。礼乐自此可得而述，以备王道，成六艺。"孔子晚而喜《易》《序》《彖》《系》《象》《说卦》《文言》。读《易》韦编三绝。曰，"假我数年，若是，我于《易》则彬彬矣。"孔子以《诗》《书》礼、乐教，弟子盖三千焉，身通六艺者七十有二人。

以上这一段正好是"子所雅言，诗、书执礼，皆雅言也"（《论语·述而》）的疏证。《书》是中国古代史，夏、商、周三代的典章制度，礼乐文章俱见于此,所以说"追迹三代之礼,序《书传》,上纪唐虞之际,下至秦缪"。结论是"郁郁乎文哉,吾从周"。次及乐,孔子是一位音乐大师,春秋以来,逐渐礼坏乐崩,孔子自卫返鲁,然后乐正,《雅》《颂》各得其所。这不是对《诗》本身的整理,是整理乐,乐各有所,至是始各得其"所"。其次言《易》,孔子读《易》,后儒著有《十翼》。孔子以"诗书礼乐"教,以六经传六艺,遂构成两千年来中国封建社会礼乐文明的核心,周公后,孔子为中国之至圣先师。但孔子与经书的关系,后来理解,颇有不同,即以删诗论,自来意见纷纭。宋欧阳修、王应麟、郑樵以及清人顾炎武等都同意孔子删诗说;而唐孔颖达以及后来的朱熹、叶适、朱彝尊、王士祯、赵翼、崔述等则反对此说。欧阳修以为司马迁谓古诗三千余篇,孔子删存三百,郑学之徒以迁为谬,其实司马迁的说法是正确的。今书传所载逸诗,何可数也,以诗谱推之,有更十君而取一篇者,由是言之,何啻三千。又删诗云者,非止全篇删去,或篇删其章,或章删其句,句删其字,如"唐棣之华,偏其反尔,岂不尔思,室是远而"。此《小雅·常棣》之诗,夫子谓其以室为远,害于兄弟之义;故篇删其章也。衣锦尚絅,文之著也。此《鄘风》君子偕老之诗,夫子谓其尽饰之过,其流而不返,故章删其句也。"谁能秉国成,不自为政,卒劳百姓",此《小雅·南山》之诗,夫子以能字为意之害,故句删其字也。又王崧云,《史记》之书,谬误固多,皆有因而然,从无凿空妄说者。考《汉书·食货志》,孟春之月,行人振木铎徇于路,以采诗献之,太师比其音律,以闻于天子云云。《史记》所谓古诗三千余篇者,盖太师所采之数,迨比其音律闻于天子,不过三百篇。何以知之,采诗非徒存其辞,乃用以为乐章也。音律之不协者弃之,即协者尚多,而此三百篇于用已足,其余但存之太史,以备所用之或缺。诗三百,诵诗三百,皆孔子之言,前此未有综计其数者。盖古诗不止三百五篇,东迁以后,礼坏乐崩,诗或有句而不成篇者,无与于弦歌之用,孔子自卫返鲁而正乐,厘订汰黜,定为此数,以教门人,于是授受不绝。设无孔子,则此三百五篇,亦胥归泯没矣。故所传之逸诗,有太师比音律时所弃者,有孔子正乐时所削者,所采既多,其原作流传诵习,后人得以引之。是则古诗三千余篇,去其重,取其可施于礼义,乃太史所为,司马迁传闻孔子正乐时,于诗尝有所删除,而遂以归之孔子,此其属辞之未密，或文字有所脱误耳。

反对孔子删诗者有孔颖达、朱彝尊等人。孔颖达云，书传所引之诗，见在者多，亡逸者少，孔子所录，不容十分去九。司马迁言，三千余篇未可信。《诗》凡三百十一篇，《史记》《汉书》云三百五篇，阙其亡者，以见在为数也。又云，季札歌《诗》，《风》有十五国，其名皆与《诗》同，惟次第异，则仲尼以前篇目先具，其所删除，盖亦无多。朱彝尊云，诗者掌之王朝，颁之诸侯，小学大学之所讽诵，冬夏之所教，故盟会聘问燕享，列国之大夫，赋诗见志，不尽操其土风。使孔子以一人之见取而删之，王朝列国之臣，其孰信而从之者。诗至于三千篇，则辖轩之所采定，不止于十三国矣。而季札观乐于乐，所歌风诗，无出十三国之外者。又子所雅言，一则曰，"诗三百"，再则曰，"诵诗三百"，未必定为删后之言，况多至三千，乐师矇瞍，安能遍其讽诵，窃疑当日掌之王朝，颁之侯服者，亦止于三百余篇而已。至欧阳子谓删诗云者，非止全篇删去，或篇删其章，章删其句，或句删其字；此又不然。《诗》云："唐棣之华，偏其反而，岂不尔思，室是远而。"惟其诗孔子未尝删，故为弟子雅言之也。《诗》曰，衣锦尚𬘬，恶其文之著也，惟其诗孔子亦未尝删，故子思举而述之也。《诗》云，"谁能秉国成"，今本无"能"字。"犹夫殷鉴不远，在于夏后之世"，今本无"于"字，非孔子去之也，流传既久，偶脱去耳。昔子夏亲受诗于孔子矣，其称诗："巧笑倩兮，美目盼兮，素以绚兮。"惟其句孔子亦未尝删，故子夏所受之诗，存其辞以相质，而孔子亟许可其可与言诗，初未有以素绚之语，有害于义而斥之也。由是观之，非孔子删之可信已。然则诗何以逸也？曰，一则秦火之后，竹帛无存，而口诵者偶遗亡。一则作者章句，长短不齐，而后之为章句者必比而齐之，于句之重出者去之故也。一则乐师矇瞍，只记其音节而忘其辞。窦之于乐，惟记《周官·大司乐》一篇，而其余不知。制氏则仅记其铿锵鼓舞，而不能言其义，此乐章之所缺独多也。

清代疑古者崔东壁称赞孔、朱之说，而云，以《论》《孟》《左传》《戴记》诸书考之，所引之诗，逸者不及十一，则是颖达之言，左卷甚明，而宋儒顾非之，甚可怪也。由此论之，孔子原无删诗之事。《国语》有正考父校商之名颂十二篇于周太师，以《那》为首。郑司农云，自考父至孔子又逸其七。是正考父以前，颂之逸者已多，至孔子又二百余年而又逸其七，故世愈近则诗愈多，世愈远，则诗愈少。孔子所得止有此数，或此外虽有而缺略不全。则遂取是而厘正次第之，以教门人，非删之也。（以上参考《史记汇注考证·孔子世家》）

如此看来，上述两派的意见，各有是非，于此我们加以分析并参考时人意见后的结论是：

1. 在孔子前，吴季札歌诗，《风》有十五国，其名皆与《诗》同，惟次第异。则孔子以前，篇目先具。

2. 春秋及春秋前，诸侯盟会聘问燕享，列国诸侯与卿大夫赋诗见志，不尽操其土风，孔子以一人之见，取而删之，王朝列国，其孰得知之，其孰信而从之。而且辀轩所采，献于王朝；雅颂所歌藏于官府，孔子何得而删之？

3. 《论语》谓孔子"自卫返鲁，然后乐正，《雅》《颂》各得其所"。是正乐非正诗，王崧之言，亦重在正乐，"窃以为诗必兼辞、声、义三端而始全。先有意而后为辞，有意则义在其中，徒有辞而不能叶之于声，则是记序议论之文，而非乐章矣"。以乐言诗，乃得其义，而乐与舞不分，故季札"观乐"。

因此谓孔子删诗，或有未确，谓孔子曾从乐的角度加以整理是可信的。诗不止三百，古文献中有逸诗可证，盖删削编定之权在王官大史，非孔子之职。

今传《诗经》分为《风》《雅》《颂》；包括周南、召南、邶、鄘、卫、王、郑、桧、齐、魏、唐（晋）、秦、豳、陈、曹等十五个地区和国家的诗歌。《雅》分为《大雅》《小雅》，《颂》分为《周颂》《鲁颂》和《商颂》。作品来源，分布在今黄河流域的陕西、山西、河南、山东、河北和长江流域的湖北北部。就产生的时代说，有时间可考者以《周颂》为最早，如上述，《大武》产自周初，《大雅》亦有周初诗；其次为《小雅》《商颂》《鲁颂》。至于《国风》，来自民歌部分，很难断定其绝对年代，即以《关雎》论，因其中有"君子"字样，为西周后习惯用语，但就其内容说，这是一首恋歌，自原始社会到现代无时不有。就"君子好逑"而论，"好"自殷商以来都是女子通称，《说文》："好，从女子。"段玉裁注"好本谓女子"。

在殷商甲骨文字中有"妇好",这妇好可以是一个妇女的名字,也可以作为妇女通称,一如古代男子都可以称"良"。那么这首诗可能来源甚古,"君子好逑"实在是"君子逑好"。

诗歌经过加工,被之音乐,是乐舞曲,《诗经》所录都是乐舞曲。吴季札于鲁观乐,"乐"而可观,有舞可知。孔颖达于此疏云,"乐之为乐,有歌有舞,歌则咏其辞而以声播之,舞则动其容而以曲随之"。歌者乐器同而辞不一,声随辞变,曲终更歌,故云谓之歌风,为之歌雅。及其舞则每乐别舞,其舞不同。季札请观周乐,鲁人依次而舞,每见一舞,各有所叹。……乐有音声,唯言舞者,乐以舞为主。……是其以舞为主而被以音声,故鲁作诸乐于季札,皆云见舞也。礼法,歌者在堂而舞在庭,故《郊特牲》云:"歌者在上,匏竹在下,贵人声也。以贵人声,乐必先歌后舞,故鲁为季札先歌诸诗而后舞诸乐。其实舞时,堂上歌其舞曲也。"这是一篇精彩的乐舞考据,初唐去古已远,但古代乐舞相传仍有孑遗,故能言而中节。是知当时诗与舞乐合,舞曲不同即诗类之不同,王国维先生所谓"颂声缓"者,盖其一端也。

采风的说法,首先来自《国语·周语》:

> 故天子听政,使公卿至于列士献诗。

以后《礼记·王制》有:

> 天子五年一巡守,……命大师陈诗以观民风。

《汉书·食货志》又有:

> 行人振木铎徇于路以采诗。

《艺文志》有"故古有采诗之官"。这是可信的,这是古制。《诗经》中所有诗,上下千年,纵横万里,诗不能自行汇集,必有采录之者,来自民间而保存于王官。周初兴礼乐,遂改民歌为乐舞曲,阴法鲁教授在《诗经》

一文（1982年第12期《文史知识》）中指出："西周王朝为了了解社会情况，已经有采诗献诗的活动。这个传说不是没有根据的，否则，这些诗是怎样集中起来的呢？当时的音乐和文学都达到相当高的成就，周王室和各诸侯国的乐师不断地搜集并整理各地的民间音乐和诗歌，中经东周迁都（前770年），进入春秋时期，社会日益动荡，但这项事业并未中断。大概各国所搜集的作品，除在当地保存采用外，也送献给周王室，由王室乐官保管整理并演奏，成为周乐的主要来源。又古书中关于公卿列士献诗的记载，基本上也应当是可信的。《诗经》中的《颂》都是对贵族歌功颂德的作品，《大雅》《小雅》中也有一些歌功颂德或讽谏规劝的作品，而且还有留下作者的名字的。这些就是公卿列士奉献或写作的诗。"这些话是正确的、合理的。既是广泛采诗，绝不止三百首，其中经过删削是可以肯定的。于此阴法鲁先生也曾经说："鲁国是周公姬旦的世袭封地，一直保存着一套周乐。《左传》记载鲁襄公二十九年（前544年），吴国的公子季札访问鲁国，'请观周乐'，演奏的内容大致和今本《诗经》相同。……孔子（前551—前479年）几次提到《诗三百》，可见在孔子时，《诗经》的规模已大致定型，这是经过长期流传整理所保留下来的成果，并不是孔子删诗的结果。但孔子是整理过《诗经》的。他说，他从卫国返回鲁国（事在前484年），'然后乐正，《雅》《颂》各得其所'。可见在这时以前《雅》《颂》曾出现混乱情况。孔子整理的底本大概是鲁国乐官所保存使用的底本。整理工作也许是他和鲁国乐官太师挚合作进行的。"（同上）在此，我们应当明确一点，"所谓乐正，《雅》《颂》各得其所"是正乐而不是正诗，《雅》《颂》混乱也是音乐上的问题，而不是诗的篇章。

孔子不仅与太师挚合作，当他和太师乐论乐时，更表现出是一位精通乐理的大师，《论语·八佾》有云：

子语鲁太师乐曰，乐其可知也，始作翕如也；从之，纯如也，皦如也，绎如也。

孔子懂得音乐，所以说，"乐其可知也"，以下又谈论古代音乐过程中的作用与影响。清宋翔凤曾经对之有所发挥："始作是金奏颂也。《仪礼·大射仪》纳宾后，乃奏肆夏；乐阕后，有献酢旅酬诸节，而后升歌，故曰'从之'；'从'同'纵'，谓纵缓之也。入门而金奏，其象翕如变动，缓之而后升歌，重人声，其声纯一，故曰'纯如'，即《乐记》所谓审一以定和也。继以笙入，笙者有声无辞，然其声清别，可辨其声而知其义，故曰'皦如'。继以'间歌'，谓人声笙奏，间代而作，相寻绎而不断绝，故曰'绎如'。此三节皆用《雅》，所谓'《雅》《颂》各得其所'也。有此四节而后合乐，则乐以成。'合乐'即乡乐《周南》《关雎》《葛覃》《卷耳》《召南》《鹊巢》《采蘩》《采蘋》。《燕礼》，大师告于乐正曰，'正歌备'。郑注，正歌者，升歌及笙各三终，间歌三终，合乐三终，为'一备'。'备'亦成也。郑《乡射礼》注云，不歌，不笙，不间，志在射，略于乐也。不略合乐者，《周南》、《召南》之风，乡乐也，不可略其正也。据此，知孔子所谓'乐其可知'，及谓'然后乐正'者，并指乡乐，《仪礼》谓之正歌。如乡射不歌，不笙，不间；而合乡乐，则正告歌备。大射有歌有笙，而不间不合，乡射则不告正歌备，知正歌专指乡乐也。必如乡乐而后备一成，故知'以成'是合乐也。《论语》于金奏至间歌，以'翕如'诸言形容其象，而于合乐但言'以成'者，以合乐之象，已于'乐其可知'一语，先出之，后言师挚之始，关雎之乱，洋洋乎盈耳哉，亦畅言合乐之象。子谓伯鱼曰，'人而不为《周南》《召南》，其犹正墙面而立也与'？则子之重乡乐也至矣。"（参考刘宝楠《论语正义·八佾》）

宋氏以乐谈乐，有说服力，宋与毛奇龄、李塨等皆通音律，故能言之成理，但以上诸说都有不同意见。自"始作"开始，至"以成"合乐告终，宋以为所奏皆为乡乐，本于郑玄注《仪礼》，"乡乐者，风也"。如果使孔子言乐与《仪礼·乡饮酒》结合研究，所得殊多。凡乐皆四节，孔子与太师及太师挚谈乐之"始作"，及"始"指"升歌"言，次谓之"笙奏"，三谓之"间歌"，四谓之"合乐"。《乡饮酒》，一人举觯毕，工入，升自西阶。上工歌《鹿鸣》《四牡》《皇皇者华》；此"升歌"也。谓瑟与人声歌于堂上也。又云，"笙入堂下磬南，北面立，乐《南陔》《白华》《华黍》，此笙奏也，谓笙入奏于堂下也"。又云，"乃间歌《鱼丽》、笙《由庚》，歌《南有嘉鱼》、笙《崇丘》，歌《南山有台》、笙《由仪》"，此间歌也，谓堂上之歌与堂上之笙间奏也。又云，"乃合乐《周南》《关雎》《葛覃》《卷耳》《召南》《鹊巢》《采蘩》《采蘋》"。此合乐也，谓堂上堂下众声俱作也。凡四节。《乡射礼》但"合乐"一节。无"升歌""笙奏""間歌"三节者志在射，略于乐。《燕礼》，献大夫后，工入，升自西阶，歌《鹿鸣》《四牡》《皇皇者华》，此"升歌"也。公为大夫举旅酬后，笙入，立于县中，奏《南陔》《白华》《华黍》，此"笙奏"也。乃"間歌"《鱼丽》、笙《由庚》，歌《南有嘉鱼》、笙《崇丘》，歌《南山有台》、笙《由仪》，此"間歌"也。遂歌《乡乐》《周南》《关雎》《葛覃》《卷耳》《召南》《鹊巢》《采蘩》《采蘋》，此"合乐"也，亦四节。《大射仪》，献大夫毕，工升自西阶，乃歌《鹿鸣》三终，此"升歌"也。又云，乃歌《新宫》三终，此"笙奏"也。但有"升歌""笙奏"两节，无"間歌""合奏"两节者，亦志射而略于乐。所谓《鹿鸣》三终，盖统《四牡》《皇皇者华》而言，故《乡饮酒》亦只云"升歌"三终。总之，可以断言，《论语》师挚之"始"，及太师乐之"始作"皆指"升歌"，而《关雎之乱》谓"合乐"，"合乐"为乐之终。（参考胡培翚《仪礼正义·乡饮酒》）

  以上结合孔子之所谓"始作翕如也，从之，纯如也，皦如也，绎如也"，与乐之四节，正相符合。但宋翔凤以"合乐"别于四节外，与《仪礼》不合，翔凤固引《仪礼》说《论语》者。而以"金奏"解"始作"，盖本于《论语》郑注。"金奏"本出《周官》，钟师掌金奏；《仪礼》无"金奏"，似有误。于所谓"吾自卫返鲁，然后乐正，《雅》《颂》各得其所"，以乐三节皆用《雅》解释"《雅》《颂》各得其所"，亦不若毛奇龄说之周备。毛奇龄谓"正乐，正乐章也，正雅颂之入乐部者也。部者所也，如《鹿鸣》——《雅》诗，奏于《乡饮酒》礼，则《乡饮酒》礼，其所也。又用之《乡射》《燕礼》，亦其所也。然此三所，不止《鹿鸣》，又有《四牡》《皇皇者华》两诗，则以一《雅》分数所，与联数雅合一所，总谓之各得其所"。（参考刘宝楠《论语正义·子罕》）所论更为明确，盖当时诗有定所，律有所宜，而郑、卫新声起后，音律乖违，诗无定所，孔子之斥"郑声淫"，（《卫灵公》）又说，"恶郑声之乱雅乐也"，（《阳货》）都是从乐的角度斥新声而不是诗。新声起后，乱了诗所，所以孔子正乐。正乐，亦即《乡饮酒》，"乃合乐《周南》《关雎》《葛覃》《卷耳》《召南》《鹊巢》《采蘩》《采蘋》，工告于乐正曰，'正歌备'，乐正告于宾，乃降"，乐工、乐正必待"正歌备"乃降，此即乐正各得其所之谓也。

孔子最重诗乐，他曾经说：

> 兴于诗，立于礼，成于乐。（《论语·泰伯》）

如果我们以此是"以政教为中心的功利主义"（张文勋：《以政教为中心的先秦儒家文艺思想》，《文史哲》1986年4期）还有不足，这是为了"成人"！注重"成人"也就是提高"人"的地位，在哲学史上这是一件大事。在古代哲学上，为人为神是头等大事。当人类历史进入文明时代，也就是阶级社会初期，一般是神的时期，神掌管一切，是世界主宰，而不是人；此所以有宗教思想的产生。在古代史上"人殉""人牲"的泛滥，都可以说明这一点。西周以后，周公等一代大思想家出，神（天）的观念逐渐动摇而走向人，提出敬德的思想以补"天"，于是在思想上、信仰上从"天人之际"逐步走向"人人之际"！孔子是周公思想的继承与发扬者，他树立了"人人之际"的思想体系。人是世界的主人，这是一种发现，一种觉醒，在古代的思想界，发现人，人是世界主人的观点，也是最可贵的一点。

发现了人，就要"成人""立人"，人而不成不立，等于无人，如何才能"成人"？孔子说：

> 若臧武仲之知，公绰之不欲，卞庄子之勇，冉求之艺，文之以礼乐，亦可以成人矣。（《论语·宪问》）

又说：

> 今之成人者何必然，见利思义，见危授命，久要不忘平生之言，亦可以为成人矣。（同上）

成人的条件好像平实，其实很难做到，有知勇、有艺，还要"文之以礼乐"。"成人"也就是立起来的人，孔子说："夫仁者己欲立而立人，己欲达而达人"。（《雍也》）己立立人，己达达人，这是理想的"人际"；独自

"成人"还是匹夫。"三十而立"是他们的目标。

  孔子是一位教育家，他的主要目的是教人成人，衡量成人的标准与条件，上引《宪问》已经谈到，使人达到这种标准需要教育手段，而当时可使用的手段实在不多，于是孔子在中国传统的礼乐文明中寻找手段，这手段的选择会影响教育目的，也就是教人成材的规格品质。孔子在古代伟大人物中，选中了周公，在传统的文化积累中，选中了诗、书、礼，此其所以雅言"诗书执礼"的原因。"子所雅言，诗书执礼，皆雅言也"。（《述而》）不能理解成平行的三件事或三种书，这是有层次的。《诗》《书》即传统的《诗经》《书经》，而礼不能是现存《三礼》中任何一礼，它是当时流行的礼仪，是在《诗》《书》中找出合于礼仪的精神与内容。孔子经常以《诗》《礼》并列，除了"兴于诗，立于礼"外，伯鱼也曾经说：

  尝独立，鲤趋而过庭。曰："学诗乎？"对曰："未也。""不学诗，无以言。"鲤退而学诗。他日，又独立。鲤趋而过庭，曰："学礼乎？"对曰："未也。""不学礼，无以立。"鲤退而学礼。（《论语·季氏》）

《诗》《礼》并列是教育的手段，《诗》《乐》不分，所以"兴于诗，立于礼，成于乐"，是孔门教育手段的完整体系。有此选择使儒家完成了君子儒的使命，并发扬了西周以来的礼乐文明，中国之所以成为礼乐文明的古国，基础在此。

  语言是信息的工具，儒家重视语言，这也是中国古代文明的组成部分。"不学诗，无以言"，一来是诗可达志，二来是使语言美化。在先秦时代，诗与语言结合，大概有四种用法：一是典礼，二是讽谏，三是赋诗，四是语言。用在典礼与讽谏上是诗的本质；用在赋诗与语言上是诗的引申。典礼用诗即用在祭祀及宴会上的诗，以上谈到的《乡饮酒》《燕礼》《乡射礼》《大射仪》都有乐工歌诗的记载，这种歌诗，自"始"始，至合乐（"乱"）终，都有严格规定，违反规定，就是"雅颂不得其所"而乐不正。在讽谏方面的诗，如春秋时楚国右尹子革说：

> 昔穆王欲肆其心，周行天下，将皆必有车辙马迹焉。祭公谋父作《祈招》之诗以止王心，王是以获没于祇宫。……其诗曰："祈昭之愔愔，式昭德音。思我王度，式如玉，式如金，形民之力而无醉饱之心。"（《左传》昭公十二年）

《祈招》用以止穆王放肆之心。此外《国语·楚语》中也有卫武公召求史官矇诵的故事，都是春秋以前的事，这类诗在《大雅》《小雅》内，是属于贵族阶级的诗。

赋诗言志，在古文献中记载很多，尤其是《春秋左传》，往往因为有人不谙这种礼仪而影响大事，也就是"不学诗无以言"了。《左传》襄公十六年有：

> 晋侯与诸侯宴于温，使诸大夫舞，曰，歌诗必类；齐高厚之诗不类。荀偃怒，且曰，诸侯有异志矣。使诸大夫盟高厚，高厚逃归。于是叔孙豹、晋荀偃、宋向戌、卫宁殖、郑公孙虿、小邾之大夫，盟曰，"同讨不庭"。

这个故事说明诗、乐、舞三者之一，在外交场合舞有定型，歌诗必类，也就是必须和当时具体情况相结合，适当地表现出主、客身份。这是礼仪中的典型要求，高厚因歌诗不类，以致逃盟而有"同讨不庭"的惩罚。又如《左传》昭公十二年：

> 夏，宋华定来聘，……享之，为赋《蓼萧》，弗知；又不答赋。昭子曰，"必亡，宴语之不怀，宠光之不宣，令德之不知，同福之不受，将何以在！"

华定根本不懂诗，当然没有答赋，以致有"必亡！"的悬判。因此在外交场合，选择合格的人才是重要的、必要的，如《左传》僖公二十三年：

> 乃送诸秦，秦伯纳女五人。……他日，公享之。子犯曰，吾不如

衰之文也，请使衰从。公子赋《河水》，公赋《六月》。赵衰曰，"重耳拜赐"，公子降拜稽首，公降一级而辞焉。衰曰，"君称所以佐天子者命重耳，重耳敢不拜"。

《河水》逸诗，杜注以为"义取河水朝宗于海，海喻秦"。而《六月》是周宣王命尹吉甫帅师伐玁狁的事，诗中有"王于出征，以佐天子"。秦伯赋此表示对晋公子重耳的期望，故赵衰说，"君称所以佐天子者命重耳，重耳敢不拜"。秦穆、晋文都是霸主，而且有英明辅佐，所以他们能赋诗以类而各得其所。

赋诗言志已经是诗在语言上的应用，而直接用诗作为辩论的工具，更能表现出力量，比如《左传》成公二年：

> 晋师从齐师，入自丘舆，击马陉。……宾媚人致赂，晋人不可，曰："必以萧同叔子为质，而使齐之封内，尽东其亩。"对曰："萧同叔子非他，寡君之母也。若以匹敌，则亦晋君之母也。吾子布大命于诸侯，而曰必质其母以为信，其若王命何？且是以不孝令也。《诗》曰，'孝子不匮，永锡尔类'。若以不孝令于诸侯，其无乃非德类也乎？先王疆理天下，物土之宜而布其利，故《诗》曰，'我疆我理，南东其亩'。今吾子疆理诸侯，而曰，'尽东其亩'而已，唯吾子戎车是利，无顾土宜，其无乃非先王之命也乎？反先王则不义，何以为盟主？其晋实有阙。……今吾子求合诸侯，以逞无疆之欲。《诗》曰，'布政优优，百禄是遒'。子实不优，而弃百禄，诸侯何害焉。……"晋人许之。

这些诗句，用在外交辞令上，可以使对方折服，是《诗》与《礼》结合的例证之一。这些诗句可以为政治服务，但《诗》《礼》结合作为人们的规范行为，主要是为了人，而不是为了政治。《诗》作为礼的组成部分，还可从《左传》中找到说明：

> 穆叔如晋，报知武子之聘也。晋侯享之，金奏《肆夏》之三，不

拜；工歌《文王》之三，又不拜；歌《鹿鸣》之三，三拜。韩献子使行人子员问之曰："子以君命辱于敝邑，先君之礼，藉之以乐，以辱吾子。吾子舍其大而重其细，敢问何礼也？"对曰："《三夏》，天子所以享元侯也，使臣弗敢与闻。《文王》，两君相见之乐也，臣不敢及。《鹿鸣》，君所以嘉寡君也，敢不拜嘉？《四牡》，君所以劳使臣也，敢不重拜？《皇皇者华》，教使臣曰：'必咨于周。'臣闻之：'访问于善为咨，咨亲为询，咨礼为度，咨事为诹，咨难为谋。'臣获五善，敢不重拜。"（襄公四年）

歌诗必类，《三夏》《文王》，都非用于卿大夫者，故穆叔不拜，而《鹿鸣》《四牡》《皇皇者华》，是乐章四节之始作，"升歌"，都与穆叔的身份相当，故重拜、三拜。（参考顾颉刚先生《诗经在春秋战国间的地位》，见《古史辨》第三册）。

所谓"兴于诗，立于礼，成于乐"，三者是结合在一起的，孔子认为这是教人成人的必要手段。于此，张文勋先生的意见是可取的，他说："诗、礼、乐三者的关系又如何呢？首先它们都是修身的内容，也即是思想智慧的启迪，处世立身的实践，情性人格的培养。三者互为补充，互相制约，三位一体，缺一不可。但是，三者的地位并不是平行的，其中，礼是核心，诗乐都服从于礼，都要合乎礼的要求，都要体现仁的精神。……诗必须'止乎礼义'，乐必须'通伦理'。其次从修身的过程来看，诗、礼、乐是三个不同层次的教育内容，就其顺序来说，始兴于诗，复守之以礼，最后完成于乐。这才算是修身的全面完成。就修身的内容要求而言，从志意的感发、启蒙，到礼法制度的学习和实践，直到情性的净化，才是自我人格修养的最后完成，才达到修身的最高境界。在这里，人的个性已完全消融于共性之中，文艺不是审美，而是灌输伦理道德的工具。"（见上引《文史哲》文）其实"文艺不是审美"而是灌输伦理道德的工具，正是以文艺，也就是以美作为净化人性的手段，以达到合乎礼的要求，而后能立于礼，成于乐。乐是最高的境界，因为它可以消灭个人的主观成见而达到"人际"协和的目的。礼尚别异而乐重合同，由兴而立而成，境界不同，但不可分；诗、礼、乐三者本不可分，礼而无诗如礼何，礼而无乐如礼何！

孔子的"礼"达到一个新的境界，不是与玉帛结合的对等交换了，是与"德""仁"结合的规范行为，而这种规范行为美化了人生，孔子与子贡的对话，道：

> 子贡曰："贫而无谄，富而无骄，何如？"子曰："可也，未若贫而乐，富而好礼者也。"子贡曰："《诗》云，'如切如磋，如琢如磨'，其斯之谓与？"子曰："赐也，始可与言《诗》已矣，告诸往而知来者。"（《论语·学而》）

"如切如磋，如琢如磨"，为《诗·卫风》诗句，顾颉刚先生以为"切磋琢磨"是形容君子风度的美，因为"贫而乐，富而好礼"需要一种切磋琢磨的功夫，不是轻而易举的事，所以子贡以《诗》喻之，孔子遂称道他是"告诸往而知来者"。孔子要在文艺中，在《诗》中找到合乎礼仪的要求，他也要在《书》《易》中找到合乎礼仪的要求，这就是"诗书执礼"的正当解释。经学之儒家化从此开始，经书遂变成儒家进行教育的教科书，这种教科书贯穿了西周以来的礼乐文明，即使它不具有这种内容，儒家的解释也充满了这种文明，六经是儒家的教学工具，于是"六经注我"，而不是我注六经。《大学》中的一段话正好发挥了儒家解经的精神，如：

> 《诗》云，邦畿千里，惟民所止。《诗》云，缗蛮黄鸟，止于丘隅。子曰，于止知其所止，可以人而不如鸟乎！《诗》云，穆穆文王，于缉熙敬止。为人君止于仁，为人臣止于敬，为人子止于孝，为人父止于慈，与国人交止于信。《诗》云，瞻彼淇奥，菉竹猗猗，有斐君子，如切如磋，如琢如磨，瑟兮僩兮，赫兮喧兮，有斐君子，终不可谖兮。如切如磋者，道学也；如琢如磨者，自修也；瑟兮僩兮者，恂慄也；赫兮喧兮者，威仪也；有斐君子，终不可谖兮者，道盛德至善民之不能忘也。《诗》云，于戏，前王不忘，君子贤其贤而亲其亲，小人乐其乐而利其利。此以没世不忘也。

朱子在《大学章句》中以此为"释止于至善"，以美释善，足见儒家之美学思想。同时可以看出这是《大学》在发挥《论语·学而》孔门的学说。子贡以为"贫而乐,富而好礼",如《诗》之"切磋琢磨",经过自修而达到至善。孔子于此也称道子贡之解《诗》,"告诸往而知来者",纳《诗》于道德范畴内,是"诗书执礼"的真实含义。又如子夏问诗:

> "巧笑倩兮,美目盼兮,素以为绚兮,何谓也?"子曰:"绘事后素。"曰:"礼后乎?"子曰:"起予者商也,始可与言《诗》已矣"。(《八佾》)

"巧笑倩兮,美目盼兮",见于《诗·卫风·硕人》。"素以为绚兮",今佚。子夏问诗之意义,而孔子指示是"绘事后素",子夏遂理解为"礼后",而孔子称道他"可与言《诗》"。后来的注解多不知其义,顾颉刚先生道,"'素以为绚兮'是说本质与装饰的好,也不即是礼后"。似乎仍无所解。其实"素"是素质,"绚"是绚丽多彩,有素质然后才绚丽多彩,绚丽在素质后,所以孔子说,"绘事后素",绘是在质的基础上的彩绘,子夏遂理解为"礼后"。礼不是人的素质,是在原有素质上的文饰,诗与乐舞属于礼仪,也都是"绘事",属于"后素"者。前期儒家尽量使礼仪美化,使诗礼结合,以德解诗,以礼解诗,去掉礼的对等交换的原始意义,也避免礼的枯槁干燥,而绚丽多彩,有诗、有乐、有舞,它美化人生,净化了人生,孔子不是一位枯槁的说教者。但儒家后来的发展,并没有沿此下去,受有儒家影响的墨家,最反对他们的礼乐,而《非乐》《非儒》,提倡"节用""节葬"。孟子不甚讲礼而发挥了"仁"的学说,荀子讲礼而转向法,都偏离了轨道,偏离了孔子的全面礼乐文明。

孔子重视礼,加工和改造了礼,丰富了礼的内容,美化了礼,目的是使人们的生活富丽多彩,都成为"文质彬彬,然后君子"的君子。我们当然知道,礼是有阶级内容的,当孔子谈"兴于诗,立于礼,成于乐"的时候,他接着说:

> 民可使由之,不可使知之。

上面前者是君子，后者是民，民和君子不属于一个阶级，民是庶民，他们对于礼乐只能是跟着走，没法使他们懂得内容。孟子的话，"行之而不著焉，习矣而不察焉，终生由之而不知其道者众也"。(《尽心》)正可以对孔子的话作笺注。"众"就是"庶民"，"民可使由之，不可使知之"，正好是"终身由之而不知其道者众也"。礼不下庶人，但庶人不能外于礼，封建社会以贵族为主人，主人的世界是人们的共同世界，这个世界的礼乐文明是共同的礼乐文明，但众人不能解礼，也无法求解，于是只能"由之"，而不能"知之"。

礼不是本质，人的本质是仁，仁和礼正好是一质一文，有质不必有文，所以孔子否定管仲知礼而许之以仁，如：

> 然则管仲知礼乎？曰："邦君树塞门，管仲亦树塞门；邦君为两君之好，有反坫，管仲亦有反坫。管氏而知礼，孰不知礼。"(《论语·八佾》)

这是孔子斥责管仲僭妄不知礼。但在《左传》内，管仲是一位谦逊守礼的人，僖公十二年有：

> 齐侯使管仲平戎于王，使隰朋平戎于晋；王以上卿之礼飨管仲。管仲辞曰："臣，贱有司也，有天子之二守国高在，若节春秋，来承王命，何以礼焉？陪臣敢辞。"王曰："舅氏，余嘉乃勋，应乃懿德，谓督不忘，往践乃职，无逆朕命。"管仲受下卿之礼而还。君子曰："管氏之世祀也宜哉！"

是管仲在天子前谦逊守礼，得到周天子的嘉奖，也得到"君子"的称赞。孔子作为史家不会不知道这些故事，仍然责备他有不知礼处，但这不是大节，不是本质的东西，管仲之功不在礼而功在"仁"，比如当子路、子贡问管仲是否仁人时，如：

> 子路曰："桓公杀公子纠，召忽死之，管仲不死。"曰："未仁乎？"

> 子曰:"桓公九合诸侯,不以兵车,管仲之力也,如其仁,如其仁!"

又:

> 子贡曰:"管仲非仁者与?桓公杀公子纠,不能死,又相之。"
> 子曰:"管仲相桓公,霸诸侯,一匡天下,民到于今受其赐。微管仲,吾其被发左衽矣。岂若匹夫匹妇之为谅也,自经于沟渎而莫之知也?"(《宪问》)

"仁"是孔子提出来的新命题,继西周初提出"德"后而有"仁",是中国哲学史中的伟大转折,这是古代世界中的"人"的发现,"仁"即人,处理人际关系即"仁"。管仲不守礼而达仁,因为他挽救了国人免于夷狄,也就是不文明人的干扰,得以保持传统的礼乐文明,"如其仁,如其仁"。后来大程一派理学以"仁"及"诚"形容宇宙本体,我们想,从任何角度看,这也是正确的形容。

以上我们描述了从周初到春秋时代的礼乐文明。这礼乐文明在西周初以"德"为核心,到春秋末,孔子提出,以仁为核心。孔子是一位大思想家、教育家,也是音乐家。他改革了礼,修正了乐。周公开始,使礼、乐从原始的地位,走向人类社会;孔子开始,丰富了社会中的礼乐内容,礼不再是苦涩的行为标准,它富丽堂皇而文采斐然,它是人的文饰,也是导引人生走向理想境界的桥梁。可以说构成西周、春秋间的礼乐文明离不开周公、孔子的思想行为,这也就是前期儒家的思想行为。儒家之所以成为中国封建社会的正统思想,是有深厚基础的。战国及战国以后,社会性质变了,与之相适应的礼乐文明也在演变。但在社会的发展中,后来的儒家并没完全遵守孔子的教条而一成不变。孟子少谈礼而发展了"仁"的思想;荀子使礼走向法;传统的礼乐文明逐渐有了变化。

礼乐文明随着社会的发展而发展,后人不可能完全生活在前代的生活方式中。孔子时代的文明岂非发展了西周的文明?以此可以说孔子是善于承继文化遗产的人,他曾经说:

> 殷因于夏礼，所损益，可知也；周因于殷礼，所损益，可知也。其或继周者，虽百世，可知也。(《论语·为政》)

所谓"因"即继承，所谓"损益"即损其糟粕而益以精华，这是承继遗产或者吸取外来文化的最好方案。任何时候、任何地区，对于古与外的文化都不能"全盘接受"，近百年来的历史更可以说明这一点，"全盘西化"，"全盘×化"或者是"复古"的口号，都是非历史主义的，因为历史在发展，幼年的衣冠不可能加在成人身上！但这不是抛弃历史，也不是排斥外来文化，孔子是最善于学习历史的人，他能够在历史的学习中得到有益的东西。在孔子的时代，中国文明史只有夏、商、周，他比较研究后说："郁郁乎文哉！吾从周。"(《八佾》)这"从周"就是法周，这是荀子所谓法后王之灿然者！他也不是全盘接受西周的文明而无所损益，这在上面已经有许多论述，所以孔子说："其或继周者，虽百世，可知也。"这是规律，继承遗产都要有所"损益"。处在孔子的时代，他只能做纵深的历史研究，而没法有横向联系，因为横向四方是比较落后的地区，如何使落后地区变成先进，遂有《公羊》的三世说。

儒家是历史学派，在先秦诸子百家中，这是最有基础的学派。广义礼乐文明的探索也就是历史的研究，孔子曾经问礼于老聃，(《史记·老子列传》)他自己经常说：

> 述而不作，信而好古，窃比我于老彭。
> 我非生而知之者，好古，敏以求之者也。(《论语·述而》)

"古"就是历史，《尔雅·释诂》："古，故也。"所谓"好古"就是爱好历史。他又说："温故而知新，可以为师矣。"(《为政》)是从学习历史中取得新知识，这也许是古代寻求知识的重要方法之一，可以名之曰"温故知新法"，这是儒家的方法论，孔门弟子是理解的，所以子贡说："文武之道未坠于地，在人；贤者识其大者，不贤者识其小者，莫不有文武之道焉。夫子焉不学，而亦何常师之有？"(《子张》)"文武之道"是"古"、是"故"、是历史，这种历史之所以未被遗忘，是因为有人学习它；但学习所得却因人而异，贤者识其大，不贤者识其小。孔子所得当然最多，他就是这样进行学习的，何必有一定的老师！

过去我们把孔子看得偏枯了，也许是被"圣人"的名号所误，其实他是一位丰富多彩的人，他以礼约束自己，但他没有忘了文，所以说，"博我以文，约我以礼"。（《子罕》）有时他以"文"的代表者自负：

> 文王既没，文不在兹乎？天之将丧斯文也，后死者不得与于斯文也；天之未丧斯文也，匡人其如予何！（《论语·子罕》）

朱子注"文"："道之显者谓之文，盖礼乐制度之谓。"如果"文"仅指礼乐制度，那么"博我以文，约我以礼"也就无意义，以"博"说文，以"约"讲礼，可见两者有博约之分，"文"的内涵更广些，文化、文章、文采都应当包含在内。在教弟子时，也是"子以四教，文、行、忠、信"。（《述而》）历史知识当然包含在"文"的范围内，所以说"文胜质则史"。

我们曾经说过从历史中吸取知识，并且从这些旧知识中推导出新的学问来，是孔子的认识论和方法论，所以他非常重视历史，尤其是西周的历史，因此《周诰》应当是孔子最熟悉的文献。西周文诰当然不仅于此，我们在历代出土的西周彝铭中可以找到类似《周诰》的文献，那么编订"书经"的事，一定是有的，但"删书"不必出自孔子。在《诗》中持礼，已如上述。在《书》中将如何"持礼"？在《周诰》中有"礼"、有"德"，其实，与"德""礼"并列的还有"罚"，这是西周统治者的两手，后来发展成法家的"以善至者待之以赏，不善至者待之以刑"的"二柄"。如今我们将《周诰》中"德""罚"并举的文句撮录如下：

> 《康诰》1. 惟乃丕显考文王，克明德慎罚。
>   2. 予惟不可不监告汝德之说于罚之行。
> 《酒诰》1. 厥或告曰：群饮汝勿佚，尽执拘以归于周，予其杀。
>   2. 又惟殷之迪诸臣工，乃湎于酒，勿庸杀之，姑惟教之，有斯明享。
> 《梓材》1. 予罔厉杀人，亦厥君先敬劳。

2. 今王惟曰，先王既勤用明德怀为夹，庶邦享作，兄弟方来，亦既用明德。后式典集，庶邦丕享。

《召诰》1. 天亦哀于四方民，其眷命用懋王，其疾敬德。

2. 今我初服，宅新邑，肆惟王其疾敬德，王其德之用，祈天永命。其惟王勿以小民淫用非彝，亦敢殄戮用乂，民若有功。

3. 拜手稽首曰，予小臣敢以王之雠民百君子越友民，保受王威命明德。王末有成命，王亦显。

《洛诰》1. 周公曰，王肇称殷礼，祀于新邑，咸秩无文。

2. 公曰，已，汝惟冲子惟终，汝其敬识百辟。享，亦识其有不享，享多仪，仪不及物，惟曰不享。惟不役志于享，凡民惟曰不享，惟事其爽侮。

《多士》1. 王若曰，尔殷遗多士，弗吊，旻天大降丧于殷，我有周佑命，将天明威，致王罚，敕殷命，终于帝。

2. 惟时上帝不保，降若兹大丧。惟天不畀，不明厥德。凡四方小大邦丧，罔非有辞于罚。

3. 王曰，猷告尔多士，予惟时其迁居西尔，非我一人，奉德不康宁，时惟天命无违，朕不敢有后，无我怨。

4. 王曰，告尔殷多士，今予惟不尔杀，予惟时命有申。今朕作大邑于兹洛，予惟四方罔攸宾。亦惟尔多士攸服，奔走臣我多逊，尔乃尚有尔土，尔乃尚宁干止。尔克敬，天惟畀矜尔；尔不克敬，尔不啻不有尔土，予亦致天之罚于尔躬。

《无逸》1. 周公曰：呜呼，自殷王中宗及高宗及祖甲及我周文王，兹四人迪哲。厥或告之曰，小人怨汝詈汝，则皇自敬德，厥愆曰朕之愆，允若时不啻不敢含怒。

2. 此厥不听，人乃或诪张为幻，曰，小人怨汝詈汝，则信之，则若时不永念厥辟，不宽绰厥心，乱罚无罪，杀无辜，怨有司，是丛于厥身。

《君奭》天惟纯佑命则，商实百姓王人，罔不秉德，明恤小臣，

　　　　　　屏侯甸，矧咸奔走，惟兹惟德，称用乂厥辟，故一人
　　　　　　有事于四方，若卜筮，罔不是孚。
《多方》1. 乃惟成汤，克以尔多方简代夏作民主。慎厥丽，乃劝厥
　　　　　　民，刑用劝。以至于帝乙，罔不明德慎罚，亦克用劝。
　　　　　　要囚殄戮多罪，亦克用劝。开释无辜，亦克用劝。
　　　　2. 王曰，呜呼，多士，尔不克劝忱我命，尔亦则惟不克
　　　　　　享，凡民惟曰不享，尔乃惟逸惟颇，大远王命，则惟
　　　　　　尔多方探天之威，我则致天之罚，离逖尔土。
《立政》　亦越成汤，陟丕厘上帝之耿命，乃用三有宅，克即宅；
　　　　　曰三有俊，克即俊。严惟丕式，克用三宅三俊，其在商
　　　　　邑，用协于厥邑，其在四方，用丕式见德。呜呼，其在
　　　　　受德暋，惟羞刑暴德之人，同于厥邦；乃惟庶习逸德之
　　　　　人，同于厥政。帝钦罚之，乃伻我有夏，式商受命，奄
　　　　　甸万姓。

　　在上述的记载中，如果说"敬德"的思想，在周初的几篇文章中就像同一个母题的叠奏曲一样，翻来覆去地重复着；那么关于"刑罚"的叠奏曲也丝毫没有减少，几乎是"德""刑"并举，两个主题互相唱和。"刑"在商朝，也就是在奴隶社会，尤为惨酷。郭沫若先生的《释臣宰》有云："古人之对待奴隶，或剠其额，或髡其发，或劓其鼻，或刵其耳，或刖其足，或宫之腐之，所用之肉刑，正无所不用其极。"(《甲骨文字研究》)《史记·殷本纪》记载商纣时的刑罚道："于是纣乃重刑辟，有炮烙之法。……九侯有好女，入之纣，九侯女不熹淫，纣怒杀之而醢九侯。鄂侯争之强，辨之疾，并脯鄂侯。"周代"刑名从商"，当然也是损益于殷商，酷刑减而增德，作为统治者的两手，即后来法家的"二柄"。

　　在《周诰》中发挥"德""刑"思想最重要的几篇是：《洛诰》《康诰》《酒诰》《多士》《多方》与《立政》。《洛诰》中首先提出"礼、仪"的问题，周公曰，"王肇称殷礼，祀于新邑，咸秩无文"。"无文"之"文"即"文之以礼乐"之"文"，朱子以"无文"是"祀典不载也"，非是。孙星衍《尚书今古文注疏》，遂以"春秋变周之文，从殷之质"释之，得其解。

后来儒家遂以"文"解"礼",而致墨家之讥评。《洛诰》又云,"享多仪,仪不及物",于此解释亦多歧义。首先是孟子云:"书曰,'享多仪,仪不及物',曰不享,'惟不役志于享'。为其不成享也。"(《告子》)以仪不及物为不成享,后来蔡沈在《书集传》中乃云:"享,朝享也。仪礼,物币也。诸侯享上,有诚有伪,惟人君克敬者能识之。……享不在币而在于礼,币有余而礼不足,亦所谓不享也。"这重礼不重物的解释,和我们主张周公减轻了礼物的交换性质是相合的。其余各篇则发挥了德刑二柄之说。康叔封于卫,乃殷末之王都所在,本殷遗民集中地区。《左传》定公四年记周初封建有云:"分康叔以大路、少帛、綪茷、旃旌、大吕;殷民七族:陶氏、施氏、繁氏、锜氏、樊氏、饥氏、终葵氏。封畛土略,自武父以南及圃田之北境。取于有阎之土,以共王职,取于相土之东都,以会王之东蒐。聃季授土,陶叔授民。命以《康诰》而封于殷虚。皆启以商政,疆以周索。"《史记·卫康叔世家》曾有解释道:"周公旦惧康叔齿少,乃申诰康叔曰,必求殷之贤人君子长者,问其先殷之所以兴所以亡,而务爱民。"这是解"启以商政";"疆以周索"当然是以周之刑罚部勒之。《康诰》实际是借封康叔的机会,宣布宗周统治者的大政方针,没有采取殷商的严刑峻法,而采取"明德慎罚"的办法。它开头说,"惟乃丕显考文王,克明德慎罚",下面又说,"封,予惟不可不监告汝德之说于罚之行"。德与罚总是并举,这可能是西周对于殷商的"损益"。在中国古代社会,这种"并举"是一个创举,以后法家的二柄、汉以后的阳儒阴法都根于此。

在《康诰》中最引人注目的还有对于孝友家庭的鼓励,这在奴隶社会是看不到的,比如说:"王曰,封,元恶大憝,矧惟不孝不友,子弗祗服厥父事,大伤厥考心。于父不能字厥子,乃疾厥子。于弟弗念天显,乃弗克恭厥兄,兄亦不念鞠子哀,大不友于弟。惟吊兹,不于我政人得罪,天惟与我民彝大泯乱曰,乃其速由。文王作罚刑,兹无赦!"不孝不慈,不友不恭,都由刑罚制裁。伦理观念,为儒家所接受,大事发挥,成为中国传统的道德核心,在汉代遂以"孝"治天下来标榜。不孝不友是大恶不赦的。《酒诰》中也有类似思想,如"肇牵车牛远服贾,用孝养厥父母"。周人远贾,用以孝父母。

《酒诰》更是一篇政策性文诰。商纣之亡,原因之一,是"荒腆于酒"。《酒诰》中有"天降威我民，用大乱丧德，亦罔非酒；惟行越小大邦用丧，亦罔非酒惟辜"。更具体地说，商纣之亡，是"诞惟厥纵淫泆于非彝，用燕丧威仪，民罔不盡伤心，惟荒腆于酒。不惟自息乃逸，厥心疾很，不克畏死，辜在商邑，越殷国灭无罹。弗惟德馨香祀，登闻于天，诞惟民怨，庶群自酒，腥闻在上，故天降丧于殷，罔爱于殷，惟逸、天非虐，惟民自速辜"。指出商纣亡国的原因在于酗酒。周初统治者对酒禁下了最大决心，但于殷、周两族分别对待，对于殷商的"诸臣百工"取放任态度，不杀而教；对于周人则杀无赦。《酒诰》内说：

> 厥或诰曰，群饮汝勿佚，尽拘执以归于周，予其杀。又惟殷之迪诸臣惟工，乃湎于酒，勿庸杀之，姑惟教之。

这也是"德刑"的两面手法，对殷人用德，对周人用刑。为什么这样"躬自厚而薄责于人"？一方面是殷人多势众，采取怀柔政策；另一方面是警惕自己，淫酒可以亡国，前车之鉴，不可不慎！

周初灭殷，内外仍然动荡，内部是武王死后，成王幼小，周公摄政，管蔡流言，召公亦不满。外部是殷虽亡国，势力未减，武庚伺机，商奄淮夷，蠢蠢欲动。而且周与殷比，是以小对大，以落后对先进，基础是不稳固的。这时周初的政治家，在布政方面，在战略方面，都必须谨慎从事，而周公措施得当，虽有二次东征及成王征奄，但究竟使动荡不安的局势稳定下来，对内以刑而对外以德，这是严于律己而薄责于人的史实基础，也成为后来做人的典型风范。《康诰》《酒诰》中，见到上述措施的大概，在《多士》中更是德刑并施，恩威并举，善至者待之以德，不善至者待之以刑。其中说：

> 王曰，告尔殷多士，今予惟不尔杀，予惟时命有申。今朕作大邑于兹洛，予惟四方罔攸宾，亦惟尔多士攸服奔走臣我多逊。尔乃尚有尔土，尔乃尚宁干止。尔克敬，天惟畀矜尔；尔不克敬，尔不啻不有尔土，予亦致天之罚于尔躬。今尔惟时宅尔邑，继尔居，尔厥有干有年于兹洛。

新建洛邑，所以稳定东方，控制全国，迁殷民于此，使之奔走臣我多逊，则"尔乃尚有尔土，尔乃尚宁干止"。从此，殷民居于野，成为井田农民，而周人居城是统治者，国野之分，也就是贵族与农民之分，落后与先进之分。

《立政》是成王即位，周公的教导。主要内容是"庶狱庶慎"之道，慎于用刑，以德继之，是宗周初年的政治纲领。宗周所以成为空前的统一大国，有赖于此。德政与孝友思想的结合，成为儒家思想的核心内容。《大学》《中庸》都是从伦理到政治，从政治又回到伦理，这种思想体系的萌芽，始于周初，具体表现在《周诰》中。《吕刑》不属于《周诰》系统，其中典故颇不同于《周诰》，既无宗周先世典故，又无三代兴亡，而是三苗、重黎、伯夷、皇帝等，与《国语·楚语》中之人神不分的历史吻合。且吕曾称王，那么，此为南方吕王之诰，非周诰可知。但其中有：

　　皇帝哀矜庶戮之不辜，报虐以威。
　　皇帝清问下民，鳏寡有辞于苗。

这皇帝又是谁呢？郑玄及《苍颉篇》均以为是颛顼，今人据《史记·五帝本纪》中之黄帝与蚩尤战，遂以《吕刑》中的皇帝为黄帝。两者都无确据，但黄帝说为合理，《吕刑》中的黄帝重刑法，后来与老子一派无为思想结合，遂有"黄老"学派。"黄老"学派实为法家与道家的结合。

《周诰》是历史文献，到春秋晚年，它已经是"故"，是"古"，但是"后王之灿然者"，是孔子学习的经典，孔子要从中"温故而知新"。我们想"温故知新"是从《周诰》的"德刑"思想中引导出"仁礼"思想，以德代礼，已经减轻了礼的物物交易性质；以仁代德，更前进一步，在世界观上，"人人之际"取代了"天人之际"，"仁"的意义就是人与人之间的相偶关系。孔子看到的古文献比我们能够看到的多，春秋时代见于《左传》中所引书多在今传《尚书》二十八篇外。其中如：

　　庄公八年：《夏书》曰，皋陶迈种德，德乃降。
　　僖公五年：故《周书》曰，皇天无亲，惟德是辅。

僖公二十四年：《夏书》曰，地平天成，称也。

文公七年：《夏书》曰，戒之用休，董之用威，劝之以九歌，勿使坏。

成公十六年：《夏书》曰，怨岂在明，不见是图。

襄公二十一年：《夏书》曰，念兹在兹，释兹在兹……

襄公二十三年：《夏书》曰，念兹在兹。

襄公二十六年：故《夏书》曰，与其杀不辜，宁失不经。

襄公三十一年：《太誓》曰，民之所欲，天必从之。杜注，今《尚书太誓》亦无此文。

襄公三十一年：《周书》数文王之德曰，大国畏其力，小国怀其德。

昭公十四年：《夏书》曰，昏、墨、贼、杀，皋陶之刑也。

哀公六年：《夏书》曰，惟彼陶唐，帅彼天常，有此冀方，今失其行，乱其纪纲，乃灭而亡。又曰：允出兹在兹。

以上皆不见于今传《今文尚书》内，乃逸书。又据顾栋高《春秋大事表》所引《左传》二十二事，见于今传《今文尚书》中者仅十事。《诗经》由《论语》所引，与今所见略同；若《书》除《尧曰篇》外，"高宗亮暗"见于《无逸》，而"孝于惟孝"不见于今传二十八篇中。《左传》所引《书》颇可代表当时流行的《尚书》，而《左传》引《诗》几乎完全与今所见《诗三百》合，所引《书》除《盘庚》《康诰》外，几乎都在今传二十八篇外。可知《诗三百》在孔子前已略成定型，而《书》之篇章，春秋及以后，各国各地流传不尽相同。《左传》引书如此，《吕氏春秋》所引除《洪范》外，几皆不在二十八篇内。这种情况足以说明，孔子以前、孔子当时及以后，直至秦始皇帝，不在今传《尚书》内的篇章尚多。《书》是古、是故、是史实的记录，三代史料当不止二十八篇。《夏书》文字通顺，比《周诰》易懂，或以为疑，我们以为《夏书》是巫的口头传授，可以文从意转，而《周诰》是史官记录，录于书版或刻于铭文，文字定型无法改动。是以有难易之分，非真伪之别。即以《周诰》论，都属开国大事，或藏于官府，或铸于鼎彝，如《左传》之记铸刑书刑鼎，《散氏盘》之记地约，《曶鼎》之记讼事，《小盂鼎》之记俘获、记战争聘享，以及记礼仪礼物者不可胜数。这些都是《周诰》一类《书》的来源，来源甚多，而收集编订者所见不广，此所以有逸书之多也。

但现存《书经》之编订是有其指导思想的，如上所述，即以"德刑"思想为中心，这种思想为儒家所接受，改造发扬，成为中国传统礼乐文明的组成部分，而经儒家之解释，后作为《经书》之一，成为进行民众教育的教科书，影响之大，流行之广，莫与伦比。以此我们说，《尚书》二十八篇的编订，出于孔门后学。"子所雅言，诗书执礼"，也就是孔子在温故知新，他要在《诗书》中推论出前所未有的东西，即从德刑的概念中推论出仁、礼的新概念来。儒家以外，道家、墨家、法家也都接受了这种思想而各有所发挥。在《老子》中曾经谈德、仁、义、礼等问题而薄礼，其中有"故失道而后德，失德而后仁，失仁而后义，失义而后礼。夫礼者忠信之薄而乱之首"。他反对礼也反对法，所以说"法令滋彰，盗贼多有"，因为礼、法都是人类后天的加工，违反自然。墨子也谈刑赏，如《天志上》云，"昔三代圣王，禹、汤、文、武，此顺天意而得赏也；昔三代之暴王，桀、纣、幽、厉，此反天意而得罚者也"。三代圣王顺天意而得赏，三代暴王反天意而受罚；赏罚并举是西周以来德罚并举的传统思想。《墨子》中更有"顺天意者，兼相爱，交相利，必得赏；反天意者，别相爱，交相贼，必得罚"。使他的"兼爱"和刑赏结合起来。法家更是以"刑赏"为治国"二柄"，《商君书》谈"赏、刑"，而《韩非子》说"德、刑"，在《韩非子·二柄》中有：

> 明主之所导制其臣者，二柄而已矣。二柄者，刑、德也。何谓刑、德？曰，杀戮之谓刑，庆赏之谓德。

"德、刑"的含义当然等于"赏、刑"，所以说"庆赏之谓德"。通过这种法家的理解，德是赏，是给予，仍然是物质给予，我们说西周之德是原始礼的补充，通过这种理解也得到说明。后来的儒家分成孟、荀两大家，孟子一派发挥了"德"的学说，而荀子一派发挥了"礼"。孔子以仁代德，"仁"的本义是"相人偶"，也就是"人际"关系，孟子循此发挥遂有性善说。荀子发挥了礼的理论而使礼的含义近于法，因此而主张性恶。性善、性恶一方面上系于德、刑二柄，另一方面是系于"人际"的探讨。"人性"问题，性善当然近于德、仁，而性恶可以礼、法绳之。

我们分析了《诗》《书》中有关的道德思想，这当然是儒家的理，也就是"诗书执礼"的礼。孔子"温故而知新"就是六经注我，从诗书中找出自己思想的源泉，根据是"故"，而自己的思想体系是新。不存在没有源泉的思想。《诗》《书》如此，孔子于《易》将有何求？孔子与《易》的关系，我们已经谈过。《史记·孔子世家》有"孔子晚而喜《易》，序《彖》《系》《象》《说卦》《文言》。读《易》，韦编三绝，曰：'假我数年，若是，我于《易》则彬彬矣。'"这是根据《论语》"子曰，假我数年，五十以学《易》，可以无大过矣"等记载而成。如果依《鲁论》，作"五十以学，亦可以无大过矣"，而否定孔子与《易》的关系，毫无意义，因为孔子曾经说："吾十有五而志于学，三十而立，四十而不惑，五十而知天命。"（《论语·为政》）十五已有志于学，为什么又要"假我数年，五十以学"？而且"五十而知天命"更可以与"五十而学《易》"互相结合，在当时来说，《易》是知天命的书。子贡曾经说："夫子之文章，可得而闻也；夫子之言性与天道，不可得而闻也。"（《公冶长》）刘宝楠《论语正义》于此云："盖《易》藏太史氏，学者不可得见，故韩宣子适鲁，观书太史氏，始见《周易》。孔子五十学《易》，惟子夏、商瞿晚年弟子得传是学，然则子贡言性与天道，不可得闻，《易》是也。"他以为"性与天道"即《易》，而"性与天道"亦即"天命"，《中庸》所谓"天命之谓性"是最好的注解。那么孔子学《易》和这些话结合起来，正好说明孔子五十学《易》的原因。《庄子·天运》也说，"孔子行年五十有一而不闻道，乃南之沛见老聃"。因为《论语》有孔子"五十而知天命"及"五十而学《易》"的话，庄子一派反孔，所以说他"五十有一而不闻道"。

孔子喜《易》，读《易》已如上述，那么《易大传》是否出于孔门？于此有许多争论，宋欧阳修《易童子问》始疑《易传》，《系辞》而下非孔子作。他说："《系辞》《文言》《说卦》而下，皆非圣人之作，而众说淆乱，亦非一人之言也。……《文言》曰，'元者善之长也，亨者嘉之会也，利者义之和也，贞者事之干也'，是谓《乾》之四德。又曰，'乾元者始而亨者也；利贞者性情也'。则又非四德矣。谓此二说出于一人乎？则殆非人情也。……余之所以知《系辞》而下非圣人之作者，以其言繁衍丛脞而乖戾也。"（原书卷三）后来李镜池先生评论欧阳修的意见，以为他仍然相信《河图》《洛书》的神话，相信孔子作《易》的故事，他不敢怀疑《彖传》《象传》，然而他怀疑《系辞》而下，非孔子作。这种理由是不足以服人的，后来屡有人起而驳辩。但由于近代史学家之疑古作风，使许多人怀疑《易传》之出于孔子。冯友兰先生拿《彖》《象》里面的哲学思想和《论语》相比，而得出结论说，《论语》中孔子所说之天，完全系一有意志的上帝，一个"主宰之天"。但"主宰之天"在《易》《彖》《象》等中没有地位，我们看《易》中的天，读《易》后，觉得其中有一种自然主义的哲学，绝没有一个能受祷、能受欺、能戾人、能"丧斯文"的"主宰之天"。其中的"天"或"乾"不过是一种宇宙力量，至多也不过是一个"义理之天"。一个人的思想本来可以变动，但一个人绝不能同时对于宇宙及人生真义持两种极端相反的见解。如果我们承认《论语》中的话是孔子所说，又承认《易》《彖》《象》是孔子所作，则我们即将孔子陷入一个矛盾的地位。（参考《燕京学报》第二期《孔子在中国历史中的地位》）这种意见，有赞成有反对。李镜池先生在他的《易传探源》中同意这种说法；但还是存在许多问题。比如《论语》中的"天"，真义如何，大可商量。冯先生以为那是一个有意志的"主宰之天"，而郭沫若先生却有完全不同的理解，他说，根据《论语》的资料，知道孔子对于殷周以来的传统思想采取否认的态度，但他却肯定祭祀，这好像是一个矛盾，但看"祭如在，祭神如神在"的两个"如"在，鬼神好像在，并不是真正的在。他肯定祭祀是求得祭祀者心理的满足，并不是认定被祭祀的鬼神之真主的存在。《礼记·檀弓》里有一段话，说："惟祭祀之礼，主人自尽焉尔，岂知神之所飨？"正是这句话的注释。后来的礼家谈到祭祀的精神，大抵都是这一种态度的发挥，所以孔子又说："务民之义，敬鬼神而远之，可谓知矣！"这也就是《檀弓》上的"之死而致死之，不仁而不可为也。之死而致生之，不智而不可为也"的另一种说法。孔子是否认鬼神，有以鬼神为存在者，他以为是不智，但自然与祖宗父母对于自己有很大的恩德，他在祭祀中便表现着自己的思恩的意思，若连这种思恩的意思都要否定，他认为不仁；所以他肯定祭祀始终是在感情方面的满足。（参考《先秦天道观之进展》第三章）

孔子又相信命，《论语》中的"命"和"天命"假使是殷周传统思想上的至上人格神和神的意志，那又和否定鬼神的态度矛盾。然而孔子所说的"天"，其实只是自然，所谓"命"是自然之数，自然之必然性；和向来的思想是大有不同的。我们看"天何言哉，四时行焉，百物兴焉，天何言哉！"（《阳货》）这儿的两个"天"字只是自然，或自然界中的理法，那和旧时有意志的天是不同的，所以他可以"不怨天"，也不必向天祈祷。从《论语》中所能剔取的孔子的天道思想，就止于此，但就止这一点，在天道思想的历史中也是一个进步。他是把老子思想和殷周的传统思想融和了，他避去了老子的"道"的名称，而挹取了他的精神对于向来的天另外加了一番解释，他把天合理化了。在他的思想中"道"即是"天"，后来的儒家，特别是作《易传》的人，是深深地体会到这种思想的。（参考同上书）

同是对《论语》中的"天"或"天命"的探讨，却有完全不同的结论。冯先生理解为有意志、人格化的上帝，而郭先生却理解为自然的天。我们以为孔子对于"天"和"天命"的态度是十分谨慎的，子贡说："夫子之文章可得而闻也，夫子之言性与天道不可得而闻也。"（《公冶长》）又说："子罕言利与命与仁。"（《子罕》）即使他在五十岁知天命后，态度也是谨慎的，冯先生在原文中所引《论语》六条关于"天""天命"的记载，都是孔子五十岁以后的话，在这六条外，比如"文王既没，文不在兹乎？天之将丧斯文也，后死者不得与于斯文也；天之未丧斯文也，匡人其如予何！"（《子罕》）据江永《先圣图谱》，此事定于鲁定公十三年，孔子五十六岁。当孔子读《易》知天命后而以"天"为有意志的上帝，将无法解释整个儒家之自然主义哲学体系，不能说后来的儒家都和他背道而驰。因此我们认为《易传》之自然的"天"也正好说明它的思想体系与儒家相通，而作者除儒家外，其他各家都与此有别。《易传》中的"天"，如："天地感而万物化生"（《咸象》），"天行健，君子以自强不息"（《乾·象》）一类文字都表现了自然主义哲学体系。

不仅在自然主义哲学方面，可以说《易传》之出于儒家，在其他方面也可以如此说。李镜池先生在《易传探源》（见《古史辨》三）中，曾经指出，《彖传》与《象传》是《十翼》中最有系统的著作，著者应当是齐鲁间儒家者流，尤其是《象传》。我们读了《论语》后再读《象传》，就仿佛在温习旧书一般，很容易了解《象传》中的语言，如：

> 天行健，君子以自强不息。(《乾》)
> 地势坤，君子以厚德载物。(《坤》)
> 君子以果行育德。(《蒙》)
> 君子以懿文德。(《小畜》)
> 君子以多识前言往行，以畜其德。(《大畜》)
> 君子以非礼弗履。(《大壮》)
> 君子以自昭明德。(《晋》)
> 君子以恐惧修身。(《震》)
> 君子以思不出其位。(《艮》)
> 君子以朋友讲习。(《兑》)
> 君子以制数度，议德行。(《节》)
> 君子以慎辨物居方。(《未济》)

差不多在《论语》中可以找到类似的话。比如，孔子说他自己是"发愤忘食，乐以忘忧，不知老之将至"，也就是"自强不息"的君子。而"非礼弗履"和《论语》"非礼勿视"等是相同的。此外，"修德""迁善""改过"都和《论语》中的语言类似，而"君子思不出其位"更是《论语》中曾子的语言。总之《象传》这一类话都可以从儒家书籍中找出根据，尤其是从《论语》中。因此，李镜池先生说《象传》的思想纯粹是儒家的思想。《大传》中其他各篇《系辞》《文言》外，《说卦》《序卦》《杂卦》等内容比较复杂，但无越儒家思想范围者。于此，我们还可以稍作补充，《大畜·象》"君子以多识前言往行，以畜其德"中"前言往行"也就是"故"，是历史，孔子"温故知新"与"多识前言往行，以畜其德"是一致的。在当时取得知识的方法，除实践外，就是学习历史，从历史中吸取。而"君子以朋友讲习"(《兑·象》)也就是《论语》"有朋自远方来，不亦乐乎"，"朋友"的原始意义，与孔子时代的意义毫不相干，此时的"朋友"仍具有"同类为朋"的较原始含义，儒家的朋友大都属于"士"，他们的地位相当，文化相若，可以相互切磋琢磨。此外，高亨教授以《十翼》为战国时产物，亦出儒家手。可以肯定无一篇出于孔子自身。本来早期诸子，如《老子》不出于老子本人，《墨经》四篇不出于墨子本人；但如果没有孔子、老子、墨子，不会有《易传》《老子》《墨经》，是他们的思想由本派后学整理成书，佛说千百万言，哪一部出自释迦？

我们曾经说孔子于《诗》《书》都有所取，他是在经书中吸取知识，而以自己的思想解经书，使为我用。此后《诗》《书》儒家化，经与儒家合二而一，中国的礼乐文明即以儒家思想及经书为核心。这一体系影响之大、面积之广、人口之多、时间之长，史无伦比。在历史的长河中，它遭到不断的表扬与批判；现在应该重新作总结了。那么孔子在《易》中又何所取？除《天命》外，还挹取了什么？知天命是孔子得自《易经》的，孔子又给了《易经》一些什么？我们研究孔子之与经书结合，主要是看他给了经书什么？也就是他如何理解经书，使六经就我。这是大手笔，因此决定了两千多年的礼乐文明。李镜池先生曾经说："其他谈政治哲学的，甚么'容民畜众'（《师·象》），'作乐崇德'（《豫》），'省方、观民、设教'（《观》），'明罚敕法'以及殷荐之上帝，以配祖考，无一不是儒家说法。我们说《象传》作者的思想纯粹是儒家思想，大概不会错的。"是儒家思想也就是孔子之"以我注《易》"，儒家后学遂本之以作《易传》。"作乐崇德"，乐与德并举是周、孔传统，而德、刑"二柄"的思想更是承前启后；这种"二元"思想的发挥表现在哲学体系上，就是刚柔相济的"中庸"思想。

"极高明而道中庸"是儒家的理想，而《易》《彖》《象》中多处发挥这种思想。高亨先生在《周易大传概述》中曾经指出：《彖传》常以得中释卦名、卦义或卦辞。《象传》常以得中释爻辞，《文言》亦偶以得中释爻辞。其义有五种：其一，一刚得中，……得中则象其人有正中之道德。其二，一柔得中，……得中则象其人有正中之道德。其三，双刚得中，象人以刚健之德守正中之道也。其四，双柔得中，象人才力弱者得正中之道也。其五，刚柔分中，象君臣各居其位，各守正中之道也。以上刚柔得中之说，反映作者之中道思想。《易传》作者为儒家，所以用中道解《易》。我想这也是孔子对于《易》的理解，后来儒家发挥此义，遂有《中庸》。

"中"只是"中庸",那么"高明"何自而来?其实"道中庸"自有"高明",这是儒家之高明处,在《中庸》中多有发挥。道、墨、阴阳诸家自谓"高明",其实何尝比儒家高明。

"礼仪"本来是诗、乐、舞的结合,而有时礼与道德概念结合,仪与刑混而为一,于是《吕刑》之"五刑之属三千"遂与"仪礼三千"相等。《易经》为卜筮书,本不与上述各种理论相干,但夏、商以来的文化传统,文献材料不多,孔子以前,仅有《易》《诗》《书》《礼》,都是孔子学习的对象,他从这种学习中"温故知新",继承发扬了传统的"礼乐文明",这种"礼乐文明"是中国古代文化的核心内容,影响近三千年,过去封建社会屡次改朝换代,而礼乐文明的精神少变,但今后的文明将非昔日可比!

(二)仁与礼

孔子好学,《论语》开头就是"子曰,学而时习之,不亦说乎!"(《学而》)他又曾自负地说:"十室之邑,必有忠信如丘者焉,不如丘之好学也。"(《公冶长》)在当时就孔子本身的职守说,所学的应是什么?除去我们已经论述的《诗》《书》《易》等经书外,他自己说:

博学于文,约之以礼。(《论语·颜渊》)

他也以此进行教育:

夫子循循然善诱人,博我以文,约我以礼。(《子罕》)

"文"要博而"礼"要约,但"博""约"究竟是一种形容词,实质是什么?张文勋先生在他的文章内指出:"质胜文则野,文胜质则史,文质彬彬,然后君子。"这一段话,"首先涉及文和质的概念问题。孔子说这些话并不是直接指文艺作品的形式和内容,而是说人的品质和礼乐文化的修养。质是质朴,文指文采、文饰。但是,质朴侧重于事物的质地,也就是实质内容,属内容的范畴;文采侧重于事物外在采饰,也就是表面形式,属形式的范畴。……文和质的关系究竟如何呢？从孔子话中可以看出他文质并重，这一点是非常重要的。'质胜文则野'，只注意内容而忽视形式，那就显得朴质粗俗，缺乏文采……；'文胜质则史'，片面追求形式的华美而忽视内容的充实纯正，那又显得浮华轻薄，缺乏思想力量。只有'文质彬彬'，形式和内容达到完美的统一，那么，就人而言才称得上是完美的人；就文学艺术而言，才算得是完美的作品。"（见《文史哲》1986年第4期第69页）因为作者兼就文艺的形式与内容言，所以关于字义的解释，未免偏离，比如"文胜质则史"是"浮华轻薄"，"浮华轻薄"不能解"史"。孔子之说"文"是有层次的，一般而论，文是文采，比如《论语·颜渊》有"棘子成曰，君子质而已矣，何以文为？"子贡批评道："惜乎夫子之说君子也，驷不及舌。文犹质也，质犹文也。虎豹之鞟犹犬羊之鞟。"文、质是相等的，缺一不可。虎豹与犬羊去毛后，皮相等，所以文不可去，这文是文采。但"文胜质则史"，不能仅作文采解。朱子于此注云："野，野人，言鄙略也。史掌文书，多闻习事而诚或不足也。"以史作史官解，而认为史习事但不诚；其实亦非确解。孔子于史（古，故）中吸取知识，吸取礼乐文明，"文胜质则史"当亦指广泛的文化知识，但仅有广泛的文化知识而无良好的品质，也就偏离了"文质彬彬"的君子风度。"约我以礼"可以保持品质的纯洁。君子要有渊博的知识而以客观的规范行为来约束自己，是孔子作为一个教育家的宗旨，所以说："夫子循循然善诱人，博我以文，约我以礼。"孔子之所谓"礼"已非原始的礼，他赋礼乐以新含义，从此使传统的礼乐文明，达到一个新境界，儒家本身也得到一次改造，过去的儒近于巫祝，执行相礼的职业，为人所讥，是小人儒，此后小人儒变为君子儒，而儒家提倡的礼乐文明与中国传统的封建文化成为不可分割的统一体。

孔子是殷商后裔，他来自宋国贵族，所以《礼记·檀弓》说，"丘也殷人也"。他父亲叔梁纥做了鲁陬邑大夫，孔子时代，家世衰微，所以孔子自己说，"吾少也贱"。（《论语·子罕》）《史记·孔子世家》也说，"孔子贫且贱"。应当说孔子是一位没落的贵族而属于"士"的阶层，作为一个学术流派或者是职业集团来说，孔子一派是儒家，儒不始于孔子，他是振兴儒家的人，是使"小人儒"变为"君子儒"的人。君子儒是孔子所提倡的新儒家，小人儒则地势寒微，生活困苦，过着巫祝式的相礼生活。他们长于相礼，尤其是丧礼，这和殷人注重丧礼有关。这种"倍本弃事"的职业当时为人所轻，说他们是"贪于饮食"而"惰于作务的人"。连儒家本派的荀子也批评他们"逢衣浅带，解果其冠。……呼先王以欺愚者，而求衣食焉，得委积足以揜其口，则扬扬如也"。（《儒效》）这当然是小人儒。其实早期儒家，因为渊源所自，都曾经从事"相"的职业。在春秋时代，孟僖子自恨不能相礼，"乃讲学之，苟能礼者，从之"。（见《左传》昭公七年）又说孟僖子将死时，还遗命他的儿子去从孔子"学礼焉，以定其位"。

不过孔子对于礼的观念已经改变，礼不仅是礼物交换，也不仅是礼仪。这是在西周初周公以后，第二次对于礼的加工与改造。天不可信而敬德的思想是周公留下的传统，《论语》各章都有关于"天"与"命"的谈论，这是继周公思想传统的进一步发展。孔子跳出被"天"（上帝）统治的樊笼，走向人间；他从"天人之际"走向"人人之际"，在德的基础上，提出"仁"来。德是惠政，虽然有异于礼，但仍然有"礼尚往来"的原始痕迹。《论语》有"或曰，以德报怨，何如？子曰，何以报德？以直报怨，以德报德"。（《宪问》）即使是法家的"二柄"，仍然是"你对我好，赏；你对我不好，罚"。"仁"已经不存在"报"的问题了，它只是在约束自己搞好人与人之间的关系。因为这是孔子提出来的新命题，态度非常慎重，所以"子罕言利与命与仁"。（《子罕》）虽然如此，在《论语》中凡有五十八章论"仁"，"仁"字凡一百有五见。我们在春秋以前的古籍中找不到这个字，是新题，孔子又很少谈它，越发引起弟子们的疑问，而有：

颜渊问仁。子曰："克己复礼为仁，一日克己复礼，天下归仁焉；为仁由己，而由人乎哉？"

颜渊问："请问其目。"子曰："非礼勿视，非礼勿听，非礼勿言，非礼勿动。"

仲弓问仁。子曰："出门如见大宾，使民如承大祭，己所不欲，勿施于人，在邦无怨，在家无怨。"

司马牛问仁。子曰："仁者，其言也讱。"曰："其言也讱，斯谓

之仁已乎？"子曰："为之难，言之得无讱乎？"（以上《论语·颜渊》）

樊迟问仁。子曰，"居处恭，执事敬，与人忠，虽之夷狄，不可弃也。"（《论语·子路》）

孔子对颜渊的答复是"克己复礼为仁"，对仲弓的答复是"己所不欲，勿施于人"为仁，对樊迟的答复是"居处恭，执事敬，与人忠"为仁。这些话归纳起来，用现在的语言说，就是"规规矩矩地做人，很好地对待人"。这是人们的基本道德、生活规范，一时也不能离开，所以孔子又说：

君子无终食之间违仁，造次必于是，颠沛必于是。（《论语·里仁》）

在任何情况下人也不能离开仁，仁是为人必须掌握的原则，掌握住这种原则才能够分辨善恶是非，孔子说：

唯仁者能好人，能恶人。（《论语·里仁》）

又说：

人而不仁如礼何？人而不仁如乐何？（《论语·八佾》）

礼、乐建立在"仁"的基础上，也就是仁第一而礼乐第二；仁是素质，礼乐是素质上的彩绘。仁既然是人们的本质，作为道德范畴来说，是为人的最高准则，所以孔子不轻易许人以"仁"，比如：

孟武伯问："子路仁乎？"子曰："不知也。"又问。子曰："由也，千乘之国，可使治其赋也，不知其仁也。""求也如何？"子曰："求也，千室之邑，百乘之家，可使为之宰也，不知其仁也。""赤也何如？"子曰："赤也，束带立于朝，可使与宾客言也，不知其仁也。"

子张问曰："令尹子文三仕为令尹，无喜色，三已之，无愠色。旧令尹之政必以告新令尹。何如？"子曰："忠矣。"曰："仁矣乎？""未知，焉得仁。""崔子弑齐君，陈文子有马十乘，弃而违之，至于他邦，则曰，'犹吾大夫崔子也。'违之。之一邦，则又曰：'犹吾大夫崔子也。'违之，何如？"子曰："清矣。"曰："仁矣乎？"曰："未知，焉得仁。"（《论语·公冶长》）

以上或者是孔门弟子有杰出政治才能者，或者是历史上有名的政治家和有声望的人，他们可以各有所成，而称之曰"忠"、曰"清"，但不能称之为"仁"。颜渊也只能是"三月不违仁"，其余只能是"日月至焉而已矣。"（《雍也》）孔子把"仁"和"圣"当作同位来对待，他说：

> 何事于仁，必也圣乎？（《论语·雍也》）
> 若圣与仁，则吾岂敢？（《论语·述而》）

事实上孔子有这种抱负，虽然他谦称"岂敢"！为仁为圣的结果是："老者安之，朋友信之，少者怀之。"（《公冶长》）这是说搞好了人际关系，使人们各得其所，也就安定了社会秩序，也就是仁人的行为了。这的确是不容易做到的，尧舜"其犹病诸！"（《雍也》）

"仁"是为人的最高准则，是难以达到的目标，但必须达到才能够说是"成人"，当子路问什么是"成人"的时候，孔子说：

> 若臧武仲之知，公绰之不欲，卞庄子之勇，冉求之艺，文之以礼乐，亦可以为成人矣。（《论语·宪问》）

又说：

> 今之成人者何必然？见利思义，见危授命，久要不忘平生之言，亦可以为成人矣。（同上）

成人的条件并不平凡，很难做到，必须有知、有勇、有文艺，还要"不欲"，才可以成人。"成人"也就是"仁"。其实"仁"就是成人，所以《释名》说，"人，仁也"。成人而后的人，也是立起来的人。

孔子说：

> 夫仁者，己欲立而立人，己欲达而达人。(《论语·雍也》)

一个立起来的人是掌握了原则而争取主动的人，绝不是自私自利的人，自己成人还要使别人成人。无论是成人还是立人，先决条件必须是他们生活在世上为人，那么在生死关头，如何来处理这一问题？孔子说：

> 志士仁人，无求生以害仁，有杀身以成仁。(《论语·卫灵公》)

虽然"生物为仁"(《释名》)，但有时生存反来有害于仁，须"杀身以成仁"，"成仁"也就是"成人"。后来的理学家发挥了这种观点，以为规规矩矩地生长是"仁"，并没有违背孔子论仁的原则。也并不是"求生"必不能"成仁"，在某种条件下不杀身也可以成仁，比如：

> 子路曰："桓公杀公子纠，召忽死之，管仲不死。曰：'未仁乎？'"子曰："桓公九合诸侯，不以兵车，管仲之力也。如其仁，如其仁！"
> 子贡曰："管仲非仁者与？桓公杀公子纠，不能死，又相之。"子曰："管仲相桓公霸诸侯，一匡天下，民到于今受其赐，微管仲，吾其被发左衽矣，岂若匹夫匹妇之为谅也，自经于沟渎而莫之知也。"(《论语·宪问》)

因为孔门论"仁"的标准高，所以子路、子贡对于管仲是否可以称"仁"，提出疑问，在关键时刻，管仲似乎违背了"杀身成仁"的原则。孔子从国家人民的利益方面出发，以为不是桓公霸诸侯，一匡天下，使人民受到好处，我们早就该"被发左衽"了。而这些好处，是由管仲的功劳造成的。他的功劳，维持了当时"中国"的秩序，抵御了游牧部族的侵略，使传统的礼乐文明继续下来，是仁人的伟大功绩，"如其仁，如其仁！"

关于孔子论仁，宋代理学曾经有比较好的发挥，清代思想家阮元对于"仁"也曾经有过比较正确的解释，他说：

> 今综论《论语》论仁诸章，而分证其说于后。仅先为之发其凡曰：无穷谓注解"仁"，不必繁称远引，但举《曾子制言篇》："人之相与也，譬如舟车然，相济达也。人非人不济，马非马不走，水非水不流。"及《中庸篇》："仁者人也。"郑康成注："譬如相人偶之人。"数语足以明之矣。春秋时孔门所谓仁也者，以此一人与彼一人相人偶而尽其敬礼忠恕等事之谓也。"相人偶"者称人之偶也，凡仁必于身所行者验之而始见，亦必有二人而仁乃见，若一人闭户斋居，瞑目静坐，虽然有德理在心，终不得指为圣门所谓之仁矣。（《揅经室一集·论语论仁篇》）

人是"相人偶"，也就是"人相偶"，一人不得为仁，须"以此一人与彼一人相人偶而尽其敬礼忠恕等事之谓也"。现在来说，就是搞好"人际"关系为仁，人不能独处，一人不得为仁，也就不能成其为人。后来的理学家"闭户斋居，瞑目静坐"不得为人，佛之"涅槃"，道之"混沌"也不得为人，活泼泼地生，一派生机，彼此皆得其所，才能是仁。在大思想家中，孔子是不脱离人生而谈道的，没有人就没有世界，而没有好的人际关系也不是仁。道德在阶级社会是有阶级性的，赵纪彬教授在《古代儒家哲学批判》一书中曾经指出，"《论语》所说的'人'和'民'相当于一般古代社会的两大阶级：'民'是奴隶，'人'是奴隶所有者"。（《释人民》）这种分析虽然还可商量，在当时来说，社会上两大对立阶级可能不是奴隶与奴隶主，但人民不同属于一个阶级的事实是存在的。"仁"只是在"人际"中实行，而不是"民际"，这也和"礼不下庶人"有同等意义，因为礼是仁的"目"。

后来儒家分成不同流派，思、孟一派沿着"仁"的方向发展，走向唯心主义哲学的新领域；而荀子一派则倾向唯物，他们发挥了礼的学说，而使礼更加接近法家的法。《中庸》说："仁者，人也。"仁就是人，不是同义反复，是说仁是人的本质，礼是本质上的彩绘，那么这人的本质究竟是什么？孔子没有谈这些问题，思、孟及荀子遂展开性善性恶说的激辩，两千多年的心性之学，成为中国哲学史上的重要课题。中国哲学以"人性"为中心，也就是以"人"的探讨为中心，而使中国免于重新走上神的道路，我们不存在一个神权世界的中世纪，而有光辉灿烂的中古文明，但也脱离了"天人之际"的传统，人生而抛弃了自然，不研究自然与人类的关系，只研究人，在哲学上，在科学上，我们越来越偏枯。我曾经指出，由神到巫到史的天人之学，越来越接近自然，接近于自然的本来面目；我以为这是中国哲学的优良传统。探讨自然和人类的关系应当是哲学家的主要职能。对于人类生存有重大关系的自然界，人们不能不闻不问。因为哲学家的探讨，人类对自然的了解，逐渐接近自然的本质。接近自然的本质，当然也是自然科学的发展。本来中国古代自然科学在各方面都是光辉的、杰出的，未曾向任何世界低头。但这种探讨的精神可惜没有"贯彻始终"，后来偏离了轨道，宋以后，理学家存在着不同流派，但他们都谈理谈气作为对自然的认识，千百年来学者们始终在这个圈子里斗法。明清之际，大气磅礴如王夫之，纵横多姿如傅青主，他们仍然如此，方以智也未能免俗。因此，我们说他们都还是中古哲学，和近代科学比，是"未达一间"。他们仍处于"天人之学"的第三期。当西洋已是牛顿物理时代，我们还处于方以智的气与火的时代。我们落后了，我们的社会落后一个阶段，我们的哲学、科学也落后一个阶段。

　　孔子提倡"仁"，使人们从神的枷锁中解脱出来，子思更提出"诚"作为自然存在。在哲学史上，这是孔子向前走了一步，子思似乎又退回来，从"人人之际"又返回到新的"天人之际"。在孔子的"仁学"中没有天道思想，而子思的"诚"却又代替了上帝的职能，它一方面使儒家的思想转向，同时也使人格神的上帝泛神化。这样以一种自然存在作为人间主宰，没有它便没有一切，同时也否定了上帝的存在，这近似道家的学说，所以《中庸》也屡次谈道：

　　　　天命之谓性，率性之谓道，修道之谓教。
　　　　诚者天之道也，诚之者人之道也。

儒家谈"道",始自《中庸》,它和庄子不同处,是它认为天道本质是诚,抛开诚不能谈道,抛开诚也就无物。诚的对立面是"虚无",虚无当然无物,所以说,"诚者物之终始,不诚无物"。道家以为道生一切,而"诚"不能生物,只是不诚无物。诚是物的本质,贯彻于物之始终;它是一种力量,这力量是使精神成物。《中庸》有:

> 至诚无息,不息则久;久则征,征则悠远;悠远则博厚,博厚则高明。博厚所以载物也,高明所以覆物也,悠久所以成物也。

这是"诚者物之终始"的较详解释,这种解释虽然有神秘色彩,但它没有拉扯上帝。儒家已经脱离上帝,如今又披上神秘外衣。其实诚也是对自然的形容,自然至诚而无息,是一种力量,是"能"。从"至诚无息"至"悠久所以成物也"为止,在中国哲学史中是光彩夺目的,应用到自然哲学的时空观,在当时这也是最好的形容。不必假任何训诂考证,"久"和"悠久"是时间,而"博厚""高明"是空间,"无息""不息"是运动,和《墨经》之"无久""有久"义相近,"无久""有久"都指时间言,也是指运动言,没有运动则没有时间。而运动本身是"力"是"能"。《中庸》把时间、空间归纳为力的作用,也就是运动的作用,而这种运动是没有止息的。不诚,则没有这所说的一切。到此为止,即从现代科学来衡量,也是无误的。不过《中庸》是说有运动然后有物,物与运动是没法分开的,不然是什么在运动,力何由生?在当时无法这样追寻下去,他们没法解释这种现象,只好又回到"神"的旁边,这"神"是一种莫测的力量,所以说"至诚如神","如神"不是神,是一种力量。这唯力论的宇宙观,近代科学史上也存在过,"力"和"能"产生一切,但它们的渊源是什么?无源之水是不存在的,没有渊源的"力","能"又从何产生?所以《中庸》又陷于泥淖中而说:

> 至诚之道,可以前知。国家将兴,必有祯祥;国家将亡,必有妖孽。见乎蓍龟,动乎四体,祸福将至,善必先知之,不善亦必先知之,故至诚如神。

这里面抛开上帝，但至诚如神；为什么使"诚"和"神"联系起来？子思以后，孟子也喜欢用"神"来说明问题，如："夫君子所过者化，所存者神，上下与天地同流，岂曰小补之哉！"（《尽心》上）祯祥和神的思想都是后来灾异说的前身，而灾异说又和阴阳五行联系在一起，因之思、孟也有五行说，荀子在《非十二子篇》中批评他们道，"案往旧造说，谓之五行，其僻违而无类，幽隐而无说，闭约而无解。……子思唱之，孟轲和之"。后来郭沫若先生在《儒家八派的批判》（见《十批判书》）中指出："事实上更把'诚'当成了万物的本体，其所以然的原故，不就是因为诚信是位乎五行之中极的吗？故尔在思、孟书中虽然没有金木水火土的五行字面，而五行系统的演化确实是存在着的。"虽然郭先生提问题的角度和我们不同，但也指出思、孟思想中有五行说。

我们曾经指出，孔子在宇宙观上从"天人之际"走向"人人之际"，他以人为宇宙的主人，而抛开上帝。以人为主，就要探讨什么是人，人的本质是什么，于是指出仁来，"仁者，人也"。仁是人的本质，也就是人性是仁。这就为后来的"性善"说建立下基础，孟子就是"性善"说的主张者。他继承和发展了孔门的"仁学"，也就是发展了孔门的心性之学。他的思想体系完整，脉络分明，少有自相矛盾的地方，荀子则是枝叶扶疏，在这方面不如孟子。孟子明确地提出"性善"说，这"性善"说不仅是个人问题，而是复杂的社会问题；人的本质既然相同，为什么后天的表现歧异？孟子说：

> 富岁子弟多赖，凶岁子弟多暴，非天之降才尔殊也，其所以陷溺其心者然也。今夫麰麦，播种而耰之，其地同。树之时又同，浡然而生，至于日至之时，皆熟矣。虽有不同，则地有肥硗，雨露之养，人事之不齐也。故凡同类者，举相似也，何独至于人而疑之？圣人与我同类者。……口之于味也，有同嗜焉，耳之于声也，有同听焉，目之于色也，有同美焉。至于心，独无所同然乎？心之所同然者何也？谓理也，义也。圣人先得我心之所同然耳！（《告子》）

"才"就是材料，同样的子弟，在丰年和凶年表现不同，不是"天"给他们的材料有所不同,而是环境和具体情况起了决定作用。同是莽麦,同样播种耕耘而收获不同,主要是环境和条件不同所起的作用。孟子接着还有所发挥,当人们失掉良心以后,行同禽兽,但不能说他们本来无"才";这好比童山濯濯,是由于乱砍滥伐,也不能说它们本来无材。"才"的原义是"草木之初也"。(《说文》)后来朱子解作"才犹材质,人之能也"。(《孟子·告子》注)都是指原有的才质。原有的才质在没有发展前,处于萌芽状态,这当于"草木之初",如果得不到培养而受摧残,以导致不善,不能归之于原来无才。人们都具有恻隐之心、羞恶之心、恭敬之心、是非之心,也就是人们都具有仁义礼知美德的萌芽;这是人们固有的,不是外面强加的。人们具有如是美德,就能不学而能行,不虑而能知,这就是良知,良能。具有这种良知良能而得不到充分发展,依孟子说,叫作"不能尽其才"。"才"是人们固有的东西,我们可以"求则得之",也可以"舍则失之",所以人们要"求",求人们的固有的"才",或者是求人们失掉了的良知良能。孟子曾说:

学问之道无他,求其放心而已矣。(《告子》)

这种求之之道,需要一定的修养功夫,心性学派的教育学说,就是以此为出发点,而有别于荀子。"放心"是不能强求的,必须因势利导,求其自然,如:

引而不发,跃如也。(《尽心》)

善于开导,善于启发,如箭在弦而不发。不如此而强加干预,就是"揠苗助长",结果是萌芽枯槁,善良的心放而不返。但也要一个分寸,对于有待培养的幼苗,不能放任不管,如果那样,是主动"放心";也不能"揠苗助长",如宋人所为。既要培养,又不能操之过急,所以在教育问题上,理想的方法是:

有如时雨化之者。(《尽心》)

朱子以为孔子之于颜回、曾子，就是用这种方法进行教育。"时雨化之"的方法，就是因势利导的方法。"因势"是在原有的基础上，"利导"是在原有的基础上加以培植。如果人们不具备这种基础，强加上要他执行，是"揠苗助长"。固有仁义，由此出发，当然左右逢源，本无仁义，而"行由仁义"，岂非盲人瞎马？"本无仁义"也就是"无本"，"无本"并不是原来无本，是放失了他的根本，也就是迷失了他的本性，这样就要找回来，是谓"求其放心"。孟子曾经说："仁，人心也；义，人路也；舍其路而弗由，放其心而不知求，哀哉！"（《告子》）放失本性的人，结果是悲哀的！

"仁"和"诚"都是孔门发挥的道德哲学，"仁"是人的本质，而"诚"是物的载体，也可以说是"天"的本质，所以说"不诚无物"，假使人们也具有"诚"的实质，人们也就具有万物的本原，人也就是万物的载体，孟子说：

> 万物皆备于我矣，反身而诚，乐莫大焉。（《尽心》）

哲学史家责备这是孟子的唯心主义，如果我们追究根源，假使宇宙万物皆空，那就是"不诚"；反过来则万物皆空。根据这种逻辑，说"不诚无物"并非过分，而"万物皆备于我"的先决条件是反身而诚，在逻辑上这没有错。

"诚"和"充实"是同义语，都是美，或者称之为"神"。

> 充实之谓美，充实而有光辉之谓大，大而化之之谓圣，圣而不可知之谓神。（《尽心》）

张文勋先生在他的文章（《以政教为中心的先秦儒家文艺思想》，《文史哲》1986年4期）中指出："到了孟子，美的概念有了很大发展，他提出'充实之谓美'的论点，并且把它和'大'的观念联系在一起，说'充实而有光辉之谓大'（《尽心》），所谓充实，就是指道德的修养，是指以仁义的自我修养去充实善的本性，以达到高尚人格的自我完成。荀子根据人之性恶，'其善者伪也'的观点，强调美的社会性与政治性，提出'不全不粹之不足以为美'的观点。所谓'全'和'粹'是指通过学习以达到德操修养的完全纯粹的境界。"孟子、荀子代表后来儒家的两大流派，因为他们之间存在着思想上的根本分歧，在美学观点和方法论上也各有所见。

我们曾经谈到孟子以为人们都有"良心"，因而人性善；同时，孟子也经常提到"命"。究竟这"心""性""命"的关系如何？在《孟子·尽心》章内有关于这三个命题的话：

> 尽其心者，知其性也；知其性，则知天矣。存其心，养其性，所以事天也。夭寿不贰，修身以俟之，所以立命也。（《尽心》）

朱子引程子的话对此进行解释道："心也，性也，天也，一理也。自理而言谓之天，自禀受而言谓之性，自存诸人而言谓之心。"人自天处有所禀受谓之性，而存于人者谓之心，原来本是一个。这是天人一元论，人是天的一体，人性来自天理，新的"天人之际"由此形成，宋代理学由此发扬，因而成为正统派的思想，是中国传统礼乐文明的核心。这种思想当然有缺陷，义理的天，美化了的天，能在伦理道德方面发挥作用，他们也探讨天的本质，而认为是诚是仁，但未能进一步分析，只能有哲学的概括，而没有科学的分析。幸而有荀子学派以济其穷，它使我们的传统文明免于偏枯。

荀子反对那义理的天，也反对那走上歧途的"天人之际"，他说："唯圣人为不求知天。"（《天论》）因为"大天而思之"本是迷途，所以他说：

> 大天而思之，孰与物畜而制之；从天而颂之，孰与制天命而用之。（《天论》）

与其夸大天的神秘作用而思索、而美化它，不如把天当作物而利用它；与其歌颂它，何如利用它！利用天！把它当作物使用它，神圣的上帝，变作自然的天，已经非凡；如今又使神圣的上帝，堕落为"物"，真是巨变！不求知天而利用天，是荀子的宇宙观，这是科学的宇宙观。不求知天，也只是不作迷途的探讨而已。他曾经说：

> 列星随旋，日月递炤，四时代御，阴阳大化，风雨博施，万物各得其和以生，各得其养以成。不见其事而见其功，夫是之谓神；皆知其所以成，莫知其无形，夫是之谓天。（《天论》）

日月星辰旋转出没，阴阳四时大化流行，万物得以和养生成而构成世界。在这世界的生成中，只能看到它的结果而看不到它的过程，也看不出使它生成的原因。这过程和原因，荀子就说它是"神"是"天"；这神、天只是一种自然，一种自然的发展过程。有了这种自然作用和过程，也就是"天职既立，天功既成"，于是"形具而神生"。（《天论》）"形具而神生"是哲学史上的一句名言，形是物质形体，神是精神，形第一，神第二，荀子曾一再有类似议论。

荀子是以人为宇宙主人的哲学家。周公已经怀疑了天而提出敬德，孔子更使天泛神化而提出"仁"，人是宇宙主人的思想已初步形成；孟子又使天人结合，主张义理的天而人性善，进而使这一派的思想神秘化；至荀子遂使天的性质明确起来，天不是上帝，也不是义理的化身，天是物，我们要物畜而利用之。人是真正的主人，人比天高！荀子于此也在探讨人的本质，人性问题。两千年来，我们的聪明才智都用在人的本质探讨上，起初是有益的，因为这是"人本主义"，但永远纠缠在这个问题上，既没有发展成生理学、心理学，只是在伦理、道德的范畴内循环，虽然他们美化了天，也美化了人生，不能说中国的伦理学、道德学不充实不美，但美与充实不是自然的仅有特性，它是无穷，无穷的宇宙，人们可以物畜的太多了，而正统派的思想家们从来不想物畜它，只是歌颂它，歌颂并不是利用，所以在宋代以后，我们距离科学越来越远，因为他们不想利用这大自然。

荀子不把天和性联系在一起，天地生物是天性之自然，不能因此而谓天是义理而人性善。相反，他认为人性恶，在人的原始材料上人本来就是性恶的，他说：

> 所谓性善者，不离其朴而美之，不离其资而利之也。使夫资朴之于美，心意之于善，若夫可以见之明不离目，可以听之聪不离耳，故

> 曰，目明而耳聪也。今人之性，饥而欲饱，寒而欲暖，劳而欲休，此人之情性也。今人饥，见长者而不敢先食者，将有所让也；劳而不敢求息者，将有所待也。夫子之让乎父，弟之让乎兄，子之待乎父，弟之待乎兄；此二行者皆反于性而悖于情也，然而孝子之道，礼义之文理也。故顺性情则不辞让矣，辞让则悖于情性矣。用此观之，然则人之性恶明矣，其善者伪也。（《性恶》）

人们的原始材料是性，如果说性善，必须是原始材料善，但不能这样说，因为人们都有欲望，要吃要穿要休息，有时让于父兄也是人性之不得已，所以不能说人性善而是性恶，他进一步说，人生好利，疾恶，淫乱，而"性之好恶喜怒哀乐谓之情"，情更恶，他指出：

> 夫人之情，目欲綦色，耳欲綦声，口欲綦味，鼻欲綦臭，心欲綦佚。此五綦者，人情之所必不免也。（《王霸》）

既然人性本恶，如何才能化恶为善？只有去掉这人性中的恶端：

> 孟子曰，"今人之性善，将皆失丧其性故也"。曰，"若是则过矣；今人之性，生而离其朴，离其资，必失而丧之。用此观之，然则人之性恶明矣"。（《性恶》）

孟子以为人性本善，不善，是丧失了本性；荀子认为人性本恶，必须丧失人们的本性，也就是远离于这原始的材料（朴资），这就是"长迁而不反其初，则化矣"。（《不苟》）孟子在求其"放心"，而荀子主张"长迁而不反其初"，真是针锋相对。荀子以为君子和小人在原始的材料上是没有区别的，所以有了区别是后来教养措置之不同，有了不同的措置，就会有不同的人格；每个人都措置得当，每个人都可以为君子。

荀子以为人之所以不能向善的方面发展，因为他们还没有看见善的面貌是什么。好像没有吃过稻粱的人，只能安于糟糠；这种情况，荀子称之为"陋"，"陋"是人们的公患。处在一个信息不通的孤陋寡闻世界，没有成为君子的可能,于是要对他们进行教育。通过教育使塞者通,愚者知,这也是一种理想,究竟不可能使大家全变成不愚不陋的人。因为有知愚、能不能之分,所以社会上才分出等级来。荀子指出:

> 夫贵为天子,富有天下,是人情之所同欲也。然则从人之欲,则势不能容,物不能赡也。故先王案为之制礼义以分之,使有贵贱之等,长幼之差,知愚、能不能之分,皆使人载其事而各得其宜,然后使谷禄多少厚薄之称,是夫群居和一之道也。(《荣辱》)

贵为天子,富有天下,人情之所同欲,但这样是"势不能容,物不能赡"的,所以先王定出礼义以分贵贱长幼之等差,知愚能否各得其所,各得其宜。这样荀子强调了礼义的作用,有了礼义能够维持社会秩序,使各安其分。

我们曾经指出,孟子发扬了孔子的"仁学"而主性善,这是先天的决定,有义理的天,必然有善良的人而性善。荀子相反,认为性恶而多欲,必有礼、法以为制裁,这是后天的安排。孟、荀都是大师,他们的思想体系是完整的,守仁、达礼各有所好。周公开始以德代礼,是第一次对于礼的加工改造,孔子以仁结合礼,是第二次的改造,荀子也可以说继承了这种传统,他说:

> 法之大分,类之纲纪也,故学至乎礼而止矣,夫是之谓道德之极。(《劝学》)

"学至乎礼而止"是"道德之极",是把礼与德联系起来。礼是统率人群的尺度,当然也是道德的准绳。他又说:"礼者,人主之所以为群臣寸尺寻丈检式也。"(《儒效》)人们能够掌握这种尺度,便有绝对权威,是功能方面的权威,也是道德方面的权威,"以善至者待之以礼,以不善至者待之以刑。"(《王制》)这已经近于法家的"二柄"。

荀子的"礼"实在是取代了周公的德和孔子的仁。他曾经指出,"礼者,法之大分,类之纲纪"。(《王制》)什么是类?类可以行杂,也就是类比逻辑，可以整理复杂的社会现象，类本身也就是系统或者体系，而礼更是"类之纲纪"，是更高一级的类，更高的体系，它可以调理类所不能调理的现象，所以说：

> 礼之理诚深矣，"坚白""同异"之察入焉而溺。其理诚大矣，擅作典制、辟陋之说入焉而丧。其理诚高矣，暴慢恣睢轻俗以为高之属入焉而队，……君子审于礼，则不可欺以诈伪。(《礼论》)

任何奇辞陋典和暴慢的风俗，在类的面前都无能为力，而礼是更高的类，任何诈伪在礼的面前都无法生效，礼是人道的最高准则，而圣人制礼，是学习的最高目标，是学有所止。荀子说，"学恶乎始？恶乎终？曰：其数则始乎诵经，终乎读礼；其义则始乎为士，终乎为圣人"。(《劝学》)

荀子是主张学有所止的人，这就使他的思想和《大学》联系起来。我们曾经认为《大学》属荀学，其实是孟、荀两派的继承者，其中思想体系也是综合两家。《大学》一开头就说：

> 大学之道，在明明德，在亲民，在止于至善。

根据程朱的意见，明明德，亲（新）民，止于至善，是《大学》的三纲领，下面还有八条目。三纲领中的"止于至善"和后来的"释止于至善"，都是新提法。为什么注意到"止"的问题，我想这和荀子"疑止"学说有关。"止"就是止于一定的目标，如果没有目标而无所止。"则没世穷年不能遍"，《大学》遂转换命题，认为人生的目标在止于至善。在八条目中，它的"格物""致知"实在是一种科学态度，无论后来理学家如何解释，物总是物，这个物和荀子"大天而思之，孰与物畜而制之"的物，是同一种物。"格物"即荀子"求可以知物之理"，但它的八条目是两截的，格致的结果，应当是对物的加深了解，但在以后的条目中却转向诚意正心修身，结果是治国平天下。从格物到修身，已经是从外到内，而从修身到平天下，更是从伦理到政治，这样搭配，从而导致程朱陆王思想体系之不同，而其根源却在于孟、荀两派内向外向的歧异。内向开辟了心性之学；

外向开辟了科学与法制,此所以说《大学》实在是综合孟荀两派,也是先秦儒家思想之初步总结,慧眼的程朱学派遂从《礼记》平凡的篇章中将其提为《四书》之首。

此外在《大学》各章中还有两点突出:一是它的"絜矩之道";一是它的理财。"絜矩之道"是继承儒家"仁学"传统而进一步谈如何处理个人与集体的关系。《大学》有云:

> 所恶于上,毋以使下;所恶于下,毋以事上;所恶于前,毋以先后;所恶于后,毋以从前;所恶于右,毋以交于左;所恶于左,毋以交于右;此之谓絜矩之道。

陈荣捷先生在《初期儒家》一文中,谈到这一节时指出:"由个人出发而一面格,致,诚,正;一面修,齐,治,平。胡适说是特重个人,是有见地,不过修身和事亲并非如胡适所说。相反,儒家哲学,无论原始或蜕分,早期或后期,都是个人和社会并重,就是己立立人之旨。在《论语》这是'能近取譬,可谓人之方也已'。在《大学》这是'絜矩之道'。朱子解说,'盖絜,度也。矩,所以为方也。以己之心,度人之心。平均如一,截然方正,而无有余不足之处,正所谓絜矩者也'。"后来陈先生又说,"所以《大学》是儒家正统,其所发展皆以孔子仁为枢纽"。这些议论是正确的,它的确是以"仁"为枢纽而发挥出"絜矩之道"。儒家和后来的理学都在"修身方面下功夫,即使在先秦的孟、荀也是如此,孟子在"求其放心",而荀子在"放其心",这都是修身。以修身为枢纽,上而治国平天下,下而格物致知。它把不可能联系在一起的事物联系起来,是谓"不类",是违反逻辑原则的;本来两派,合成一家,也难免如此。《大学》之最可取处是它谈理财,正统的儒家思想中无此项目,荀子近于法家,政治经济都是他们的主要课题,而《周礼》一书,是群经中接近法家的著作,也谈理财;《大学》这方面的思想,无疑受有他们的影响。以此我们说《大学》是齐学,而《中庸》是鲁学,《周礼》是齐学,《公羊》是齐学,荀子也是齐学。治国平天下,是有关政治经济方面的大事,不能不谈理财,于是《大学》有:

> 有德此有人，有人此有土，有土此有财，有财此有用。德者本也，财者末也，外本内末，争民施夺；是故财聚则民散，财散则民聚。

"有德，有人，有土，有财，有用"，可以称之曰"五有"，"五有"以有德为主，而以"有财"为末。其实有财有用；反之无财无用！还是以有财为主，无财则家不成其为家，国不成其为国！但有财而无德亦将灭家亡国。通过有人，有土，有财，又可以说明这个社会是以土地、人民为主，这是封建社会，土地属于贵族，而人民附属于土地。下面《大学》又指出：

> 生财有大道，生之者众，食之者寡；为之者疾，用之者舒，则财恒足矣。

文字不多，的确是"生财有道"，"生之者众，食之者寡"，是指生产者要多于消费者，而"为之者疾，用之者舒"是指生产水平要超过消费水平。这是明显的道理，是千古不变的经济规律；可惜我们很少按这种规律办事。《大学》的这种思想并没有被后人忘却，《大学衍义补》就是向这方面发展的好书！

（三）君子儒与小人儒

早期儒家的职业是相礼，自从孔子再次改造礼后，也改造了儒家本身，所以孔子对弟子子夏说：

> 女为君子儒，无为小人儒。（《论语·雍也》）

小人儒多是从事相礼的人，过去胡适先生在他的《说儒》中曾经叙述过小人儒的生活。墨子在《非儒》中也曾经描写这类儒者的生活道：

> 夫繁饰礼乐以淫人，久丧伪哀以谩亲；立命缓贫而高浩居，倍本弃事而安怠傲，贪于饮食，惰于作务，陷于饥寒，危于冻馁，无以违

之。是若人气，鸜鼠藏，而羝羊视，贲彘起。君子笑之，怒曰，"散人焉知良儒"。

夫夏乞麦禾。五谷既收，大丧是随，子姓皆从，得厌饮食。毕治数丧，足以至□矣。因人之家翠以为□，恃人之野以为尊。富人有丧，乃大说喜曰，"此衣食之端也！"

胡先生说，这虽然是一个反对儒家宗派说的话，却也有儒家自己的旁证。《荀子·儒效篇》说：

> 逢衣浅带，解果其冠，略法先王而足乱世术；缪学杂举，不知法后王而一制度，不知隆礼义而杀诗书。……呼先王以欺愚者，而求衣食焉。得委积足以揜其口，则扬扬如也。随其长子，事其便辟，举其上客，俨然若终身之虏而不敢有志。——是俗儒者也。

他又说，用荀卿的话来比较墨子的话，可以相信，在春秋战国之间，已有这种俗儒，大概就是孔子说的"小人儒"。从这种描写上，可以看出他们的生活有几个要点：第一，他们很贫穷，往往"陷于饥寒，危于冻馁"；这是因为他们不务农，不作务，是一种不耕而食的人。第二，他们受人们的轻视和嘲笑，因为他们的衣食靠贵族供给，而且他们还有一种倨傲的作风。第三，他们的职业是一种宗教的职业；他们熟习礼乐，人家丧葬大事，都得他们相礼。这些话都是实情，我们还可以做一些补充。荀子之所谓"俗儒"，是联系"雅儒"和"大儒"言，主要区别在思想体系之不同，不完全是职业上的区别，孔子也从事相礼。结合《荀子·非十二子篇》，"俗儒"是指思、孟一派的儒家，而这一派早已不从事相礼的职业了。《非十二子篇》有云：

> 略法先王而不知其统，犹然而材剧志大，闻见杂博，案往旧造说，谓之五行，甚僻违而无类，幽隐而无说，闭约而无解，案饰其辞而祗敬之曰，此真先君子之言也。子思唱之，孟轲和之。世俗之沟犹瞀儒，嚾嚾然不知其所非也。遂受而传之，以为仲尼子游为兹厚于后

世，是则子思、孟轲之罪也。

他们是"略法先王而不知其统"的人，这"略法先王"和"法先王"是有根本区别的，"法先王"是大儒，"略法先王"是俗儒，因为他们并不真正了解"先王"，而只是"略法"。

过去儒家都从事相礼，这是他们的职业。相礼本来是巫祝专职，早期巫祝是当时社会中最有学问而知礼的人，这种情况普遍存在于各民族中的早期阶段，比如处于奴隶社会的凉山彝族，他们的"吹耄"（或云"笔姆""毕摩"），就是替人诵经礼赞祈祷禳祭的巫师，所以他们须懂倮文方能诵读倮经，他们这种技艺，有的是世承家学，有的是拜师受业，因此学问较高的吹耄，便有生徒从他学习法术，诵读经文。此外，还有一种叫"端公"的巫，他们不识字，只记咒语。他们假托神师附身降临，一边击鼓，一边舞蹈，为人们解答疑难，名曰"跳神"。这种情况和《说文》中有关"巫"字的解释是相似的，《说文》："巫，祝也，女能事无形以舞降神者也。"这是马学良先生做过详细调查后告诉我们的事实。盖各族之巫，都曾是人与天神之间的媒介，人所祈于鬼神之事，藉巫来传达，倮族的"吹耄"亦不例外，不过吹耄有经书，通晓文字，而端公只凭口传，无经书。一为有本，一为无本，亦大巫小巫也。

吹耄的职务为：一司祭，二占卜，三医病。

（以上参考马学良先生《云南彝族礼俗研究文集》）

这种近代彝族的贝耄和古代史上的巫祝职业相当，而儒家兼司相礼的事也和贝耄近似。近来出版的胡庆钧教授《凉山彝族奴隶制社会形态》一书也曾谈到毕摩（贝耄）和苏业（端公）的种种活动。书中指出："彝族社会早期文学的主要成就是神话和史诗，这常在婚丧仪式上由主客双方演唱。神话彝称阿普布得，意为故事，它是古代彝族人民留给后世具有丰富内容的口头文学遗产。其中又以史诗的形式通过手写本在凉山地区广泛流传。……神话之所以出现于人类古代社会，主要在于当时人和自然的斗争中，无力认识自然和战胜自然，只有用想象和借助想象以征服自然力，把自然力加以形象化。（见原书第九章）这是神话、故事、史诗三位一体。毕摩是这方面的专家，他们通晓彝文，并以经典及法器从事宗教活动的祭司,所使用的经典包括招魂、安魂、开路、超度、敬神、择吉、算命等。至于有关历法、天文、谱牒、诗文、神话、历史等典籍,多为有名毕摩手抄、珍藏和通晓。这样的毕摩就成为凉山彝族社会中少有的知识分子,他们语言丰富,熟知彝族传统,并对本地附近地理有丰富的知识。

我们所以比较详细地介绍凉山彝族的礼乐文明及巫祝的活动情况,是用以说明中国古代礼乐文明和巫祝的关系,原始的儒也从事巫祝活动。我们曾经说过,史诗是巫祝口中诵念的古代史,又是乐曲,与舞蹈结合,成为乐舞曲,是中国传统礼乐的组成部分。巫祝是能歌善舞的人,并且通晓天文、历法等各种知识,是古代的学术权威,也是术士。这也正是原始儒家所擅长。社会在发展,巫祝的地位逐渐下降,他们的职掌分散给当时的王官。历史也不以诗歌的形式出现,于是"诗亡,然后春秋作"。诗是史诗,《春秋》是编年史,孔子也正是继巫史而起的史学家,也是继术士而起的新儒家。孔子仍然继承了过去的传统,他博学,不仅是史家,又是思想家、教育家和艺术家。原始的儒是术士,可能起源于殷商,殷商是最讲究丧葬之礼的,相礼成为儒家所长。孔子是殷商的没落贵族,他的祖先不是巫,但没落后以相礼为业,因而与巫接近,也变作儒家的一员而成为儒家本身的改革者。

章太炎先生曾在《原儒》一文中(见《国故论衡》)叙述儒家的源流。他说,儒有三科:达名、类名、私名。达名为儒,儒者术士也。儒之名盖出于"需",需者云上于天,而儒亦知天文,识旱潦。鸟知天将雨者曰鹬(《说文》),午旱暵者以为衣冠,鹬冠者亦曰术士冠,亦曰圆冠,庄周言儒者冠圆冠者知天时,履句履者知地形,缓佩玦者事至而断。明灵星午吁嗟以求雨者谓之儒。古之儒知天文占候,谓其多技,故号遍施于九能,诸有术者悉赅之矣。类名为儒,儒者知礼乐射御书数。《天官》曰:"儒以道得民。"说曰:"儒诸侯保氏有六艺以教民者。"《地官》曰:"联师儒。"说曰:"师儒,乡里教以道艺者。"此则躬备德行为师,效其材艺为儒。私名为儒。《七略》曰:"儒家者流,盖出于司徒之官,助人君顺阴阳明教化者也。游文于六经之中,留意于仁义之际,祖述尧、舜,宪章文武,宗师仲尼,以重其言,于道为最高。"今独以传经为儒,以私名则异,以达名、类名则偏。要之题号由古今异,儒犹道矣。儒之名于古通为术士,于今专为师氏之守。道之名于古通为德行道艺，于今专为老聃之徒。

胡适先生在他的《说儒》中同意太炎先生的见解说："太炎先生这篇文章在当时真有开山之功，因为他是第一个人提出'题号由古今异'的一个历史见解，使我们明白古人用这个名词有广狭不同的三种说法。太炎先生的大贡献在于使我们知道'儒'字的意义经过了一种历史的变化，从一广义的包括一切方术之士的'儒'，后来竟缩小到那'祖述尧舜，宪章文武，宗师仲尼'的狭义的儒，这虽是太炎先生的创说，在大体上是完全可以成立的。"我们也同意太炎先生的说法，看那达儒"冠圆冠者知天时，履句履者知地形，缓佩玦者事至而断。明灵星午吁嗟以求雨者谓之儒。古之儒知天文占候，谓其多技，故号遍施于九能，诸有术者悉赅之矣。"拿他们和彝族的"贝耄"比，贝耄除了招魂、超度、敬神等巫职外，也通晓天文、历法、谱牒、诗文等学术。可以说没有巫就没有古代文化，后来分化，儒者自达儒走向类儒，走向私名儒，也逐渐放弃了巫祝方面的工作，于是小人儒变作君子儒了。

胡适先生又根据《说文》，"儒，柔也，术士之称，从人，需声"的叙述，以为"需"字与"耎"字相通，"耎"即"需"字，"需"字也有柔软之意，凡从需之字大都有柔弱或濡滞之义。"儒"字从需到柔，是有原因的，《墨子·公差》说：

公孟子戴章甫，搢忽，儒服而以见子墨子。

又说：

公孟子曰，君子必古言服，然后仁。

又《非儒篇》说：

儒者曰，君子必古言服，然后仁。

《荀子·儒效》：

> 逢衣浅带，解果其冠，……是俗儒者也。

大概最古的儒，有特别的衣冠，其制度出于古代，而其形式——逢衣、博带、高冠、搢笏——表现出文弱迂缓的神气，故名"儒者"。这种古衣冠是殷代衣冠，比如高冠章甫，《士冠礼记》云：

> 章甫殷道也。

《礼记·儒行》记孔子对鲁哀公说：

> 丘少居鲁，衣逢掖之衣；长居宋，冠章甫之冠。丘闻之也：君子之服也博，其服也乡，丘不知儒服。

孔子是殷王后裔，所以《檀弓》记他临死还自称殷人，生在鲁国，长大时还曾去故国（见《儒行》）。他知道当时所谓"儒服"不过是殷民族故国的"乡服"。儒服只是殷商传统的服制，他不承认它是特别的"儒服"。

胡先生由此推论最初的儒是殷遗民，他们服殷服，习殷礼。殷人在东土的历史悠久，人数也多，虽然在政治上是受压迫的，但他们文化上还是先进的，所以说"先进于礼乐野人也"，又说"周因于殷礼，所损益可知也"。而殷礼的保存与传布者是殷士，在周人看起来，这批殷士是多才多艺的人，是西周贵族不可缺少的清客顾问。如果说周士是宗周统治阶级的最下层，而殷士是受治遗民的最上层。他们胡服古言，自成一个职业集团，他们那种长袍高帽的迂缓样子，彬彬知礼的殷商遗民，他们习惯于"犯而不校"，所以得到了"儒"的称呼，不但指那逢衣、博带的文绉绉的样子，还指那亡国遗民忍辱负重的柔道人生观。《左传》昭公七年所记孔子远祖正考父的鼎铭，虽然是宋国三朝佐命大臣的话，已是很可惊异的柔道人生观了，他是公历前8世纪的人，离周初三百多年了，鼎铭说：

> 一命而偻，再命而伛，三命而俯，循墙而走，亦莫余敢侮。饘于是，鬻于是，以糊余口。

这是殷民族的一个领袖的教训，儒之古训为柔，岂是偶然？

不仅柔道的人生观是殷士的遗风，儒家之所谓礼也是殷礼，如三年之丧即殷礼。他又根据《易·需卦》认为"需"可作一种人解，此种人的地位是很困难的，是有"险"在前的，是必须"刚健而不陷"的。儒在郊，完全是在野失势之人，必须忍耐自守，可以无咎。儒在沙，是自己站不稳的。儒在泥是陷在危险困难里了。有了外侮，只有谨慎，可以不败。儒在血，是冲突之象，他无力和人争，只好柔逊的出穴让人，故《象传》说"顺以听也"。《需卦》所说似是指一个受压迫的知识阶级，处在忧患险难的环境，待时而动，谋一个饮食之道，这就是儒。

我们比较详细地引述了《说儒》的观点，因为他收集了丰富的资料，加以说明。通过这些材料可以知道早期儒家的职业和生活，我们以他们和凉山里的巫祝比，可以发现他们都是奴隶社会的知识分子，他们都有学识才能，都能相礼。因此，我们说，儒家曾同于彝族的贝耄，他们尽力摆脱儒家那种近似"端公"的骗饭行为，而成为"君子儒"。《说儒》是一篇力作，可以解释一些问题，但也有值得商榷处，比如他多取《易·需卦》作例，认为《需卦》就是"儒卦"，因而对于《爻辞》及《象传》的解释总是牵强附会。我们遍觅有关《易》解，无一作如是说明者，这不能说《说儒》作者的创见，只能说是附会。朱骏声的《六十四卦经解》没有这样解释，高亨先生的《周易杂论》于《需卦》解释道，"需是停留。郊、沙、泥、洫、酒食，是象征不同的环境。《初九》是说停留在广阔的郊野，利于久处；《九二》是说停留在沙滩上，不易行走，然而毕竟陷不住；《九三》是说停留在泥坑里，敌寇要乘机而来；《六四》是说停留在水沟里，也属不利；《九五》是说停留在酒食宴前，可以醉饱。作者认为人处在不同的具体环境就有不同的具体结果，环境的好或坏是产生结果或吉或凶的原因。（原书28页）这些都与儒家无关。又李镜池先生的《周易通义》内说，"《周易》中记行旅之占最多，专卦就有《需》《随》《复》《丰》《旅》等，其余附载于各卦的还有不少。……《需》所说的当是早期情况，列在前；《旅》所说的当属晚期，列在后。专卦的排列似有时间先后之分。合起来，可以了解周商人的活动。本卦爻辞记行旅遇到的各种情况，分前后两部分：前三爻记途中所遇；后三爻记投宿所遇。

高亨、李镜池两教授都是近年研究《易》有成就的学者，他们都没有看出《需卦》与儒家的任何关系；那样附会，是出于先立主题，然后附会，这样，那材料的内涵不是独立的，而是被动的、任意的解释；训诂的自由度不能太多太活；否则将无所适从。《说儒》中又说殷士在周初所处的地位，"在那个天翻地覆的亡国大变之后，昔日的统治阶级沦落作了俘虏，作了奴隶，作了受治的平民"。下面他引用《左传》祝鮀的话，然后说，"这是殷商亡国时的惨状的追述"。这十几族都有宗氏，都有分族类醜，自然是胜国的贵族了；如今他们都被分给那些新诸侯去"职事"于鲁卫——这就是去做臣仆。那些分封的彝器是战胜者的俘获品，那些"祝宗卜史"是亡国的俘虏，那战胜的统治者吩咐他们道：

多士，昔朕来自奄，予大降尔四国民命。我乃明致天罚，移迩遐逖，比事臣我宗，多逊！……今予惟不尔杀，……亦惟尔多士攸服奔走臣我多逊，尔乃尚有尔土，尔乃尚宁干止。尔克敬，天惟畀矜尔。尔不克敬，尔不啻不有尔土，予亦致天之罚于尔躬。（《多士》）

这是何等严厉的告诫奴虏的训词！这种奴虏的生活是可以想见的了。但是我们知道，希腊的知识分子做了罗马战胜者的奴隶，往往从奴隶里爬出来做他们的主人的书记或家庭教师。……殷商的知识分子——王朝的贞人、太祝、太史以及贵族的多士——在那新得政的西周民族之下，过的生活虽然是惨痛的奴虏生活，然而有一件事是殷民族的团结力的中心，也就是他们后来终久征服战胜的武器——那就是殷人的宗教。

以上都是胡适先生用以说明儒家的来源及其柔逊的本质。其实殷士在周初是受优待的，胜于周士，比如《酒诰》，是周初严格的禁酒令，因此对于周人饮酒是：

群饮，汝勿佚，尽拘执以归于周，予其杀！

周人群饮要杀，这是对待周士。而对于殷士饮酒，则采取宽容政策：

> 又惟殷之迪诸臣工，乃湎于酒，勿庸杀之，姑惟教之，有斯明享。

殷人群饮则"勿庸杀之，姑惟教之"，而且特别原谅他们，这当然是一种怀柔政策。周初对待殷人，是一种最麻烦的事，因为以小邦周，灭了大邑商，如何安定秩序，是大问题，没有周公之"天不可信，德、刑两手的办法"，是很难维持下来的。看当时，三监叛，周公东征，成王东征，建洛迁殷民等措施，都可以知道处置殷民是大问题，对殷士的怀柔，虽出于不得已，但殷士因之得到较好的待遇，因术士而成巫祝，更不必那样战战兢兢。

儒家是术士，成分庞杂，一如巫有大小之分，俗儒如端公，无学识，只能是"五谷既收，大丧是随。恃人之野以为尊。富人有丧，乃大说喜曰，此衣食之端也"。有学识者如贝牟，通六艺，但他们的职业都是相礼，后来还有教书授徒。他们之所以被称为儒，或自称为儒，都不必从软弱怕事方面来追求，他们的宽衣博带，他们的解果其冠，给人们的印象是迟滞缓慢，而且相礼职业的本身要求也是如此，如果从字义本身说儒，应从此着手。亡国五六百年的殷人与周人已经融为一体，孔子门人，几人是殷，几人是周，我们更不应从春秋末年的儒家来追究他们的民族成分。"需"，据《说文》，"颁也，遇雨不进止颁也。"段注："䇂者待也。……《左传》曰，'须，事之贼也'。又曰'须，事之下也'，皆待之义也。凡相待而成曰需"。引申而有迟滞缓慢义。我们不能从"需"字得出软弱义，因而说"儒"有亡国人民的软弱风格。墨子、荀子的批评也多从迟滞义着手，墨子说："夫繁饰礼乐以淫人，久丧伪哀以谩亲；立命缓贫而高浩居，倍本弃事而安怠傲，贪于饮食，惰于作务，陷于饥寒，危于冻馁。"（《非儒》）荀子说："逢衣浅带，解果其冠。……呼先王以欺愚者，而求衣食焉。"（《儒效》）这不是对弱者的形容，而是对迂阔儒生的描写。他们是一批追逐饮食的俗儒，小人儒；当然这批小人儒也不是强者，刚柔相济，才是君子儒的作风。

孔子也相礼，《檀弓》内有"国昭子之母死，问于子张曰，'葬及墓，男子妇人安位？'子张曰，'司徒敬子之丧，夫子相，男子西乡，妇人东乡'"。后来的孟子、荀子抛弃了这种职业，那是孔门提倡君子儒以后的事

了。《中庸》曾经道出理想的君子是:

> 故君子尊德行而道问学,致广大而尽精微,极高明而道中庸。温故而知新,敦厚以崇礼。
>
> 是故为上不骄,为下不倍,国有道其言足以兴,国无道其默足以容。《诗》曰,"既明且哲,以保其身",其此之谓与?

"君子"当然可以包括"君子儒"在内。"尊德行"和"道问学"后来成为宋代理学朱、陆两派所标榜的为学途径。尊德行是象山一派的捷径,后来发展为王阳明的致良知。道问学是朱子一派注重格物致知的理论根据。这一方面是仁、礼两途的分别发展;另一方面也是《大学》格物、致知、诚意、正心说的两截理论所致。君子之极至则为至圣,《中庸》发挥道:

> 唯天下至圣为能聪明睿知,足以有临也,宽裕温柔足以有容也,发强刚毅足以有执也,齐庄中正足以有敬也,文理密察足以有别也。溥博渊泉,而时出之;溥博如天,渊泉如渊。见而民莫不敬,言而民莫不信,行而民莫不说;是以声名洋溢乎中国,施及蛮貊。舟车所至,人力所通,天之所覆,地之所载,日月所照,霜露所队,凡有血气者,莫不尊亲,故曰"配天"。

使"宽裕温柔"与"发强刚毅"并举,就是"中庸",圣人之道就是中庸之道。而"聪明睿知,足以有临也"就是"高明";宽柔、刚毅、齐庄中正、文理密察,也就是"中庸",结合起来,就是"极高明而道中庸"。一部《中庸》反复加以发挥,这是儒家思想之所以成为正统思想,成为中国文化核心的原因所在。孟子之所以大力批判杨、墨以为为我及兼爱或右或左反于中庸,我们说儒家哲学的中心是"极高明而道中庸",影响所及,遂使中国人民始终具有"中庸"的性格。

《易传》出于儒家,也在传布"中庸"思想,也就是刚柔相济的思想。其中:其一,论刚柔相应,一卦六爻,阳爻为刚,阴爻为柔。刚柔之位次构成彼此相应的形态,《象传》中刚柔相应说,反映作者刚柔合作的观点。

其二，是刚柔相胜，一为刚胜柔，一为柔胜刚。《象传》中刚柔相胜之说，似为作者之互相制约的观点。其三，是刚柔位当与位不当。所谓刚柔位当者，阳爻居阳位，阴爻居阴位；位不当者，阳爻居阴位，阴爻居阳位。这种情况，或曰"失位"，或曰"未得位"，或曰"非其位"。其四，是刚柔得中，阳爻为刚，阴爻为柔，刚或柔居上卦之中位或下卦之中位，每卦之第二爻为下卦之中位，第五爻为上卦之中位，故"得中"指此两爻而言。《易传》以为得中乃象人有正中之道德，而正中之道德不偏不邪，无过无不及。其五，为刚柔居尊位或居上位或居下位。每卦之第五爻为天位，为君位，第六爻为上位，第一爻为下位。《易传》以为阳爻、阴爻居此三位，各有意义。其六，为柔从刚与柔乘刚。"柔从刚"或谓之"柔顺刚"，即阴爻在阳爻之下。"柔乘刚"即阴爻在阳爻之上。《易传》中有此两例，反映阶级社会君权与男权的统治，后世"君为臣纲""夫为妻纲"，或源于此。（参考高亨：《周易大传今注》卷首）

"正中"或"中正"之义即"中庸"，同是发挥"中庸"之道，以广君子儒之德。后来的君子儒为王者师，而小人儒奔走于衣食。不过儒与巫祝分开后，进入战国，百家争鸣，儒虽大家，不是一尊，秦统一后，转为经师，再为人师。儒在中古时代虽不如佛道之显赫，但为人师，有肥沃的土壤，有广大的群众，中国传统的礼乐文明之所以不绝如线者，赖有此耳。唐后经师复为理学，于是新儒家兴起，已是中国封建社会后期事。

（四）本章总结

《史记·孔子世家》及《汉书·艺文志》都有关于孔子和《诗》《书》《易》等经书关系的记载，是为孔子"删诗书定礼乐"之说的较早根据。但后来对此理解颇有不同，即以删《诗》而论，欧阳修、王应麟、郑樵、顾炎武等人都同意《史记》《汉书》的说法；而孔颖达、朱熹、叶适、王士禛、崔述等人则反对此说。比如欧阳修说，"司马迁谓古诗三千余篇，孔子删存三百。郑学之徒以迁为谬，予考之，迁说然也。今书传所载逸诗，何可数也，以《诗谱》推之，有更十君而取一篇者，有二十余君而取一篇者；由是言之，何啻三千。又删诗云者，非止全篇删去，或篇删其章，或章删其句，句删其字……"反对者则认为孔子原无删诗事，如朱彝尊说，"诗者掌之王朝，颂之侯服，小学大学之所讽诵，冬夏之所教，故盟会聘问燕享，列国之大夫赋诗见志，不尽操其土风，使孔子以一人之见，取而删之，王朝列国之臣，其孰信而从之者。……由此论之，孔子原无删诗之事。《国语》云，正考父校商之名颂十二篇于周太师，以《那》为首。郑司农云，自考父至孔子又逸其七。是正考父以前，《颂》之逸者已多，至孔子又二百余年，而又逸其七，故世愈近则诗愈多，世愈远则诗愈少，孔子所得，止有此数。或此外虽有，而缺略不全，则遂取是而厘正次第之，以教门人，非删之也"。（参考《史记汇注考证》《孔子世家》）我们以为两方面的理由都不充分，而他们的论点有共同处，就是都承认有逸诗存在，这就说明原诗不止三百，既然不止三百，一定有删定之者，但不必出于孔子，虽然孔子曾经整理过诗乐。

就《诗》之地理分布言，当今之黄河流域的陕西、山西、河南、山东、河北和长江流域的湖北北部。就《诗》之产生时代说，有时间可考者以《周颂》为最早，如《周颂·大武》，产自周初；《大雅》亦有周初诗，其次为《小雅》《商颂》《鲁颂》。至于《国风》，来自采风的民歌，殊难断定确切年代，有的来源可能很古，早于《雅》《颂》。《诗经》所录都是乐舞曲，吴季札于鲁观乐，先歌后舞。孔颖达疏云，"乐之为乐，有歌有舞，歌则咏其辞而以声播之，舞则动其容而以曲随之"。孔疏此段是一篇精彩的考据，初唐去古已远，仍有古代乐舞孑遗，故能言而中节。所谓"季札请观周乐，鲁人以次而舞，每见一舞，各有所叹"，是知无歌不舞，而前歌后舞，故云"观舞"。鲁是周公世袭领地，保存周乐，季札观乐内容大致与今传《诗经》略同。孔子也几次谈到《诗三百》，可见孔子时，《诗》已定型，这是经过较长时期的流传、保存和整理的结果。

孔子整理过《诗》，他自己说过"吾自卫返鲁，然后乐正，《雅》《颂》各得其所"。可见此前古典诗歌《雅》《颂》曾经出现过混乱现象，经过孔子的加工整理，重上轨道。《论语》又曾记载孔子与鲁大师谈乐，"乐其可知也，始作翕如也；从之纯如也，皦如也，绎如也"。清人宋翔凤曾经对此有所研讨，而为《论语正义》作者刘宝楠所肯定，但也有值得商榷处，如宋氏以"合乐"别于四节外，与《仪礼》不合。宋氏固以《仪礼》说

《论语》者,而以"金奏"解"始作",盖本于《论语》郑注:"金奏"出于《周官》:"钟师掌金奏,《仪礼》无金奏",似有误。但于所谓"吾自卫返鲁,然后乐正,《雅》《颂》各得其所",理解为正乐,究胜于谓孔子正诗者。而毛奇龄谓"正乐,正乐章也。正《雅》《颂》之入乐部者也。部者所也,如《鹿鸣》一《雅》诗,奏于《乡饮酒》礼,则《乡饮酒》礼其所也;又用之于《乡射》《燕礼》,则《乡射》《燕礼》亦其所也。然此三所,不止《鹿鸣》,又有《四牡》《皇皇者华》两诗,则以一《雅》分数所,与联数《雅》合一所,总谓之各得其所。盖当时《诗》有定所,律有所宜,而郑卫新声起后,不依旧所,以致混乱。所以孔子屡斥郑声曰,"郑声淫","恶郑声之乱雅乐也"。都是从音乐角度谈《诗》,而不是《诗》本身。这是正确的。

如果我们说孔子于《诗》止于正乐,仍未达一间,最终目的是以乐配礼。《论语》有"子所雅言,《诗书》执礼",《诗》即《诗三百》,《书》即《尚书》,孔子是要使《诗书》与礼结合起来,作为礼乐文明的源泉。孔子经常以《诗》《礼》并列,他曾经说"兴于诗,立于礼,成于乐"。在先秦时代,《诗》是表现个人思想的工具,大概有四种用法:一是典礼,二是讽谏,三是赋诗,四是言语。典礼用诗即在祭祀和宴会上的诗,祭祀诗如《三颂》,宴会诗如《乡饮酒》《燕礼》《乡射礼》《大射仪》都有乐工歌诗。种种乐诗的应用主要是帮助礼节的进行,而歌诗有"所",如歌《鹿鸣》,同时有《四牡》,有《皇皇者华》,是联三雅为一所,义乃备而乐正,一如后来的套曲。

孔子对诗乐的态度承袭了西周的传统而有提高,所谓提高,是使《诗》具有道德伦理的内容,因而和礼联系在一起,虽然不免曲解。孔子的礼乐不同于过去的礼乐,所以他说:"礼云,礼云,玉帛云乎哉!乐云,乐云,钟鼓云乎哉!"礼不限于玉帛,乐不限于钟鼓;礼乐有在礼乐形式之外者,此所以有"立于礼,成于乐";否则玉帛何以立,钟鼓何以成?孔子是一位伟大的思想家,他的思想是多层次的,他重视礼,但他不以礼为最本质的东西,他虽然否定管仲知礼而许之以"仁",比如有人问:"管仲知礼乎?"他说:"邦君树塞门,管氏亦树塞门,邦君为两君之好,有反坫,管氏亦有反坫。管氏而知礼,孰不知礼。"(《论语·八佾》)这是孔子斥管仲僭妄不知礼。但在不同的场合，管仲却是彬彬有礼者，比如《左传》曾经记载管仲使于王（周天子），王以上卿礼飨之。管仲辞曰："臣贱有司也，有天子之二守国高在，若节春秋，来承王命，何以礼焉？陪臣敢辞"。于是得下卿之礼还，得到时人称赞。（《左传·僖公十二年》）这类故事孔子不会不知道，但在宅室规模上，还是责备他是不知礼。不过管仲是功在社稷的伟人，孔子又曾经称赞他说：

桓公九合诸侯，不以兵车，如其仁，如其仁！（《论语·宪问》）

斥管仲不知礼而许之以"仁"，"仁"是最高的道德标准，与圣同级，是弃其小而取其大。

孔子是一位善于接受文化遗产的人，他曾经说，"殷因于夏礼，所损益可知也；周因于殷礼，所损益可知也；其或继周者，虽百世可知也。"（《为政》）此所谓"损益"，即取长补短，有取有舍，有批判有继承之意；这种继承方法，是人类文明之所以发展的原因之一。孔子不保守，社会在发展，文化在前进，夏、商、周三代相比，无论是社会形态或者是礼乐文明，都有不同，而以周代为最发达，所以他说"郁郁乎文哉！吾从周"。这"从周"，对孔子来说不是复古而是重今。在当时来说，无法作横向联系，只能前后比较，因为那时的中国，是他所能知道的最发达国家，而"四夷"是无法比拟的。他只能在中国本身内部求到有用的知识，主要是历史方面。他曾经说，"述而不作，信而好古，窃比我于老彭"及"我非生而知之者，好古敏以求之者也"。（《述而》）"古"是历史，"好古"就是喜欢历史。"古"又作"故"，所以也说，"温故而知新，可以为师矣"。新从故中来，学习历史（故）可以得到新知识，因而可以为师。

对于中国传统的文化有全面的了解，而以君子的标准行为要求自己，是孔子作为一个伟大人格的要求，因此说，"博学于文，约之以礼"，（《颜渊》）时人也称赞他"夫子循循然善诱人，博我以文，约我以礼"。（《子罕》）以上所谓"文"包括"史"在内，而"礼"是孔子改造后的礼，是"人人之际"中应当有的规范行为。"博学于文"已经不是早期的巫术，而"约之以礼"也不是原始的礼，从此使传统的礼乐文明，达到一个新的境界，儒家本身也得到改造，去掉小人儒，走向君子儒。墨子所讽，荀子所讥，都已不在；孟子、荀子都是浩气长存的大丈夫，相礼不再是他们的职业，而儒、祝永远分开了。

周公曾以德代礼，因而丰富了礼的内容，提高了礼的境界。到春秋时代，社会酝酿新的变革，四裔迭起，文化非复一元，价值的观念在变，于是西周德刑两手的政策，因地区不同，学派有别，理解发挥都有不同。孔子遂提出"仁"来，作为最高道德准则。"仁"字内涵，乃"德"与"礼"的综合，"规规矩矩地做人，以有礼貌的态度待人"，总之，是要搞好"人人之际"的关系。这是一个伟大的命题，是中国史上传统世界观的转折点，由"天人之际"正式转向"人人之际"。周公怀疑天，提出敬德，但世界仍然大部掌握在鬼神手中，它们是世界的主宰，人要为它们服务，所以人殉人牲自原始社会一直到春秋时代始终存在。黄展岳先生在他的《中国古代的人牲人殉问题》一文中，曾经指出，"中国使用人牲的鼎盛时期是在商代，……甲骨卜辞中有大量记载，据学者统计，有关人牲的甲骨共有 1350 片，卜辞 1992 条。从盘庚迁殷到帝辛亡国，共用人牲 13052 人，另外还有 1145 条，……如一条都以一人计算，全部杀人祭祀，至少当用 14197 人"。另外加上考古发掘发现的牲人，总数达 16500 多人。关于人殉，盘庚迁殷后也逐渐达到高峰，已发现的殷墟殉人 508 人。居住在泾水流域的周人祖先，早有人殉的习俗，考古工作者曾有发现。周灭殷后，人殉继续存在。以沣西发掘为例，四次发掘共发现中小型墓 321 座，其中殉人墓 21 座，共殉 36 人，一般殉 1 人，个别的殉 2 人到 4 人。殉人墓大多属西周早期，殉人大多数是少年儿童。就不完全的人牲人殉的统计数目来说，西周比殷商的数目少一些；周公思想及行政措施可能生效了。天不可信，鬼神也不能左右世界，于是人牲人殉减少。但到了春秋时期，人殉仍然存在，但就黄先生所引材料说，在秦、楚等非周族的系统中人殉较多，而根据《墨子·节葬》的记载，杀殉仍较普遍，其中说："天子杀殉，众者数百，寡者数十；将军大夫杀殉，众者数十，寡者数人。"可能是春秋末实录。到春秋中叶以后，人殉遭到社会上的谴责，木俑开始取代人殉；孔子对于木俑也提出了异议，他说："始作俑者，其无后乎。"(《孟子·梁惠王》)但在不久前宋国却出现了奇怪观象，《左传》："八月，宋文公卒，始厚葬，……始用殉。"（成公二年）其他地方渐不用人殉，而宋始用人殉。岂非怪事！这也说明了孔子思想的先进。由"天人之际"转向"人人之际"，所以他提出"仁"，"仁"是为人的最高准则，是难以达到的高标准，但必须达到这种标准才能够说是"成人"，"成人"是"仁"，"仁"即成人而后的人，所以《释名》说，"人，仁也"。成人是"仁"，而"成仁"有时是杀身，孔子说，"无求生以害仁，有杀身以成仁"。（《卫灵公》）虽然生物为"仁"，有时必须杀身以"成仁"，但也不是必须死才能"成仁"，比如管仲，子路说："桓公杀公子纠，召忽死之，管仲不死，曰，未仁乎？"（《宪问》）这是杀身以成仁的时候。但孔子答曰："桓公九合诸侯，不以兵车，管仲之力也，如其仁，如其仁。""九合诸侯，不以兵车"，维护了宗周一统局面，当时正是"南夷与北狄交，王室不绝如线"的时候，桓公功在天下，乃管仲之力，所以说，"如其仁，如其仁"。

仁也是人的本质，而礼是本质上的彩绘，仁与礼的关系乃"绘事后素"，所以孔子不许管仲知礼而许之以仁。后来儒家分成不同流派，思、孟一派沿着"仁"的方向发展，多言仁以及仁政。荀子一派则发挥了礼的学说，而使礼的含义接近法家的法。但无论"仁"与"礼"都属于"人际"关系，谈到"人际"进一步则是关于"人本"的追求，人的本质是什么？遂与孟荀两派的主题，孟子注重"仁"，"仁"本来是人的本质，所以孟子道性善，这性善是先天的，只要发挥这先天的本性，自然会达到仁的目标。但人们往往放失了本性，所以要求其"放心"。荀子因为讲礼，礼注重后天的教育，人性本恶，必须通过后天的教育，才能使之成材。有此分歧，遂使"人际"关系变成复杂莫测了。汉代董仲舒试图综合孟荀两派的思想而统一儒术，但他属于公羊学派，在许多方面还是接近荀卿。董仲舒的思想内有五行说，这是他讲"天人之际"的理论根据；这当然受思孟学派的影响。另一方面属于荀子学派，荀子重礼，而其礼的定义接近于法，他说："礼者法之大分，人类之纲纪也。"（《荀子·劝学》）每一个人都有法的定分，各安其分，是为达礼。董仲舒也有关于礼的定义，他说："礼者，继天地，体阴阳而慎主客，序尊卑贵贱大小之位而差内外远近新旧之极者也。"（《春秋·繁露·奉本》）这一种礼的界说，也包含了两方面的内容：一方面是思孟学派的理论，即所谓"礼者，继天地，体阴阳而慎主客";一方面是荀子一派的学说,即所谓"序尊卑贵贱大小之位而差内外远近新旧之极"。礼是阶级社会区分阶级的准绳,所以对于不安本分的人要用刑罚制裁。而如何使人们各安其分?正面教育莫如正名,这又是荀子的主张。在旧的阶级秩序逐步为新的阶级秩序所代替的过程中,出现了新的正名主义。在政治上正名,在性命之学上也要正名;正名是类比逻辑的延伸。荀子说:"不事而自然谓之性,性之好恶喜怒哀乐谓之情,情然而心为之择谓之虑,心虑而能为之动谓之伪。"(《正名》)他认为就名而论,性是生之所以然,而性之喜怒哀乐是情,对于情加以选择谓之虑,虑积而成为伪,于是而有礼义。礼义之所以生乃由于人们性恶;性善则不必有所谓圣王礼义了。董仲舒继承了这种思想而有所发挥,在他的《春秋繁露》内有《深察名号》及《实性》两篇,完全脱胎于《荀子》的《正名》和《性恶》。

董仲舒曾经从《名学》的观点出发论人性道:

> 今世闇于性,言之者不同,胡不试返性之名?性之名非生与?如其生之自然之资谓之性。性者质也,诘性之质于善之名,能中之与?即不能中矣,而尚谓之质善,何哉?(《春秋繁露·深察名号》)

人生的自然资质叫作性。这种界说,在当时来说是对于性的最佳名状。我们既然不能把"生之自然之资"谓之善,为什么说人性善?这种推理在名学上是无懈可击的。但在《深察名号》中他以民为瞑,愚昧无知,如果民性善,为什么说他们无知,必待教导而后善?性恶说来自荀子,但荀子以为人性恶,并没有指出民性独恶。人是大共名,而民是劳动人民,可见他们同言性恶,还有区别。无疑董仲舒以善性予王者,而以恶性予万民,王是教者,民是被教者,所以他说,"善当与教,不当与性"。(《深察名号》)在政治思想上,董氏更强调了公羊及法家专制主义,专制的对象是下民,也就是性恶的下民。他也善于玩弄法家的"二柄"。此后儒家思想一尊,也是孟、荀并立,表面上是孟子堂皇富丽的理想,而内容是严酷的法制,这也就是"阳儒阴法"说的由来,实质还是孟、荀两派综合的实质。

后汉，儒家逐渐转为经师，经师即人师，他们不在思想体系、宗教信仰等方面与佛道争衡，因此在思想界、宗教界，经师们默默无闻，但他们扎根民间，凡有血气者莫不尊亲，他们维护了儒家传统，他们都是教育家，都是人师，两千年来，传统的礼乐文明不绝如缕者，赖有此耳！以汉末郑玄为例，他是一个贫苦农民出身的学者、经师，就他的著作来看，他的经学特色及其贡献是：

1. 朴实的学风。在古代经典中包含着许多中国古代的典章制度，这不能用今文经师"微言大义"的方法注解，必须实事求是。而实事求是的前提是必须了解这些史实，郑玄是能够做到这一点的，他善于运用历史对比的方法，弄清古史，并看出其中的演变与发展。

2. 丰富的科学知识。中国古代经典中保存了丰富而有用的科学知识，而郑玄因为通晓历算之学，他能够了解这些知识而传授下去。这在接受中国文化遗产方面，在传布科学知识方面，他都做出了贡献。当他的老师马融知道郑玄东归的时候说："吾道东矣！"是知人之言。

3. 扩大了知识界的领域。他是贫困出身，曾为厮役小吏。学成后，仍然贫穷。《后汉书》本传说他"自游学十余年，乃归乡里，家贫客耕东莱，学徒相随，已数百千人"。可以看出他和马融已有很大不同。马融是贵族，绛帐后设女乐，郑玄虽然得列门下，而"三年不得见"。郑玄则始终是贫苦农民，学成客耕，有数百学徒追随，多数来自农民可知。这样也就扩大了传布知识的领域。

4. 他综合了今古文经学。在他的经学注解中，杂有今文图谶之学，但这不妨碍他是一位朴素的经师。今文、古文各有所长，今文思路开放，多新奇见解；古文朴素无华，保存古史其貌。这样使今文经学的前途未入绝境，而古文经学则朴实无华，建立下朴学基础。

在郑玄那么多的著作中，我们的归纳也许不全面，但必须指出，郑玄发挥了儒家六艺教育的传统，也传布了传统的礼乐文明。虽然南北朝时佛、道盛行，他们也只能发挥宗教作用，人世间仍然是儒家经学的天下，中国封建社会之所以有比较高度的科学成就及礼乐文明，要归功于他们。当时有名的科学家许多人是出于经学。宋朝以后，转入中国封建社会晚期，无复前此的蓬勃朝气，走向偏枯。

六朝经学有南北之分，原来的古文经学注重章句，反对今文经学汗漫无所依归，桓谭说："今诸巧慧小才数术之人，增益图书，矫称谶记。"（参考蒙文通先生《经学抉原·内学》第七）而朴实的古文经学后来与玄学结合，成为南学。《隋书·经籍志》曾经叙述道：

> ……言五经者皆凭谶为说，唯孔安国、毛公、王璜、贾逵之徒独非之，相承以为妖妄，乱中庸之典，故因汉鲁恭王、河间献王所得古文，参而考之，以成其义，谓之古学。当世之儒又非毁之，竟不得行。魏代王肃推行古学，以难其义，王弼、杜预从而明之，自是古学稍立。

以上是说古文经始于孔安国、毛公、贾逵之徒，成于王肃，而王弼、杜预张大其说。王肃曾注《周易》，王弼的《易注》即祖述肃说，后来肃书不传而王弼书立于学官。郑玄经学是不分今古的，虽然他杂引图谶，也有实事求是的古朴精神；而南学是玄学与古学的杂糅。因此，可以说经学分南北后，无复今古之分了。因为南学谈玄，所以经学与老庄合流，何晏注《论语》，王弼注《易》与《老子》；而《易》《老》《庄》为"三玄"。北学则固守经学藩篱，未与杂学旁通。隋唐时南北合流，义疏学兴，则杂引《老》《庄》以至《墨子》《楚辞》；同时采用郑注诸疏则发挥谶纬。

陆德明是身经三代的学者，生于南朝，曾仕隋为秘书学士，唐初为秦王府文学馆学士，贞观初拜国子博士。他是一位渊博学者。曾注有《经典释文》《老子疏》《易疏》等。《经典释文》内包括传统经书及《老》《庄》等书。从儒家及经学的历史看，这是一个奇怪的目录，魏晋以前，儒家经典绝对容不下《老》《庄》。陆是南朝的学风，是王弼一派的支与流裔，著有《易》《老》疏，说明他在玄学上的力量。《唐书·儒学传》也说他"善言玄理"。尊重《老》《庄》的学风，直到初唐仍然存在，在中唐以前的普遍意见以为《老子》与儒家经典可以合流，唐人诸经《正义》引用《老子》者几十条，引用《庄子》亦有多处，出于唐人之手的《隋书·经籍志》也充分表达出这种思想，比如说："至于道者，精微纯粹而莫知其体，处阴与阴为一，在阳与阳不二。……圣人体道成性，清虚自守，为而不恃，长而不宰，……其玄德深远，言象不测，先王惧人之惑，置于方外，六经之义，是所罕言。《周官》九两，其三曰师，盖近之矣。"他们极力使老庄之"道"和儒家之道混同起来，说是"圣人体道成性，清虚自守"，这圣人当然包括周、孔在内，周、孔而"清虚自守"亦"不虞之誉"也。在此，儒与道的关系紧密起来。一叶知秋，陆德明一派的学风在唐代的经学正义中遂充分地表现出来。

孔颖达则生于北朝，少时曾从隋朝大师刘焯问学，唐高祖武德间授国子博士，长于《左传》《郑玄尚书》《王氏易》《毛诗》《礼记》，兼善历算。曾与颜师古、司马才章、王恭、王琰等撰《五经义训》，名《五经正义》。五经：《易》《诗》《书》《礼记》及《春秋左传》，这是几部折中南北的著作，《隋书·儒林传》曾经指出："南北所治章句，好尚各有不同，……大抵南人约简，得其英华，北学深芜，穷其枝叶。"此所谓"英华"当指以玄学注经，而北学深芜，当指汉儒之烦琐考证。《五经正义》既然兼南北，而"疏不破注"，遂以南注南而以北注北。同是孔颖达的《正义》，他可以在《诗》《礼》中发挥谶纬的学说，而在《易》《书》中排斥谶纬，一似毫无主见，为人作嫁者。但《五经正义》究竟不全是依违旧说，仍然可以看出他的时代精神。在五经的注解中可以看到"道"和"气"的问题，这在汉以前儒家著作中是没有的，而是道家思想和儒家思想的结合。何晏、王弼谈"道"谈"无"，而少说"气"，汉儒谈"气"而少谈"无"。"道"和"气"的结合，正是孔颖达《正义》的新发挥，这一发挥给后来的理学开辟了广阔的天地。孔颖达认为"道"就是"无"，这是王弼"天地万物皆以无为本"的进一步发挥。万有归于一本，而"一"是虚无，"二"则为有。在王弼的思想体系中不存在"有"，"二"根本不能和"一"对立起来。"寂然至无"是天地的根本，"富有万物，雷动风行"，不过是暂时的现象，是在永恒中有暂时的"有"和"用"发生。在他看来，"用"是没用的，要恢复到无用的状态，所以汤用彤先生说："玄学主体用一如，用者依真体而起，故体外无用。"（见《魏晋玄学论稿》）这是正确的理解。但孔颖达的《正义》究竟和王弼思想不同，他是把"体""用"分作两截的，他的"二"不得为"一"，当《正义》解释《易系辞》时，是上下截得分明的，"形"是道和器的分界线；无形是道，有形是器，这些和王弼还没有根本分歧。王弼也主张有生于无，万物由无而有，但问题是在由无而有的过程，对于"有""无"的理解各有不同。王弼以为万物自生，各由自然，道本无为，万物自相治理。道对于物的作用，是加以感化而使各依其理，他注《观卦象》说，"统说观之为道不以形制使物而以观感化物者也。神则无形者也，不见天之使四时而四时不忒"。这一种感化力量也叫作"神"，是一种"不知所以然而然"的力量。而孔颖达则以为由无到有的过程是步骤分明的，首先他截得有无分明，他认为"几"是形上形下的畔际，他说，"几者去入有，有理而未形之时"（《乾文言正义》）。"几"处于去无入有的阶段，而所以由无到有则不能不借助一种物质力量，那就是"气"。《礼记·月令正义》中他详细地描述了由无生有的过程：

> 《老子》云，道生一。道与大易自然虚无之气无象，不可以形求，不可以类取，强名曰道，强谓之大易也。道生一者，一则混元之气与大初大始大素同，又与《易》之大极，《礼》之大一，其义不疏，皆为气形之始也。一生二者，谓混元之气分为二，二则天地也，与《易》之两仪，又与《礼》之大一分而为天地，同也。二生三者，谓参之以人为三才也。三生万物者，谓天地人既定，物万备生，其间分为天地。

《礼》疏而引《老子》，是江左风气，又引《易纬》，却是河洛作风；这本来是不相容的，如今并在一起，等于以《易纬》讲《老子》，孔颖达认为两者是没有矛盾的。刘歆倡古文经，也不排斥谶纬，他曾经有"大极元气，函三为一"的理论，这是指混元未分的阶段，同于《老子》之"道"。"三"是元气开始的变化，依《易纬》说，是大初，大始、大素；依《老子》说，是"一生二，二生三"。"二生三"可以解作天地人。天地万物未生前是"无"的世界，天地万物已经生成之后是"有"的世界；而"有""无"并不互相排斥，因为"无"长育了"有"。人们的感觉只见其"有"，而不见其"无"，实则"无"是天地的根本，是天地的"心"。"有"应当以天地的"心"为心，但事实不然，万物生成后各有其心。《易复象》曰："复其见天地之心乎！"是说万物必须恢复到他们的根本处。孔颖达说,"……凡以无为心,则物我齐致,亲疏一等,则不害异类彼此互宁。若其以有为心,则我之自我,不能普及于物,物之自物,不能普及于我,物则被害,故未获具存也。"(《易复正义》)。本来是万物无心才能长育,今各有心,彼此相害,应当恢复到无心的境界,才能彼此互宁。

这又是恢复到人的本质探求以及万物的本质。复心的论调可能和孟子的"求其放心"有关,而"无"可以联系到性善,"有"联系到性恶;这两大学派的学说,后人始终作调和工作,在"有""无"说以前已经有性情二本说。汉儒说性,具有善恶二元的色彩,许慎郑玄诸经师都有类似观点。许慎《说文解字》有云"性,人之阳气,性善者也。情,人之阴气有欲者"。郑玄《毛诗烝民笺》也说,"天之生众民,其性有物象,谓仁义礼知信也;其情有所法,谓喜怒哀乐好恶也"。这是孟荀性善性恶说的调停而有所发挥,这种发挥为唐代疏家所接受,后来也为理学家所接受。许慎以为阳气是性,阴气是情。孔颖达于此曾经有过申述,他在《诗·大雅·烝民正义》内指出:"《援神契》曰,'性者生之质,命者人所禀受也;情者阴之数,精内附著生流通也'。又曰,'性生于阳以理执,情生于阴以系念'。是性阳而情阴。"总之,孔颖达在《五经正义》中构建了自己的思想体系,以为无形是道,有形是器,而有出于无;这有、无的畔际是划得分明的。而"几"是无形、有形的过渡,它处于"有理而未形之时"。玄学以为从无到有的过程中,道只起"感化"作用,是无为的作用;经学则认为由无到有借助于气,万物依元气而生。孔颖达也以为由无到有离不开元气的安排,因之他以《易纬》解《老子》;玄学以《老子》解儒经,于是变成玄学家的经学;经学家以经纬解《老子》,变成经学家的玄学。"有""无"不是互相排斥的,而是"有"的自我排斥,具体表现为各自有心,彼此伤残,以致万物被害,应当恢复到无心的境界,才能得到安宁。

"有心""无心"在《正义》中表现为性情二元论,而汉儒说经本为性情善恶二元论,孔颖达也有类似见解。但孔一方面根据"有心""无心"的概念,要求复"无",同时又认为性情共禀于天都是爱善的,这已经是进退失据了,他又有性阳情阴说,以致自相矛盾而不能自圆其说。这种矛盾也是时代造成的,在一个统一南北的局面下,南北两方的学术潮流也被他接受下来,他适当地消化了,也适当地加以发挥,虽然体系不完整,自相矛盾，但可以认为是一个过渡时期，后来的《正义》之学，大体上保持了这种学风，玄学影响，二元色彩，始终起作用。通过《正义》我们可以知道由经学到理学的发展过程，理学是心性之学的高度发挥，可以说没有《正义》，就找不到理学的根源，那理气发展，性情二元，不是都能在《正义》中找到萌芽吗？

贾公彦、杨士勋及徐彦等三人撰有《周礼》《仪礼》《谷梁》《公羊》等《四经正义》，和孔颖达的《五经正义》并在一起，共称为《九经正义》。贾杨三人的学风虽然与孔相近，折中于南北学之间，但没有自己的思想体系，依违两可，矛盾百出。《周礼》、《仪礼》富于典章制度，贾公彦尚有所长，但涉及"天人之学"未免捉襟见肘，不知所从。杨士勋《谷梁正义》较平实，间有排斥《公羊》处，亦理解不深，搔不到痒处，而认为三气合和可以滋生万物，更无法自圆其说。其后徐彦采纳此说，但无任何解释。在道德学上徐彦、贾公彦有类似意见，都说德有三品，而结合《老子》谶纬，牵强附会，又未免与《公羊》派家法相违背。这一种混合南北的经学已经山穷水尽，孔颖达是此中大将而后继无力！中唐以后，逐渐改观，儒家思想有了转机，不复拘泥于注疏之学，而宋朝的《正义》学，风气亦变，一方面结束以往，一方面开辟未来，遂为由经学到理学之过渡。

邢昺是宋初经学家，昺字叔明，宋太宗时人，太平兴国中，擢九经及第，官至礼部尚书。共撰有《论语正义》《尔雅正义》及《孝经正义》等，后两者不及义理，今以前者为讨论主题，《四库总目》对此书的评论道，"今观其书，大抵翦皇氏之枝蔓，而稍傅以义理，汉学宋学，兹其转关。是疏出而皇疏微，迨伊洛之说出而是疏又微。故《中兴书目》曰，'其书于章句训诂名物之际详矣'。盖微言其未造精微也。然先有是疏而后讲学诸儒，得沿溯以窥其奥。祭先河而后海，亦可以后来居上，遂尽废其功乎？"这评论是公正的。他处的朝代和孔、贾不同，这时经学思想适应了新的地主阶级的要求，它没有佛、道之出世色彩，有着积极入世精神，这为六朝士族所否定的精神，正是这些新地主阶级要求的对象，于是经学又成显学。《论语正义》用何晏集解，仍不免有玄学色彩，但这种玄学为后来的理学所接受。朱熹《论语集注》关于"夫子之文章可得而闻也；夫子之言性与天道，不可得而闻也"时说："文章，德之见乎外者，礼仪文辞皆是也。性者人所受之天理，天道者，天理自然之本体，其实一理也。言夫子之文章，日见乎外，固学者所共闻；至于性与天道，则夫子罕言之，而学者有不得闻者。"大体本于邢昺《正义》，那么后来理学之排斥"二氏"，讳言玄学，亦"欲盖弥彰"者。在性善性恶问题上，理学说法也与邢昺《正义》说法不相远，《论语阳货正义》说：

> 性谓人所禀受以生而静者也。未为外物所感则人皆相似，是近也。既为外物所感则习以成性，若习于善则为君子，若习于恶则为小人，是相远也。故君子慎所习。

朱子注《论语》也有类似意见，"天地储精，得五行之秀者为人，其本也真而静。其未发也五性具焉，曰仁义礼智信。形既生矣，外物触其情而动于中矣，其中动而七情出焉"。这也是折中南北经师的见解，"其本也真而静"，是玄学观点；以下的性情二元论，又是汉儒的理论，以五行解五性是汉儒通论，《论语正义》也引用道，"木神则仁，金神则义，火神则礼，水神则信，土神则智"。这些被后来理学家所接受。

　《论语正义》的理论究竟和程朱还有不同，它引用谶纬学说，它折中南北经学，但邢昺的时代究竟不同于隋唐，这时理学萌芽，新的排斥百家运动在酝酿中，于是在《论语正义》中的《为政》章有"禁人杂学"的主张。几百年来没有听到的声音如今复起，魏晋以后到隋唐无所谓杂学，如果有的话，可能指儒家经学，如今又提出"正经善道"，而治异端者将为害于世。学有正统，不容百家争鸣，这是理学排斥"二氏"的先声，是学风转变的号角，也是没有自信心的表现！前后四百年的经学思想，可以孔颖达与邢昺两人为代表。孔在总结前人的成果上，有了他自己的思想体系，他适当地消化了南北经学之不同见解。贾公彦、杨士勋等人虽然在学风上和孔颖达相近，都是折中南北经学，但只有混同而没有消化，结果南是南，北是北，并没有构成自己的体系。孔颖达后，在经学思想上发挥作用的则推宋人邢昺，理学家在邢的工作中吸取了他们认为有用的成果，这是由经学向理学的过渡，理学家不肯承认这一点，但旁观者清。自从理学兴起，经学思想得到很大发展，儒家的经学有汉宋之分，而唐与初宋经学实是汉宋之学的中间桥梁。

宋朝理学虽然表面一体，实际存在着不同流派，二程对张载有意见，二程之间也并不相同。在发展孔子以来的"仁学"思想，在由"人人之际"又转向新的"天人之际"，也就是"天人一体"上发挥了无比作用者是程颢。程颢在思孟学派的思想体系中，进一步发挥了"仁"和"诚"的哲学思想。什么是"仁"？他说：

> 天地之大德曰生，天地絪缊，万物化醇，生之谓性。万物之生意最可观，此"元者善之长也"，斯所谓仁也。人与天地一体也，特自小之何也？（《河南程氏遗书》卷十一）

"天地之大德曰生"来自《易系辞》，意义是"天地以生为心"，天地是充满生意的，因为它充满生意，所以称之为"仁"；于是"仁"有了新的内涵，"仁"与宇宙结合在一起，变作宇宙的心；宇宙本无心，现在有心了。《中庸》曾经说，"不诚无物"，根据大程的理论正好是"不仁无物"，因为不生不长谓之不仁，不生不长还成什么宇宙？他又指出：

> 医书言手足痿痹为不仁，此言最善名状。仁者以天地万物为一体，莫非己也。认得为己，何所不至。若不有诸己，自不与己相干，如手足不仁，气已不惯，皆不为己。故博施济众乃圣之功用，仁者难言，故止曰："己欲立而立人，己欲达而达人，能近取譬，可谓仁之方也已。"欲令如是观仁，可以得仁之体。（《遗书》卷二上，明道语）

手足麻木为不仁，也就是失去生意为不仁。仁者善体此意，必须使人、己各得其所，"己欲立而立人，己欲达而达人"，这样也就是"仁者浑然与物同体"。此所谓"仁"，实在近于《中庸》之所谓《诚》。《中庸》说，"诚者物之终始，不诚无物"。"不诚无物"与"仁者浑然与物同体"，都是与物结合起来，"仁"和"诚"是没法分开的。

谢良佐发挥了大程的学说，而认为"活者为仁，死者为不仁。"（《上蔡语录》），这是进一步的说法。为什么"活者为仁"？他说："今人身体麻痹，不知痛痒，谓之不仁；桃杏之核可种而生者，谓之桃仁、杏仁，有生之意，推之而仁可见矣。"（同上）桃杏无仁则不能生，那么桃杏有仁也可以称之曰"诚"，这是最善于名状的地方。天道是仁是诚，所以天地生生不已，天地抛开"生"还有什么？大程进一步把世界本体概括为一个"生"字，他说：

> 生生之谓"易"，是天之所以为道也。天只是以生为道，继此生理者即是善也。善便有一个元底意思。元者善之长，万物皆有春意，便是继之者善也。（《遗书》卷二上，《宋元学案》引作明道语）

万物皆有春意，是一个活泼泼的世界。"易"也只是生生之道，所以说，"生生之谓易，……乾坤毁则无以见易，易不可见，乾坤几乎息矣"。（《遗书》卷十二）乾坤毁则无以见易，易不可见则乾坤息，那么乾坤也只是生意而已。到此为止，我们认为大程一派的思想是可取的，本来孔子提出人本的思想，人是宇宙的主人，从原来的"天人之际"转向"人人之际"，因"人际"而探讨人性，人的本质问题，都是合乎逻辑的发展，也是向上的发展，因此而形成儒家的伦理学、道德哲学与美学，也因此而建立了传统的礼乐文明，这种文明，移风易俗，形成中华民族的性格，因之这种文明，可以名之曰"义深文化"，此名取自周一良先生。它根深蒂固，源远流长。在北宋，理学兴，或者说新儒兴，于是从"人人之际"又转向"天人之际"，这天是义理的天，人是天之一体，"人与天地一体也"，是说人是自然的一部分，而这自然是仁的是诚的，不仁不诚则乾坤息，人自然也不存在。哲学家有权利有义务分析自然，分析自然与人类的关系，分析结果，他们歌颂它，肯定它，说它"仁、诚"，我认为他们没有错，他们的宇宙观还是以人为主，大不可以"特自小之"！其实以宇宙为仁为诚从哲学、从科学各个角度看都是站得住的，我们的宇宙不仁不诚不生不长？如果你反对，你从哲学角度形容宇宙，你说是什么？人不是宇宙主人，谁是主人？只有人类做主，这宇宙才是活泼泼的宇宙！

这种礼乐文明经过理学家的发挥，达到了一个新水平，但有此变质，它适应了中国封建社会后期的需要而和前期有所不同，如果我们对前期的周孔之道肯定偏多，而对后来的程朱之道未免有所减损。大程虽然使人类的宇宙活泼起来为宇宙立心，仁、诚是宇宙本体，是一个春意盎然的宇宙与人类的社会，虽然当时的实际情况并不如此，人们，主要是劳动人民生活日苦，国力日蹙，王安石的变法就可以说明这一点。但大程之歌颂宇宙还是应当肯定的。程颐、朱熹一派的哲学思想未能全面发展先秦的礼乐文明，而走向偏枯，他们没有注意到"人人之际"，而格物致知、诚意正心的两截方面论也并不周延，于是给陆王派以可乘之机。明清之际南北诸大思想家，对传统理学多持批判态度，乾嘉时代朴学兴，遂使一代新学代替旧学而起，所谓汉宋之争由此而起。原来由儒家而经学而理学，递禅而兴，汉学亦经学之发展，又从理学转向汉学，自此而上溯为先秦之礼乐文明，殆所谓中国之"文艺复兴"乎？